Steinbuch · Organisation

Kompendium der praktischen Betriebswirtschaft

Herausgeber Prof. Dipl.-Kfm. Klaus Olfert

Organisation

von

Prof. Dipl.-Ing. Pitter A. Steinbuch

8., überarbeitete Auflage

Kiehl

CIP-Titelaufnahme der Deutschen Bibliothek

Steinbuch, Pitter A.:
Organisation / von Pitter A. Steinbuch. – 8. überarb.
Aufl. – Ludwigshafen (Rhein) : Kiehl, 1990.
(Kompendium der praktischen Betriebswirtschaft)
ISBN 3-470-70488-0

ISBN 3 470 70488 0 · 1990 · 8. Auflage

Herstellung: Druckhaus Beltz, Hemsbach

Kompendium der praktischen Betriebswirtschaft

Das Kompendium der praktischen Betriebswirtschaft soll dazu dienen, das allgemein anerkannte und praktisch verwertbare Grundlagenwissen der modernen Betriebswirtschaftslehre praxisgerecht, übersichtlich und einprägsam zu vermitteln.

Dieser Zielsetzung gerecht zu werden, ist gemeinsames Anliegen des Herausgebers und der Autoren, die durch ihr Wirken an Fachhochschulen, in der betriebswirtschaftlichen Unternehmensberatung, bei der Schulung von Führungskräften bzw. als leitende Mitarbeiter von Unternehmen vielfältige Kenntnisse und Erfahrungen sammeln konnten.

Das Kompendium der praktischen Betriebswirtschaft umfaßt mehrere Bände, die einheitlich gestaltet sind und jeweils aus zwei Teilen bestehen:

- Dem **Textteil**, der systematisch gegliedert sowie mit vielen Beispielen und Abbildungen versehen ist, welche die Wissensvermittlung erleichtern. Zahlreiche Kontrollfragen mit Lösungshinweisen dienen der Wissensüberprüfung. Umfassende Literaturverzeichnisse zu jedem Kapitel verweisen auf die verwendete und weiterführende Literatur.

- Dem **Übungsteil**, der eine Vielzahl von Aufgaben und Fällen enthält, denen sich ausführliche Lösungen anschließen, die schrittweise und in verständlicher Form in die betriebswirtschaftlichen Fragestellungen einführen.

Als praxisorientierte Fachbuchreihe wendet sich das Kompendium der praktischen Betriebswirtschaft vor allem an:

- **Studierende** der Fachhochschulen und Universitäten, Akademien und sonstigen Institutionen, denen eine systematische Einführung in die betriebswirtschaftlichen Teilgebiete vermittelt werden soll, die eine praktische Umsetzbarkeit gewährleistet.

- **Praktiker** in den Unternehmen, die sich innerhalb ihres Tätigkeitsfeldes weiterbilden, sich einen fundierten Einblick in benachbarte Bereiche verschaffen oder sich eines umfassenden betrieblichen Handbuches bedienen wollen.

Für Anregungen, die der weiteren Verbesserung der Fachbuchreihe dienen, bin ich dankbar.

Klaus Olfert

Herausgeber

Vorwort zur achten Auflage

Die weiterhin gute Aufnahme der “Organisation” macht es wiederum nach kurzer Zeit notwendig, eine neue Auflage herauszugeben.

Die achte Auflage wurde grundlegend überarbeitet und in vielen Teilen erweitert. Soweit notwendig, wurde das Buch an aktuelle Entwicklungen angepaßt. Der Übungsteil wurde um weitere Aufgaben und Lösungen erweitert.

Schönau, im Februar 1990

Pitter A. Steinbuch

Vorwort zur ersten Auflage

Die Bedeutung der Organisation wird immer mehr erkannt. Dieses Buch wurde sowohl für die betriebliche Praxis als auch für die Ausbildung erarbeitet. Es entstand aus mehr als zehnjähriger, praktischer Organisationstätigkeit in mehreren deutschen Unternehmen.

Zu danken habe ich Herrn Prof. Rolf-Jürgen Gruber, Fachkollegen der Stiftung Rehabilitation in Heidelberg, zahlreichen Kollegen aus dem Organisations- und Datenverarbeitungsbereich namhafter Unternehmen und nicht zuletzt meiner Frau.

Für Kritik und Verbesserungen bin ich immer aufgeschlossen.

Pitter A. Steinbuch

Benutzungshinweis

Kontrollfragen

Die Kontrollfragen dienen der Wissenskontrolle. Sie finden sich am Ende eines jeden Kapitels. Zur Wissenskontrolle wird folgende Vorgehensweise vorgeschlagen:

- Beantwortung der Kontrollfragen und Vermerk in der Spalte "bearbeitet".

- Vergleich der beantworteten Kontrollfragen mit den in der Spalte "Lösungshinweis" gegebenen Textstellen.

- Vermerk, ob die beantworteten Kontrollfragen befriedigend (+) oder unbefriedigend (-) gelöst wurden (Spalte "Lösung").

Aufgaben/Fälle

Die Aufgaben/Fälle im Übungsteil dienen der Wissens- und Verständniskontrolle. Auf sie wird jeweils im Textteil hingewiesen:

1
2
3
4
5
.
.
.

Der Übungsteil befindet sich als "blauer Teil" am Ende des Buches. Es wird empfohlen, die Aufgaben/Fälle unmittelbar nach Bearbeitung der entsprechenden Textstellen zu lösen.

Inhaltsverzeichnis

D. Ablauforganisation

A. Grundlagen

Der Begriff "Organisation" ist vieldeutig. Er wird hier ausschließlich aus betriebswirtschaftlicher Sicht betrachtet. Zwei Inhalte sind aus dieser Sicht für die Definition des Begriffes "Organisation" bedeutsam:

(1) **Tätigkeit**
Organisation ist eine Tätigkeit, die ausgeführt wird oder wurde.

(2) **Vorgabe**
Organisation ist das Ergebnis der Organisationstätigkeit. Damit ist die Organisation

- Struktur
- Regelwerk
- Gefüge.

Für die Organisationsmitglieder ist sie eine Vorgabe.

In jedem Fall ist die Organisation ein System.

1. Begriff

Neuere Definitionen für den Begriff der "Organisation" kennzeichnen die Einbeziehung der Systemtheorie:

Organisation – Definition von *Nordsieck:*
System von betriebsgestaltenden Regelungen.

Organisation – Definition von *Schwarz:*
System dauerhaft angelegter betrieblicher Regelungen, das einen möglichst kontinuierlichen und zweckmäßigen Betriebsablauf sowie den Wirkzusammenhang zwischen den Trägern betrieblicher Entscheidungsprozesse gewährleisten soll.

Organisation – Definition von *Scheibler:*
Zielorientierte Gestaltung von Systemen.

Auch die nachstehende Definition von *Grochla*, der hier gefolgt wird, bezieht die Systemtheorie in die Begriffsbestimmung ein:

Organisation – Definition von *Grochla:*
Strukturierung von Systemen zur Erfüllung von Daueraufgaben.

Zunächst gilt es deswegen, den für die Organisation relevanten Teil der Systemtheorie zu betrachten

2. System

Grundlage der Systemtheorie ist die ganzheitliche Betrachtungsweise. Sie beruht auf der Erkenntnis, daß das Ganze häufig mehr ist als die Summe seiner Teile und dementsprechend nur eine systemorientierte Untersuchung die wahre Struktur und Verhaltensweise realer Phänomene erkennen läßt *(Gehring)*.

Die Systemtheorie geht üblicherweise von der folgenden Definition des Begriffes "System" aus.

System – Definition:
Menge von Elementen, die miteinander in Beziehung stehen.

Ein System besteht folglich aus zwei Gruppen von Bestandteilen:

- Elemente
- Beziehungen zwischen den Elementen

Schematisch können Systeme grafisch dargestellt werden:

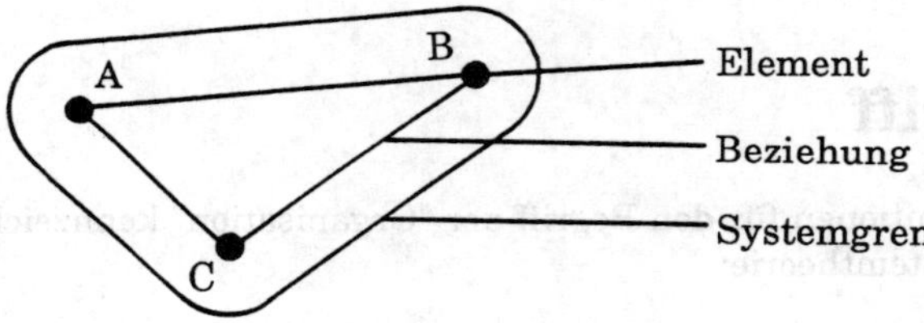

Die allgemeine Definition des Begriffes "System" bedingt ihre unendliche Zahl.

Beispiel: Systeme

Systemart	Menschliche Gesellschaft	Unternehmen	Zahlen
Elemente	Familien	Stellen	Ziffern
Beziehungen	Kommunikation	Arbeitsabläufe	Regeln

Systeme können häufig in mehrere Systeme aufgegliedert werden. Die Systemelemente sind dann ebenfalls Systeme, die als Untersysteme bezeichnet werden:

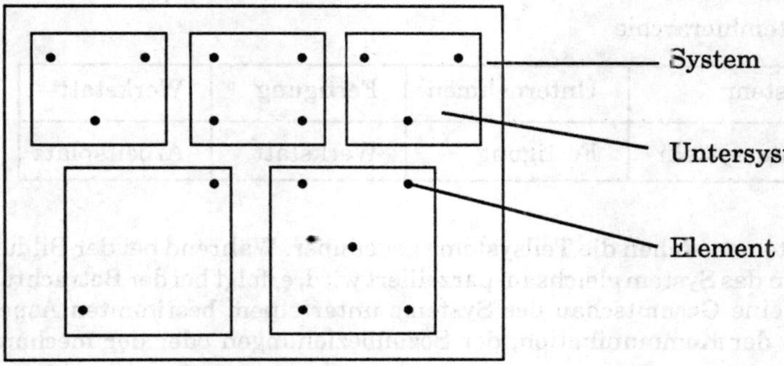

Beispiel: Untersysteme

System	Menschliche Gesellschaft	Unternehmen
Untersysteme	Familien	Abteilungen

Selbstverständlich kann häufig eine weitere Gliederung eines Systems erfolgen. Es wird dann von einer Systemhierarchie gesprochen:

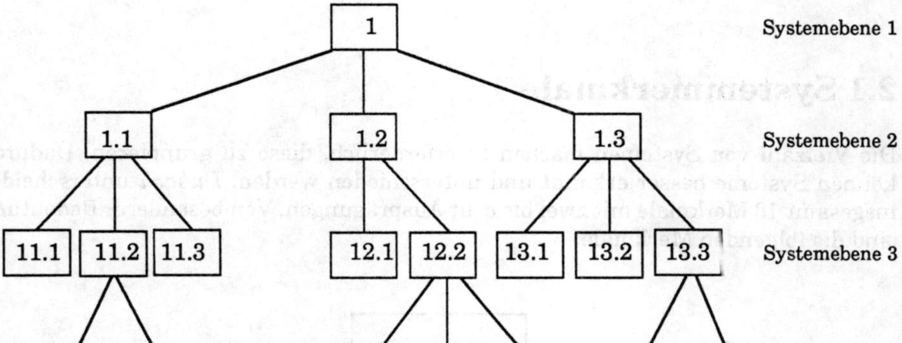

Die jeweilige Betrachtungsebene bestimmt, was als Untersystem gesehen wird. Für die Systemebene 1 sind 1.1, 1.2 und 1.3 Untersysteme. Betrachtet man die Systemebene 2, so sind 1.1, 1.2 und 1.3 Systeme und alle auf Systemebene 3 stehenden Systeme müssen als Untersysteme bezeichnet werden.

Beispiel: Systemhierarchie

System	Unternehmen	Fertigung	Werkstatt
Untersystem	Fertigung	Werkstatt	Arbeitsplatz

Den Untersystemen stehen die Teilsysteme gegenüber. Während bei der Bildung von Untersystemen das System gleichsam parzelliert wird, erfolgt bei der Betrachtung von Teilsystemen eine Gesamtschau des Systems unter einem bestimmten Aspekt wie beispielsweise der Kommunikation, der Sozialbeziehungen oder der mechanischen Abhängigkeiten.

Beispiel: Unter- und Teilsysteme

System	Unternehmen
Untersysteme	Beschaffung, Fertigung, Vertrieb usw.
Teilsysteme	Hierarchie, Kommunikation, Arbeitsablauf usw.

Der Vorteil der Unterscheidung in Unter- und Teilsysteme liegt darin, daß damit Zusammenhänge oder Eigenschaften isolierend betrachtet und bearbeitet werden können *(Schmidt)*.

2.1 Systemmerkmale

Die Vielzahl von Systemen machen es erforderlich, diese zu gruppieren. Dadurch können Systeme besser erkannt und unterschieden werden. *Dubach* unterscheidet insgesamt 18 Merkmale mit zwei bis acht Ausprägungen. Von besonderer Bedeutung sind die folgenden Merkmale:

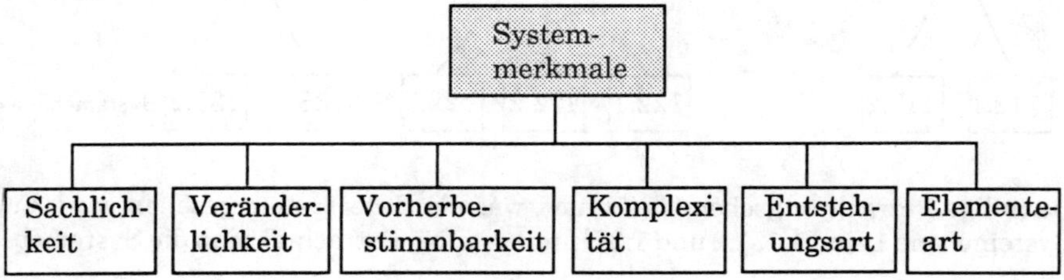

2.1.1 Sachlichkeit

Hier wird zwischen körperlichen und gedanklichen Systemen unterschieden:

(1) **Logische Systeme**
Sie bestehen aus abstrakten Elementen und sind durch abstrakte Beziehungen miteinander verbunden.
Beispiele: Zahlen, Programmiersprache, Nummernsystem

(2) **Materielle Systeme**
Diese Systemart besteht aus konkreten Elementen mit erkennbaren Beziehungen.
Beispiele: Maschine, Fahrrad, Computer

2.1.2 Veränderlichkeit

Nach der Eigenveränderlichkeit eines Systems, also danach, ob eine Systemänderung ohne äußere Einflüsse erfolgen kann, werden folgende Systemarten unterschieden:

(1) **Statische Systeme**
Im Zeitablauf verändern sich diese Systeme nicht.
Beispiele: Fahrrad, Zahlen, Nummernsystem

(2) **Dynamische Systeme**
Diese Systemart ist durch ihre eigenständige Veränderung im Zeitablauf gekennzeichnet.
Beispiele: Unternehmen, Familie, Baum

2.1.3 Vorherbestimmbarkeit

Nach der Vorherbestimmbarkeit des Systemverhaltens wird in die folgenden Systemarten differenziert:

(1) **Deterministische Systeme**
Das Verhalten des Systems ist im vornhinein eindeutig erkennbar. Jede Ungewissheit ist ausgeschlossen.
Beispiele: Fahrrad, Zahlen, Planetensystem

(2) **Stochastische Systeme**
Das Systemverhalten ist bei dieser Systemart mit einer gewissen Wahrscheinlichkeit vorherzubestimmen.
Beispiele: Unternehmen, Familie, Roulette

2.1.4 Komplexität

Die Komplexität eines Systems ist eine Funktion von:
- Art und Zahl der Systemelemente
- Art und Umfang der Systembeziehungen.

Danach wird in folgende **Systemarten** unterschieden:

(1) **Einfache Systeme**
Beispiele: Fahrrad, Zahlen, Hammer

(2) **Komplexe Systeme**
Beispiele: Programmiersprache, Werkzeugmaschine, Planetensystem

(3) **Hochkomplexe Systeme**
Beispiele: Unternehmen, Zentralnervensystem, Computer

Diese Gliederung ist selbstverständlich subjektiv.

2.1.5 Entstehungsart

Nach der Art der Entstehung von Systemen werden unterschieden:

(1) **Natürliche Systeme**
Darunter werden naturgegebene Systeme verstanden.
Beispiele: Planetensystem, Baum, Zentralnervensystem

(2) **Künstliche Systeme**
Das Ergebnis menschlicher Gestaltungshandlungen sind künstliche Systeme. Diese Systemart unterliegt im allgemeinen der menschlichen Planung, Steuerung und Überwachung.
Beispiele: Unternehmen, Fahrrad, Programmiersprache

2.1.6 Elementeart

Nach Art der Systemelemente können folgende Systemarten unterschieden werden:

(1) **Soziale Systeme**
Bei dieser Systemart sind vornehmlich Menschen als Systemelemente bestimmend.
Beispiele: Partei, Verband, Verein

(2) **Technische Systeme**
Die Systemelemente sind hier künstliche Objekte.
Beispiele: Fahrrad, Werkzeugmaschine, Computer

(3) **Soziotechnische Systeme**
Mischform eines Systems, das mindestens einen Menschen als Systemelement enthält.
Beispiele: Unternehmen, bemannte Mondrakete

2.2 Systemdeterminanten

Systeme werden durch folgende Determinanten bestimmt:

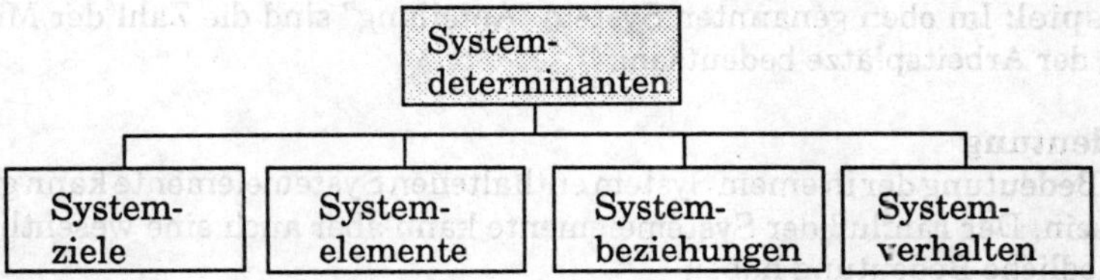

2.2.1 Systemziele

Mit künstlichen Systemen werden üblicherweise Ziele verfolgt.
Für die Systemziele sind besonders zwei Ausprägungen bedeutsam:

- Qualität
- Quantität

Nicht jedes qualitative Systemziel läßt sich jedoch quantifizieren, d.h. in Zahlen ausdrücken.

Beispiel: Ziele des Systems "Unternehmen"

Qualitative Ziele	Gewinn	Wachstum
Quantitative Ziele	10 Mio. DM	10 % jährlich

Die Ziele eines Systems sind bei der Systemanalyse Gegenstand der Untersuchung und bei der Systemgestaltung die Vorgabe, nach der die Gestaltung des neuen Systems vorgenommen werden muß. Sie ist so vorzunehmen, daß das neue System eine möglichst große Zielannäherung erreicht.

2.2.2 Systemelemente

Die Systemelemente müssen bei der Analyse eines Systems und bei der Gestaltung eines neuen Systems in verschiedener Hinsicht unterschieden werden, um sie zu bestimmen. Von besonderer Bedeutung sind:

(1) **Art**
In einem System kann entweder eine Art von Systemelementen vorkommen oder es können unterschiedliche Arten vorhanden sein. Die Art der Systemelemente ist durch ihre charakteristische Merkmale und Eigenschaften zu beschreiben.
Beispiel: In einem System "Abteilung" eines Unternehmens können die Mitarbeiter und die Arbeitsplätze die verschiedenen Systemelemente sein.

(2) **Zahl**
Weiterhin wird ein System bestimmt durch die Zahl der Systemelemente jeder einzelnen Elementeart.
Beispiel: Im oben genannten System "Abteilung" sind die Zahl der Mitarbeiter und der Arbeitsplätze bedeutsam.

(3) **Bedeutung**
Die Bedeutung der in einem System enthaltenen Systemelemente kann gleichwertig sein. Der Einfluß der Systemelemente kann aber auch eine wesentlich unterschiedliche Bedeutung haben.
Beispiel: Die Bedeutung von Mitarbeitern und Arbeitsplätzen wird verschieden sein.

Was als ein Systemelement angesehen wird, ist von der Betrachtungsebene abhängig. Aus organisatorischer Sicht ist es nicht mehr sinnvoll, die folgenden Elemente als Untersysteme zu definieren. Sie können als organisatorische Systemelemente bezeichnet werden:

- Aufgaben
- Menschen
- Sachmittel
- Informationen

2.2.3 Systembeziehungen

Systembeziehungen können in zweifacher Hinsicht bestehen:

(1) **Externe Systembeziehungen**
Dies sind Beziehungen zwischen dem System und seiner Umwelt. Da es kaum geschlossene Systeme, d.h. Systeme ohne Beziehungen zu ihrer Umwelt gibt, bestehen üblicherweise Beziehungen dieser Art.

(2) **Interne Systembeziehungen**
Darunter werden Beziehungen zwischen den einzelnen Systemelementen verstanden. Eine Beziehung zwischen zwei Systemelementen liegt vor, wenn der Output eines Elements zum Input eines anderen Elements wird.

Für die Systembeziehungen sind vornehmlich die folgenden **Faktoren** von Bedeutung:

- Art der Systembeziehungen
- Umfang dieser Beziehungen je Art
- Frequenz und Zeitpunkt der Beziehungen
- Richtung der Beziehungen

Systembeziehungen können grundsätzlich zwischen allen der in einem System beteiligten Elemente bestehen. Zur groben Dokumentation dieser Beziehungen bietet sich ihr Ausweis in einer Beziehungsmatrix an:

	Element A	Element B	Element C	Element D	Element E
Systemelement A	-	II	-	III	II
Systemelement B	III	-	-	I	II
Systemelement C	-	I	-	I	IV
Systemelement D	-	-	-	-	II
Systemelement E	V	II	I	III	-

Arten von Beziehungen: I, II, III usw.

2.2.4 Systemverhalten

Das Systemverhalten bedarf eines Beurteilungsmaßstabes. Das Verhalten eines Systems kann nicht immer absolut beurteilt werden. Eine Aussage, daß ein Gewinn von 1 Million DM erzielt wurde, ist als solche nichtssagend. Es bedarf eines Maßstabes, an dem dieser Gewinn gemessen werden kann. Beurteilungsmaßstäbe können nur die Systemziele sein.

Dazu ist es notwendig, daß Systemverhalten und -ziele mit gleichen Maßstäben gemessen werden. Außerdem sollten dazu die Systemziele quantifiziert werden. Die Quantifizierung muß in gleicher Weise erfolgen, in der auch das Systemverhalten zahlenmäßig ermittelt werden kann.

Beispiele: Gewinn, Umsatz und Kosten

Das Systemverhalten ist bei der Gestaltung eines neuen Systems nur bedingt vorher bestimmbar. Während die Systemelemente und die Systembeziehungen weitgehend der Gestaltung des Systementwicklers unterliegen, kann das Systemverhalten nur indirekt, d.h. über die Systemelemente und die Systembeziehungen gestaltet werden.

2.3 Unternehmen als System

Betrachtungsgegenstand der Organisation im Rahmen der Betriebswirtschaftslehre ist das Unternehmen. Unternehmen sind Systeme, die durch die folgende Einordnung charakterisiert werden können:

(1) Da es sich bei Unternehmen überwiegend um konkrete Systemelemente mit erkennbaren Systembeziehungen handelt, kann hier von einem **materiellen System** gesprochen werden.

(2) Ihre Veränderlichkeit in Zeitablauf bestimmen Unternehmen als **dynamische Systeme**.

(3) Das Verhalten eines Unternehmens unterliegt gewissen Wahrscheinlichkeiten. Es ist deswegen als **stochastisches System** zu bezeichnen.

(4) Zahl und Art der Systemelemente und der -beziehungen bedingen die Einordnung von Unternehmen üblicherweise als **hochkomplexe Systeme**.

(5) Natürlich handelt es sich bei einem Unternehmen um ein **künstliches System**.

(6) Ein Unternehmen ist das Paradebeispiel für ein **sozio-technisches System**.

3. Organisation

Wesentliche Merkmale der Strukturierung von Systemen zur Erfüllung von Daueraufgaben - also der Organisation - sind die nachstehenden Punkte:

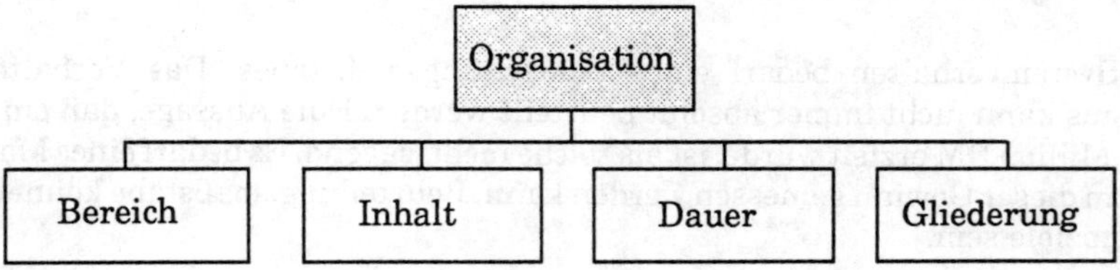

3.1 Bereich

Organisation befaßt sich mit allen Arten von Systemen. Speziell wird ihr Aufgabenbereich bei soziotechnischen Systemen liegen müssen. Soziotechnische Systeme sind dadurch gekennzeichnet, daß sowohl Menschen als auch materielle Objekte an ihnen beteiligt sind.

Besondere Bedeutung hat die Organisation in den Bereichen:
- Wirtschaft
- Staat und öffentliche Verwaltung
- Militär
- Kirchen.

Aber auch in der Familie und bei jedem menschlichen Individuum geht es nicht ohne Organisation: Arbeit und Freizeit werden organisiert.

Für das vorliegende Kompendium ist das Thema begrenzt auf das Gebiet der Betriebswirtschaft. Untersuchungsgegenstand ist folglich die Organisation des Unternehmens. Das bedingt weiterhin, daß hier die praktische Organisation betrachtet werden soll.

3.2 Inhalt

Organisation umfaßt vornehmlich drei Inhalte:

(1) **Theorie**
Die Organisationstheorie ist gekennzeichnet durch:
- Axiome, Hypothesen und Postulate
- Verhaltenserwartungen
- Modelle.

(2) **Gestaltung**
Die Strukturierung eines Systemes muß zunächst gedanklich vorgenommen und dann dokumentiert werden. Es sind eine oder mehrere Konzeptionen zu erarbeiten.

(3) **Realisierung**
Die ausgewählte Organisationskonzeption muß in die betrieblichen Gegebenheiten überführt und durchgesetzt werden.

Die Organisationstheorie ist hier nur soweit zu berühren, wie sie für die praktische Organisation bedeutsam ist.

3.3 Dauer

Ein kennzeichnendes Merkmal der Organisation ist ihre zeitliche Auslegung. Organisation ist auf Lösungen ausgerichtet, die

- auf Dauer ausgelegt sind
- sich auf Daueraufgaben beziehen
- keiner zeitlichen Begrenzung unterliegen.

Nach der zeitlichen Auslegung können folglich unterschieden werden:

(1) **Organisation**
Mit ihr werden dauerhafte Lösungen angestrebt.

(2) **Planung**
Sie bezieht sich auf die zeitlich begrenzte, wiederkehrende Festlegung von Maßnahmen.

(3) **Improvisation**
Zwischenlösungen mit zeitlich stark begrenzter Wirkung werden hier gesucht und realisiert.

Die Auslegung der Organisation auf dauerhafte Lösungen bedingt jedoch nicht, daß solche Lösungen nicht immer wieder in Frage gestellt werden müssen und gegebenenfalls durch bessere Lösungen ersetzt werden.

3.4 Gliederung

Organisation wird sowohl in der Organisationstheorie, als auch in der -praxis in Aufbau- und Ablauforganisation gegliedert.

Die betriebliche Struktur der Organisation sieht in Groß- und Mittelunternehmen meistens eine weitere Strukturierung der Ablauforganisation vor. Diese weitere Untergliederung der Ablauforganisation ist natürlich praxisbetont:

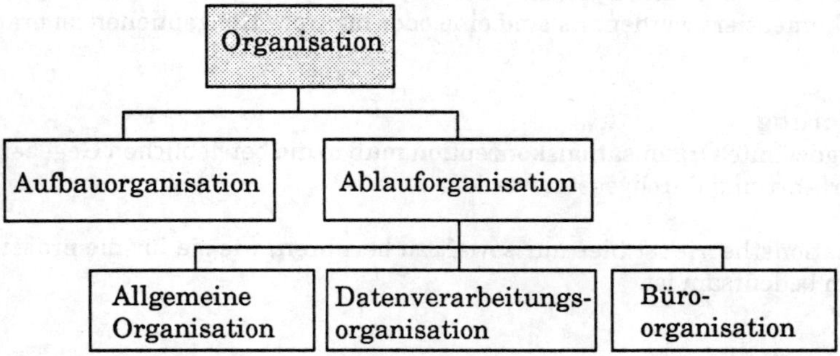

3.4.1 Aufbauorganisation

Die Aufbau- oder Strukturorganisation befaßt sich mit der Strukturierung des Systems "Unternehmen". Hier stehen die Systemelemente im Vordergrund. Das heißt jedoch nicht, daß deswegen die Systembeziehungen unberücksichtigt bleiben können. Eine Gestaltung der Systemelemente ohne Berücksichtigung der Systembeziehungen ist nicht sinnvoll möglich.

Für die Aufbauorganisation (vgl. ausführlich Kapitel C) sind besonders bedeutsam:

(1) **Stellen**
Sie sind die kleinsten organisatorischen Einheiten.
Beispiele: Stab, Instanz, Assistenz

(2) **Beziehungen**
Die Beziehungen zwischen den Stellen müssen gestaltet werden.
Beispiele: Anweisungen, Berichte, Informationen

(3) **Organisationsformen**
Die Gestaltung der Unternehmensstruktur muß nach bestimmten Gesichtspunkten erfolgen.
Beispiele: Stablinienorganisation, Produktmanagement, Matrixorganisation

(4) **Dokumentation**
Die festgelegte Aufbauorganisation muß schriftlich festgehalten werden.
Beispiele: Organisationsplan, Stellenbeschreibung, Funktionendiagramm

Die Aufbauorganisation ist in der Regel eine Vorgabe für die Ablauforganisation.

3.4.2 Ablauforganisation

Bei diesem Teil der Organisation treten die Systembeziehungen in den Vordergrund. Sie sind hier der wesentliche Gestaltungsteil des Systems "Unternehmen". Auch hier gilt es selbstverständlich die Abhängigkeit von Systembeziehungen und -elementen zu berücksichtigen.

In der praktischen Organisationsarbeit ist häufig die Aufbauorganisation eine Vorgabe, so daß sich die Ablauforganisation in dem nicht zu verändernden Rahmen der Aufbauorganisation bewegt.

In der betrieblichen Praxis wird die Ablauforganisation häufig wieder gegliedert. Diese **Gliederung** erfolgt oftmals in **folgende** Organisationsbereiche:

(1) **Allgemeine Organisation**
In diesem Bereich der Organisation werden alle Aufgaben der Ablauforganisation gelöst, die ohne den Einsatz des Computers erledigt werden können. Die Trennung in Datenverarbeitungs- und Allgemeine Ablauforganisation hat sich in der Praxis bewährt, da dadurch die starre Ausrichtung der Organisation auf den Computer umgangen wird.

(2) **Datenverarbeitungsorganisation**
Sie beschäftigt sich mit solchen Organisationsaufgaben, die den Einsatz der elektronischen Datenverarbeitung vorsieht, gleichgültig ob der Computer vollständig oder nur zu einem bestimmten Teil zur Aufgabenerledigung eingesetzt wird.

(3) **Büroorganisation**
Dieser Teilbereich der Organisation ist sachmittelorientiert. Er befaßt sich vornehmlich mit

- Büroplanung
- Arbeitsplatzgestaltung
- Büromaschineneinsatz
- Arbeitsmittelverwendung.

Die Ablauforganisation (vgl. ausführlich Kapitel D) beinhaltet vornehmlich die drei **Hauptaufgaben der ablauforganisatorischen Systementwicklung:**

(1) **Systemanalyse**
Sie dient der Vorbereitung der Planung eines neuen Systems und beinhaltet die Istaufnahme und die Istanalyse.

(2) **Systemgestaltung**
Diese Aufgabe gliedert sich in die Groborganisation, in deren Rahmen ein Systemkonzept erarbeitet wird, und in die Detailorganisation, welche die Ausarbeitung des Systementwurfes in allen Einzelheiten vornimmt. Bei Systemen, welche die elektronische Datenverarbeitung benutzen, gehört zur Systemgestaltung ebenfalls die Programmierung.

(3) **Systemeinführung**
Das organisierte System muß in die betriebliche Realität umgesetzt werden. Dazu sind zunächst Einführungsvorbereitungen erforderlich. An sie schließt sich der Systemanlauf und anschließend die Systemkontrolle an.

3.4.3 Projektorganisation

Organisation als Tätigkeit wurde in den vergangenen Jahren eine zunehmend schwierigere Aufgabe. Der Komplexitätsgrad ist aus verschiedenen **Gründen** erheblich gestiegen:

(1) Die zu organisierenden Systeme, die Unternehmen, wurden in den letzten Jahrzehnten größer und komplexer.

(2) Die von der Organisation eingesetzten Sachmittel wurden wesentlich komplizierter und ihr Einsatzumfang hat sich wesentlich vergrößert. Vor allem der Einsatz des Computers hat die Organisation grundlegend verändert.

(3) Die wissenschaftliche Entwicklung der Organisation schreitet laufend fort. Der Organisationspraxis steht heute eine große Palette von Organisationsmitteln zur Verfügung.

(4) Die erhebliche Bedeutung der Organisation für die Erreichung der Unternehmensziele ist in der Gegenwart fast überall anerkannt. Daraus resultiert, daß

bewußte Organisationsarbeit in immer stärkerem Umfang eingesetzt wird. In immer mehr Bereichen wird in immer größerem Umfang gezielt organisiert.

Um effizient zu organisieren, ist es bei größeren Aufgaben notwendig, die Organisationstätigkeit zu organisieren. Dafür wurde das Schlagwort **"Organisation der Organisation"** benutzt.

So markant dieses Schlagwort auch ist, es hat sich in der betrieblichen Praxis nicht durchgesetzt. Für diesen Sachverhalt wird üblicherweise der Begriff **"Projektorganisation"** gebraucht.

Projekt – Definition:
Einmaliges Vorhaben einer Aufgabenausführung.

Die Einmaligkeit einer Aufgabenausführung ist ein kennzeichnendes Merkmal der Organisation als Tätigkeit. In der Regel werden durch die Organisation nur einmalige Aufgaben gelöst. Üblicherweise ist eine Wiederholung einer organisatorischen Aufgabe zum Zeitpunkt der Auftragserteilung nicht absehbar.

Projekte gibt es selbstverständlich auch in anderen betriebswirtschaftlichen oder in technischen Bereichen. So sind typische Projekte die Errichtung eines Werkes oder die Markteinführung eines neuen Erzeugnisses.

Die Organisation einer organisatorischen Aufgabenausführung ist folglich Inhalt der Projektorganisation.

Gemäß dieser Gliederung der Organisation ergibt sich damit für den Organisationsablauf die nachstehende Struktur:

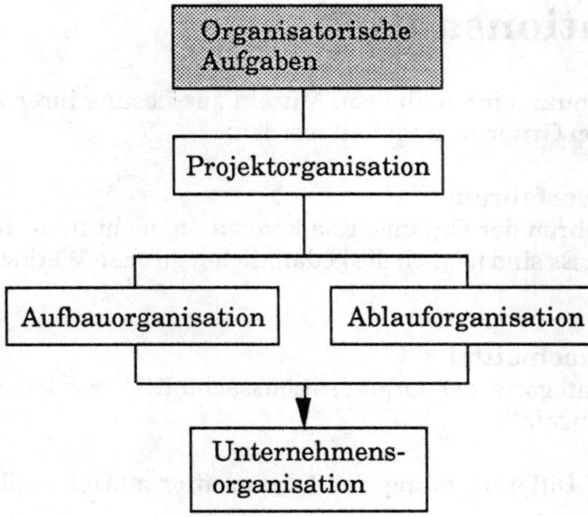

Die Projektorganisation wurde vor den beiden klassischen Organisationsbereichen eingereiht, weil sie in ihrer zeitlichen Folge ebenfalls vor diesen Aufgaben steht.

Die Projektorganisation umfaßt vornehmlich die folgenden Aufgaben:

(1) **Projektauslösung**
Die Auslösung eines organisatorischen Projektes sollte nicht zufällig erfolgen oder vom Fingerspitzengefühl beherrscht sein. Die Auslösung eines organisatorischen Projektes sollte wohl begründet sein.

(2) **Projektgruppe**
Projekte werden häufig von einer Gruppe von Mitarbeitern gemeinsam bearbeitet. Gruppenart, Zahl und Art der Mitarbeiter und der Projektleiter sind für die Projektgruppe wesentliche Merkmale.

(3) **Projektplanung**
Die Planung eines Projektes muß mehrere Planungsaufgaben einschließen: Aufgaben, Personal, Termine, Sachmittel, Kosten und Kontrolle.

(4) **Projektentscheidung**
Die Inangriffnahme eines organisatorischen Projektes setzt eine entsprechende Entscheidung voraus.

(5) **Projektsteuerung und -kontrolle**
Zur wirksamen Durchführung eines Projektes ist es erforderlich das Projekt zu steuern. Diese Projektsteuerung setzt eine Projektkontrolle voraus.

Die Projektorganisation wird im Kapitel B ausführlich behandelt.

4. Organisationsmittel

Die Organisation benutzt eine Reihe von Mitteln zur Lösung ihrer Aufgaben. Diese Mittel können in zwei Gruppen eingeteilt werden:

(1) **Organisationsverfahren**
Unter den Verfahren der Organisation können die nicht-materiellen Mittel verstanden werden. Es sind folglich die gedanklich-logischen Werkzeuge der Organisation.

(2) **Organisationssachmittel**
Unter dieser Kategorie der Organisationssachmittel werden alle materiellen Mittel zusammengefaßt.

Durch eine weitere Differenzierung der Organisationsmittel ergibt sich folgende Gliederung:

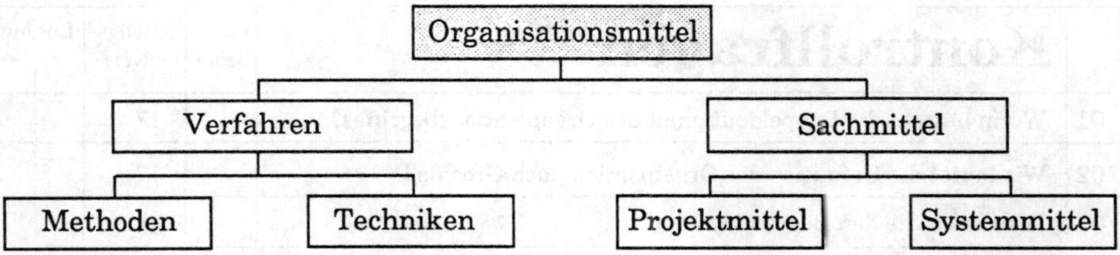

4.1 Verfahren

Die als gedanklich-logische Werkzeuge der Organisation verstandenen Verfahren werden in zwei Gruppen gegliedert:

(1) **Organisationsmethoden**
Die Organisationsmethoden sind die Verfahren zum zielgerichteten Vorgehen bei der organisatorischen Aufgabendurchführung (S*chmidt)*. Sie können zum Teil in allen Organisationsbereichen eingesetzt werden, teilweise sind es spezielle Instrumente der Aufbau-, Ablauf- oder Projektorganisation.
Beispiele: Stufenmethode der Systemgestaltung, Projektplanungsmethoden, Einführungsmethoden.

(2) **Organisationstechniken**
Unter Organisationstechniken werden bestimmte Handlungsweisen zur Lösung von organisatorischen Teilaufgaben verstanden. Sie sind meistens nicht generell, sondern nur in bestimmten Teilbereichen der Organisation einsetzbar.
Beispiele: Entscheidungstabellentechnik, Checklistentechnik, Entscheidungstechniken.

Die Organisationsmethoden regeln die Vorgehenssystematik, während die Organisationstechniken die Hilfsmittel der praktischen Arbeit sind *(Schmidt)*.

4.2 Sachmittel

Die Sachmittel der Organisation werden danach unterschieden, ob sie Mittel sind, mit denen organisiert wird, oder ob mit ihnen das zu gestaltende System ausgestattet wird:

(1) **Projektmittel**
Unter den Projektmitteln können die Sachmittel verstanden werden, die dem Organisator zur Durchführung seiner Organisationsarbeit dienen.
Beispiele: Zeichenschablonen, Tafeln, Computer zum Programmtest.

(2) Systemmittel
Die Systemmittel sind solche Sachmittel, die als Systemelemente in einem System eingesetzt werden.
Beispiele: Schreibmaschinen, Kopiergeräte, Computer zur Buchführung.

Wie die Beispiele ausweisen, können gleiche Sachmittel sowohl als Projektmittel als auch als Systemmittel benutzt werden.

	Kontrollfragen	bearbeitet	Lösungshinweis	Lösung +	Lösung -
01	Worin besteht die Doppeldeutigkeit des Organisationsbegriffes?		17		
02	Wie lautet die Definition der Organisation nach Grochla?		17		
03	Definieren Sie den Begriff "System".		18		
04	Erläutern Sie die Bestandteile eines Systems.		18 f.		
05	Was verstehen Sie unter einer Systemhierarchie?		19		
06	Wie unterscheiden sich Teil- und Untersysteme?		19		
07	Nennen Sie einige Merkmale, nach denen Systeme gruppiert werden können!		20		
08	Was ist ein dynamisches System?		21		
09	Erläutern Sie den Begriff "soziotechnisches System".		22 f.		
10	Unterscheiden Sie die Systemdeterminanten.		23		
11	Wodurch sind die Systemelemente gekennzeichnet?		23 f.		
12	Nennen Sie die Faktoren, in denen sich die Systembeziehungen unterscheiden.		24 f.		
13	Durch welche Systemmerkmale kann das System "Unternehmen" gekennzeichnet werden?		26		
14	In welchen Bereichen ist die Organisation besonders bedeutsam?		27		
15	Welche Inhalte umfaßt die Organisation?		27		
16	Unterscheiden Sie Organisation und Improvisation?		28		
17	Wie gliedert sich die Organisation?		28 ff.		
18	Welche Gesichtspunkte sind für die Aufbauorganisation besonders wichtig?		28 f.		
19	Nennen Sie die Hauptaufgaben der Ablauforganisation.		29 f.		
20	Warum wurde in den letzten Jahren die Organisation zunehmend schwieriger?		30		
21	Erläutern Sie den Begriff "Organisation der Organisation".		31		
22	Was ist ein Projekt?		31		
23	Skizzieren Sie die Struktur des Organisationsablaufes.		31		
24	Nennen Sie die wesentlichen Aufgaben der Projektorganisation.		32		
25	Worin unterscheiden sich Organisationsverfahren und -sachmittel?		32 f.		
26	Skizzieren Sie die Gliederung der Organisationsmittel.		33		
27	Definieren Sie den Begriff "Organisationsmethode".		33		
28	Unterscheiden Sie Organisationsmethoden und Organisationstechniken.		33		
29	Was sind Projektmittel?		33		
30	Nennen Sie Sachmittel, die sowohl Projekt- als auch Systemmittel sein können.		34		

B. Projektorganisation

Die Organisation befaßt sich mit der Strukturierung von Systemen zur Erfüllung von Daueraufgaben. Die in der Projektorganisation zu strukturierenden Systeme sind Projekte, die als einmalige Vorhaben einer Aufgabendurchführung bezeichnet werden. Da üblicherweise eine Reihe von einmaligen Vorhaben bearbeitet werden, wird aus dieser immer wiederkehrenden Aufgabendurchführung von einmaligen Vorhaben eine Daueraufgabe.

1. Begriff

Der Begriff "Projektorganisation" ist wie der Organisationsbegriff zweideutig:

(1) **Strukturierung als Zustand**
Die Projektorganisation gibt der Durchführung von Projekten die erforderliche Struktur. Das geschieht in zweifacher Weise:

- Die Ablaufstruktur eines Projektes wird durch die Projektorganisation vorgegeben.

- Die Projektorganisation ist eine Strukturart der Aufbauorganisation. Es wird dabei auch von Projektmanagement gesprochen.

(2) **Strukturierung als Tätigkeit**
Das Durchführen von Projekten muß organisiert werden. Damit ist die Projektorganisation die Gestaltung von Arbeitssystemen zur Projektdurchführung.

1.1 Projektorganisation

Der Begriff der Projektorganisation stammt aus der betrieblichen Praxis. Die Organisation von größeren Anwendungssystemen der Datenverarbeitung ist beispielsweise komplex und langwierig, so daß es notwendig ist, diese Entwicklung zu organisieren, um effizient zu arbeiten und um das Risiko zu vermindern. Da komplexe Vorhaben, wie die Entwicklung von Datenverarbeitungssystemen, mit Projekt bezeichnet werden, ergab sich zwangsläufig der Begriff der Projektorganisation.

In diesem Sinn wird der Begriff "Projektorganisation" beispielsweise von *Hill/Fehlbaum/Ulrich, Gerhard/Unsinn/Blum* u.a. gebraucht.

Der häufig benutzte Begriff der Projektplanung *(IBM, Bettermann, Richter, Parisini/Wächter, Schmitz* u.a.) nimmt eine Begrenzung auf den Planungsteil der Projektorganisation vor. Zur Projektorganisation gehören aber außer der Planung auch die Projektauslösung, Projektsteuerung und Projektkontrolle.

1.2 Projekt

Die gebrauchte Definition für den Begriff des Projektes: "Einmaliges Vorhaben einer Aufgabenausführung" gilt für jede Art von Projekt.

Beispiele:
- Werkerrichtung
- Einführung eines neuen Erzeugnisses
- Größeres Bauvorhaben
- Umfangreiches Forschungsvorhaben
- Berufsausbildung
- Gründung einer Tochterfirma

Im Vordergrund der Ausführungen über die Projektorganisation stehen verständlicherweise organisatorische Projekte, welche die Gestaltung der Aufbau- oder Ablauforganisation zum Inhalt haben. Die nachstehenden Aussagen gelten jedoch für jede Projektart.

Organisatorische Projekte sind durch folgende **Merkmale** gekennzeichnet:

(1) **Komplexität**
Es kann nur von einem Projekt gesprochen werden, wenn die Aufgabe einen hohen Schwierigkeitsgrad besitzt.

(2) **Einmaligkeit**
Die Aufgabe kehrt in der vorliegenden Form nicht mehr wieder oder ihre Wiederkehr ist nicht absehbar.

(3) **Bedeutung**
Die Aufgabe hat im Hinblick auf die Zielerreichung der Unternehmung einen erkennbaren Einfluß.

(4) **Zeitbegrenzung**
Die Projektaufgabe ist keine Daueraufgabe, sondern sie ist zeitlich befristet.

(5) **Umfang**
Durch die Aufgabe sind verschiedene Bereiche betroffen.

(6) **Risiko**
Die Aufgabenerledigung ist mit Unsicherheit verbunden.

Aus diesen Projektmerkmalen ergibt sich, daß nicht jede organisatorische Aufgabe als Projekt bezeichnet werden kann.

1.3 Phasen

Die Projektorganisation umfaßt folgende **Aufgaben**:

(1) **Projektauslösung**
Ausgehend von der Erkennung eines Problems bis zur Entscheidung, daß ein Projekt geplant werden soll, reicht diese Aufgabenstellung.

(2) **Projektplanung**
In diesem Lösungsschritt wird die Vorgehensweise bei der Problemlösung geplant.

(3) **Projektdurchführung**
Sie beinhaltet die eigentliche Projektarbeit, die Gestaltung eines neuen Systems einschließlich der Projektsteuerung und -kontrolle.

Diese Phasen und die Entscheidungen der Projektorganisation zeigt folgende Darstellung:

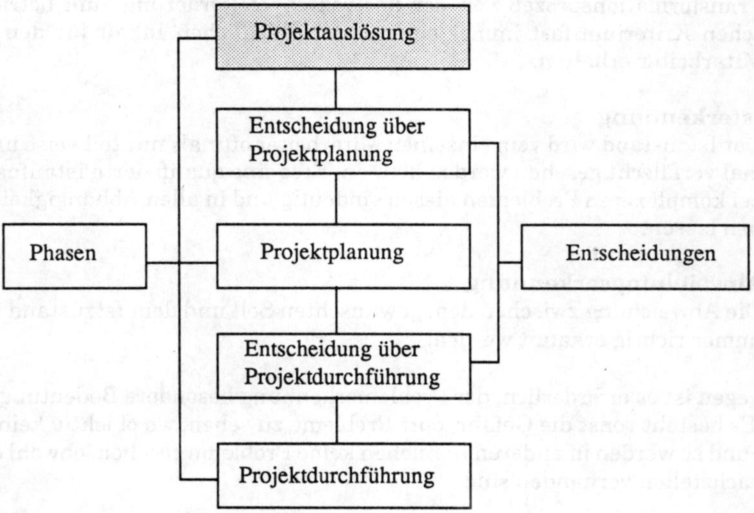

Für Aufgaben der Projektauslösung und der Projektplanung werden auch Begriffe wie "Vorstudie" *(Heinrich, Schmidt, Sommer)*, "Organisationsstudie" *(Bettermann/Richter)* oder "Voruntersuchung" *(Müller-Pleuss)* verwandt.

2. Projektauslösung

Die Inangriffnahme eines organisatorischen Projektes, seine Zurückstellung auf einen späteren Zeitpunkt oder der Verzicht auf seine Durchführung bedarf einer fundierten Entscheidung. Diese Entscheidung darf nicht dem Zufall oder dem Fingerspitzengefühl, subjektiven Kriterien oder Tagesgegebenheiten überlassen werden.

Es ist deswegen erforderlich, einen rationalen Weg zur Auslösung eines Projektes einzuschlagen.

2.1 Problemerkennung

Ausgangspunkt eines organisatorischen Projektes ist das Erkennen eines Problems.

Problem – Definition:
Abweichung zwischen einem gewünschten Soll und dem Istzustand.

Das Erkennen eines organisatorischen Problems ist durch folgende **Problematik** gekennzeichnet:

(1) **Subjektivität**
Das erwünschte organisatorische Soll ist ein subjektives Merkmal. Obwohl es von den Unternehmungszielen abzuleiten ist, wird das organisatorische Soll durch den Transformationsprozeß von der abstrakten Zielforderung zum betriebspraktischen Kriterium fast immer einen unterschiedlichen Inhalt für den einzelnen Mitarbeiter erhalten.

(2) **Isterkennung**
Der Istzustand wird vom einzelnen Mitarbeiter oftmals nur teilweise und manchmal verfälscht gesehen werden können. Erst eine qualifizierte Istaufnahme wird bei komplexeren Problemen diesen eindeutig und in allen Abhängigkeiten erkennen lassen.

(3) **Abweichungserkennung**
Die Abweichung zwischen dem gewünschten Soll und dem Istzustand wird nicht immer richtig erkannt werden.

Deswegen ist es erforderlich, der Problemerkennung besondere Bedeutung zuzumessen. Es besteht sonst die Gefahr, dort Probleme zu sehen, wo objektiv keine gegeben sind, und es werden in anderen Bereichen keine Probleme gesehen, obwohl erhebliche Schwachstellen vorhanden sind.

2.1.1 Schwachstellenanalyse

Die Erkennung organisatorischer Probleme kann bewußt dem Zufall überlassen werden. Dann geht man davon aus, daß bedeutsame Probleme nicht übersehen werden können. Durch das betriebliche Vorschlagswesen wird dazu oftmals ein Anreizsystem zur Erkennung von Problemen geschaffen.

Ihre Ermittlung kann aber auch systematisch betrieben werden. Dazu wird die Schwachstellenanalyse benutzt:

Schwachstellenanalyse – Definition:
Systematische Prüfung zur Erkennung von organisatorischen Problemen.

Aufgabe der Schwachstellenanalyse ist es folglich nicht, Problemlösungen zu finden. Sie soll nur Probleme aufzeigen.

Zur Schwachstellenanalyse werden vornehmlich zwei **Techniken** eingesetzt:

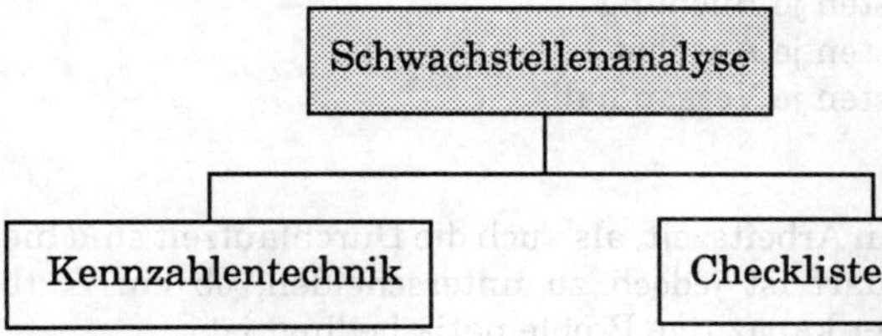

2.1.1.1 Kennzahlentechnik

Die Kennzahlentechnik wird auch mit Kennzahlenuntersuchung bezeichnet.
Für die zu untersuchenden Bereiche oder die Bereiche mit Problemvermutung werden Kennzahlen gebildet. Sie sind so zu wählen, daß sie die üblichen oder vermuteten Problemmerkmale quantitativ interpretieren.

Diese Kennzahlen werden in Bezug gesetzt mit entsprechenden Vergleichskennzahlen. Als **Vergleichskennzahlen** können gewählt werden:

(1) **Sollzahlen**
Solche Vorgabekennzahlen können auf verschiedene Art gebildet werden:
- Normalisierung
- Optimierung
- Simulation.

(2) **Branchendurchschnittswerte**
Für eine größere Zahl von Kennzahlen werden üblicherweise von den Branchenverbänden Durchschnittswerte ihren Verbandsmitgliedern zugänglich gemacht.

(3) **Unternehmenskennzahlen**
Zwischen einer Reihe von Unternehmen finden zwischenbetriebliche Vergleiche statt. Zu diesem Zweck werden hier betriebliche Kennzahlen ausgetauscht.

(4) **Vergangenheitswerte**
Als Vergleichszahlen sind hier die Vormonats- oder Vorjahreszahlen sowie Durchschnittswerte der Vergangenheit gebräuchlich.

Organisatorische Probleme können insbesondere mit folgenden **Kennzahlen** erkannt werden:

(1) **Kosten**
Für die Erkennung von organisatorischen Problemen ist der Anfall von überhöhten Kosten ein typisches Merkmal.

Beispiele: Kostenkennzahlen
- Kosten je Buchung
- Kosten je Angebot
- Kosten je Versandfall

(2) **Zeitbedarf**
Sowohl der Bedarf an Arbeitszeit, als auch die Durchlaufzeit sind hier kennzeichnend. Beim Zeitbedarf ist jedoch zu unterscheiden, ob ein Zeitbedarf durch organisatorische oder kapazitive Problematik bedingt ist.

Beispiele: Zeitbedarfskennzahlen
- Durchlaufzeit bei der Auftragsabwicklung
- Arbeitszeitbedarf für eine Bestellung
- Zeitbedarf zur Erstellung eines Briefes

(3) **Fehlerhäufigkeit**
Der Fehleranfall ist ein weiteres Merkmal, das auf organisatorische Probleme hinweist.

Beispiele: Fehlerkennzahlen
- Zahl der berechtigten Reklamationen je 1.000 versandte Rechnungen
- Zahl der Garantieinanspruchnahmen je 1 Million Umsatz
- Zahl der Fehldispositionen

(4) **Personal**
Der Personaleinsatz in quantitativer und qualitativer Hinsicht kann als weiteres Kriterium für ein organisatorisches Problem benutzt werden.

Beispiele: Personalkennzahlen
- Buchungen je Sachbearbeiter
- Verhältnis Ingenieure zu technischen Zeichnern
- Materialpositionen je Disponenten

(5) **Reibungen**
Unter Reibung sollen alle Merkmale eines Problems subsumiert werden, welche ihre Austragungen im zwischenmenschlichen Bereich haben. Dabei darf natürlich nicht vergessen werden, daß auch hier nur ein Teil der erkannten Unverträglichkeiten ihre Ursache auf organisatorischem Gebiet haben.

Beispiele: Reibungskennzahlen
- Fluktuationsquote
- Beschwerdezahl aus einer Abteilung
- Zahl der Versetzungsanträge

Beim Kennzahlenvergleich ist jedoch zu beachten, daß nicht nur organisatorische Mängel mit dieser Technik ermittelt werden.

2.1.1.2 Checklistentechnik

Unter Checklisten oder Prüflisten wird verstanden:

Checkliste – Definition von *Heinrich:*
Zusammenstellung von logisch abgeleiteten und aus der Erfahrung gewonnenen Fragen, die in ihrer Gesamtheit sicherstellen sollen, daß alle Schwachstellen des Istzustandes erkannt werden.

Bei der Schwachstellenanalyse mit Hilfe der Checklistentechnik werden die Prüffragen einer entsprechenden Checkliste beantwortet. Auf die Vorgehensweise wird im Kapitel D.2.2.2.2 ausführlich eingegangen.

2.1.2 Positive Problemerkennung

Sowohl die Kennzahlen- als auch die Checklistentechnik ist dadurch gekennzeichnet, daß bei ihnen die Probleme durch ihre negativen Auswirkungen gefunden werden. Das ist nicht die einzige Möglichkeit der Problemerkennung. Es kann unterschieden werden:

(1) **Negative Problemerkennung**
Das Problem wird hier dadurch offenbar, daß zwischen dem Ist und dem gewünschten Soll eine negative Abweichung ersichtlich wird.

(2) **Positive Problemerkennung**
Bei dieser Art der Problemerkennung ergibt sich das Problem dadurch, daß das bisherige Soll aufgegeben und durch ein neues Soll ersetzt wird.

Das neue gewünschte Soll kann durch eine **Neuerung** bedingt sein:

(1) **Neue technische Hilfsmittel**
Der technische Fortschritt bewirkt immer wieder neue technische Hilfsmittel, die für organisatorische Aufgabenlösungen benutzt werden können:
- Bürofernschreiben
- Dialogdatenverarbeitung
- Fernkopieren.

(2) **Neue Organisationsverfahren**
Mit Hilfe neuer Organisationsmethoden und -techniken können andere und bessere Lösungen erarbeitet werden:
- Computer Aided Software Engineering (CASE)
- Sprachen der 4. Generation (L4G)
- Prototyping.

(3) **Neue Anwendungsgebiete**
Die Verwendung gegebener Hilfsmittel, Techniken und Methoden in neuen Anwendungsgebieten kann oftmals bessere Lösungen bedingen:
- Dialogdatenverarbeitung als Kommunikationsmittel
- Postleitzahlensystem zur Vertreterorganisation
- Entscheidungstabellen als Istanalysetechnik

Die positive Problemerkennung ist dadurch gekennzeichnet, daß sie sowohl auf die Problemmerkmale als auch auf eine Problemlösung hinweist. Bei der negativen Problemerkennung muß diese Problemlösung erst erarbeitet werden.

2.1.3 Problemkompetenz

Das Erkennen eines organisatorischen Problems durch einen Mitarbeiter genügt jedoch nicht. Vielmehr ist es erforderlich, daß das Problem an kompetenter Stelle erkannt wird. Die Erkenntnis einer Abweichung zwischen dem gewünschten Soll und dem Ist muß weiterhin von einer Stelle erfolgen, welche die Zuständigkeit zu organisatorischen Problemlösungen besitzt. Dazu zählen vornehmlich:

- Geschäftsleitung
- Organisationsleiter
- EDV-Leiter.

In der Praxis kann ein langer Weg zwischen dem Erkennen eines Problems durch einen Mitarbeiter und der Problembehandlung durch eine zuständige Instanz liegen.

2.2. Problemanalyse

Erst durch eine fundierte Untersuchung kann ein organisatorisches Problem in seiner Bedeutung und in seinem Umfang erkannt werden.

Bei der Problemerkennung werden häufig nur die Auswirkungen und nicht die Ursachen gesehen. Deswegen muß das erkannte Problem näher untersucht werden. Diese Untersuchung wird als Problemanalyse bezeichnet:

Problemanalyse – Definition:
Ermittlung der wesentlichen Ausprägungen eines Problems.

Die Problemanalyse umfaßt vornehmlich folgende Punkte:

(1) **Problemdefinition**
Das Problem ist genau zu beschreiben und gegenüber angrenzenden Bereichen abzugrenzen. Diese Abgrenzung kann
- sachlich
- organisatorisch

- zeitlich
- geografisch usw.

erforderlich sein.

Beispiel: Auftragsabwicklung für Produkt C in Abteilung X im Werk M für Kundenbereich 5.000–9.999

(2) **Problembedeutung**
Das Problem ist im Hinblick auf seinen Einfluß auf die Unternehmensziele festzustellen.

Beispiele: Mehrkosten 150.000 DM
Verlängerung der Durchlaufzeit um 3 Arbeitstage
Personalmehrbedarf von 2 Arbeitskräften

(3) **Problemursache**
Die Ermittlung der Problemursache ist besonders wichtig, da sie Aussagen über die Problemlösung, die Problembedeutung und die Problemaktualität machen kann.
Kepner / Tregoe empfiehlt für die Ermittlung der Problemursache folgendes Vorgehen:

- **Schritt 1:** Beschreibung des IST auf Grund folgender Fragen

1.	WAS –	Was bereitet Sorgen. Was macht Ärger.
2.	WO –	An welchen Stellen, Orten, Objekten tritt das Problem auf.
3.	WANN –	Wann trat es auf. Wann traten Wiederholungen auf.
4.	AUSMASS –	Welches Ausmaß hatten die Abweichungen. Wieviele sind betroffen.

- **Schritt 2:** Beschreibung des IST-NICHT mit den gleichen Fragen

		IST	IST NICHT
Darstellung	WAS	Produkt B Funktionsmängel	Produkt A, C u. D
Ort	WO	Maschine 4711	Maschine 4712
Zeit	WANN	1. Schicht	2. u. 3. Schicht
Ausmaß	WIEVIEL	25 %	4 % (normal)

- **Schritt 3:** Ermittlung der Besonderheiten
  Durch die Frage: "Was unterscheidet das IST vom IST-NICHT" werden die Besonderheiten ermittelt.

- **Schritt 4:** Ermittlung der Veränderungen bei den Besonderheiten
  Durch gezieltes Fragen werden die Veränderungen bei den Besonderheiten ermittelt: "Was hat sich bei den Besonderheiten verändert oder ist eine Besonderheit gleichzeitig eine Veränderung?"

- **Schritt 5:** Entwicklung von Ursachen
  Die möglichen Ursachen für die erkannten Veränderungen werden gesammelt.

- **Schritt 6:** Prüfung der Ursachen
  Die ermittelten Ursachen werden im Hinblick auf die wahrscheinliche Ursache geprüft: "Wenn das die Ursache ist, warum trifft sie dann für das IST zu und nicht für das IST-NICHT."

(4) **Problemlösung**
Die intensive Beschäftigung mit dem Problem bei der Problemanalyse lassen häufig, besonders bei der Ermittlung der Problemursachen, Lösungsansätze erkennen. Solche Lösungsansätze sollten schon im Rahmen der Problemanalyse zu einem oder mehreren groben Lösungskonzepten ausgearbeitet werden.

(5) **Problemlösungsnutzen**
Werden bei der Problemanalyse bereits Problemlösungen gefunden, so sollte überschlägig der Nutzen der Problemlösung geschätzt werden. Eine genauere Ermittlung wird in dieser Phase üblicherweise noch nicht möglich sein.

Das Ergebnis der Problemanalyse kann in verschiedener Form dokumentiert werden:
- Analysebericht
- Projektantrag
- Entwurf eines Organisationsauftrages.

Bevor darüber entschieden werden kann, ob ein Projekt geplant werden soll, ist es erforderlich, das Projekt zu definieren.

2.3 Projektdefinition

Ausgangspunkt einer Projektdefinition sind Ergebnisse der Problemanalyse.

Ein Projekt kann ganz auf das oder die Probleme bezogen werden, die mit der Problemanalyse ermittelt wurden; ein Projekt kann aber auch abweichend von den Ergebnissen der Problemanalyse definiert werden:

(1) Zusätzliche Aufgaben werden in das Projekt einbezogen
(2) Teilprobleme werden aus dem Projekt ausgeklammert

Mit der Projektdefinition werden nicht nur die Aufgaben festgelegt, die durch das Projekt gelöst werden müssen, sondern es sollten hier auch die Ziele des Projektes vorgegeben werden:

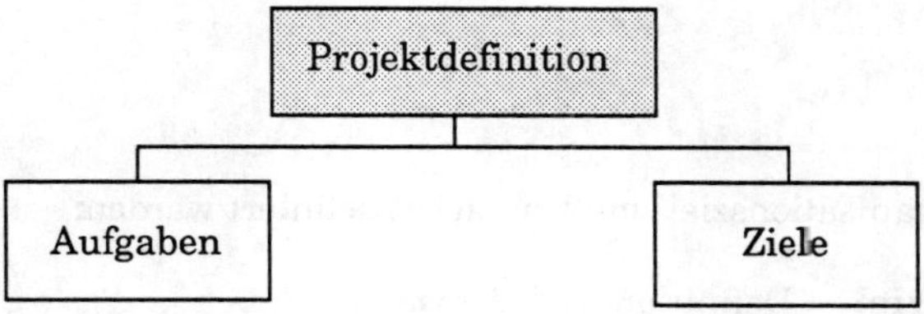

Während die Projektaufgaben den Sachinhalt eines Projektes bestimmen, werden durch die Projektziele die Aspekte definiert, unter welchen die Projektaufgaben gelöst werden sollen:

Beispiele:

Projektaufgaben	Projektziele
Auftragsabwicklung Berichtssystem Lohnrechnung	Kostenminderung Informationsverbesserung Schnelligkeit, Fehlerfreiheit

2.3.1 Aufgaben

Für ein Projekt sind dessen Aufgaben möglichst genau festzulegen, damit sowohl die Planung wie auch die Durchführung aufgabengerecht vorgenommen werden kann. Die "Genauigkeit" der Festlegung bezieht sich dabei nicht auf den Grad der Detaillierung, sondern vornehmlich auf die Aufgabenabgrenzung.

Bezogen auf die sachlichen Festlegungen sind die Projektaufgaben deswegen oftmals in verschiedener Hinsicht abzugrenzen:

(1) **Bereich**
Es sind die organisatorischen Stellen zu bestimmen, für welche das Projekt ausgeführt werden soll.

(2) **Inhalt**
Organisatorische Aufgaben können sich auf verschiedene Inhalte beziehen:
- Aufbauorganisation
- Ablauforganisation
- Büroorganisation

Deshalb ist es erforderlich, den Inhalt des Projektes abzugrenzen.

(3) **Sachmittel**
Ist die Aufgabe mit bestimmten Sachmitteln zu lösen, beispielsweise mit dem Großcomputer oder mit einem Personalcomputer, so ist dies in der Aufgabenstellung ebenfalls entsprechend festzulegen.

2.3.2 Ziele

Der Begriff "Organisationsziel" muß zunächst definiert werden:

Organisationsziel – Definition nach *Mayntz:*
Vorstellung von dem, was von der Organisation erreicht oder bewirkt werden soll.

Die Organisationsziele müssen aus den Unternehmenszielen abgeleitet werden.

Für ein gegebenes Problem stehen natürlich die Problemmerkmale zunächst im Mittelpunkt der Zieldefinition. Da diese Problemmerkmale an der Differenz zwischen dem Ist und dem gewünschten Soll erkannt worden sind, dieses Soll aber letztendlich ebenfalls die Unternehmensziele beinhaltet, muß sich aus beiden Betrachtungsrichtungen eine identische Zieldefinition ergeben.

Häufig werden folgende Organisationsziele angestrebt:

Beispiele: Organisationsziele
- Kostenminderung
- Personaleinsparung
- Verkürzung der Durchlaufzeit
- Verbesserung der Berichterstattung
- Minderung der Bearbeitungsfehler
- Anwendung effizienter Techniken
- Verbesserung der Unternehmenstransparenz
- Humanisierung der Arbeit

Werden durch ein Projekt mehrere Ziele angestrebt, so ist es erforderlich, eine Prioritätsregelung für diese Ziele vorzugeben.

Die Projektziele bedürfen einer eindeutigen Formulierung. Soweit wie möglich sollten die Ziele durch Zahlenwerte festgelegt werden. Man spricht dabei von einer "Quantifizierung" der Zielvorgaben.

Beispiele: Quantitative Organisationsziele
- Kostenminderung auf 220.000 DM p.a.
- Personaleinsparung von 3 Mitarbeitern
- Verkürzung der durchschnittlichen Durchlaufzeit auf 3,5 Arbeitstage

Für einige Ziele ist keine Quantifizierung möglich, so beispielsweise für die Verbesserung der Unternehmenstransparenz oder die Humanisierung der Arbeit.

2.4 Problemlösung

Die Entscheidung, ob eine organisatorische Problemlösung angegangen werden soll, setzt natürlich das Vorliegen der

- Ergebnisse der Problemanalyse
- Projektdefinition

voraus.

Nach deren Vorliegen empfiehlt es sich jedoch nicht, eine unmittelbare Entscheidung über eine Projektplanung zu treffen. Denn dies würde bedeuten, daß das Problem isoliert und nicht im Gesamtrahmen aller organisatorischen Probleme betrachtet werden würde.

Es empfiehlt sich vielmehr in regelmäßigen Abständen eine gemeinsame Beurteilung aller anstehenden organisatorischen Probleme vorzunehmen. Diese Beurteilung kann als **Problemkonferenz** bezeichnet werden.

Mehrere Gründe sprechen für eine Problemkonferenz:

- Die anstehenden Probleme können in ihrer unterschiedlichen Bedeutung und in ihrer Abhängigkeit beurteilt werden.
- Die zeit-räumliche Konzentration aller Problemberührten einschließlich der Entscheidungsträger läßt bessere Entscheidungen erwarten.
- Die organisatorischen Probleme erhalten das ihnen angemessene Gewicht.

Ein vierteljährlicher Turnus für Problemkonferenzen empfiehlt sich.

Voraussetzung für den Erfolg einer Problemkonferenz ist ihre gute Vorbereitung. Dazu gehört vor allem die Durchführung einer **Probleminventur**.

Probleminventur – Definition:
Bestandsaufnahme aller erkannten Probleme.

Die Probleminventur wird sich vornehmlich mit den folgenden Punkten zu befassen haben:

- Ermittlung aller aktuellen oder potentiellen Probleme.
- Erarbeitung einer Problemanalyse für diejenigen Probleme, für welche eine solche Analyse noch fehlt.
- Aktualisierung der Ergebnisse zeitlich länger zurückliegender Problemanalysen.
- Ausarbeitung der Projektdefinition, soweit diese nicht vorliegt.
- Wertung aller Probleme im Gesamtzusammenhang.

Das Ergebnis der organisatorischen Problemkonferenz für ein Problem kann folgenden Inhalt haben:

(1) Die Problembedeutung wird gering geschätzt, deswegen wird auf eine Problemlösung verzichtet.

(2) Die Lösung des Problems wird zurückgestellt. Dafür können folgende Gründe maßgebend sein:
- Kapazität zur Problemlösung ist nicht verfügbar.
- Empfehlenswerte Problemlösungen sind nicht ersichtlich.
- Eine Lösungsimprovisation wird zunächst als ausreichend angesehen.

Zurückgestellte Problemlösungen müssen auf der nächsten Konferenz erneut behandelt werden.

(3) Die Lösung des Problems wird in Angriff genommen.

Die letzte Entscheidungsart überführt nun das Problem in ein Projekt. Das bedingt, daß nun der Prozeß der Projektplanung einsetzen muß (vgl. Kapitel 4).

3. Projektgruppe

Organisationsaufgaben können entweder von einem Mitarbeiter ("Einzelkämpfer") oder von einer Mitarbeitergemeinschaft gelöst werden. Man spricht dann von einem **Projektteam** oder einer **Projektgruppe**.

Gegen die Bearbeitung eines Projektes ausschließlich durch einen Mitarbeiter sprechen eine Reihe von gewichtigen Gründen:

- Bei Großprojekten wird die Zeitdauer für die Projekterledigung zu lang.
- Ein Mehrfach-Fachmann, der als "Einzelkämpfer" auf allen relevanten Aufgabengebieten eines Projektes alle notwendigen Kenntnisse und Erfahrungen besitzt, ist häufig nicht verfügbar.
- Das Projektrisiko des Personalausfalls ist bei einem "Einzelkämpfer" wesentlich größer.
- Die vom Projekt betroffenen Stellen können nicht direkt an der Projektarbeit beteiligt werden.
- Subjektive Einflüsse können die Projektlösung stark ausprägen.
- Eine Gruppe ist meistens kreativer als der Einzelne.

Deswegen wird bei der Lösung von Projekten überwiegend eine Projektgruppe eingesetzt:

Projektgruppe – Definition:
Personenmehrheit, die gemeinsam und überwiegend hauptamtlich eine Projektlösung erarbeitet.

Wesentliche **Merkmale** der Projektgruppe sind:

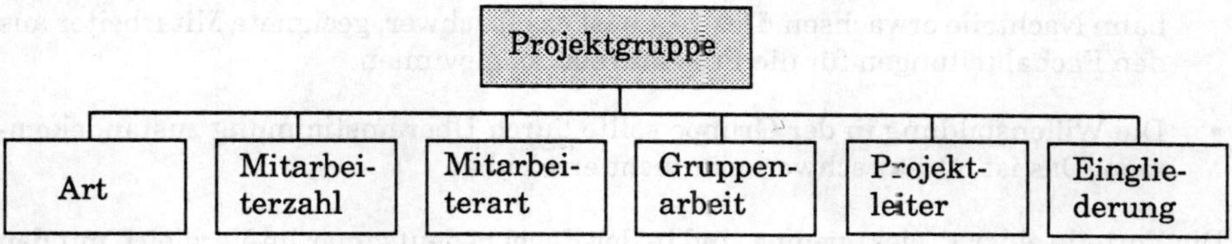

Diese Merkmale müssen für jede Projektgruppe geplant werden. Maßgebend für diese Planung sind:

- Projektaufgabe und ihre Komplexität
- Leistungserfordernis zur Aufgabenlösung
- Notwendigkeit unterschiedlicher Fachkenntnisse
- Einbeziehung der Fachabteilungen in die Projektarbeit
- Erfahrung mit der Projektgruppenarbeit

Aus der Arbeit von Projektgruppen resultieren eine Reihe von **Vorteilen:**

- Da üblicherweise sowohl Organisatoren und Mitarbeiter der Fachabteilungen in der Projektgruppe beteiligt sind, ergibt sich für das Projekt eine gemeinsame Verantwortung.

- Die Koordination einer Projektgruppe ist einfach.

- In die Projektgruppe können Spezialisten für besondere Aufgaben aufgenommen werden.

- Der Einsatz von unternehmensfremden Beratern erfolgt in der Projektgruppe in der Regel problemlos.

- Das Risiko einer von einer Personenmehrheit getragenen Lösung ist üblicherweise geringer.

- Die Einbeziehung verschiedenster Fachbereiche, Hierarchiestufen, Fachkenntnisse usw. in einer Projektgruppe ist der Systemlösung förderlich.

- Über die vorhandenen Kompetenzstrukturen hinweg kann kooperiert werden.

- Eine Gruppe ist meistens kreativer.

Daneben gibt es natürlich ebenfalls eine Reihe von **Nachteilen** bei der Arbeit mit Projektgruppen:

- In größeren Projektgruppen kann die Kommunikation innerhalb der Gruppe sehr zeitaufwendig werden.
- Es besteht die Gefahr der Bürokratisierung der Projektgruppenarbeit.
- Es wird befürchtet, daß für die Projektmitarbeiter in ihrer weiteren Berufslaufbahn Nachteile erwachsen. Deswegen ist es oft schwer, geeignete Mitarbeiter aus den Fachabteilungen für die Projektarbeit zu gewinnen.
- Die Willensbildung in der Gruppe sollte durch Übereinstimmung zustandekommen. Das ist oft nur schwer oder nicht erreichbar.

Die Vorteile einer Projektgruppe sind in der Regel bedeutsamer im Vergleich mit den Nachteilen.

3.1 Begriff

Das Bearbeiten von Aufgaben in einer Gruppe von Mitarbeitern erfolgt üblicherweise in zwei Formen:

(1) **Ausschuß oder Kollegium**
Mit beiden Formen werden vornehmlich Beratungs-, Entscheidungs- und Kontrollaufgaben gelöst. Die Mitglieder arbeiten nebenamtlich und teilzeitlich. Ihre Haupttätigkeit bleibt durch die Mitarbeit unberührt.

(2) **Projektgruppe**
Eine Projektgruppe bearbeitet Sonderaufgaben. Ihre Mitarbeiter sind überwiegend vollzeitlich und hauptamtlich tätig.

Projektgruppen lösen gemeinsam die Projektaufgaben unter Anstrebung der vorgegebenen Ziele. Die gemeinsame Aufgabenlösung in einer Projektgruppe bedeutet jedoch nicht, daß alle Arbeiten gemeinsam im Team ausgeführt werden. Es bedeutet vielmehr die Abstimmung aller Arbeitsergebnisse in der Gruppe. Die Projektgruppe ist gemeinsam für ihre Arbeitsergebnisse verantwortlich.

3.2 Projektgruppenart

Von besonderer Bedeutung ist die Unterscheidung der Projektgruppen entsprechend den nachstehenden **Merkmalen:**

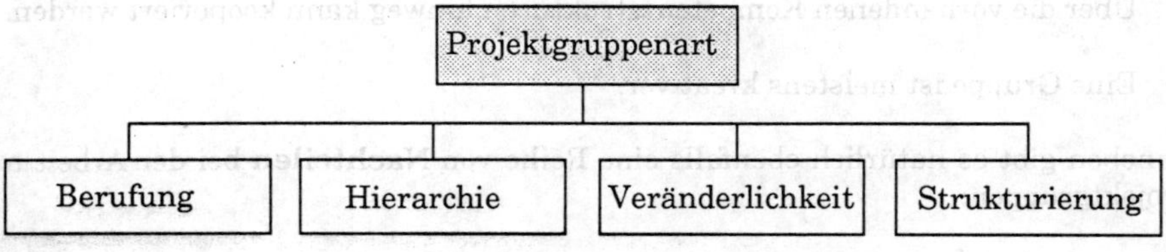

3.2.1 Berufung

Im Hinblick auf die Art der Berufung von Projektgruppen wird unterschieden *(Schwarz):*

(1) **"Project-Organization"**
Hier werden die Projektgruppen institutionell gebildet, d.h. für Projekte im Rahmen der Organisationsarbeit wird immer oder meistens mit Projektgruppen gearbeitet. Die Zusammensetzung der einzelnen Projektgruppen ändert sich jedoch von Projekt zu Projekt.

(2) **"Task-Force"**
Diese Projektgruppen werden aus besonderem Anlaß gebildet. Diese Form der Projektgruppe wird nur dann angewandt, wenn im Rahmen der bestehenden Organisation eine effiziente Lösung eines organisatorischen Projektes nicht erreichbar scheint.

Wesentlicher Unterschied beider Arten von Projektgruppen ist folglich der regelmäßige oder "zufällige" Einsatz dieser Art der Problembearbeitung.

3.2.2 Hierarchie

Hinsichtlich der Führungsstruktur von Projektgruppen können zwei Arten unterschieden werden:

(1) **Hierarchiefreie Projektgruppe**

Bei dieser Form der Projektgruppe sind alle Gruppenmitglieder gleichberechtigt. Das bedeutet, daß es keinen von außen legitimierten Projektleiter gibt.

Es wird bei der hierarchiefreien Projektgruppe davon ausgegangen, daß erst die Aufhebung aller Kompetenzen eine unbehinderte und offene Kooperation zuläßt. Dieser Form der Zusammenarbeit wird eine verstärkte Aufgabenidentifikation und damit größere Effizienz für solche Projekte zugeschrieben, bei denen die Kreativität im Vordergrund steht.

Ergeben sich während der Gruppenarbeit Koordinations- oder Vertretungsaufgaben nach außen, so werden diese von der Gruppe zeitlich begrenzt auf einzelne Gruppenmitglieder übertragen.

(2) **Hierarchische Projektgruppe**

Bei dieser Form der Projektgruppe gibt es einen Projektvorgesetzten, der mit bestimmten Kompetenzen und Verantwortlichkeiten hinsichtlich der Aufgabenlösung und der Projektdurchführung ausgestattet ist.

Die Befugnisse eines "Vorgesetzten" der Projektgruppe können unterschiedlich bestimmt sein:

- Gruppensprecher
- Gruppenkoordinator
- Gruppenleiter
- Projektleiter

Hat der "Projektvorgesetzte" nur die Funktion eines Gruppensprechers oder -koordinators, so handelt es sich um Gruppenarten, die zwischen der hierarchiefreien und hierarchischen Projektgruppe einzuordnen sind.

Die Gruppenleitung schließt die Personalverantwortung für die Gruppe ein. Für die sachliche Aufgabenlösung ist die Gruppe jedoch insgesamt verantwortlich.

Die Projektleitung umfaßt neben der Personalverantwortung auch die Ergebnisverantwortung.

Der Einsatz einer hierarchiefreien Projektgruppe empfiehlt sich für solche Projekte, bei denen die Kreativität eine wesentliche Bedeutung besitzt. Hierarchische Projektgruppen eignen sich besonders für solche Projekte, die mit Durchführungsaufgaben betraut sind.

3.2.3 Veränderlichkeit

Projektgruppen können im Hinblick auf die Zahl und die Person der Gruppenmitglieder fix oder veränderbar sein.

(1) **Geschlossene Projektgruppe**
Bei dieser Art einer Projektgruppe ist geplant, daß von Anfang bis zum Ende die Mitarbeiter des Projektes gleich sind, sowohl hinsichtlich ihrer Zahl als auch ihrer Person.

(2) **Offene Projektgruppe**
Die Zusammensetzung dieser Projektgruppe ändert sich im Laufe der Projektabwicklung. Jeweils für die einzelnen Phasen in der Projektarbeit werden unterschiedliche Mitarbeiter und diese in unterschiedlicher Zahl zur Projektarbeit eingesetzt.

Beispiel: Mitarbeiterart und -zahl einer EDV-Projektgruppe

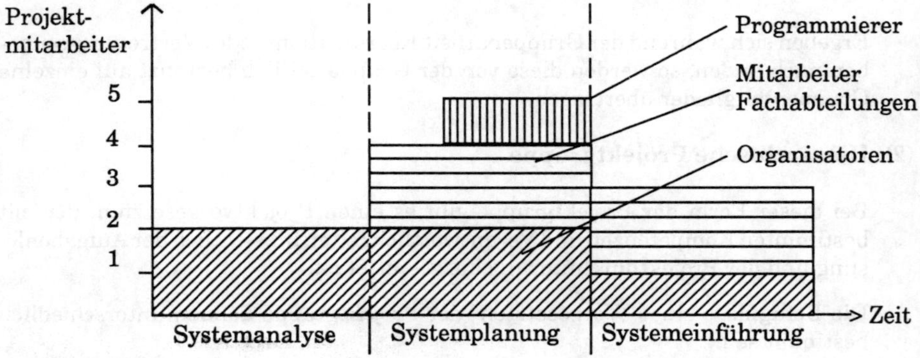

3.2.4 Strukturierung

Projektgruppen können unterschiedlich gegliedert werden:

(1) **Unstrukturierte Projektgruppen**
Die Projektgruppe erarbeitet gemeinsam und ohne daß sie weiter gegliedert ist die Problemlösung.

(2) **Projektuntergruppen**
Die Projektgruppe wird in diesem Fall in Untergruppen gegliedert.

(3) **Teilprojektgruppen**
Da die Anforderungen im Ablauf eines Projektes sehr unterschiedlich sein können, werden für die einzelnen Projektphasen unabhängige Projektgruppen gebildet. Hier wird das Projekt für mehrere Gruppen strukturiert.

Daraus ergibt sich folgende **Gliederung für Projektgruppen:**

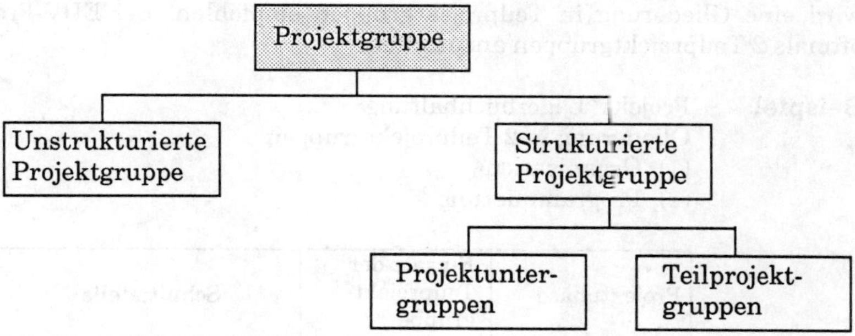

3.2.4.1 Projektuntergruppen

Für Unterprojekte werden Projektuntergruppen überwiegend aus den Mitarbeitern der Projektgruppe gebildet. Beispielsweise befassen sich die 6 Mitarbeiter einer Projektgruppe mit 2 Unterprojekten in der Form, daß zwei Projektuntergruppen zu je 3 Mitarbeitern gebildet werden.

Die Koordination erfolgt in einer hierarchischen Projektgruppe durch die Projektleiter. Bei nicht hierarchisch strukturierten Projektgruppen erfolgt sie entweder über einen beauftragten Koordinator oder die Projektuntergruppen koordinieren sich direkt.

Beispiel: Projekt "Lagerbuchhaltung"
Gliederung in 2 Projektuntergruppen:
(1) Bestandsrechnung
(2) Lagerwirtschaft

3.2.4.2 Teilprojektgruppen

Im Gegensatz zu Projektuntergruppen werden hier für ein Projekt mehrere Projektgruppen gebildet, die unabhängig voneinander sind und die jeweils eine andere Zusammensetzung haben.

Die Gliederung erfolgt überwiegend in Abhängigkeit von den einzelnen Projektphasen. Für jede Projektphase

- Systemanalyse
- Systemplanung
- Systemeinführung

können beispielsweise Teilprojektgruppen gebildet werden, die ihre Arbeitsergebnisse nach Lösung ihrer Aufgaben einer anderen Teilprojektgruppe übergeben, welche die folgende Projektphase übernimmt.

Insbesonders bei sehr unterschiedlichen Anforderungen an die Projektmitarbeiter wird eine Gliederung in Teilprojektgruppen empfohlen. Bei EDV-Projekten sind oftmals 2 Teilprojektgruppen anzutreffen:

Beispiel: Projekt “Lagerbuchhaltung”
Gliederung in 2 Teilprojektgruppen
(1) Organisation
(2) Programmierung

Projektphase	Einsatz der Teilprojekt-gruppe	Schnittstelle
Systemanalyse	Organisation	
Systementwurf	Organisation	Ausführungsreife Programmvorgabe
Program-mierung	Program-mierung	Ausgetestete Programme
System-einführung	Organisation	

3.3 Mitarbeiterzahl

Die Zahl der Mitarbeiter einer Projektgruppe ist von einer Reihe von Faktoren abhängig:

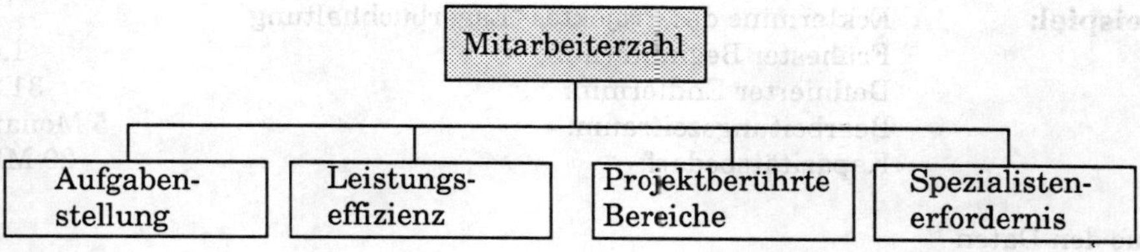

Daß daneben noch weitere Faktoren im Einzelfall maßgebend sein können, braucht nicht besonders betont zu werden. So bestimmt in der Praxis häufig die Verfügbarkeit oder Nichtverfügbarkeit von Mitarbeitern mit bestimmten Qualifikationen die Mitarbeiterzahl einer Projektgruppe.

3.3.1 Aufgabenstellung

Die Aufgabenstellung ist in quantitativer und qualitativer Hinsicht maßgebend für die Zahl der Gruppenmitarbeiter. Im Kapitel 4.3.1 wird der qualitative Aspekt behandelt.

Die Lösung einer organisatorischen Aufgabenstellung bedarf einer bestimmten quantitativen Lösungskapazität. Als Maßeinheit werden benutzt:
- Manntag (MT)
- Mannmonat (MM)
- Mannjahr (MJ).

Ein Mannmonat kann beispielsweise so definiert werden:

Mannmonat – Definition
Personalkapazitive Maßeinheit, welche die Durchschnittsleistung eines Mitarbeiters in der Normalarbeitszeit eines Monats ausweist.

Die Ermittlung des Kapazitätsbedarfes für die Erarbeitung einer Projektlösung erfolgt im Rahmen der Projektplanung mit verschiedenen Verfahren. Ergebnis eines solchen Verfahrens kann folgendes Beispiel sein:

Beispiel: Kapazitätsbedarf für das Projekt "Lagerbuchhaltung"

Organisation	12	MM
Programmierung	8	MM
Projektbedarf	20	MM

Die Aufgabenstellung eines Projektes wird üblicherweise neben dem quantitativen Kapazitätsaspekt auch einen Endtermin einschließen. Durch die Definition eines Endtermines ergibt sich eine Zeitspanne für die Projektdurchführung vom frühesten Beginntermin und dem definierten Endtermin. Der früheste Beginntermin ist entweder "Heute" oder "Heute plus einer Zeitspanne".

Beispiel: Ecktermine des Projektes "Lagerbuchhaltung"

Frühester Beginntermin:	1.4.
Definierter Endtermin:	31.8.
Bearbeitungszeitraum:	5 Monate
Kapazitätsbedarf:	20 MM

Aus den Daten

- Bearbeitungszeitraum
- Kapazitätsbedarf

ergibt sich rechnerisch eine minimale Mitarbeiterzahl. Im Beispiel werden durchschnittlich 4 Mitarbeiter für dieses Projekt benötigt.

Daneben kann entsprechend der nachstehenden Abbildung für dieses Beispiel auch mit einer größeren Zahl von Projektmitarbeitern dieses Projekt geplant werden:

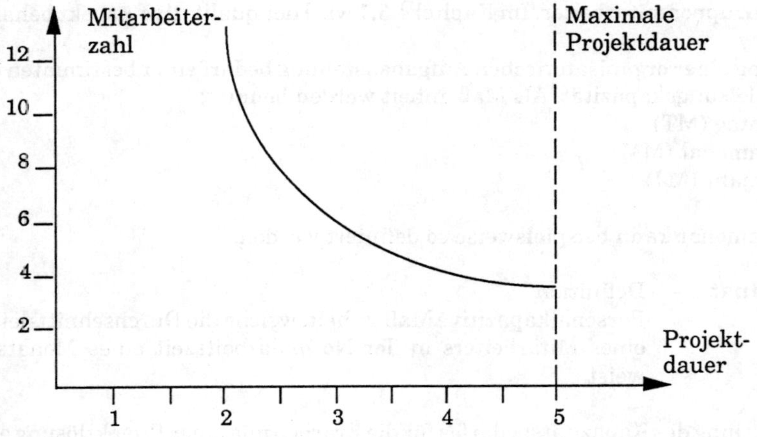

Zusammenfassend ergeben sich aus der Aufgabenstellung für ein Projekt vornehmlich 2 Parameter im Hinblick auf die Mitarbeiterzahl der Projektgruppe:

- Kapazitätsbedarf
- Ecktermine

Aus diesen Daten ergibt sich rechnerisch die minimale Zahl der Mitarbeiter einer Projektgruppe. Die optimale Mitarbeiterzahl hängt von anderen Faktoren ab.

3.3.2 Leistungseffizienz

Die Leistung einer Projektgruppenarbeit wird wesentlich durch ihre Mitarbeiterzahl bedingt. Beide **Extreme**

- Projektgruppe mit sehr wenigen Mitarbeitern (beispielsweise 2 oder 3 Mitarbeiter)
- Projektgruppe mit einer Vielzahl von Mitarbeitern (z.B. 12 oder 15 Mitarbeiter)

weisen erhebliche **Nachteile** aus. Gegen sehr wenige Mitarbeiter sprechen vornehmlich:

- Lange Projektdauer
- Spezialisten können nicht in die Gruppe aufgenommen werden.
- Alle projektberührten Bereiche können nicht in die Projektarbeit einbezogen werden.

Gegen den Einsatz großer Mitarbeiterzahlen in einer Projektgruppe sprechen insbesondere folgende Gründe:

- Koordinationsschwierigkeiten
- Kommunikation in der Gruppe ist erschwert.
- Projektarbeit neigt zur Bürokratisierung.

Als optimale **Mitarbeiterzahl einer Projektgruppe** wird üblicherweise 3 bis 6 Mitarbeiter angesehen. Bei dieser Mitarbeiterzahl wird die höchste Leistungseffizienz erwartet. Strukturierte Projektgruppen können auch eine etwas größere Mitarbeiterzahl aufweisen.

3.3.3 Projektberührte Bereiche

Jeder organisatorische Bereich, für den durch die Projektlösung eine organisatorische Umgestaltung vorgesehen ist, sollte in der Projektgruppe mitarbeitend vertreten sein. Dafür sprechen mehrere **Gründe**:

(1) Die Kenntnisse und Erfahrungen jedes berührten Bereiches sollten bei der Projektarbeit genutzt werden.
(2) Die von der Umgestaltung betroffenen Bereiche sollen die Mitverantwortung für die neue Lösung tragen.
(3) Durch die Mitarbeit in der Projektgruppe sollen die Fachbereiche für die neue Lösung motiviert werden.

Voraussetzung für die Mitarbeit in einer Projektgruppe durch einen Mitarbeiter für jeden berührten Fachbereich ist natürlich eine entsprechende Größe der Projektgruppe. Größere Projekte können es deswegen notwendig machen, um die leistungseffizienteste Mitarbeiterzahl nicht zu sehr zu überschreiten, daß ein Teil der Fachbereichsmitarbeiter nur in Projektuntergruppen mitarbeiten.

3.3.4 Spezialistenerfordernis

Der Einsatz von Spezialisten muß dann erfolgen, wenn durch die Projektgruppe Aufgaben bearbeitet werden müssen, die das Können und/oder die Erfahrung der Gruppenmitglieder überschreiten.

Beispiel: Einsatz von Spezialisten
- Arbeitsplatzgestaltung
- Textverarbeitung
- Datenbankorganisation

Der Einsatz von Spezialisten wird üblicherweise nur in zeitlich geringem Umfang in der Projektgruppe erfolgen.

3.4 Mitarbeiterart

Der Einsatz bestimmter Mitarbeiterarten in einer Projektgruppe muß vornehmlich in drei Hinsichten betrachtet werden:

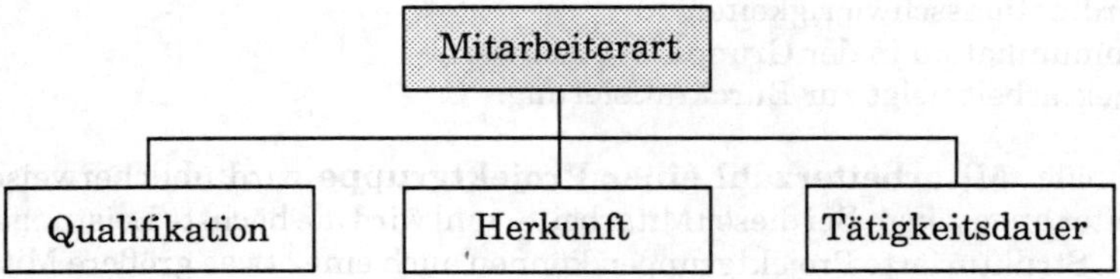

3.4.1 Qualifikation

Hinsichtlich des erforderlichen Könnens und der notwendigen Erfahrung für die Mitarbeit in einer organisatorischen Projektgruppe, müssen **zwei Arten von Qualifikationen** unterschieden werden:

(1) **Systemqualifikation**
Unter der Systemqualifikation werden Kenntnisse und Erfahrungen verstanden, die im Bereich der Projektaufgabe, also in dem zu gestaltenden System liegen. Für eine Projektaufgabe im System "Buchhaltung" haben folglich die in der Buchhaltung beschäftigten Buchhalter eine entsprechende Systemqualifikation.

(2) **Projektqualifikation**
Die Projektqualifikation umfaßt solche Kenntnisse und Erfahrungen, die zur Organisation des neuen Systems benötigt werden:
- Organisationsmethoden
- Organisationstechniken.

Diese Qualifikationen werden überwiegend die in einer Projektgruppe mitarbeitenden Organisatoren, Systemanalytiker usw. einbringen müssen.

Daß die in einer Projektgruppe beteiligten Mitarbeiter jeweils im Rahmen ihrer Qualifikationsart eine sehr hohe Stufe erreicht haben sollten, bedarf keiner besonderen Betonung. In der betrieblichen Praxis wird jedoch öfters gegen diese selbstverständliche Forderung verstoßen.

3.4.2 Herkunft

Nach der Herkunft der Mitarbeiter einer Projektgruppe können mehrere Arten unterschieden werden:

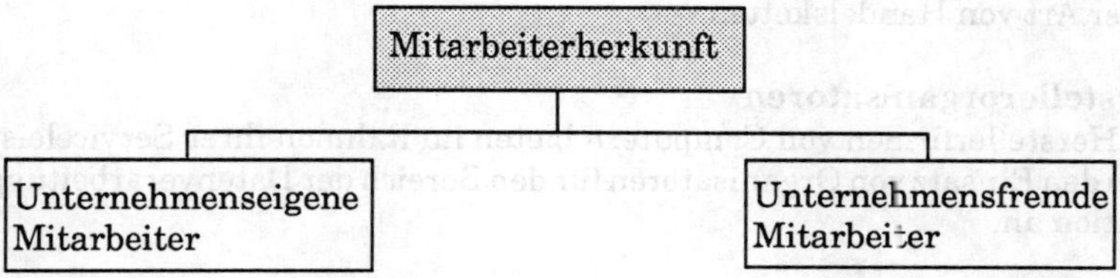

Da in der Vergangenheit in den deutschen Unternehmen meistens ein erheblicher Fehlbestand an qualifizierten Organisatoren gegeben war, tauchte bei jedem anstehenden Projekt zwangsläufig die Frage auf, ob die mangelnde Kapazität nicht durch unternehmensfremde Organisatoren ausgeglichen werden sollte. Auch in der Zukunft wird diese Frage bestehen bleiben.

Daneben gibt es eine Reihe weiterer Gründe, die grundsätzlich für unternehmensfremde Mitarbeiter bei der Projektarbeit sprechen.

3.4.2.1 Unternehmenseigene Mitarbeiter

Für den Einsatz unternehmenseigener Mitarbeiter sprechen folgende **Gründe**:

- Unternehmenskenntnis
- Geringere Einarbeitungszeit
- Andauerndes Engagement
- Geringerer Kostenanfall

Wesentlicher **Nachteil**, der dem unternehmenseigenen Mitarbeiter nachgesagt wird, ist die Betriebsblindheit.

3.4.2.2 Unternehmensfremde Mitarbeiter

Der Einsatz von unternehmensfremden Mitarbeitern erfolgt vornehmlich für folgende Qualifikationen:

- Organisatoren
- Informatiker
- Spezialisten

Es gibt mehrere Quellen, von denen unternehmensfremde Mitarbeiter angeworben werden können. Für Organisatoren können folgende **Quellen** gesehen werden:

(1) **Verbandsorganisatoren**
Die Bezeichnung "Verbandsorganisatoren" soll ausdrücken, daß diese Organisatoren in irgendeiner Weise über die normalen Geschäftsbeziehungen hinaus mit dem Unternehmen in Verbindung stehen. Dazu gehören Verbände wie Branchen- und Berufsvereinigungen oder auch beispielsweise die freiwilligen Zusammenschlüsse in der Art von Handelsketten.

(2) **Herstellerorganisatoren**
Die Herstellerfirmen von Computern bieten im Rahmen ihrer Serviceleistungen auch den Einsatz von Organisatoren für den Bereich der Datenverarbeitungsorganisation an.

(3) **Organisatoren von Beratungsunternehmen**
Eine Vielzahl von Beratungsunternehmen und Softwarehäuser bieten auf dem Gebiet der Organisation in Deutschland Personalkapazität an. Bei diesen Unternehmen können vor allem Mitarbeiter angeworben werden, die auch für sehr spezielle Organisationsprojekte Erfahrungen aufweisen können.

(4) **Freiberufliche Organisatoren**
Außerdem bieten viele selbständige Organisatoren ihre Dienste an. Dazu zählen auch Hochschullehrer und freiberuflich tätige Informatiker.

Für den Einsatz unternehmensfremder Projektmitarbeiter sprechen vornehmlich die folgenden Gründe:

- Erfahrungen auf dem Gebiet der Projektaufgabe
- Keine arbeitsvertraglichen Bindungen
- Besseres Durchsetzungsvermögen
- Größere Unabhängigkeit und Objektivität

Der Einsatz von unternehmensfremden Organisatoren ist meistens erheblich teurer als die Verwendung von unternehmenseigenen Mitarbeitern.

Es werden **zwei Arten von Verträgen** für den Einsatz unternehmensfremder Organisatoren unterschieden:

(1) **Schweizer System**
Die Bezahlung erfolgt nach der erbrachten Einsatzzeit. Der Kunde kann den Einsatz des unternehmensfremden Organisators jederzeit abbrechen.

(2) **Amerikanisches System**
Die Bezahlung beträgt eine vertraglich vereinbarte fixe Pauschalsumme. Die Vertragsleistung bedarf hier einer sehr genauen Definition.

Außerdem kann die Bezahlung auch nach projektspezifischen Leistungsmerkmalen vereinbart werden. Beispiele dafür sind die Zahl der Befehle eines Programms oder die Zahl der gestalteten Arbeitsplätze.

3.4.2.3 Projektgruppenbildung

Im Hinblick auf den Einsatz von unternehmensfremden Mitarbeitern lassen sich drei Arten von **Projektgruppen** unterscheiden:

Die Verbindung der Vorteile von unternehmenseigenen und unternehmensfremden Mitarbeitern in einer gemischten Projektgruppe lassen üblicherweise diese Projektgruppenart am besten beurteilen. Voraussetzung dafür ist eine gute Zusammenarbeit innerhalb der Projektgruppe.

Der Einsatz einer ausschließlich aus unternehmensfremden Organisatoren gebildeten Projektgruppe wird häufig negativ beurteilt.

3.4.3 Tätigkeitsdauer

In einer Projektgruppe können zwei Arten von Mitarbeitern hinsichtlich ihrer Tätigkeitsdauer in der Gruppe unterschieden werden:

(1) **Vollzeitmitarbeiter**
Diese Mitarbeiter widmen sich vollzeitlich und hauptamtlich der Arbeit in der Projektgruppe. Sie tragen die wesentliche Arbeit der Projektgruppe.

(2) **Teilzeitmitarbeiter**
Diese Mitarbeiter arbeiten nur während eines Teils ihrer Arbeitszeit für die Projektgruppe. Sie können dadurch entweder in mehreren Projektgruppen gleichzeitig tätig sein oder sie können, wie manchmal die Mitarbeiter von Beratungsunternehmen, nur einen Teil ihrer Arbeitszeit für das betreffende Unternehmen einsetzen.

Unberührt bleibt bei dieser Unterscheidung, ob Mitarbeiter während der gesamten Projektdauer oder nur für einen begrenzten Zeitraum während der Projektdurchführung in der Projektgruppe mitarbeiten.

3.5 Gruppenarbeit

Eine effiziente Arbeit in einer Projektgruppe erfordert eine Reihe von Fähigkeiten und Eigenschaften ihrer Mitglieder:

- Geistige Beweglichkeit und Kreativität
- Fähigkeit und Bereitschaft zur Teamarbeit
- Kritikbereitschaft und die Fähigkeit zur Kritikverarbeitung
- Lern- und Lehrfähigkeit

Die Zusammenarbeit in der Projektgruppe wird manchmal beeinträchtigt durch Spannungen. Solche oftmals der Effizienz einer Projektgruppe abträglichen Konflikte können auf zu großen Unterschiedlichkeiten bei deren Mitarbeitern beruhen:
- Erheblich unterschiedliche Hierarchiestufen
- Wesentliche Altersunterschiede
- Verschiedenartiger Arbeitsrhythmus
- Mischung autoritäts- und kooperations-gewohnter Gruppenmitarbeiter.

Die Gruppenarbeit wird wesentlich von der Gruppenstruktur beeinflußt:
- Hierarchische Projektgruppen
- Hierarchiefreie Projektgruppen.

Die wesentlichen Eigenschaften der hierarchiefreien Projektgruppe, die auch als "Autonome Arbeitsgruppe" *(Hill / Fehlbaum / Ulrich)* oder "Selbstgesteuerte Arbeitsgruppe" *(Lattmann)* bezeichnet wird, sind:

- Positionsspezifische Autorität innerhalb der Gruppe ist nicht gegeben. Alle Mitarbeiter sind gleichberechtigt.

- Die Aufgabe steht im Mittelpunkt.

- Die Gruppe regelt die interne Arbeitsstruktur und -organisation selbständig und unabhängig.

- Die Verantwortung trägt jedes Gruppenmitglied. Bei hierarchischen Projektgruppen ist der Projektleiter verantwortlich.

- Konflikte zwischen den Gruppenmitarbeitern werden zwischen diesen ausgetragen und nicht an den Vorgesetzten zur Entscheidung weitergegeben.

- Gruppenentscheidungen sind Kollegialentscheidungen. Sie sollten durch Zustimmung aller Gruppenmitarbeiter zustandekommen.

Die hierarchische Projektgruppe wird wesentlich vom Projektleiter bestimmt. Da sie in der betrieblichen Organisationspraxis überwiegend gewählt wird, ist sie weiterhin zu betrachten.

3.6 Projektleiter

Stellung und Person des Projektleiters oder Projektmanagers sind für die Effizienz der Projektarbeiten von hervorragender Bedeutung.

Wesentliche Merkmale des Leiters einer organisatorischen Projektgruppe sind:

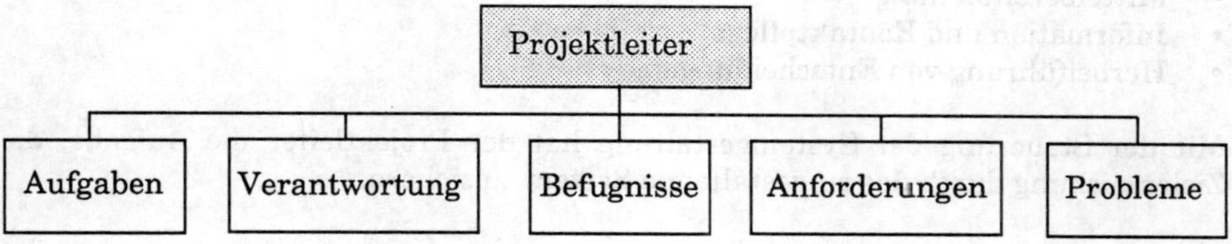

3.6.1 Aufgaben

Der Projektleiter plant, steuert und überwacht die Projektgruppe und die Projektarbeiten in sachlicher, personeller, terminlicher und budgetmäßiger Hinsicht.

3.6.1.1 Projektplanung

Diese Aufgabe des Projektleiters wird während der Projektdurchführung üblicherweise stark eingeschränkt sein, da bei der Aufnahme der Arbeit durch die Projektgruppe die Projektplanung vorangegangen sein sollte. Der Projektplan ist eine Vorgabe für die Projektdurchführung.

Es ist zu empfehlen, daß der designierte Projektleiter an der Erarbeitung dieses Projektplanes beteiligt wird.

Die Planungsaufgaben des Projektleiters sind während der Projektdurchführung vornehmlich Detailplanungen, die im Projektplan nicht enthalten sind. Üblicherweise ist es erforderlich, die nur in einer mittleren Detaillierung vorliegende Projektplanung, nun im einzelnen Detail auszuplanen. Solche Detailplanungen sind beispielsweise:

- Bereitstellungsplanung von Sachmittel
- Terminplanung für Teilzeitmitarbeiter
- Planung der Einführung des neuen Organisationssystems.

3.6.1.2 Projektsteuerung

Der Projektleiter steuert die Projektdurchführung und die Systemgestaltung. Beide Aufgabenaspekte sind natürlich stark voneinander abhängig.

Die Steuerung der Projektdurchführung beinhaltet vornehmlich folgende **Aufgaben:**

- Einhaltung der Projektplanung
- Mitarbeiterführung
- Mitarbeitereinsatz

- Sach- und fachgerechte Projektdurchführung
- Projektkoordination
- Mittelbereitstellung
- Information und Kontaktpflege
- Herbeiführung von Entscheidungen.

Mit der Steuerung der Systemgestaltung hat der Projektleiter die Aufgabe, die Zielerreichung durch das zu gestaltende System zu sichern.

3.6.1.3 Projektkontrolle

Mit der Projektkontrolle ergibt sich für den Projektleiter eine **zweifache Aufgabe:**

(1) **Kontrolle**
Die Überwachung der Projektdurchführung umfaßt die
- Projektdurchführung und die
- Systemgestaltung.

(2) **Berichterstattung**
Der Projektleiter berichtet über den Stand der Projektdurchführung an den Auftraggeber.

Die Projektkontrolle ist für die Projektsteuerung und die Systemgestaltung erforderlich.

3.6.2 Verantwortung

Verantwortung – Definition:
Persönliches Einstehen für die Folgen von Handlungen und Entscheidungen, soweit diese beeinflußt werden konnten.

Eine Beeinflussung von Handlungen und Entscheidungen kann durch ein aktives Handeln erfolgen, sie kann aber auch durch ein Unterlassen bedingt sein.

Der Projektleiter muß im Rahmen der Einheitlichkeit von Aufgabe, Verantwortung und Kompetenz folgende Verantwortung übernehmen:

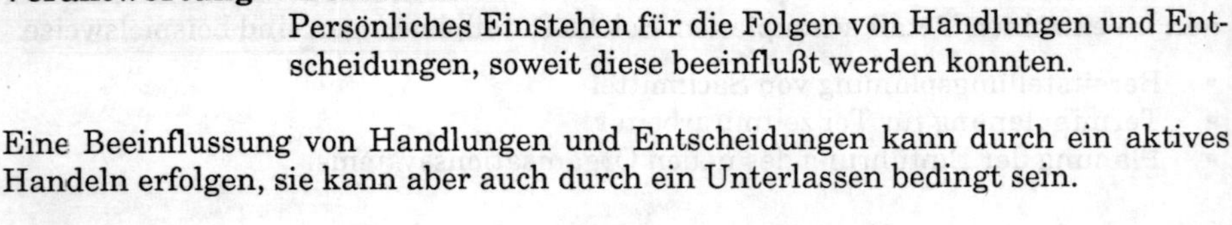

3.6.2.1 Ergebnisverantwortung

Der Projektleiter trägt die Verantwortung für die Systemlösung. Daraus können Konflikte mit den Mitarbeitern der Projektgruppe resultieren. Es bleibt dem Geschick des Leiters der Projektgruppe überlassen, mit einem Minimum an Konflikten die Systemlösung mit der Projektgruppe zu erarbeiten, die er verantworten kann.

3.6.2.2 Personalverantwortung

Der Projektleiter trägt die Verantwortung über den Personaleinsatz in quantitativer und qualitativer Hinsicht. Er ist verantwortlich für die Effizienz der Projektdurchführung. Das fordert vornehmlich:

- Vermeiden von Konflikten in und außerhalb der Projektgruppe
- Information und Koordination der Projektmitarbeiter
- Motivation der Projektmitarbeiter
- Anstrebung der Identifikation der Mitarbeiter mit dem Projekt
- Förderung der Gruppenkreativität.

3.6.2.3 Budgetverantwortung

Auf Grund der Projektplanung wird üblicherweise jedem Projekt ein Budget eingeräumt, das die Kostenvorgabe für die Projektdurchführung enthält. Der Projektleiter strebt die Einhaltung dieser Kostenvorgabe an, verantwortet gegebenenfalls Kostenüberschreitungen oder versucht, falls erforderlich, Budgetkorrekturen zu erreichen.

Das Verfolgen der Kostenentwicklung bei laufenden Projekten ist schwierig, da geschätzt werden muß, ob der Projektfortschritt den aufgelaufenen Kosten entspricht. Die Beurteilung des Projektfortschrittes ist dabei objektiv nur sehr schwer möglich.

3.6.2.4 Sachmittelverantwortung

Die Sachmittelverantwortung des Projektleiters für die Projektmittel liegt im Rahmen der üblichen Verantwortung eines Vorgesetzten für die Sachmittel seiner Stelle.

Hinzu kommt die Verantwortung für solche Sachmittel, die im erarbeiteten System eingesetzt werden sollen. Sie wurden als Systemmittel bezeichnet. Diese Verantwortung ist natürlich viel größer und risikoreicher, da die Gefahr einer Fehlplanung solcher Sachmittel als erheblich einzuschätzen ist.

3.6.2.5 Terminverantwortung

Durch den Projektplan werden dem Projektleiter zur Projektdurchführung Termine vorgegeben. Für die Einhaltung dieser Termine trägt der Projektleiter die Verantwortung.

Wegen der Nichteinhaltung von Terminen wird wohl in der Praxis der Projektleiter eines organisatorischen Projektes am häufigsten zur Verantwortung gezogen. Dabei ist zu beachten, daß eine Reihe von Gründen gegeben sein können, die vom Projektleiter nicht oder kaum beeinflußbar sind:

- Krankheit
- Fluktuation
- Terminuntreue bei Fremdleistungen.

Die Einhaltung der vorgegebenen Termine ist für den Projektleiter besonders bedeutsam.

3.6.3 Befugnisse

Die Übernahme von Aufgaben und Verantwortung für das Projekt durch den Projektleiter bedingt, daß ihm auch entsprechende Kompetenzen eingeräumt werden müssen. Der organisatorische Grundsatz von der “Einheit von Aufgabe, Verantwortung und Kompetenzen” gilt auch für die Projektorganisation.

Für den Projektleiter müssen Befugnisse in den folgenden Bereichen gefordert werden:

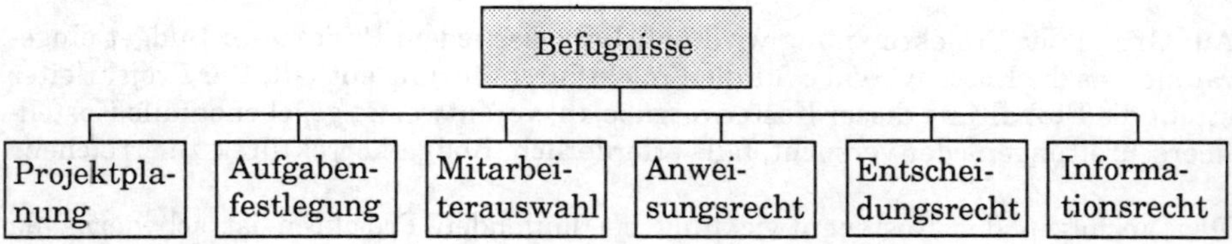

3.6.3.1 Projektplanung

Der designierte Projektleiter sollte an der Projektplanung mitarbeiten und Einfluß auf ihre Ergebnisse nehmen können. Dadurch identifiziert er sich leichter mit dem Projektplan. Er sollte diese Planung aber nicht allein bestimmen können, da sonst die Gefahr besteht, ihn diese Planung zu sehr unter dem Aspekt seiner zukünftigen Aufgabe sehen zu lassen.

3.6.3.2 Aufgabenfestlegung

Er muß bei der Definition der Projektaufgabe und der Projektziele ein Mitbestimmungsrecht haben. Insbesondere muß ihm ein Einspruchsrecht bei einer Änderung der Projektaufgaben oder der Projektziele eingeräumt werden, wenn diese Änderung nach Projektbeginn erfolgt.

3.6.3.3 Mitarbeiterauswahl

Der Projektleiter muß einen maßgeblichen Einfluß auf die Auswahl der Mitarbeiter seiner Projektgruppe nehmen können. Das sollte soweit gehen, daß er auch Mitarbeiter ablehnen kann.

Da natürlich eine Reihe weiterer Faktoren bei der Auswahl von Mitarbeitern für eine Projektgruppe beachtet werden müssen, wie beispielsweise die Arbeitserledigung in den Fachabteilungen, kann dem Projektleiter nur ein Mitwirkungsrecht und kein Alleinentscheidungsrecht eingeräumt werden.

3.6.3.4 Anweisungsrecht

Die Anweisungebefugnis wird in **zwei Kompetenzarten** unterschieden:

(1) **Disziplinarisches Anweisungsrecht**
Dieses Recht umfaßt die personelle Planung, Betreuung und Überwachung der Projektmitarbeiter. Ein wesentlicher Teil dieses Rechtes ist die Mitwirkung bei der Gehaltsfestlegung für die Mitarbeiter.

(2) **Fachliches Anweisungsrecht**
Diese Kompetenz bezieht sich auf Anweisungen zum Tätigkeitsgebiet eines Mitarbeiters und seiner Aufgabenstellung.

Bei langandauernden Projekten sollten dem Projektleiter beide Kompetenzarten eingeräumt werden. Bei kurzen Projekten erhält oftmals der Projektleiter nur ein fachliches Anweisungsrecht gegenüber den Projektmitarbeitern. Das disziplinarische Anweisungsrecht verbleibt bei der Stammabteilung der Mitarbeiter.

3.6.3.5 Entscheidungsrecht

Die Art der Ausübung des Entscheidungsrechtes ist ein wesentlicher Punkt für die Arbeit in der Projektgruppe. Generell können zwei **Führungsstile** unterschieden werden:

(1) **Autoritäre Führung**
Dieser Führungsstil kann mit Begriffen wie diktatorisch und befehlend gekennzeichnet werden.

(2) **Kooperative Führung**
Zu diesem Führungsstil können die Schlagwörter demokratisch, gemeinschaftlich und partizipativ genannt werden.

Die Ausübung des Entscheidungsrechtes in der hierarchischen Projektgruppe empfiehlt einen kooperativen Führungsstil.

3.6.3.6 Informationsrecht

Das Recht auf Information schließt für den Projektleiter den Anspruch auf alle projektrelevanten Informationen einschließlich ihrer Weitergabe und Verwertung in der Projektgruppe ein.

3.6.4 Anforderungen

Auf Grund der dargestellten Aufgaben, Verantwortungen und Befugnisse des Projektleiters ergeben sich vielfache Anforderungen an seine Fähigkeiten, Kenntnisse, Erfahrungen und Eigenschaften:

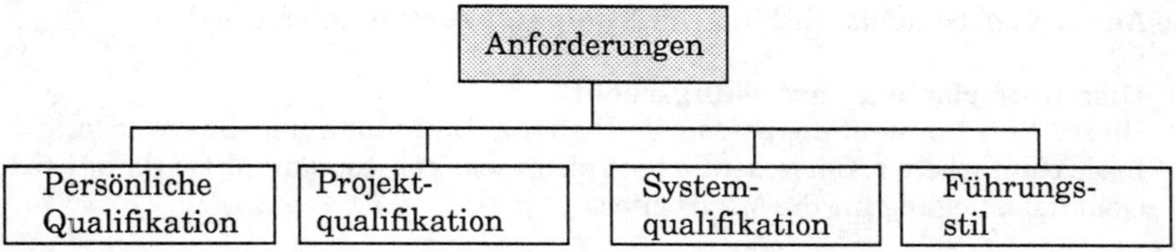

3.6.4.1 Persönliche Qualifikation

An einen Projektleiter werden im Rahmen seiner persönlichen Qualifikation insbesonders folgende **Anforderungen** zu stellen sein:

- Teamgeist
- Initiative
- Kreativität
- Kontaktfähigkeit
- Verhandlungsgeschick
- Zuverlässigkeit
- Durchsetzungsvermögen
- Entscheidungsfreudigkeit.

Das Anforderungsprofil an seine persönliche Qualifikation ist folglich als sehr hoch zu bewerten. Natürlich stellt die Reihung keine Priorität dar und selbstverständlich sind hier nicht alle Eigenschaften genannt, die dem Projektleiter bei seiner Aufgabe förderlich sein können.

3.6.4.2 Projektqualifikation

Die Projektqualifikation beinhaltet Kenntnisse und Erfahrungen, die sich auf die Organisationsmethoden und -techniken beziehen.

Auch bei diesen Anforderungen müssen an einen Projektleiter strenge Maßstäbe angelegt werden. Der Projektleiter muß ein Fachmann der Projektorganisation sein. Das setzt auch eine gemäße Erfahrung der Projektarbeit voraus.

Oftmals muß man bei der Qualifikation eines Projektleiters Zugeständnisse machen, denn nicht immer steht ein Fachmann mit diesen hohen Anforderungen an persönliche und Projektqualifikation zur Verfügung.

3.6.4.3 Systemqualifikation

Diese Qualifikation beinhaltet alle Kenntnisse und Erfahrungen, die sich auf die Projektaufgabe – das zu gestaltende System – beziehen.

Im Hinblick auf die Systemqualifikation sind keine so hohen Maßstäbe an den Projektleiter anzulegen, wie bei den vorgenannten Qualifikationen. Fundierte Systemkenntnisse sind dem Projekt förderlich, aber nicht zwingend notwendig.

3.6.4.4 Führungsstil

Der Projektleiter bestimmt den Führungsstil in der Projektgruppe. Dieser Führungsstil muß überwiegend kooperativ sein.

Der Führungsstil eines Projektleiters sollte wesentlich durch folgende **Prinzipien** geprägt sein:

- Der Mensch steht im Mittelpunkt.
- Es herrscht das Prinzip der offenen Tür. Ein Mitarbeiter muß jederzeit ein Gespräch mit dem Projektleiter führen können.
- Es gibt keine vorgegebenen Informationswege, sondern alle Informationen erfolgen direkt.
- Führung durch Überzeugung und Argumentation.
- Ergebniskontrolle anstatt Verhaltenskontrolle.
- Förderung von Initiative und Eigenverantwortung.
- Besondere Leistungen sollten besonders gewertet und honoriert werden.
- Klare Abgrenzung von Aufgaben, Befugnisse und Verantwortung für jeden Mitarbeiter der Projektgruppe.

3.6.5 Probleme

Die Stellung des Projektleiters ist schwierig. Für den Projektleiter gibt es eine Reihe von Problemen, die als “klassisch” zu bezeichnen sind:

(1) Projektlösungen bedingen Veränderungen für die Mitarbeiter der Fachabteilungen. Solche Veränderungen sind häufig von ihnen unerwünscht und deswegen wird versucht, die Arbeit der Projektgruppe zu behindern.

(2) Die Auswirkungen von Fehlern des Projektleiters werden sehr schnell sichtbar und oftmals genüßlich weitererzählt.

(3) Der Projektleiter ist besonderer Kritik ausgesetzt, da seine Arbeit und die der Projektgruppe immer in anderen organisatorischen Bereichen stattfindet und deswegen viel offensichtlicher ist als die einer beliebigen Linienstelle.

(4) Da bei ihm nur selten Routineentscheidungen anstehen, sondern die Mehrzahl seiner Entscheidungen kaum Analogien zulassen, steht er unter komplexen Entscheidungsbedingungen.

(5) Da Projekte gemäß der Definition befristet sind, besteht Unsicherheit über seine nachfolgende Aufgabenstellung.

Die hohen Anforderungen und die vorstehenden Probleme sollten aber nicht zu überbetont werden, denn andererseits ist hier eine Position gegeben, die in hohem Maße die Abkehr von der Routine zuläßt, welche der Kreativität noch echte Bedeutung einräumt und bei der noch Erfolgserlebnisse möglich sind.

3.7 Aufbauorganisatorische Eingliederung

Projektgruppen müssen natürlich auch in der Aufbauorganisation des Unternehmens eingegliedert sein, damit ihre Stellung in der Unternehmensstruktur definiert ist.

Es können zwei grundsätzliche Arten der Eingliederung in die Aufbauorganisation gewählt werden:

(1) **Projektmanagement**
In dieser Organisationsform erhält die Projektgruppe eine eigenständige Stellung (vgl. Kap. C. 4.3.4). Sie besteht hier aus der Leitungsstelle des Projektleiters oder Projektmanagers und der Ausführungsstelle der Projektgruppe. Die Projektgruppe überlagert dann hinsichtlich der Projektaufgabe die Aufbauorganisation des Unternehmens.
Beispiel:

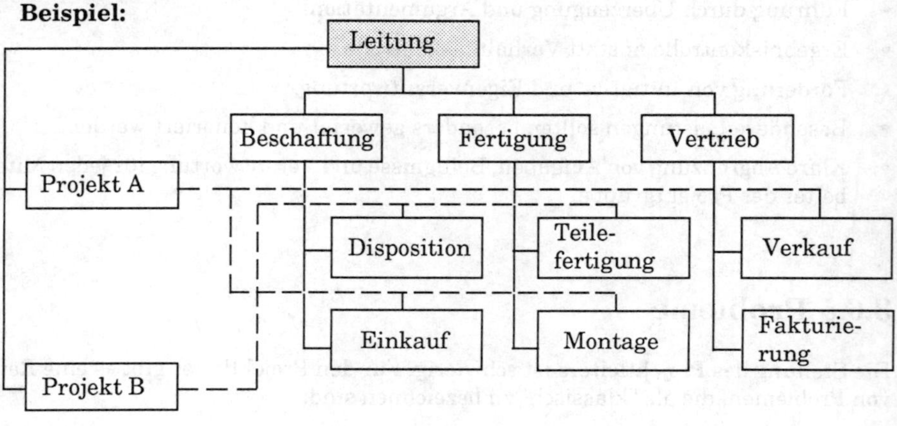

Das Projektmanagement besitzt überwiegend nur ein Mitentscheidungsrecht. Entscheidungen müssen also gemeinsam mit den betroffenen Fachabteilungen und dem Projektauftraggeber getroffen werden.

(2) **Linienstelle**
Hier wird die Projektgruppe als eine zeitlich befristete Unterabteilung der Organisation oder der Datenverarbeitung eingegliedert.
Beispiel:

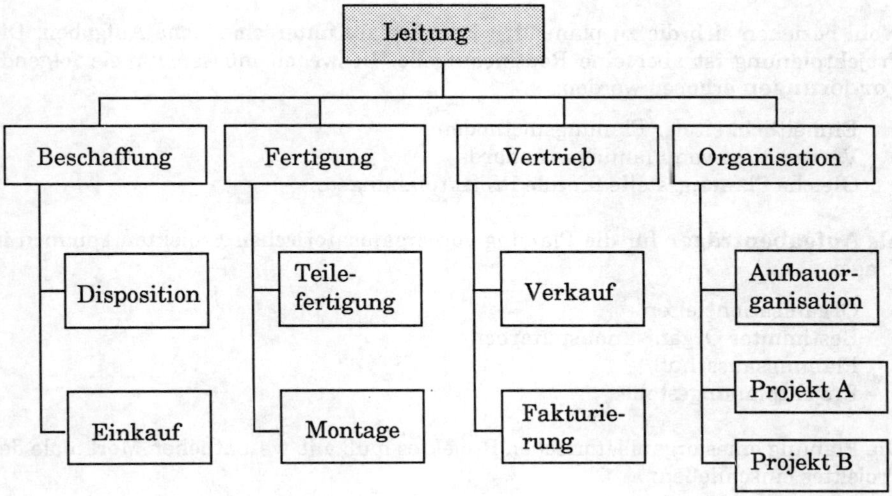

4. Projektplanung

Ausgangspunkt für eine Projektplanung ist die Entscheidung, daß die Lösung eines Problems in Angriff genommen werden soll.

Projektplanung – Definition:
Vorausschauende Festlegung der Projektdurchführung.

Mehrere **Voraussetzungen** sollten für die Projektplanung erfüllt sein:

- Das Vorliegen einer Problemanalyse, welche das erkannte Problem beschreibt und über alle wesentlichen Problemgegebenheiten Aussagen macht.
- Aufgaben und Ziele des Projektes sollten vorgegeben sein, damit die Projektplanung aufgaben- und zielgerichtet vorgenommen werden kann.

- Für das neue System muß ein grobes Konzept vorliegen. Ist das nicht der Fall, so ist es die zweite Aufgabe der Projektplanung, ein Konzept zu erarbeiten, da ohne ein grobes Systemkonzept eine Projektplanung nicht möglich ist.

- Die Bedingungen, unter denen die Projektdurchführung und die Systemgestaltung erfolgen sollen, müssen bekannt sein.

- Das Vorhandensein von Mitarbeitern für die Ausarbeitung der Projektplanung, welche eine hohe System- und Projektqualifikation aufweisen müssen.

Wohl beziehen sich die zu planenden Projekte auf unterschiedliche Aufgaben. Die Projektplanung ist aber eine Routineaufgabe. Deswegen müssen für sie folgende **Forderungen** erhoben werden:

- Einheitlichkeit der Planungsmethoden
- Verwendung von Planungsstandards
- Gleiche Planungsstelle für alle Projektplanungen.

Als **Aufgabenträger** für die Planung von organisatorischen Projekten kommen in Frage:

- Organisationsleiter
- Bestimmter Organisationsmitarbeiter
- Planungsausschuß
- Projektplanungsstelle.

Die Planung eines organisatorischen Projektes muß alle wesentlichen Merkmale des Projektes einschließen:

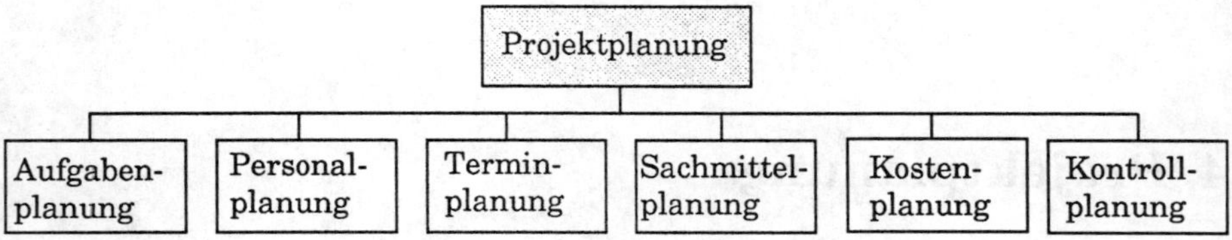

Das Ergebnis der Projektplanung muß in den Organisations- bzw. Projektauftrag für die Projektgruppe eingehen. Er ist die Basis für die Arbeit der Projektgruppe.

4.1 Aufgabenplanung

Am Anfang der Projektplanung steht die Ermittlung aller Projektaufgaben und die Festlegung des Ablaufes zur Abarbeitung dieser Aufgaben.

Aufgabe – Definition
Verpflichtung zur Vornahme bestimmter Verrichtungen.

Die Planung der Projektaufgaben erfolgt in **zwei Phasen:**

(1) **Projektanalyse**
Das Ergebnis der Aufgabenanalyse für ein Projekt ist eine Projektmatrix. Die Aufgabenanalyse für ein Projekt wird mit Projektanalyse bezeichnet.

(2) **Projektablaufsplanung**
Mit der Aufgabensynthese wird das Projekt ausführungsgerecht gegliedert. Ihr Ergebnis ist der Projektablaufplan.

4.1.1 Projektanalyse

Mit der Aufgabenanalyse für ein Projekt werden alle Projektteile bestimmt. Ausgangspunkt ist die Projektaufgabe, die mit der Projektdefinition festgelegt wurde.

Aufgabenanalyse – Definition nach *Kosiol:*
Schrittweise Zerlegung oder Aufspaltung der Gesamtaufgabe in ihre einzelnen Bestandteile.

Die Technik der Aufgabenanalyse wird auch als "hierarchische Strukturierung" bezeichnet.

Das Ergebnis einer Aufgabenanalyse eines Projektes ist üblicherweise eine Baumstruktur. Sie wird als "Strukturdiagramm" oder "Baumdiagramm" bezeichnet:

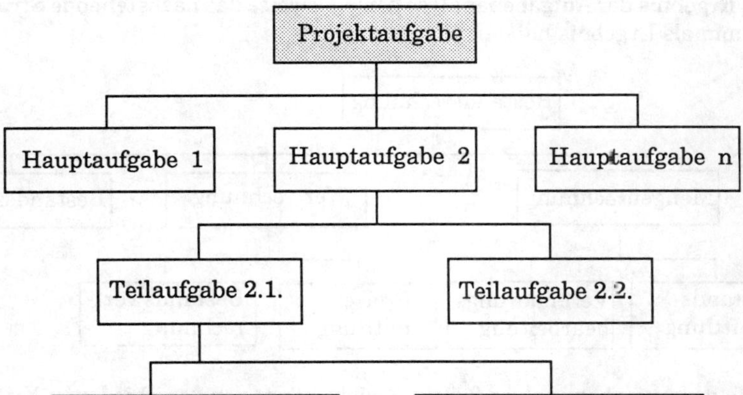

Für Projekte muß die Aufgabenanalyse für zwei unterschiedliche Inhaltsarten durchgeführt werden:

(1) **Aufgabenphasen**
Organisatorische Projekte werden fast immer in bestimmten Phasen durchgeführt. Überwiegend wird die folgende Strukturierung benutzt:

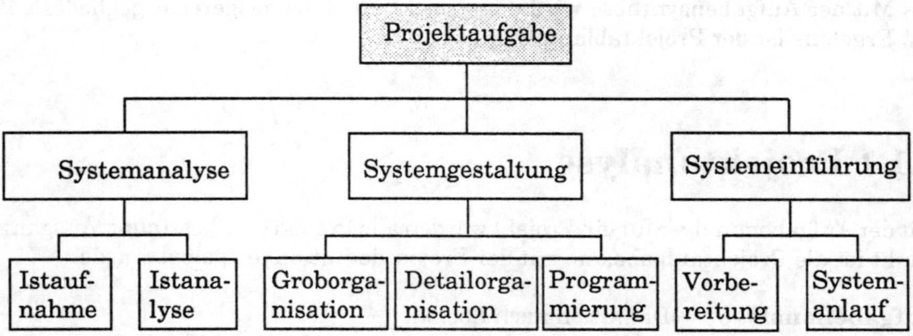

Da die Aufgabenphasen eines organisatorischen Projektes fast immer gleich sind, bedarf es nicht für jedes neue Projekt einer neuen Analyse der Aufgabenphasen.

(2) **Aufgabeninhalt**
Der Aufgabeninhalt eines Projektes muß für jedes Projekt analysiert werden, da es sich bei Projekten um eine "einmalige" Aufgabenstellung handelt.

Für die Bestandsrechnung innerhalb eines Projektes "Lagerbuchhaltung" kann das Ergebnis der Aufgabenanalyse beispielsweise das nachstehende Strukturdiagramm als Ergebnis haben:

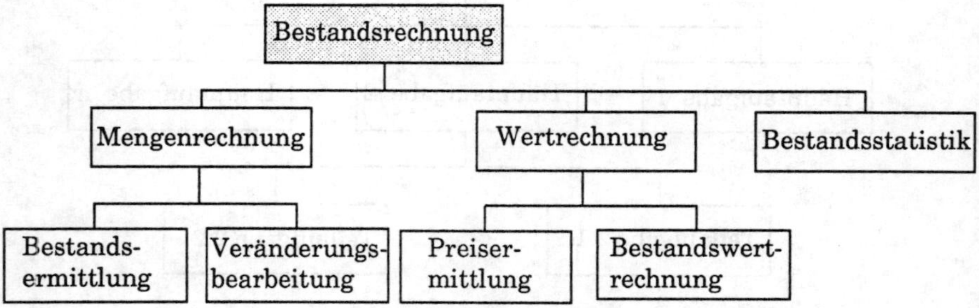

Die Tiefe der Aufgabenanalyse für ein Projekt hängt von verschiedenen Kriterien ab:

- Größe der Projekte
- Komplexität des Systems
- Erforderliche Systemtransparenz
- Detaillierung der Projektplanung.

Aufgabenphasen und Aufgabeninhalt können in einer **Projektmatrix** kombiniert werden. Für die “Bestandsrechnung” ergibt sich folgende Projektmatrix:

	Mengenrechnung	Wertrechnung	Statistik
Istaufnahme	1.1	2.1	3.1
Istanalyse	1.2	2.2	3.2
Groborganisation	1.3	2.3	3.3
Detailorganisation	1.4	2.4	3.4
Programmierung	1.5	2.5	3.5
Einführungsvorbereitung	1.6	2.6	3.6
Systemanlauf	1.7	2.7	3.7

Aus der Projektmatrix ergeben sich alle Projektteile. Sie sind im Beispiel mit Zahlen von 1.1 bis 3.7 gekennzeichnet. Jeder Projektteil bedarf der Bearbeitung sowohl bei der Projektplanung als auch bei der Projektdurchführung.

1

4.1.2 Projektablauf

Die mit Hilfe der Projektanalyse ermittelten Projektteile, welche in einer Projektmatrix ausgewiesen werden können, müssen nun in einen Ablaufplan gebracht werden.

Insbesondere sind folgende Kriterien für die Erarbeitung des Projektablaufplanes maßgebend:

- Sach- und Arbeitsabhängigkeiten
- Restriktionen der Projektdurchführung, wie beispielsweise Personalverfügbarkeit
- Optimaler Einsatz der Organisationsmittel
- Erzielung einer möglichst hohen Projekteffizienz.

Unter der Voraussetzung, daß das Projekt von einer Projektgruppe ausgeführt wird, sind folgende Ablaufstrukturen für ein Projekt möglich:

(1) Linearer Projektablauf

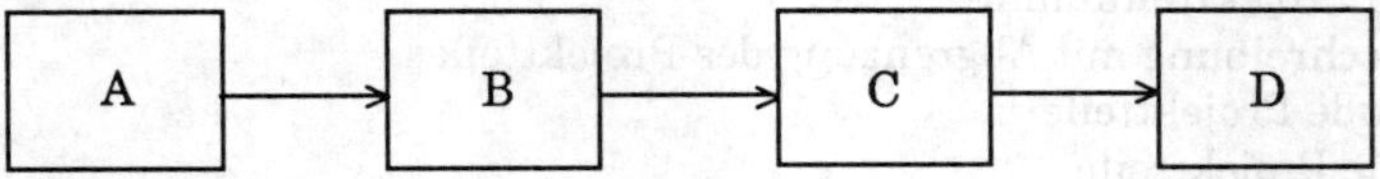

(2) Paralleler Projektablauf

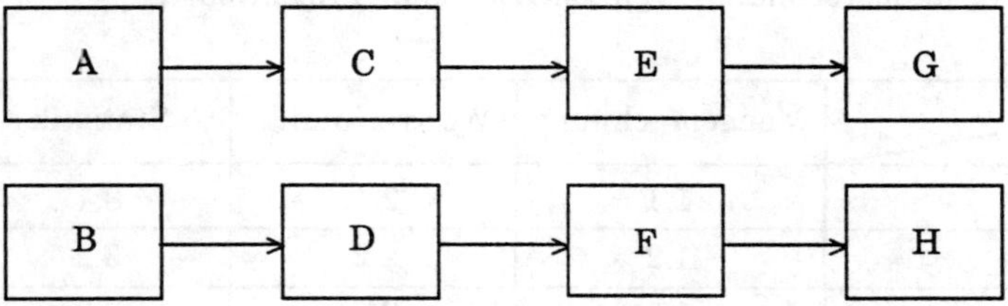

(3) Vernetzter Projektablauf

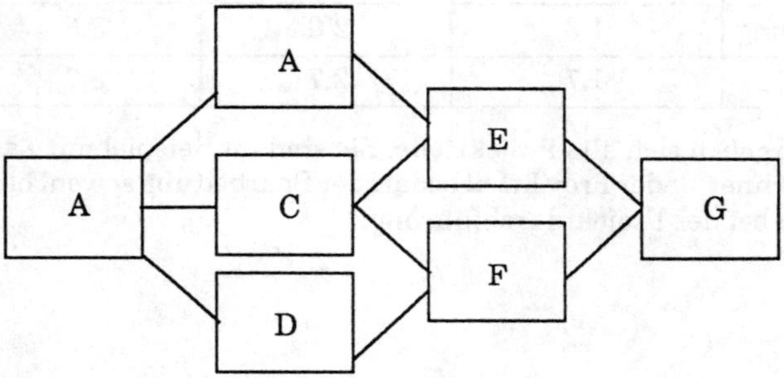

Für das Beispiel der Projektmatrix "Bestandsrechnung" kann folgender Ablaufplan gebildet werden:

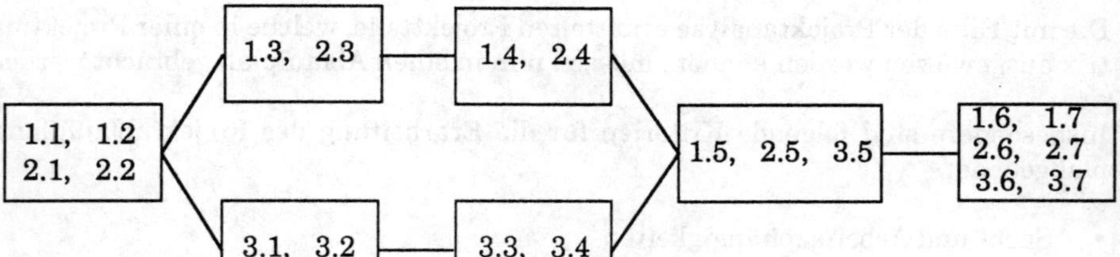

Die Ergebnisse der Ablaufplanung für ein Projekt werden im Projektablaufplan dokumentiert. Er sollte für jedes einzelne Teil- und Unterprojekt folgende **Angaben** enthalten:

- Bezeichnung des Projektes und des Projektteiles
- Projekt- und Projektteilnummer
- Aufgabenbeschreibung mit Abgrenzung des Projektteiles
- Vorhergehende Projektteile
- Nachfolgende Projektteile.

Dazu wird üblicherweise für jeden Projektteil ein Formblatt angelegt, das mit Fortschreiten der Projektplanung weitere Daten erhält wie Personalbedarf, Terminisierung usw. Bei der Projektdurchführung werden dann diesen Solldaten die Istdaten gegenübergestellt, um damit die Abweichungsanalyse durch den Projektleiter oder eine Projektkontrollstelle zu erleichtern.

Dadurch wird die Projektplanung in einer Reihe von Formblättern dokumentiert. Aus ihnen kann der Projektablauf entnommen werden. Das ist aber nur mit Schwierigkeiten möglich. Deswegen wird üblicherweise der Projektablauf noch in einem grafischen Netzplan dokumentiert (Kapitel 4.3.4).

Der Projektablaufplan ist die Basis für die weitere Projektplanung. Werden hier Fehler gemacht, so gehen diese auch in die anderen Planungsteile ein. Deswegen ist es sehr wichtig, diese Planung fundiert und fehlerlos durchzuführen. Die Projektplanung steht und fällt mit der Planung der Projektstruktur.

2

4.2 Personalplanung

Die Personalplanung gliedert sich in zwei Planungsaufgaben:

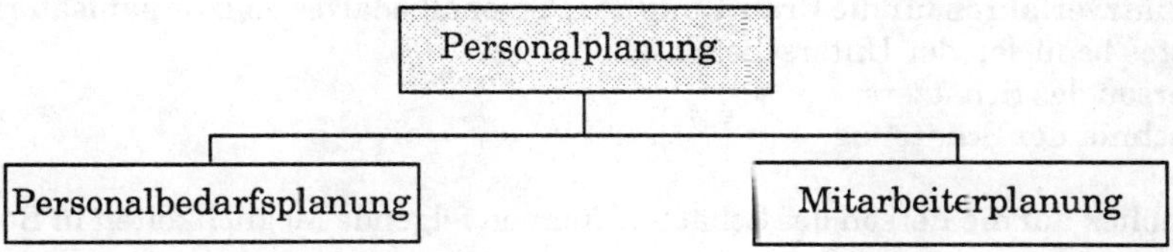

In der ersten Phase wird der Personalbedarf quantitativ und qualitativ zur Durchführung des Projektes ermittelt. Die zweite Phase der Personalplanung betrifft die Planung der Mitarbeiter, welche in der Projektgruppe eingesetzt werden sollen.

4.2.1 Personalbedarfsplanung

Für die Personalbedarfsplanung können zwei Verfahrensarten angewandt werden:

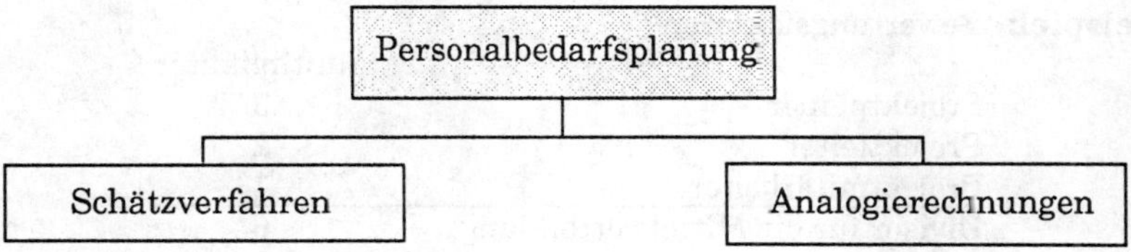

Bei beiden Verfahrensarten ist es erforderlich, daß die Bestimmung des Personalbedarfes unter zwei Aspekten erfolgt:

(1) **Quantitativer Bedarf**
Er wird in
- Manntagen (MT)
- Mannmonaten (MM)
- Mannjahren (MJ)

ermittelt.

(2) **Qualitativer Bedarf**
Häufig für organisatorische Projekte benötigte Qualifikationen sind:
- Büroorganisator
- EDV-Organisator
- Textverarbeitungsorganisator
- Anwendungsprogrammierer.

Beispiel: Quantitativer und qualitativer Personalbedarf

Organisation	12	MM
Programmierung	8	MM
Gesamtbedarf	20	MM

4.2.1.1 Schätzverfahren

Die Schätzverfahren für die Ermittlung des Personalbedarfes eines organisatorischen Projektes bedürfen der Unterscheidung:
- Person des Schätzers,
- Technik der Schätzung.

Im Hinblick auf die Person des Schätzers können folgende Möglichkeiten in Betracht gezogen werden:

(1) Schätzung durch das Projektplanungsteam
(2) Schätzung durch den designierten Projektleiter
(3) Schätzung durch die Mitarbeiter der Projektgruppe
(4) Schätzung durch einen unabhängigen Fachmann
(5) Schätzung durch mehrere der oben genannten Personen mit anschließender Mittelwertbildung. Dabei kann auch eine Gewichtung der Mittelwerte in Abhängigkeit von der Erfahrung des Schätzers für Projektorganisation vorgesehen werden.

Beispiel: Bewertungsfaktoren

	Multiplikator
Projektplaner	3
Projektleiter	2
Projektmitarbeiter	1
Divisor für die Mittelwertbildung:	6

Die angewandten **Techniken des Schätzens** von Personalbedarf können folgendermaßen unterschieden werden:

(1) **Summarische Verfahren**
Die Schätzung erfolgt durch eine globale Betrachtung des Projektes, ohne daß Einzelheiten besonders ins Kalkül gezogen werden.

(2) **Analytische Verfahren**
Der gesamte Personalbedarf eines Projektes ergibt sich aus der Schätzung des Personalbedarfes für jeden Projektteil. Die Ergebnisse aller Teilschätzungen werden zum Personalbedarf des Gesamtprojektes addiert.

(3) **PERT-Verfahren**
Dieses Verfahren, das in der Netzplanung (Programm Evaluation and Review Technique) angewendet wird, verlangt jeweils drei Bedarfsschätzungen:

- Optimistischer Bedarf B_O
- Normaler Bedarf B_N
- Pessimistischer Bedarf B_P

Der mittlere Personalbedarf B_M ergibt sich aus der Mittelwertrechnung:

$$B_M = \frac{B_O + 4\,B_N + B_P}{6}$$

4.2.1.2 Analogierechnungen

Diese Verfahren gehen davon aus, daß durch Umrechung anderer Projekte oder Hochrechnungen von Teilprojekten der gesamte Personalbedarf des Projektes ermittelt werden kann:

(1) **Umrechnungsverfahren**
Es wird von einem oder auch mehreren abgeschlossenen Projekten ausgegangen, die eine ähnliche Aufgabe bzw. Projektstruktur wie das zu planende Projekt aufgewiesen haben. Es wird nun versucht, die Unterschiede hinsichtlich des Personalbedarfes zwischen dem zu planenden Projekt und dem oder den Vergleichsprojekten zu bestimmen und auf Grund dieser Unterschiede eines der Vergleichsprojekte auf das zu planende Projekt umzurechnen.

(2) **Hochrechnungsverfahren**
Bei manchen Projekten kann der Personalbedarf für einen Teil dieses Projektes relativ gut bestimmt werden. Das kann beispielsweise bei Datenverarbeitungsprojekten der Personalbedarf für die Programmierung sein.

Mit Hilfe von Tabellen für einzelne Programmiermerkmale wird der Personalbedarf für das Teilprojekt "Programmierung" ermittelt. Mit Relationswerten für die anderen Projektteile, die aus der Erfahrung stammen, wird dann der Personalbedarf für das Gesamtprojekt hochgerechnet.

Beispiel:	Personalbedarf für Teilprojekt "Programmierung"	8 MM
	Relationswert für Systemanalyse, -gestaltung und -einführung:	
	150 % x 8 MM =	12 MM
	Personalbedarf für das Gesamtprojekt	20 MM

4.2.2 Mitarbeiterplanung

Die Personalbedarfsplanung weist den Bedarf für jede Qualifikation in Mannmonaten oder -tagen für die einzelnen Projektteile aus. Die Mitarbeiterplanung definiert nun zunächst, wieviel Mitarbeiter in jedem Projektteil mitarbeiten sollen. Dadurch wird automatisch die Zeitdauer eines Projektteils bestimmt. Maßeinheit dafür ist der Monat, die Woche oder der Arbeitstag.

Beispiel:	Personalbedarf für Projektteil "Programmierung"	8 MM
	Einsatzplanung	2 Mitarbeiter
	Ergebnis: Ausführungszeit	4 Monate

Bei der nachfolgenden Terminplanung kann es erforderlich sein, die Mitarbeiterplanung nochmals zu korrigieren, um damit die vorgegebene Gesamtprojektdauer einhalten zu können.

Beispiel:	Personalbedarf für Projektteil "Programmierung"	8 MM
	Geplante Ausführungszeit	2 Monate
	Ergebnis: Einsatzerfordernis	4 Mitarbeiter

Die Möglichkeit der Änderung der quantitativen Mitarbeiterplanung durch die Terminplanung sollte jedoch nicht dazu verleiten, für diesen Bereich keine fundierte Planung vorzunehmen. Diese Planung sollte primär bestimmt werden durch die optimale Ausstattung der Projektgruppe mit Mitarbeitern und nicht durch die Terminierung.

Weiterhin ist es bereits in dieser Phase erforderlich festzulegen, welche konkreten Personen bei der Projektdurchführung als Mitarbeiter beteiligt sein sollen. Das empfiehlt sich aus folgenden Gründen:

- Die Bereitschaft zur Mitarbeit im Projekt muß ermittelt werden.
- Für die folgende Terminplanung bedarf es der Information über terminliche Einschränkungen von Mitarbeitern.
- Der Übergang von den derzeitigen Aufgaben zur Mitarbeit im geplanten Projekt bedarf für die meisten Mitarbeiter einer gewissen Zeitdauer, z.B. für die Einarbeitung des Nachfolgers oder für den Abschluß des derzeit noch laufenden Projektes.

- Zur Mitarbeit in einer Projektgruppe ist es oftmals erforderlich, vor Projektbeginn die Projektgruppenmitglieder für ihre Aufgabe zu schulen. Diese Schulung benötigt Zeit.

Durch diese Planung mit personeller Konkretisierung und Absicherung der Planungsergebnisse werden bereits in dieser Phase eines Projektes einige Störfaktoren ausgeräumt, die sonst die Projektdurchführung wesentlich behindern können und die für Abweichungen zwischen Projektplanung und -durchführung ursächlich werden können.

4.3 Terminplanung

Für die Terminplanung müssen die nachfolgend genannten Informationen vorliegen. Andernfalls müssen sie zuvor erarbeitet werden. Wurde die Projektplanung, wie bisher beschrieben durchgeführt, so sind diese Informationen verfügbar:

(1) **Katalog aller Vorgänge**
Jeder im Projektablaufplan eingebundene Projektteil gehört zum Katalog der zu berücksichtigenden Vorgänge.

Vorgang – Definition der DIN 69900:
Zeiterforderndes Geschehen mit definiertem Anfang und Ende.

(2) **Abhängigkeitsstruktur der Vorgänge**
Die Abhängigkeit von Vorgängen ist ebenfalls definiert durch den Projektablaufplan. Für jeden Projektteil ist der Vor- und Nachfolger festgelegt und im Projektablaufplan dokumentiert.

(3) **Zeitbedarf für jeden Vorgang**
Aus der Personalbedarfsplanung des Projektes läßt sich der Zeitbedarf für jeden Vorgang entnehmen.

In Abhängigkeit vom Ausgangspunkt der Terminplanung werden **zwei Terminierungstechniken** unterschieden:

(1) **Vorwärtsterminierung**
Ausgangspunkt dieser Terminierung ist der Termin des Projektanfangs. Dieser Termin kann direkt im Anschluß an die Projektplanung liegen. Er kann aber auch durch projektunabhängige Gegebenheiten in einem späteren Zeitpunkt festgelegt sein. Vom Projektanfang wird dann vorwärts in die Zukunft hinein terminiert. Endergebnis dieser Rechnung ist damit der Projektendtermin.

(2) **Rückwärtsterminierung**
Diese Methode wird angewandt, wenn der Termin des Projektendes vorgegeben ist. Vom Projektende wird dann rückwärts in Richtung Gegenwart terminiert. Dabei kann es vorkommen, daß der Projektbeginn in der Vergangenheit liegt.

Durch Änderung von Terminierungsvoraussetzungen, wie beispielsweise durch Verkürzung des Zeitbedarfs für einen Projektteil oder durch die Planung des Einsatzes von zusätzlichen Projektmitarbeitern, kann mit einer neuen Terminierung ein verbessertes Ergebnis erreicht werden.

Für die Terminierung stehen eine Reihe von Terminierungstechniken zur Verfügung. Welche Technik bei der Projektplanung zur Terminierung angewandt wird, hängt vornehmlich von Umfang und Komplexität des Projektes ab:

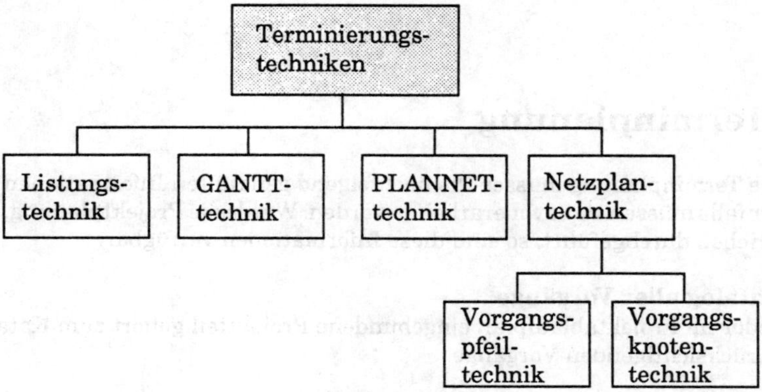

Die Terminierungstechniken und -ergebnisse dienen natürlich nicht nur der Planung. Sie werden ebenso für die Steuerung und Überwachung der Projektdurchführung eingesetzt. Das Ergebnis der Terminierung, der Terminplan, dient folgenden Aufgaben:

- Überwachung des terminlichen Ablaufes des Projektes
- Entscheidungshilfe für die Projektsteuerung
- Auslösung von Aktionen zur Termineinhaltung.

Die Terminierung kann in jeder beliebigen Maßeinheit erfolgen:

- Arbeitsstunden
- Arbeitstage
- Arbeitswochen.

Nach Abschluß der Terminplanung werden die Terminierungsergebnisse in Kalendertermine umgesetzt.

4.3.1 Listungstechnik

Hier werden die einzelnen Projektteile in einer Liste gereiht. Die Dauer des jeweiligen Projektteiles wird ausgewiesen. In Abhängigkeit von der Projektstruktur werden für die einzelnen Vorgänge Anfangs- und Endtermin errechnet und eingetragen.

Beispiel: Projektterminierung “Lagerbuchhaltung” bei 2 Projektuntergruppen

Projektteil	Dauer Manntage	Anfang	Ende
Istaufnahme Lager	5	0	5
Istanalyse Lager	5	6	10
Istaufnahme Bestandsrechnung	10	0	10
Istanalyse Bestandsrechnung	5	11	15

Die Listungstechnik findet vornehmlich Anwendung für Projekte mit wenigen Projektteilen oder für Abläufe ohne Vernetzung.

4.3.2 GANTT-Technik

Die GANTT-Technik *(Henry Lawrence GANTT)*, die auch als einfache Balkendiagrammtechnik bezeichnet wird, vereinfacht die Terminplanung durch eine grafische Darstellung. Über einer Zeitachse werden die einzelnen Vorgänge analog ihrer zeitlichen Dauer abgetragen.

Beispiel: Projektterminierung “Lagerbuchhaltung”

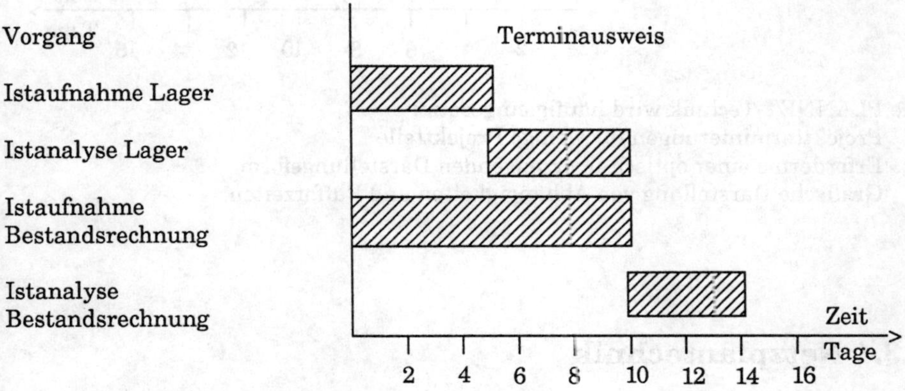

Die GANTT-Technik wird selten angewandt:

- Projektterminierungen bei wenigen Projektteilen
- Erfordernis einer optisch überzeugenden Darstellungsform
- Zur Fertigungssteuerung mit Leitständen.

4.3.3 PLANNET-Technik

Die PLANNET-Technik (*PLAN*ning*NET*work) ist eine Weiterentwicklung der GANTT-Technik. Mit ihr wird versucht, den wesentlichen Nachteil der oben dargestellten Techniken, nämlich daß die terminlichen Abhängigkeiten nicht erkennbar sind, grafisch ebenfalls in diese Technik einzubeziehen. Das geschieht dadurch, daß mit verbindenden Strichen die terminlichen Abhängigkeiten dargestellt werden. Dadurch ergibt sich automatisch der Ausweis von Pufferzeiten. Diese Zeiten werden gestrichelt dargestellt.

Pufferzeit – Definition der DIN 69900:
Zeitspanne, um die die Lage eines Vorganges verändert werden kann, ohne daß sich dies auf die Projektdauer auswirkt.

Beispiel: Projektterminierung "Lagerbuchhaltung"

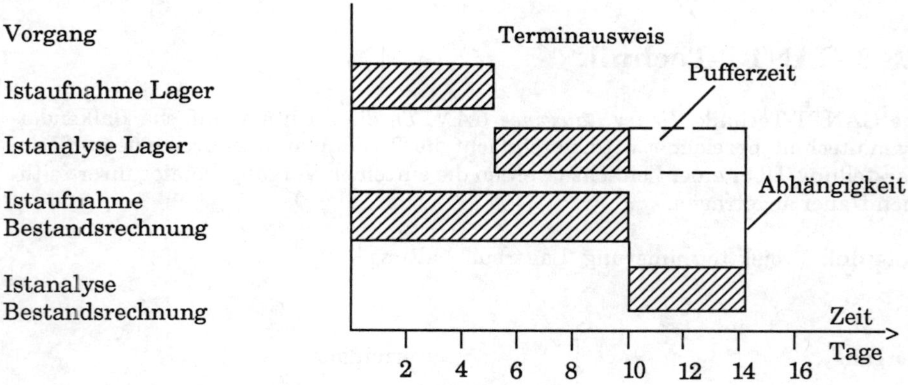

Die PLANNET-Technik wird häufig eingesetzt:

- Projektterminierungen für wenige Projektteile
- Erfordernis einer optisch-überzeugenden Darstellungsform
- Grafische Darstellung von Abhängigkeiten und Pufferzeiten.

4.3.4 Netzplantechnik

Die Netzplantechnik wurde zur Terminierung von Großprojekten entwickelt:

Netzplantechnik – Definition der DIN 69900:
Alle Verfahren zur Analyse, Beschreibung, Planung, Steuerung von Abläufen auf der Grundlage der Graphentheorie, wobei Zeit, Kosten, Einsatzmittel und weitere Einflußgrößen berücksichtigt werden können.

Die Begriffsbestimmung schließt auch die vorher beschriebenen Planungsvorgänge wie Aufgaben- und Personalplanung ein. Sieht man diese Planungsvorgänge in allgemeiner Bedeutung, nämlich als Teil der gesamten Projektplanung und nicht nur als Teil der Terminplanung und berücksichtigt auch in der Definition nicht die anderen genannten Einflußgrößen, so ergibt sich als Kurzdefinition:

Netzplantechnik – Kurzdefinition:
Alle Verfahren zur Planung und Steuerung von Abläufen auf der Grundlage der Graphentheorie.

Nach *Ferschl* ist die Graphentheorie eine mathematische Disziplin, die dazu dient, in einer Reihe von verschiedenen empirischen Gegebenheiten gleichartige Strukturen festzustellen und deren Gesetzmäßigkeiten zu studieren und dokumentieren.

In der betrieblichen Praxis werden überwiegend zwei Gruppen von Netzplantechniken angewandt:

- Vorgangspfeiltechnik
- Vorgangsknotentechnik.

Der Unterschied beider Gruppen von Netzplantechniken besteht in der Zuordnung der formalen Elemente des Netzplanes zu den strukturellen Projektteilen.

4.3.4.1 Grundbegriffe

Ausgangspunkt der Netzplantechnik ist der Vorgang, der dem in der Projektplanung gebrauchten Begriff des Projektteiles entspricht. Nach der Definition des Vorganges als zeiterforderndes Geschehen mit definiertem Anfang und Ende, gilt es diese Begriffe weiter zu betrachten.

Ein Vorgang wird begrenzt durch zwei Ereignisse: Anfangs- und Endereignis.

Ereignis – Definition der DIN 69900:
Eintreten eines definierten Zustandes im Ablauf.

Der Anfang eines Vorganges und das Ende eines Vorganges sind folglich Ereignisse.

Beispiel:

Anfangsereignis	Vorgang	Endereignis
Einschalten des Beleuchtungsschalters	Beleuchten des Raumes	Ausschalten des Beleuchtungsschalters

Da ein Vorgang ein zeiterforderndes Geschehen ist, wird für seine Durchführung folglich eine bestimmte Dauer benötigt. Diese Dauer ist die Zeitspanne vom Anfangsereignis bis zum Endereignis des Vorganges.

Die Terminierung erfolgt bei der Netzplantechnik grundsätzlich mit beiden Terminierungstechniken:

(1) **Vorwärtsterminierung**
Ausgegangen wird vom Projektstart. Nacheinander werden alle Termine in die Zukunft hinein errechnet, bis das Projektende erreicht ist.

(2) **Rückwärtsterminierung**
Hier wird umgekehrt vorgegangen. Vom Zeitpunkt des Projektendes, das bei der Vorwärtsterminierung ermittelt wurde, wird nun in Richtung der Gegenwart terminiert, bis der Projektstart wieder erreicht ist.

Besteht zwischen dem Ergebnis der Vor- und der Rückwärtsterminierung für den gleichen Vorgang eine Differenz, so liegt eine Pufferzeit vor. Gemäß der benutzten Definition der DIN 69.900 ist die Pufferzeit die Zeitspanne, die über den Zeitbedarf hinaus für einen Vorgang zur Verfügung steht, ohne daß sich dies auf die Projektdauer auswirkt.

Ein Vorgang, der eine Pufferzeit besitzt, kann folglich zwischen seinem frühesten Anfangstermin und seinem spätesten Endtermin um diese Pufferzeit verschoben werden, ohne daß dadurch das Projekt beeinflußt wird.

Liegt für einen Vorgang keine Pufferzeit vor, so liegt dieser Vorgang auf dem kritischen Pfad:

Kritischer Pfad – Definition nach DIN 69900:
Verbindung aller Vorgänge, die keine Pufferzeit besitzen.

Diese Bezeichnung resultiert daher, daß eine zeitliche Verzögerung bei kritischen Vorgängen eine entsprechende Verspätung des gesamten Projektes bedingen.

Jedes Projekt muß logischerweise einen, kann aber auch zwei oder mehrere kritische Pfade besitzen.

Bei den Pufferzeiten werden üblicherweise zwei Arten von Puffern unterschieden:

(1) **Gesamte Pufferzeit**

Diese Pufferzeit ist die maximale Zeitspanne, um die ein Vorgang verschoben werden kann, ohne daß dadurch der Termin des Projektendes verschoben wird. Es ist jedoch zu beachten, daß die gesamte Pufferzeit nicht nur einem Vorgang, sondern oftmals einer Reihe aufeinanderfolgender Vorgänge zugeordnet ist.

(2) **Unabhängige Pufferzeit**

Sie ist die Zeitspanne, die zwischen dem spätesten Termin des vorhergehenden Vorgangs und dem frühesten Zeitpunkt des nachfolgenden Vorgangs besteht. Diese Pufferzeit kann folglich von einem Vorgang benutzt werden, ohne daß dadurch Einflüsse auf andere Vorgänge gegeben sind.

4.3.4.2 Vorgangspfeil – Netzplan

In dieser Netzplantechnik wird ein Vorgang durch einen Pfeil dargestellt. Pfeile sind in dieser Netzplantechnik Symbolik für die Darstellung der Vorgänge und der Ausweis der logischen Anordnungsbeziehungen.

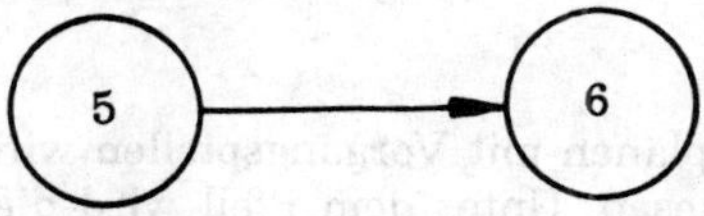

Jedes Ereignis wird benummert. Der Startknoten erhält die Nummer 1. Beim Zielknoten wird die höchste Nummer vergeben. Ein Vorgang ist folglich bestimmt durch die Nummer des Anfangsereignisses i und des Endereignisses j. Für die Nummerung der Ereignisse gilt stets

$$i < j$$

Folgende Einschränkungen müssen bei der Konstruktion eines Vorgangspfeilnetzes beachtet werden:

(1) **Schleife**
Da sich Vorgänge nicht zum gleichen Zeitpunkt wiederholen können, sind Schleifen nicht möglich:

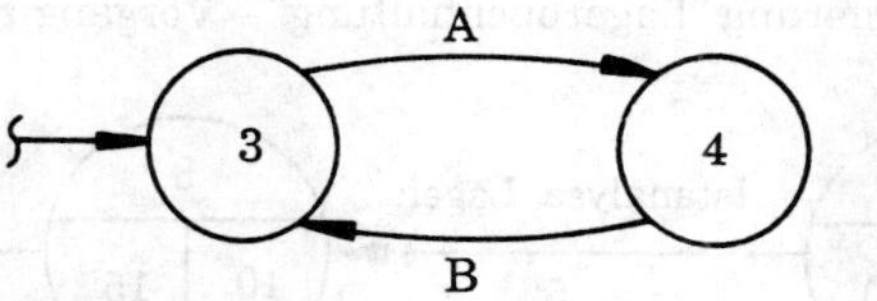

Falsch!

(2) **Parallele Vorgänge**
Zwei Vorgänge mit identischen Vor- und Nachereignissen sind nicht gestattet:

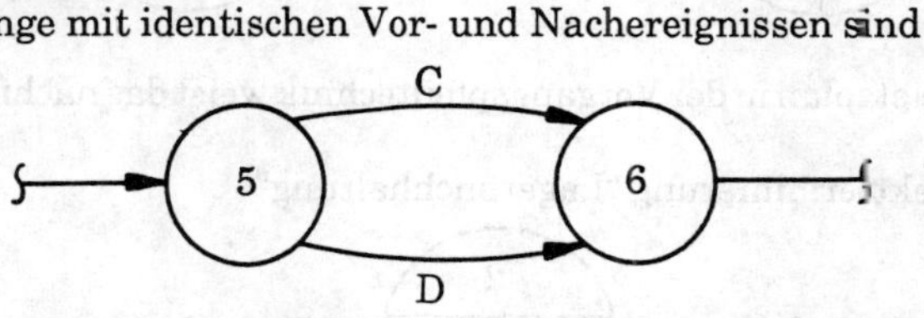

Falsch!

Parallele Vorgänge dieser Art werden mit Hilfe eines Scheinvorganges konstruiert:

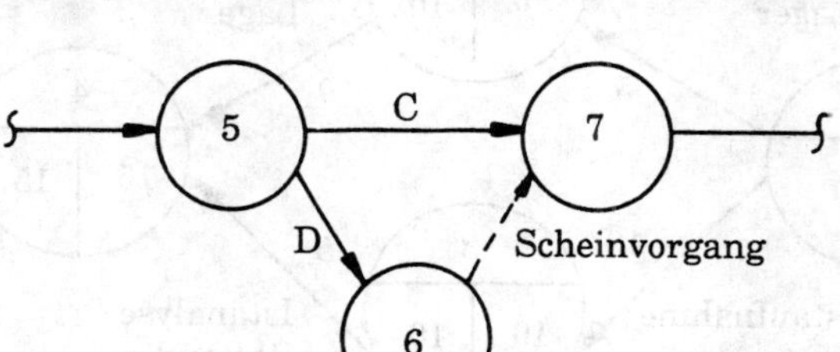

Scheinvorgänge, auch Dummy genannt, sind zeitlose Vorgänge, die jedoch behandelt werden wie jeder andere Vorgang. Scheinvorgänge werden gestrichelt gekennzeichnet.

(3) **Start- und Zielknoten**
In einem Netzplan kann es nur ein einziges Start- und ein einziges Endereignis geben.

Bei der Darstellung von Netzplänen mit Vorgangspfeilen wird über dem Pfeil die Vorgangsbezeichnung ausgewiesen. Unter dem Pfeil wird die entsprechende Vorgangsdauer eingetragen.

Weiterhin werden die beiden Zeitpunkte des Eintrittes eines Ereignisses im Knoten eingetragen:

- Frühester Zeitpunkt des Ereignisses: FZ
- Späterer Zeitpunkt des Ereignisses: SZ

In der Vorgangspfeiltechnik wird ein Vorgang damit so dargestellt:

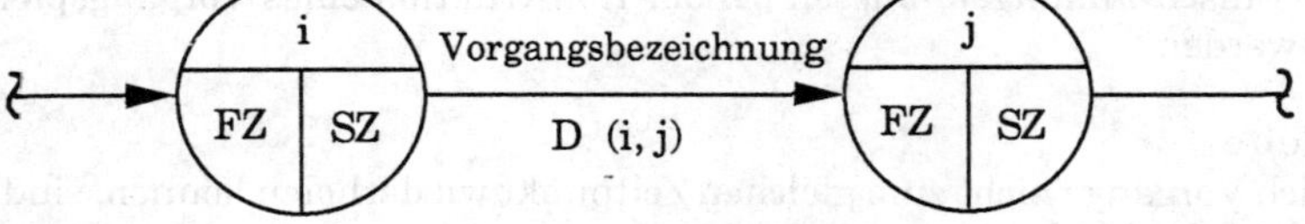

Beispiel: Projektterminierung "Lagerbuchhaltung" – Vorgang Istanalyse Lager.

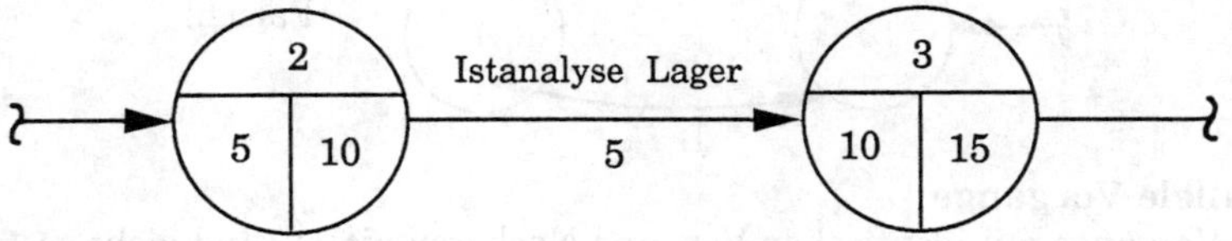

Einen einfachen Netzplan in der Vorgangspfeiltechnik weist das nachfolgende Beispiel aus:
Beispiel: Projektterminierung "Lagerbuchhaltung"

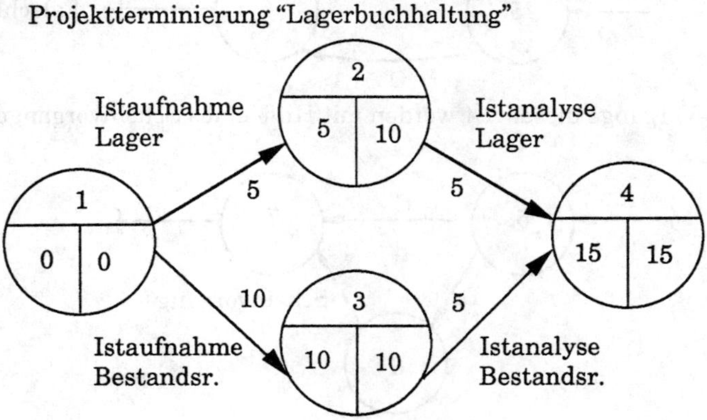

Bei der Zeitrechnung wird vom Startereignis ausgegangen. Jeder Folgetermin wird mit folgender Formel errechnet:

$$FZ\ (j) = FZ\ (i) + D\ (i, j)$$

Münden mehrere Pfeile in einen Ereignisknoten ein, so ist das Ergebnis mit dem höchsten Zeitpunkt zu verwenden. Der größere Zeitbedarf, der zu einem späteren Zeitpunkt in der Terminierung führt, ist folglich der bestimmende Termin für dieses Ereignis.

Ist das Zielereignis erreicht, so ist dieser Zeitpunkt der Ausgangspunkt für die Rückwärtsterminierung. Rückwärtsschreitend ist jeder Termin gemäß der nachstehenden Formel zu ermitteln:

$$SZ\ (i) = SZ\ (j) - D\ (i, j)$$

Diese Berechnung wird für alle Ereignisse durchgeführt, bis das Startereignis erreicht ist.

Beispiel: Projektterminierung "Lagerbuchhaltung"

Vorgang	Vorereignis	Nachereignis	Dauer D (i, j)	FZ (i)	SZ (i)	FZ (j)	SZ (j)
Istaufnahme Lager	1	2	5	0	0	5	10
Istanalyse Lager	2	4	5	5	10	15	15
Istaufnahme Bestandsr.	1	3	10	0	0	10	10
Istanalyse Bestandsr.	3	4	5	10	10	15	15

Bei Vorgangspfeilnetzen werden die Pufferzeiten folgendermaßen errechnet:

(1) **Gesamte Pufferzeit:**

$$GP = SZ\ (j) - FZ\ (i) - D\ (i, j)$$

(2) **Unabhängige Pufferzeit:**

$$UP = FZ\ (j) - SZ\ (i) - D\ (i, j)$$

Beispiel: Projektterminierung “Lagerbuchhaltung”:

Pufferzeit für Projektteil “Istanalyse Lager”

(1) Gesamte Pufferzeit

$GP = SZ(j) - FZ(i) - D(i, j)$

$GP = 15 - 5 - 5 = 5$

(2) Unabhängige Pufferzeit

$UP = FZ(j) - SZ(i) - D(i, j)$

$UP = 15 - 10 - 5 = 0$

4

4.3.4.3 Vorgangsknoten - Netzplan

Ein Vorgang wird in dieser Netzplantechnik durch einen Knoten dargestellt. Dieser Knoten wird als Rechteck gezeichnet. Die Ereignisse sind Teil des Knotens. Die Pfeile zwischen den Knoten sind deswegen ausschließlich logische Anordnungsbeziehungen:

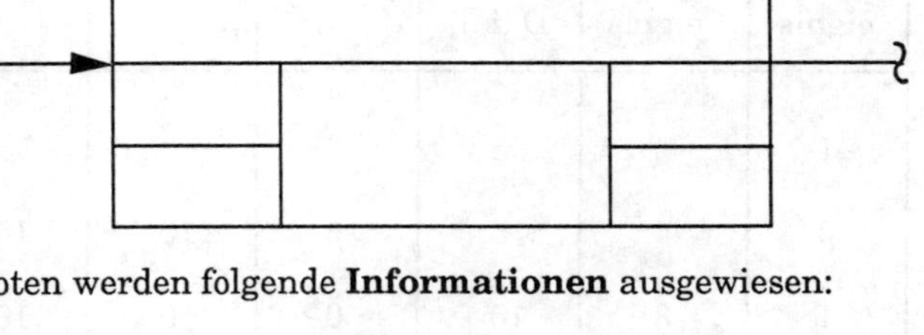

In einem Knoten werden folgende **Informationen** ausgewiesen:

(1) Vorgangsnummer i in der obersten Zeile
(2) Vorgangsbezeichnung in der 2. Zeile
(3) Vorgangsdauer D (i) in der Mitte der 3. Zeile
(4) Die 4 verschiedenen Zeitpunkte des Vorganges gemäß der nächsten Abbildung:
- Frühester Anfangszeitpunkt FAZ
- Spätester Anfangszeitpunkt SAZ
- Frühester Endzeitpunkt FEZ
- Spätester Endzeitpunkt SEZ

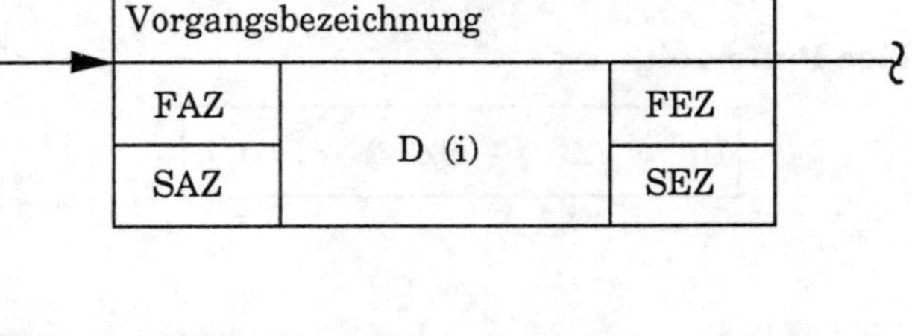

Beispiel: Projektterminierung "Lagerbuchhaltung" – Vorgang Istanalyse Lager

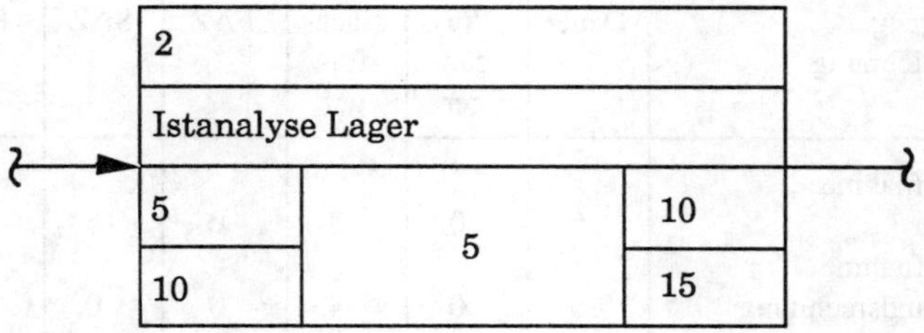

Das betrachtete Beispiel wird in der Vorgangsknotentechnik im folgenden Netzplan dargestellt:

Beispiel: Projektterminierung "Lagerbuchhaltung"

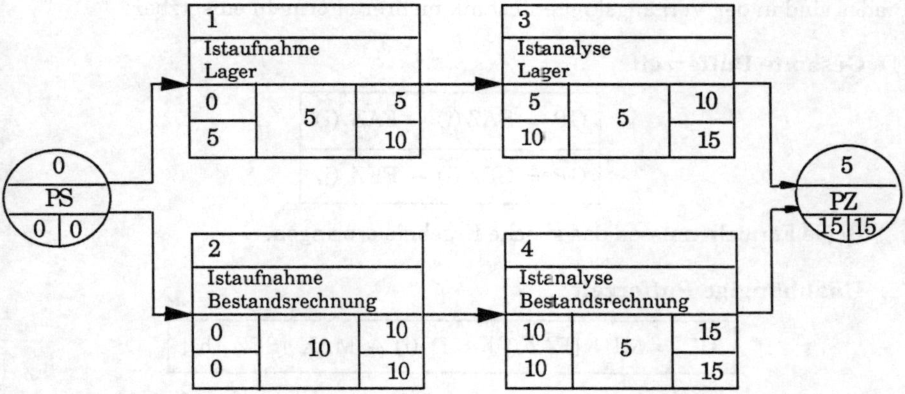

Der kritische Pfad verläuft über die Knoten 0, 2, 4 und 5.

Die Berechnung der Termine erfolgt mit den Formeln:

(1) **Vorwärtsterminierung**

$$\text{FEZ (i)} = \text{FAZ (i)} + \text{D (i)}$$

(2) **Rückwärtsterminierung**

$$\text{SAZ (i)} = \text{SEZ (i)} - \text{D (i)}$$

Münden mehrere Pfeile in einen Vorgang ein, so ist auch hier das Ergebnis mit dem höchsten Zeitausweis zu verwenden.

Beispiel: Projektterminierung “Lagerbuchhaltung”

Nr.	Vorgang Bezeichnung	Dauer	Vorgänger	Nachfolger	FAZ	SAZ	FEZ	SEZ
1.	Istaufnahme Lager	5	0	3	0	5	5	10
2.	Istaufnahme Bestandsrechnung	10	0	4	0	0	10	10
3.	Istanalyse Lager	5	1	5	5	10	10	15
4.	Istanalyse Bestandsrechnung	5	2	5	10	10	15	15

Für die Errechnung der Pufferzeiten und damit für die Bestimmung des kritischen Pfades sind in der Vorgangsknotentechnik mehrere Formeln einsetzbar:

(1) **Gesamte Pufferzeit**

$$GP = SAZ(i) - FAZ(i)$$

$$GP = SEZ(i) - FEZ(j)$$

Beide Formeln müssen das gleiche Ergebnis erbringen.

(2) **Unabhängige Pufferzeit**

$$UP = MIN\ [FAZ(j)] - D(i) - MAX\ [SEZ(h)]$$

h und j sind die Vorgangsnummern des Vorgängers bzw. des Nachfolgers.

Beispiel: Projektterminierung “Lagerbuchhaltung”
Pufferzeit für den Vorgang “Istanalyse Lager”

(1) Gesamte Pufferzeit
$GP = SAZ(i) - FAZ(i)$
$GP = 10 - 5 = 5$
$GP = SEZ(i) - FEZ(i)$
$GP = 15 - 10 = 5$

(2) Unabhängige Pufferzeit
$UP = MIN\ [FAZ(j)] - D(i) - MAX\ [SEZ(h)]$
$UP = 15 - 5 - 10 = 0$

5

4.3.4.4 Vorgehensweise

Bei der Terminplanung eines Projektes mit der Netzplantechnik ist folgende Vorgehensweise zu wählen:

(1) Prüfung auf Vorliegen aller zur Terminplanung benötigter Informationen:
- Katalog aller Vorgänge
- Abhängigkeitsstruktur der Vorgänge
- Zeitbedarf für jeden Vorgang.

(2) Zeichnen des Netzplanes, d.h. grafischer Ausweis der Abhängigkeitsstruktur der Vorgänge mit Hilfe einer Netzplantechnik.

(3) Terminierung der Vorgänge durch Vorwärts- und Rückwärtsrechnung.

(4) Prüfung ob alle Vorgaben eingehalten wurden, insbesondere ob der Terminrahmen von Anfangs- und Endtermin nicht überschritten wird. Sonst ist es erforderlich, z.B. die Dauer von kritischen Vorgängen zu verkürzen und dann mit einer neuen Terminierung zu prüfen, ob nun die Vorgaben eingehalten werden können.

(5) Ermittlung der Pufferzeiten und damit Bestimmung des kritschen Pfades.

(6) Terminumsetzung in Kalendertermine unter Berücksichtigung der Arbeitstage.

4.3.4.5 Verfahren

Zum Einsatz der Netzplantechnik in der Projektplanung stehen eine Reihe von Verfahren zur Verfügung, die sich oftmals nur in Details unterscheiden. In der betrieblichen Anwendung befinden sich insbesondere folgende Techniken:

(1) **CPM**
Critical Path Method – Vorgangspfeilnetz
1957 – 59 von den Firmen Du Pont und Remington Rand in den USA entwickelt.

(2) **MPM**
Metra Potential Methode – Vorgangsknotennetz
1958 in Frankreich durch METRA – International entwickelt, jedoch erst seit 1964 veröffentlicht.

(3) **PERT**
Programm Evaluation und Review Technique – Ereignisknotennetz
1957 – 59 von der US – NAVY's Spezial Projekt Office entwickelt.

Netzplantechniken können sowohl manuell als auch maschinell verwandt werden. Die Nutzenschwelle für eine manuelle Anwendung wird bei 50 Vorgängen gesehen. Üblicherweise wird jedoch die Netzplantechnik mit Hilfe der EDV benutzt.

Die angebotenen Programme für die Netzplantechnik sind sehr zahlreich. Da sie sich wesentlich in ihrer Aufgabenstellung, ihrem Komfort und in den angebotenen Aufgabenbereichen neben der Terminierung unterscheiden, ist die Wahl eines konkreten Programmsystemes sorgfältig vorzunehmen.

Die Netzplantechniken beinhalten oftmals über die Terminierung hinausgehend weitere Aufgabenbereiche:

(1) **Kostenrechnung**
Sie ermöglicht üblicherweise eine Kostenplanung bzw. Projektbudgetierung und Kostenüberwachung. Eingeschlossen kann eine Bestimmung der kostenoptimalen Projektdauer sein.

(2) **Kapazitätsrechnung**
Diese Rechnung wird in unterschiedlichem Lösungsumfang angeboten. Von der Kapazitätsbedarfsrechnung bis zur Kapazitätsoptimierung differieren die angebotenen Techniken.

(3) **Sachmitteleinsatz**
Weiterhin können in einigen Netzplantechniken auch der Sachmitteleinsatz geplant und kontrolliert werden.

4.4 Sachmittelplanung

Zur Durchführung eines organisatorischen Projektes bedarf es unterschiedlicher Sachmittel. Im Gegensatz zu den Sachmitteln, die im zu erarbeitenden System eingesetzt werden sollen, wurden die Sachmittel, welche für die Projektarbeit benötigt werden, als Projektmittel bezeichnet.

Die Planung der Projektmittel ist aus folgenden Gründen erforderlich:

(1) **Einsatzplanung**
Der Einsatz der richtigen Projektmittel für die Projektdurchführung erfordert eine Planung in mehrfacher Hinsicht:
- Sachmittelart
- Menge
- Einsatzart
- Einsatzdauer mit Anfangs- und Endterminen
- Einsatzort.

(2) **Verfügbarkeitssicherung**
Die terminlich richtige Verfügbarkeit der benötigten Projektmittel muß gesichert werden. Das kann durch Kauf, Miete, Leihe oder auch durch entsprechende

Reservierungsplanung erfolgen, so beispielsweise die Einplanung von Testzeit in einem Rechenzentrum.

(3) **Kosten- und Ausgabenplanung**
Projektmittel, die zusätzlich beschafft werden müssen, sind nicht nur kosten-, sondern auch ausgabenwirksam. Für die Obligorechnung ist folglich eine Ausgabenplanung nach Termin und Ausgabenhöhe erforderlich.

Die Planung der Projektmittel sollte für jeden Projektteil erfolgen. Es muß untersucht werden, welche Sachmittel zur optimalen Lösung jedes Projektteiles erforderlich sind. Das Ergebnis dieser Untersuchung wird in einer Projektmittelbedarfsliste dokumentiert.

Die Bedarfsliste für die Projektmittel sollte mindestens folgenden Inhalt ausweisen:
- Projektmittelart
- Benötigte Mengen
- Projektteilbezug
- Zeitliche Inanspruchnahme.

Zur Durchführung eines Projektes werden vornehmlich folgende Sachmittel benötigt:

(1) **Arbeitsräume**
Das sind insbesondere Büroräume, Besprechungs- und Schulungsräume.

(2) **Büroarbeitsplätze**
Dazu zählen beispielsweise Schreibtisch, Büroschränke, Arbeitsstühle und Schreibmaschinentische.

(3) **Büromaschinen**
Die Bedienungsbedürftigkeit ist ihr wesentliches Kennzeichen. Durch ihren Einsatz wird die menschliche Effizienz gesteigert. Zur Projektarbeit werden vornehmlich benötigt:
- Schreibmaschinen
- Diktier- und Wiedergabegeräte
- Rechenmaschinen
- Kopiergeräte.

(4) **Kommunikationsmittel**
Sie dienen dem Informationsaustausch zwischen der Projektgruppe und ihrer Umwelt. Dazu gehören Telefon, Teletex, Tageslichtprojektoren usw.

(5) **Computer**
Üblicherweise wird eine zeitlich begrenzte Nutzung eines Rechners für eine Projektdurchführung ausreichen. Elektronische Rechner werden hauptsächlich eingesetzt zur
- Projektplanung, z.B. für den Einsatz der Netzplantechnik
- Systemsimulation, z.B. für die Simulation eines Systemmodells
- Programmierung

- Programmtest, z.B. zur Prüfung von Systemteilen, die mit der EDV durchgeführt werden.

(6) **Arbeitsmittel**
Unter diesem Begriff werden die restlichen Sachmittel zur Projektplanung zusammengefaßt. Dabei können unterschieden werden:
- Gebrauchsgüter wie Stempel, Scheren usw.
- Verbrauchsgüter wie Formulare, Schreiber usw.

4.5 Kostenplanung

Bei der Kostenplanung eines Projektes müssen zwei Kostenbereiche unterschieden werden:

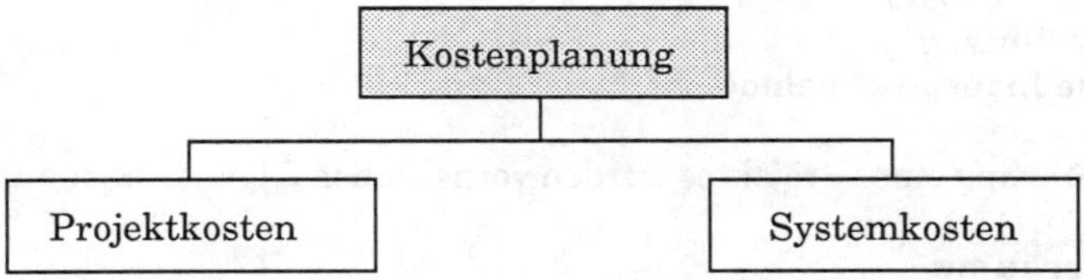

Die Projektkosten sind alle Kosten, die entstehen, weil das Projekt durchgeführt wird. Projektkosten sind dadurch gekennzeichnet, daß es sich hier um einmalige Kosten handelt, entsprechend der Definition eines Projektes.

Die Systemkosten sind solche Kosten, die beim Betrieb eines Systems anfallen. Die Systemkosten müssen unterschieden werden in:
- Einmalige Kosten
- Dauerkosten.

Sowohl die Projektkosten, als auch die Systemkosten sind für die Entscheidung über die Durchführung des geplanten Projektes von wesentlicher Bedeutung.

Daneben dient die Kostenplanung
- der Vorschaurechnung über die Kosten einzelner Projektteile und des Gesamtprojektes,
- der Ermittlung des zeitlichen Kostenverlaufes,
- der Vorgabe für die Projektdurchführung,
- als Ausgangspunkt der Erstellung eines Geldmittelbedarfsplanes.

4.5.1 Projektkosten

Projektkosten – Definition:
Gesamter Werteverzehr zur Durchführung eines Projektes.

Voraussetzung für die Planung der Projektkosten ist das Vorliegen von
- Personalplanung
- Terminplanung
- Sachmittelplanung.

Mit diesen Planungsunterlagen können die Kosten für das Projekt ermittelt werden. Liegen für bestimmte Bedürfnisse keine Kostenansätze vor, so können diese durch

- Angebotseinholung
- Schätzung
- Vergleich mit dem Kostenanfall laufender Projekte

ermittelt werden.

Es ist zweckvoll, die Projektkosten in mehrere Kostenarten zu gliedern.

(1) **Personalkosten**
Diese Kostengruppe umfaßt die Lohn- und Lohnnebenkosten für die Projektmitarbeiter. Die Personalkosten für Mitarbeiter, die für die Projektdurchführung Zeit aufwenden, weil sie beispielsweise im Rahmen einer Istaufnahme interviewt werden, aber nicht Mitglieder der Projektgruppe sind, bleiben unberücksichtigt.

(2) **Materialkosten**
Diese Kostenart betrifft die Projektmittel, die zur Erarbeitung des Systems benötigt werden.

(3) **Kapitalkosten**
Diese Kosten resultieren aus dem Einsatz von Kapitalgütern. Besonders zu nennen sind bei den Projektkosten:
- Abschreibung von Projektmittel
- Zinsen für den Kapitaleinsatz
- Kalkulatorische Mieten.

(4) **Fremdleistungskosten**
Werden beispielsweise unternehmensfremde Mitarbeiter für die Projektdurchführung eingesetzt oder werden Aufgaben von fremden Unternehmen für das Projekt durchgeführt, so entstehen Fremdleistungskosten.

(5) **Computerkosten**
Die Kosten für die Benutzung eines Großcomputers werden in der Regel mit einem Verrechnungssatz abgerechnet. Dieser Satz enthält folglich Kosten wie
- Personalkosten für das Operating, die Arbeitsvorbereitung usw.
- Materialkosten für Papier, Farbtücher usw.
- Kapitalkosten für den Rechner und das Rechenzentrum
- Fremdleistungskosten für die Wartung des Rechners.

Um bei der Projektdurchführung eine effiziente Kostenüberwachung vornehmen zu können, ist es erforderlich, diese Kosten nicht nur summarisch für das gesamte Projekt zu ermitteln, vielmehr sollten die Kosten für jeden Projektteil einzeln geplant werden.

Daraus ergibt sich für die Projektkosten eine Differenzierung in zwei Kriterien:

- Projektteile
- Kostenarten.

In Form einer Matrix lassen sich damit die Projektkosten übersichtlich ausweisen.

Beispiel: Projektkostenplan

Kosten-arten / Projekt-teil	Personal-kosten DM	Material-kosten DM	Kapital-kosten DM	Fremdleist.-Kosten DM	Computer-kosten DM	Gesamt-kosten DM
Systemanalyse Groborganisation Detailorganisation Programmierung Systemeinführung						
Summe						

Mit der Genehmigung der Projektplanung wird der Kostenplan in das Projektbudget überführt. Entsprechend der Planung weist folglich das Projektbudget für jeden Projektteil die Vorgabe der Kosten aller Hauptkostenarten aus:

- Personal
- Material
- Kapital
- Fremdleistungen
- Computer.

Dadurch ist es einfach möglich, nicht nur für jeden Projektteil eine Terminüberwachung, sondern auch eine Kostenkontrolle durch einen Vergleich von Kostenvorgabe und Kostenanfall nach Kostenarten vorzunehmen.

Beispiel: Ungegliedertes Projektbudget für das Projekt "Lagerbuchhaltung"

		Kosten DM	Gesamtkosten DM
1. Personalkosten			
Organisation	12 MM	60.000	
Programmierung	8 MM	32.000	
Hilfskräfte	6 MM	15.000	107.000
2. Materialkosten			2.000
3. Kapitalkosten			
Raum- und Arbeitsplatzkosten			1.600
4. Fremdleistungskosten			
Beratungsauftrag		20.000	
Schulungskosten für Projektmitarbeiter		4.400	24.400
5. Computerkosten			
Rechnerkapazität 20 Stunden			33.000
Gesamtkosten			168.000

4.5.2 Systemkosten

Nur in sehr wenigen Fällen gibt es für das durch das Projekt zu erarbeitende neue System keinen Vorgänger. Die Erarbeitung eines neuen Systems "auf der grünen Wiese" ist die Ausnahme.

Üblicherweise wird das neue System ein bestehendes System ablösen müssen. Deswegen genügt es nicht, nur die voraussichtlichen Kosten für das durch die Projektabwicklung zu erarbeitende System zu ermitteln. Vielmehr ist es erforderlich, um damit das neue System beurteilen zu können, die Kosten sowohl für das neue System, als auch für das bestehende System festzustellen.

Während für das neue System einmalige und dauernd anfallende Kosten berücksichtigt werden müssen, gilt es für das abzulösende System nur die Dauerkosten zu ermitteln.

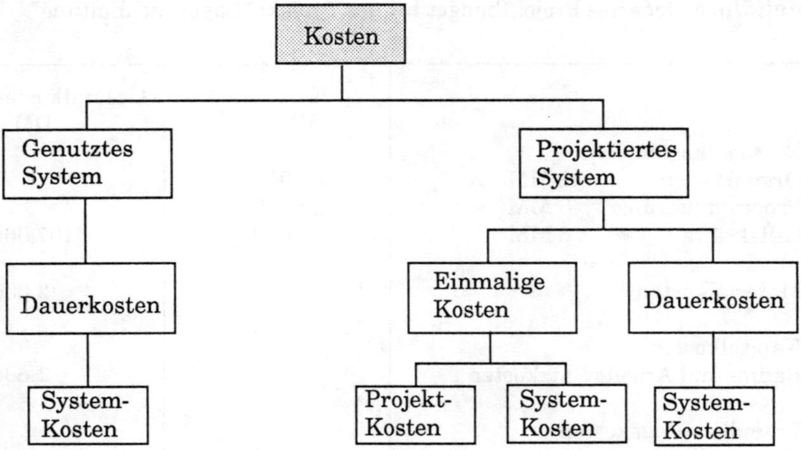

Wie die Darstellung ausweist, müssen natürlich die im vorherigen Kapitel behandelten Projektkosten bei der Ermittlung der gesamten Kosten eines Projektes mit in die Betrachtung einbezogen werden.

Die Kosten für das bestehende System können in den meisten Fällen relativ einfach ermittelt werden. Entweder können sie, wenn das neue System eine oder mehrere Kostenstellen insgesamt betrifft, direkt der Kostenstellenrechnung entnommen werden oder sie müssen durch eine geeignete Kostenanalyse für den das neue System betreffenden Teil aus den Kostenrechnungszahlen ermittelt werden.

Die **Ermittlung** der Kosten für das zu projektierende System ist schwieriger:

(1) Das durch das Projekt zu erarbeitende neue System kann nur in den grundlegenden Zügen bestimmt sein. Bis zur Projektplanung liegt nur das Ergebnis der Problemanalyse vor. Die eigentliche Gestaltung erfolgt jedoch erst durch die Projektarbeit.

(2) Auch wenn das angestrebte, zu erarbeitende System bereits in einem gewissen Umfang bestimmt ist, besteht ein gewisses Projektrisiko.

(3) Je weiter eine Planung in die Zukunft hineinreicht, um so unsicherer werden zwangsläufig die Erwartungen. Organisatorische Systeme reichen meistens weit in die Zukunft. Hinzu kommt, daß das angestrebte System erst zu einem späteren Zeitpunkt zum Einsatz kommen kann, wenn die Projektdurchführung zu ihrem Abschluß kommt.

(4) Neben der Unsicherheit über das Projekt und das System besteht Unsicherheit über die Kostenansätze.

4.5.2.1 Einmalige Kosten

Neben den Projektkosten tritt eine zweite Kostenkategorie auf, die auch den Charakter der Einmaligkeit hat. Das sind die Umstellungs-, Einführungs- oder Implementierungskosten, die entstehen, wenn vom alten auf das neue System übergegangen wird.

Beispiele: Schulungskosten für Systemmitarbeiter
Installationskosten für Sachmittel wie Terminals
Personalkosten durch zusätzliche Mitarbeiter für die Systemeinführung

4.5.2.2 Dauerkosten

Im Hinblick auf die Beurteilung des zu erarbeitenden Systems ist es erforderlich, die Dauerkosten für

- das abzulösende System und
- das zu erarbeitende System

zu ermitteln.

Während es sich bei den Kosten für das zu erarbeitende System um Kostenschätzungen handeln muß, sollten die Kosten für das abzulösende System auf den Istkosten der nahen Vergangenheit für dieses System beruhen.

Dabei ist jedoch zu beachten, daß die Istkosten des alten Systems über eine längere Periode in die Betrachtung einzubeziehen sind, da sonst der Zufallseinfluß nicht auszuschließen ist. Das kann durch die Bildung eines Mittelwertes aus mehreren Perioden erfolgen.

Die Dauerkosten werden wie die einmaligen Kosten nach Kostenartengruppen getrennt ermittelt. Die Einteilung nach den dort genannten Kostenarten empfiehlt sich auch hier, um damit zu einer einheitlichen Kostengliederung zu kommen.

Beispiel: Geschätzte jährliche Systemdauerkosten

	Kosten DM	Gesamtkosten DM
1. Personalkosten		
1 Abteilungsleiter	50.000	
5 Sachbearbeiter	200.000	
2 Hilfskräfte	60.000	310.000
2. Materialkosten		5.000
3. Kapitalkosten		
Raum- und Arbeitsplatzkosten	2.500	
Abschreibung für Terminals	6.000	
Zinsen für Terminals	2.000	10.500
4. Fremdleistungskosten		
Wartungskosten für Terminals	1.500	
Textprogrammierung	10.000	11.500
5. Computerkosten		63.000
Gesamtkosten		399.000

4.6 Kontrollplanung

Jede Planung und ihre Durchführung muß auf ihre Wirksamkeit kontrolliert werden. Ohne Überwachung fehlt einerseits die Rückkoppelung zur Planung und zu deren Verantwortungsträgern, andererseits ist ohne sie die Gefahr gegeben, daß grundlos oder ohne zwingendes Erfordernis der Plan verlassen wird.

Die Kontrolle der Projektdurchführung ist eine Aufgabenstellung, die von zwei Seiten ausgeübt werden sollte. Danach müssen zwei Kontrollarten unterschieden werden:

(1) **Interne Überwachung**
Sie umfaßt die Kontrolle der Projektdurchführung durch den Projektleiter.

(2) **Externe Überwachung**
Die Beaufsichtigung der gesamten Projektarbeit durch Außenstehende wird als externe Kontrolle bezeichnet.

Die Kontrolle von Projekten sollte durch folgende Kriterien gekennzeichnet sein:
- Gleichartigkeit der Überwachung nach Art und Umfang
- Kontrolle zu vorgegebenen Kontrollpunkten im Projektablauf
- Überwachung aller wesentlichen Projektmerkmale
- Kontrolle nach einem Kontrollplan.

Der Projektkontrollplan ist das wesentliche Instrument zur Sicherung dieser Forderung. Er dient sowohl für die interne, als auch für die externe Überwachung.

Die Kontrollplanung beinhaltet zwei Aufgabengebiete:

(1) **Kontrolle der Projektdurchführung**
Die plan- und fachgerechte Durchführung der Projektarbeit ist die Aufgabe dieser Verfahrenskontrolle.

(2) **Kontrolle der Systemgestaltung**
Das Ergebnis der Projektarbeit, das neue System, ist Gegenstand dieser Kontrollaufgabe.

Bei der Planung der Kontrolle müssen beide Verfahren eingesetzt werden, da eine fehlerlose Verfahrensdurchführung nicht zwangsläufig ein richtiges Ergebnis bedingt.

Die Unterscheidung in eine Kontrolle der Projektdurchführung und der Systemgestaltung ist deswegen wichtig, weil bei der Kontrolle der Projektdurchführung Vorgaben geplant werden können und üblicherweise quantitativ vorgegeben werden.

Das gesuchte organisatorische System kann nicht vorgegeben werden, da es erst durch die Projektdurchführung erarbeitet werden soll. Eine Kontrolle der Systemgestaltung kann folglich nicht direkt, sondern nur indirekt vorgenommen werden. Das bedeutet, daß das zu erarbeitende System nicht durch Vergleich mit Vorgaben überwacht werden kann, sondern es muß an den Projektzielen gemessen werden.

Die Planung der Projektkontrolle befaßt sich insbesondere mit der
- Bestimmung des Kontrollverfahrens
- Ermittlung der Vorgaben
- Festlegung des Berichtswesens.

Das Ergebnis dieser Planungsaufgaben ergibt den Kontrollplan.

4.6.1 Kontrollverfahren

Das Kontrollverfahren definiert, wie die Projektkontrolle durchzuführen ist. Das betrifft insbesonders die nachstehenden Punkte:

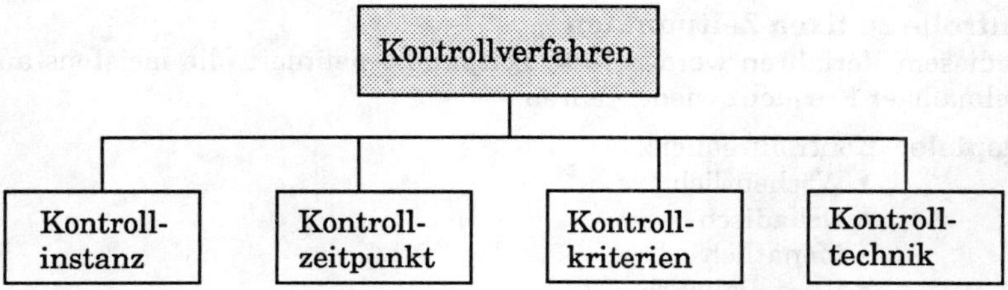

Bei der Planung des Kontrollverfahrens erfolgt folglich die Definition der Vorgehensweise für die spätere Projektkontrolle.

4.6.1.1 Kontrollinstanz

Gemäß der Unterscheidung in

- interne Projektüberwachung
- externe Projektüberwachung

muß es folglich auch zwei Stellen geben, welche die Projektkontrolle durchführen. Für die interne Projektüberwachung kann nur der Projektleiter in Frage kommen. Er hat damit die Überwachung seines Projektes auf Grund von zwei Aufgabenstellungen vorzunehmen:

(1) Im Rahmen seiner Leitungsaufgabe kontrolliert er seine Mitarbeiter und das in Erarbeitung stehende neue System.

(2) Im Rahmen der Kontrollplanung hat er die weitere Aufgabe gemäß dem Kontrollplan die Überwachung des Projektes vorzunehmen.

Mit der externen Projektüberwachung sind in der betrieblichen Praxis unterschiedliche Instanzen betraut:
- Organisationsleiter
- Organisations- oder Datenverarbeitungsausschuß

- Stelle Projektplanung und -kontrolle
- Controller
- Geschäftsleitung.

Ob eine oder mehrere Instanzen mit der Kontrolle des Projektes beauftragt werden, ist insbesondere von der bestehenden Aufbauorganisation abhängig.

4.6.1.2 Kontrollzeitpunkt

Generell können zwei Verfahren in zeitlicher Hinsicht bei der Kontrolle eines Projektes verwandt werden:

(1) **Kontrolle zu fixen Zeitpunkten**
Bei diesem Verfahren werden feste Zeitpunkte definiert, die meistens auch in regelmäßiger Frequenz wiederkehren.

Beispiele: Kontrollfrequenz
- Wöchentlich
- Dekadisch
- Monatlich
- Vierteljährlich
- Halbjährlich

Daraus ergibt sich dann zwangsläufig der genaue Kontrollzeitpunkt wie zum Wochenbeginn, jeweils am Ende jeder 2. Woche oder zum Monatsbeginn.

(2) **Kontrolle zu bestimmten Projektereignissen**
Die Bestimmung der Kontrolltermine ist hier nicht von einer fixen Frequenz abhängig, sondern wird veranlaßt durch den erwartbaren Projektfortschritt. Das erwartete Eintreten eines Projektereignisses ist der Kontrollzeitpunkt.

Beispiel: Kontrolltermine – Bestimmt durch den Eintritt des Endereignisses

Istaufnahme	1.3.
Istanalyse	1.4.
Groborganisation	1.5.
Detailorganisation	1.9.
Einführung	1.12.

Zu den festgelegten Terminen erfolgt nun die Kontrolle. Diese Kontrolle bezieht sich dann auf die
- Einhaltung des vorgegebenen Termins
- Einhaltung der sonstigen Vorgaben, wenn termingerecht gearbeitet wurde.

Es ist dabei durchaus üblich, daß zwischen interner und externer Überwachung in der Frequenz unterschieden wird.

Beispielsweise kann folgendes terminliche Verfahren in der betrieblichen Praxis öfters beobachtet werden:

Beispiel: Kontrollfrequenzen

Berichterstattung durch	Kontrolle durch	Frequenz
Projektmitarbeiter	Projektleiter	wöchentlich
Projektleiter	Organisationsausschuß	monatlich
Projektleiter	Geschäftsleitung	vierteljährlich

Entsprechend können auch die Kontrolltermine beim Vorgehen nach Projektereignissen hierarchisch strukturiert werden.

4.6.1.3 Kontrollkriterien

Für die Kontrollplanung muß definiert werden, welche Kriterien in die Kontrolle einbezogen werden sollen:

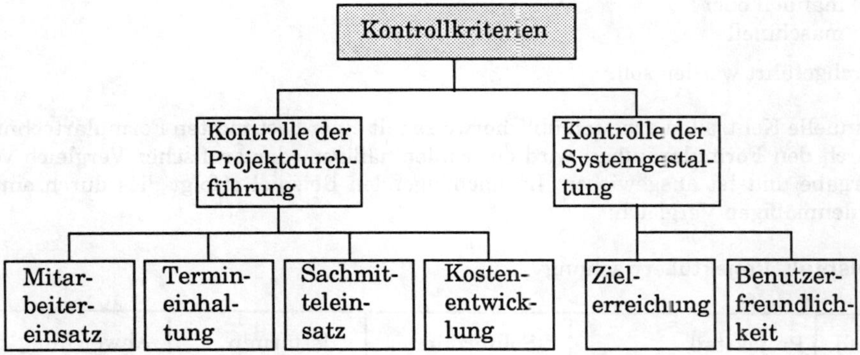

Vornehmlich folgende Kriterien werden zur Projektkontrolle benutzt:

(1) **Mitarbeitereinsatz**
Sowohl in quantitativer wie auch in qualitativer Hinsicht wird der Personaleinsatz als Maßstab für die Projektdurchführung gebraucht.

(2) **Termineinhaltung**
Oftmals wird ausschließlich die Einhaltung der vorgegebenen Termine als Kontrollkriterium benutzt.

(3) **Sachmitteleinsatz**
Werden in größerem Umfang Sachmittel zur Projektdurchführung benötigt, beispielsweise Computerkapazität zum Test von Programmen, dann muß auch der Sachmitteleinsatz Gradmesser für die Projektdurchführung sein.

(4) **Kostenentwicklung**
Neben der Termineinhaltung ist die Kostenentwicklung bei der Durchführung eines Projektes das wichtigste Kriterium für die Projektkontrolle.

(5) **Zielerreichung**
Das Kriterium der Zielerreichung kann erst voll zum Tragen kommen, wenn das neue System angelaufen ist. Für die Kontrolle der Projektdurchführung ist es folglich nur bedingt geeignet.

(6) **Benutzerfreundlichkeit**
Da organisatorische Systeme in aller Regel als Systemelemente Mitarbeiter einschließen, ist auch die Gestaltung der menschlichen Arbeit in einem System ein Kontrollkriterium für die Systemgestaltung.

4.6.1.4 Kontrolltechnik

Die Frage nach der Kontrolltechnik beinhaltet insbesondere die Entscheidung, ob die Kontrolle

- manuell oder
- maschinell

durchgeführt werden soll.

Manuelle Kontrollen arbeiten üblicherweise mit einer bestimmten Formulartechnik. Durch den Formularaufbau wird ein zahlenmäßiger oder grafischer Vergleich von Vorgabe und Ist ausgewiesen. Im nachfolgenden Beispiel erfolgt dies durch einen zahlenmäßigen Vergleich:

Beispiel: Projektüberwachung

Lfd. Nr.	Projektteil	Solltermin		Isttermin		Abweichung	
		Anfang	Ende	Anfang	Ende	Anfang	Ende
1.	Istaufnahme	1.2.	28.2.	5.2.	28.2.	+ 4	–
2.	Istanalyse	1.3.	30.4.	1.3.	10.5.	–	+ 10

Ein grafischer Vergleich kann beispielsweise in Balkenform erfolgen:

Beispiel: Projektüberwachung

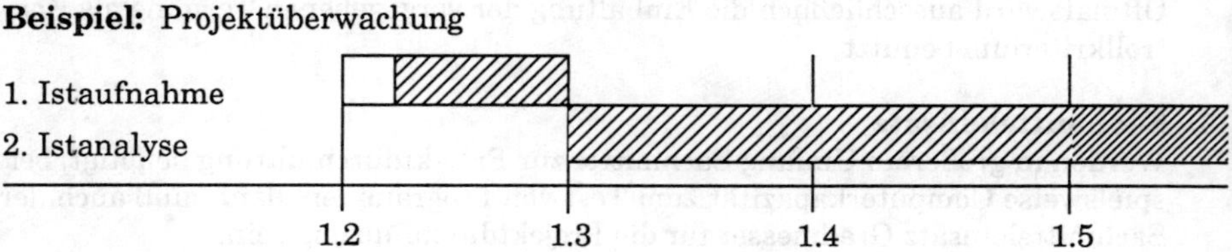

Bei Kontrollen mit der automatischen Datenverarbeitung wird üblicherweise eines der angebotenen Netzplanprogramme eingesetzt. Da diese Programme häufig auch Module über die Kapazität, den Sachmitteleinsatz und die Kostenentwicklung besitzen, können sie zur gesamten Projektkontrolle herangezogen werden. Bei großen Projekten kann mit ihnen der Arbeitsaufwand wesentlich verringert werden.

Das Ergebnis der angebotenen Programmsysteme für die Projektkontrolle sind hauptsächlich:

- Terminstatusbericht
- Rückstandsbericht
- Kostenstatusbericht
- Projektanalyse.

4.6.2 Vorgabenermittlung

Die Kontrolle des Projektes erfolgt üblicherweise durch den Vergleich einer Projektvorgabe mit dem Ist. Im Rahmen der Projektplanung müssen die Vorgaben ermittelt werden. Wird in der hier beschriebenen Reihenfolge bei der Kontrollplanung vorgegangen, so liegen die Vorgabewerte als Ergebnisse der Projektplanung bereits vor.

Es ist nur noch erforderlich, diese Ergebnisse für den Zweck der Kontrolle entsprechend zu überarbeiten. Diese Bearbeitung erfolgt vornehmlich durch:

- Selektion von bestimmten Planwerten aus der Gesamtheit der Planungsergebnisse
- Zusammenfassung mehrerer Planwerte zu einem Vorgabewert
- Umrechnen von Planwerten auf bestimmte Zeitpunkte.

Entsprechend den Ergebnissen der Terminplanung, die bei Anwendung der Netzplantechnik nicht nur einen Vorgabewert ermittelt, sondern für jeden Vorgang mit Ausnahme denen des kritischen Pfades einen frühesten und spätesten Termin ausweisen, können auch für die anderen Merkmale entsprechende Bandbreiten im Kontrollplan definiert werden.

Beispiel: Projektteil Istaufnahme – Angabe von Bandbreiten

	Minimum	Maximum
Mitarbeitereinsatz	3 MM	4 MM
Endtermin	1.3.	1.4.
Kosten	12.000 DM	15.000 DM

4.6.3 Berichtswesen

Durch das Berichtswesen werden nach *Blohm* die organisatorischen Regelungen zu folgenden Fragen bestimmt:

- Was soll an wen und von wem berichtet werden?
- Wer soll an wen berichten?
- Wann soll berichtet werden?
- Wie soll berichtet werden?

Für die Planung des Berichtswesens eines Projektes resultieren daraus folgende Merkmale:

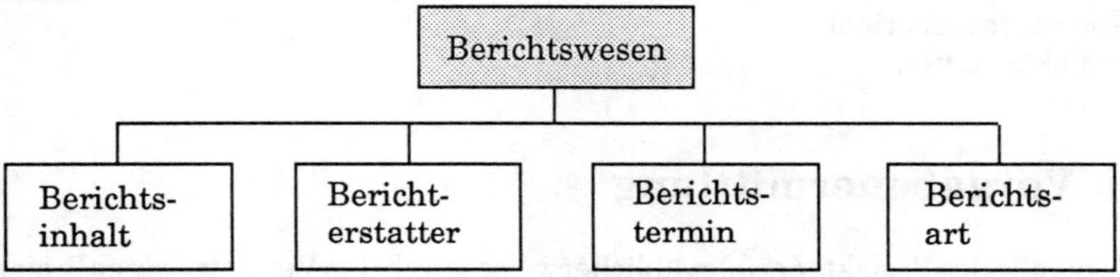

4.6.3.1 Berichtsinhalt

Die Planung des Inhalts der Berichterstattung im Hinblick auf die einzelnen zu berichtenden Kriterien wird definiert durch die Kontrollkriterien. Durch die Bestimmung der Kontrollvorgaben ergeben sich indirekt auch die konkreten Inhalte, über die berichtet werden sollte.

Nur dadurch ist gewährleistet, daß die Projektsteuerung und -kontrolle einfach und ohne großen Aufwand durch direkten Vergleich von Vorgabe und Berichtsdaten erfolgen kann.

4.6.3.2 Berichterstatter

Berichterstattung erfolgt üblicherweise von unten nach oben. Das bedeutet für das Projekt die Planung folgender Berichtsstruktur:

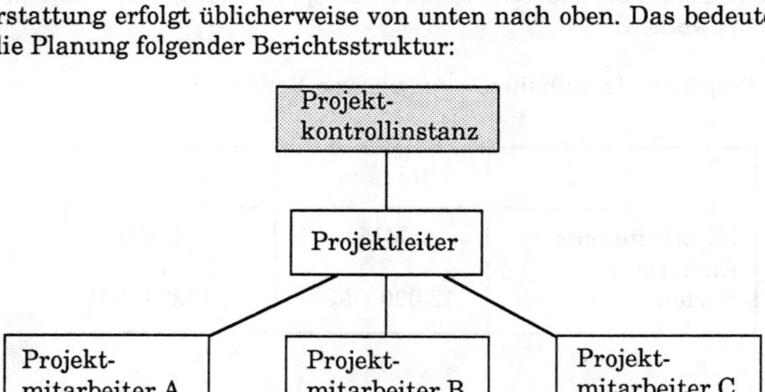

Ist die Projektgruppe in Projektuntergruppen strukturiert, ergibt sich daraus eine weitere Berichtsebene.

Es ist bei der Kontrollplanung zu definieren, ob jeder Mitarbeiter einer Gruppe berichtet oder ob die Gruppe insgesamt die Berichterstattung vornimmt. Die Entscheidung darüber sollte primär davon abhängen, ob die Gruppe in echter Teamarbeit die Aufgabenstellung durchgeführt oder ob hier vornehmlich durch eine weitere Strukturierung eine Aufteilung der Aufgaben auf die einzelnen Mitarbeiter erfolgt.

4.6.3.3 Berichtstermin

Die Berichtstermine werden im Hinblick auf die Kontrolle des Projektes durch die Kontrolltermine bestimmt.

Bei der internen Kontrolle wird im Gegensatz zur externen Überwachung oftmals eine häufigere Berichterstattung durch die Projektmitarbeiter an den Projektleiter gefordert, um ihn damit seine erste Kontrollfunktion, d.h. die Überwachung im Rahmen seiner Leitungsfunktion, aktuell vornehmen zu lassen.

4.6.3.4 Berichtsart

Die Berichtsart kann unterschieden werden in:

(1) Mündliche Berichterstattung
(2) Formlose schriftliche Berichterstattung
(3) Formularisierte Berichterstattung.

In der betrieblichen Praxis wird üblicherweise der formularisierten Berichterstattung der Vorzug gegeben. Bei einem maschinellen Projektkontrollsystem ist die Erstattung von Berichten entweder auf maschinenlesbaren Formularen oder auf Bildschirmmasken üblich.

5. Projektentscheidung

Eine Entscheidung über die Durchführung eines Projektes bedarf mehrerer Phasen:

(1) **Projektplanung**
Ausgehend von der Problemerkennung erfolgt die Problemanalyse, die in eine Entscheidung über die Vornahme einer Projektplanung mündet. Die Fertigstellung des Projektplanes ist der Auslöser und die Basis für die Entscheidung über das Projekt.

(2) **Projektwertung**
Um eine Entscheidung durchführen zu können, ist es notwendig, Alternativen zu haben. Diese Alternativen bei einer Projektentscheidung sind:

- Projektdurchführung gemäß der Projektplanung oder Beibehalten des bisherigen Systems.
- Durchführung einer von mehreren geplanten Projektalternativen.

Zur Vorbereitung der Entscheidung müssen die gegebenen Alternativen bewertet werden.

(3) **Entscheidung**
Vom Entscheidungsträger ist unter Berücksichtigung der Projektwertung eine Entscheidung zu treffen, welche der gegebenen Alternativen durchgeführt werden soll.

(4) **Projektvorgabe**
Vom Entscheidungsträger ist das Projekt dem einzelnen Mitarbeiter oder der Projektgruppe so vorzugeben, daß sie die Aufgabenstellung lösen können, ohne daß nachträglich weitere Vorgaben erforderlich werden.

Da die Projektplanung bereits dargestellt wurde, wird darauf verzichtet, sie nochmals auszuweisen:

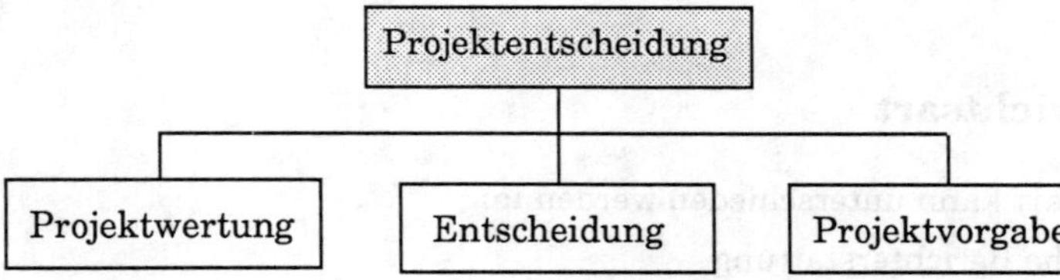

Daran schließt sich dann Durchführung mit Steuerung und Kontrolle des Projektes an.

5.1 Projektwertung

Die Projektwertung dient der Beurteilung der Alternativen, die bei der Projektentscheidung zur Auswahl stehen. Mindestens folgende Alternativen müssen gegeben sein:

- Beibehaltung des bestehenden Systems
- Einführung eines projektierten Systems.

Die Projektwertung erfolgt mit Entscheidungstechniken. Um Projektalternativen zu werten, bedarf es eines "Maßstabes", an dem die Alternativen gemessen werden. Dieser Maßstab kann aus einem oder auch mehreren Kriterien bestehen. Kriterien können beispielsweise sein:

- Kosten
- Rentabilität
- Durchlaufzeit
- Systemsicherheit.

Nach der Wahl der Kriterien können folgende Techniken unterschieden werden *(Bottler / Horvath / Kargl)*:

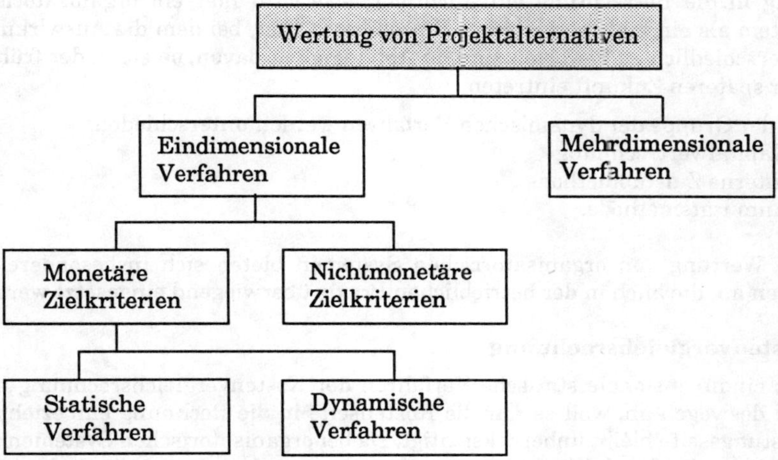

Nach der Zahl und Art der Kriterien können folgende Verfahren unterschieden werden:

(1) **Eindimensionale Verfahren**
Die Alternativen werden hier an einem einzigen Kriterium gemessen. Solche Kriterien können z.B. maximale Rentabilität oder kürzeste Durchlaufzeit sein.

(2) **Mehrdimensionale Verfahren**
Hier wird als Bewertungsmaßstab nicht ein Kriterium verwandt, sondern es werden mehrere oder alle relevanten Beurteilungskriterien in die Wertung einbezogen. In der Praxis wird das Verfahren der Nutzwertanalyse häufig angewandt.

Die Unterscheidung in monetäre oder nichtmonetäre Zielkriterien differenziert nach der Art des Kriteriums, das bei den eindimensionalen Verfahren zugrunde gelegt wird. Beispiele für monetäre Kriterien sind Gewinn oder Kosten. Als Beispiele für nichtmonetäre Kriterien können Leistung oder Zeitbedarf genannt werden.

Nach der Einbeziehung des Zeitmomentes in die Wertung werden unterschieden:

(1) **Statische Verfahren**
Bei dieser Verfahrensgruppe bleibt die Zeit und damit die unterschiedlichen Auswirkungen im Zeitablauf unberücksichtigt.
Bei den statischen Verfahren unterscheidet man:
- Kostenvergleichsrechnung
- Gewinnvergleichsrechnung
- Rentabilitätsrechnung
- Amortisationsrechnung.

(2) **Dynamische Verfahren**

Diese Verfahrensgruppe bezieht auch den Zeitablauf mit Hilfe der Zinseszinsrechnung in die Betrachtung ein. Richtigerweise wird hier ein organisatorisches System als ein mehrperiodischer Prozeß betrachtet, bei dem die Auswirkungen unterschiedlich zu bewerten sind, in Abhängigkeit davon, ob sie in der früheren oder späteren Zukunft eintreten.

Bei der Gruppe der dynamischen Verfahren werden unterschieden:
- Kapitalwertrechnung
- Interne Zinsfußmethode
- Annuitätsmethode.

Für die Wertung von organisatorischen Systemen bieten sich insbesondere zwei Verfahren an, die auch in der betrieblichen Praxis überwiegend eingesetzt werden:

(1) **Kostenvergleichsrechnung**

Das eindimensionale statische Verfahren der Kostenvergleichsrechnung bietet sich deswegen an, weil es nur die Kostenseite in die Rechnung einbezieht. Die Leistungsseite bleibt unberücksichtigt. Da bei organisatorischen Systemen diese üblicherweise für gleiche Leistungen ausgelegt werden, genügt die Einbeziehung ausschließlich der Kostenseite. Hinzu kommt, daß bei organisatorischen Systemen die Systemleistung häufig nur schwer monetär ermittelbar ist.

(2) **Nutzwertanalyse**

Das mehrdimensionale Verfahren der Nutzwertanalyse läßt mehrere Beurteilungskriterien zu. Diese Möglichkeit ist bei organisatorischen Systemen besonders wertvoll, da in diesem Bereich eine einseitige Wertung oft zu Verzerrungen bei der Systemwertung führt.

5.1.1 Kostenvergleichsrechnung

Bei diesen Verfahren wird ein Vergleich der in einer Periode anfallenden Kosten von zwei oder mehreren konkurrierenden Systemen vorgenommen. So werden beispielsweise die Kosten für das abzulösende System verglichen mit den erwarteten Kosten des Systems, für welches die Projektplanung vorgenommen wurde. Es empiehlt sich bei diesem Verfahren eine differenzierte Kostenermittlung vorzunehmen, um damit die Möglichkeit zu haben, die Entwicklung einzelner Kostenarten zusätzlich in die Betrachtung einzubeziehen.

Ergänzend zum Kostenvergleich kann, wenn mehrere neue alternative Systeme zu betrachten sind, eine Ausgabenvergleichsrechnung vorgenommen werden, um damit die Ausgabenwirkung jedes konkurrierenden Systems für die Projektentscheidung zusätzlich zu haben.

Beispiel: Kostenvergleichsrechnung

Jahreseinkommen in DM	Projektiertes System A	Projektiertes System B	Bestehendes System
Personalkosten	100.000	40.000	200.000
Materialkosten	5.000	3.000	6.000
Kapitalkosten	30.000	150.000	–
Fremdleistungskosten	–	60.000	–
Sonstige Kosten	50.000	20.000	20.000
Gesamtkosten	185.000	273.000	226.000
Rang	1.	3.	2.

5.1.2 Nutzwertanalyse

Die Nutzwertanalyse, die auch als Multifaktorentechnik oder Punktwertverfahren bezeichnet wird, ermittelt die Zielannäherung bei Anstrebung mehrerer Ziele:

Nutzwertanalyse – Definition nach *Zangemeister:*
Methodik mit dem Zweck, komplexe Projektalternativen entsprechend den Präferenzen des Entscheidungsträgers bezüglich eines multidimensionalen Zielsystems zu ordnen.

Bei diesem Verfahren wird wie folgt vorgegangen:

(1) **Ermittlung der relevanten Zielkriterien**
Alle für das System relevanten Zielkriterien aus der Sicht des Entscheidungsträgers sind zu ermitteln.
Beispiel: Zielkriterien
- Kosten
- Durchlaufzeit
- Personalbedarf

(2) **Gewichtung der Zielkriterien**
Die zur Beurteilung bestimmten Zielkriterien sind im Wirkungszusammenhang zu gewichten. Das kann geschehen durch:
Beispiele: Kriteriengewichtung

- **Vergabe von Prozentanteilen**

Kosten	40 %
Durchlaufzeit	20 %
Personalbedarf	40 %

- **Gewichtung mit Faktoren**

Kosten	2
Durchlaufzeit	1
Personalbedarf	2

(3) **Bewertung der Alternativen**
Die zur Wahl stehenden Alternativen sind nun zu bewerten. Diese Bewertung erfolgt für jedes Zielkriterium einzeln. Daraus ergibt sich, daß aus der Multiplikation die Zahl der Alternativen A_i mit der Zahl der Zielkriterien Z_i die Zahl der Bewertungen U_i resuliert:

$$U_i = A_i \times Z_i$$

Diese Bewertung kann mit verschiedenen Bewertungssystemen erfolgen:

- **Punktverfahren**
  Punktvergabe beispielsweise von 10 (sehr gut) bis 1 (schlecht).

- **Rangreihung**
  Reihung der Alternativen für jedes Zielkriterium (1. Platz bis n. Platz).

- **Schulzensuren**
  Noten von 1 (sehr gut) bis 6 (ungenügend).

Dabei ist zu beachten, daß die Gewichtung der Zielkriterien und die Bewertung der Alternativen gleichgerichtet sein müssen. Wenn beispielsweise das am stärksten eingehende Zielkriterium mit der höchsten Zahl gewichtet wird, so muß auch die Bewertung dergestalt erfolgen, daß eine gute Bewertung eine größere Zahl bekommt als eine schlechtere.

Beispiel: Bewertung der Alternativen – Punktverfahren

Kriterium	Alternative A	Alternative B
Kosten	10	8
Durchlaufzeit	6	8
Personalbedarf	4	10

(4) **Errechnung des Nutzwertes**
Aus der Multiplikation der Gewichtung G_i jedes Zielkriteriums mit der entsprechenden Bewertung B_i und der Addition aller Ergebnisse einer Alternative ergibt sich der Nutzwert N_i für eine Alternative:

$$N_i = \sum_{i=1}^{n} G_i * B_i$$

Für jede Alternative ergibt sich damit eine Summe als Nutzwert. Durch den Vergleich der Nutzwerte aller Alternativen kann nun eine Rangreihung vorgenommen werden. Aus der Differenz der Nutzwerte können Schlüsse auf die Gleichwertigkeit oder Ungleichwertigkeit von Projekten gezogen werden.

Beispiel: Errechnung des Nutzwertes

Kriterium	Alternative A	Alternative B
Kosten Durchlaufzeit Personalbedarf	2 x 10 = 20 1 x 6 = 6 2 x 4 = 8	2 x 8 = 16 1 x 8 = 8 2 x 10 = 20
Summe	34	44
Rang	2.	1.

Die Nutzwertanalyse erlaubt es, auch nichtquantifizierbare Faktoren in das Bewertungssystem einzubeziehen. Dieser Vorteil ist besonders für Entscheidungen im organisatorischen Bereich von wesentlicher Bedeutung.

7

5.2 Entscheidung

Die Entscheidung über eine Projektdurchführung erfolgt im Rahmen einer Entscheidungsreihe, die den gesamten Projektablauf begleitet. Die Entscheidungen stehen sinnvollerweise zwischen zwei Projektphasen. Folgende Entscheidungserfordernisse sollen insbesonders bei organisatorischen Projekten vorgegeben werden:

(1) **Projektplanungsentscheidung**
Nach der Problemanalyse ist zu bestimmen, ob für ein erkanntes Problem eine Projektplanung durchgeführt werden soll.

(2) **Projektdurchführungsentscheidung**
Nachdem das Projekt geplant ist, muß entschieden werden, ob es durchgeführt werden soll.

(3) **Entscheidung über den Systemsollvorschlag**
Bevor eine detaillierte Organisation des zu erarbeitenden Systemes erfolgt, muß eine Entscheidung getroffen werden, ob dies in der vorgelegten Weise erfolgen soll.

(4) **Entscheidung über die Systemeinführung**
Nachdem das System im Detail gestaltet ist, kann eine Entscheidung über seine Einführung vorgeschrieben werden.

Es ist erforderlich, die Entscheidungen im Rahmen der Systemgestaltung durch ihre wesentlichen Merkmale zu charakterisieren:

(1) **Einmaligkeit**
Nach *Albach* müssen wiederkehrende und einmalige Entscheidungen unterschieden werden. Organisatorische Entscheidungen sind einmalig.

(2) **Hochwertigkeit**
Die Wertigkeit von Entscheidungen über ein Projekt und ein System sind als hochwertig einzuordnen, da sie die Erreichung der Unternehmensziele direkt beeinflussen.

(3) **Führungsentscheidung**
Die wesentliche Bedeutung der Entscheidung für die Zielerreichung und die Vielzahl der Entscheidungskriterien bedingen, daß es sich um Führungsentscheidungen handeln muß.

Entscheidungen über die Durchführung von Projekten werden in der betrieblichen Praxis von unterschiedlichen Instanzen gefällt:

- Geschäftsleitung
- Organisationsausschuß
- Datenverarbeitungsausschuß.

Um dem Entscheidungsträger eine möglichst umfassende Information über das Projekt zu geben, können verschiedene Techniken angewandt werden:

(1) **Schriftliche Unterlagen**
Die Entscheidung erfolgt ausschließlich auf Grund der vorgelegten Unterlagen. Das sind insbesonders:

- Vorliegender Projektantrag
- Projektplan
- Entwurf des Organisationsauftrages.

(2) **Vortrag**
Neben der Vorlage der genannten Projektunterlagen erfolgt hier zusätzlich eine mündliche Information mit der Möglichkeit, daß der Entscheidungsträger zu seinen Informationslücken Fragen stellt. Dadurch ist es möglich, die Ergebnisse der Projektplanung mit dem Entscheidungsträger zu diskutieren. Der Vortrag kann durch den Leiter von Organisation oder Datenverarbeitung oder durch einen Projektplaner erfolgen.

(3) **Präsentation**
Eine Präsentation ist mehr als ein oder zwei Vorträge. Eine Präsentation umfaßt auch solche Aufgaben wie:

- Austausch von Ideen und Information,
- Abgleich und Diskussion von Meinungen, Ideen, Konzepten und Modellen,
- Initiieren von Entscheidungen.

Ziel dieser Technik ist natürlich, wie auch bei den anderen Techniken, die Projektplanung an den Entscheidungsträger zu “verkaufen”.

(4) **Informationsmarkt**
Steht nicht eine einzelne Projektplanung zur Entscheidung an, sondern soll über mehrere Projekte entschieden werden, so bietet sich die Technik des Informationsmarktes an. Dies dann besonders, wenn über mehrere Projekte alternativ entschieden werden muß, z.B. weil die Personalkapazität zu gering ist.

Beim Informationsmarkt wird für jedes zur Entscheidung anstehende Projekt ein Informationsstand aufgebaut. Das Projekt wird auf Tafeln visuell dargestellt. Auf ihnen werden die Aufgabe, Ziele, Mittelbedarf usw. des Projektes ausgewiesen. Vor dem Hintergrund jedes Standes erfolgt eine Präsentation der Projekte.

Durch diese Technik erhält der Entscheidungsträger in konzentrierter Form alle notwendigen Informationen, die ihn insbesondere durch den Vergleich der unterschiedlichen Projekte befähigen sollten, eine optimale Entscheidung zu finden.

5.3 Projektvorgabe

Der Auftrag für die Durchführung eines Projektes wird als Organisationsauftrag *(Bettermann / Richter, Müller-Pleuss, Schmidt)* oder als Projektauftrag *(Parisini / Wächter, Siemens)* bezeichnet.

Der Organisationsauftrag sollte durch folgende Merkmale gekennzeichnet sein:

(1) **Vollständigkeit**
Der Organisationsauftrag ist so zu erarbeiten, daß die Projektdurchführung ohne weitere Rückfragen möglich ist.

(2) **Basis ist die Projektplanung**
Die Projektplanung ist die Grundlage des Organisationsauftrages. Es wird entweder mit der Projektplanung erarbeitet oder aus der Projektplanung abgeleitet.

(3) **Schriftform**
Der Organisationsauftrag sollte schriftlich erteilt werden und nicht nur der Projektgruppe, sondern allen Projektberührten zur Verfügung stehen.

(4) **Formularisierung**
Um alle Organisationsaufträge einheitlich und übersichtlich zu gestalten, empfiehlt sich die Verwendung eines entsprechenden Formulars "Organisationsauftrag".

Die Ausarbeitung des Organisationsauftrages erfolgt sinnvollerweise durch den gleichen Aufgabenträger, der auch die Projektplanung ausgearbeitet hat.

Daß der Entwurf des Organisationsauftrages durch den Entscheidungsträger abgeändert werden kann und in der Praxis auch oft abgeändert wird, bedarf keiner besonderen Erwähnung.

Um den Organisationsauftrag als vollständig zu bezeichnen, ist es erforderlich, daß er folgende Inhalte umfaßt:

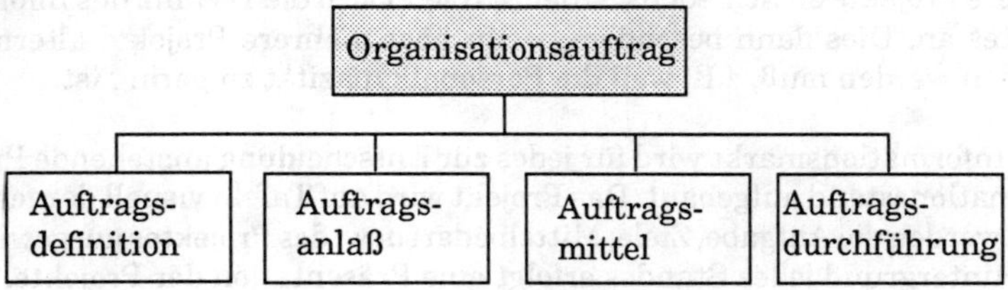

5.3.1 Auftragsdefinition

Die Definition des Projektauftrages sollte folgenden Inhalt haben:

(1) **Aufgabenstellung**
Sie enthält die Beschreibung des Auftrages in sachlicher Hinsicht. Unter Aufgabe wird gemäß der benutzten Definition die Verpflichtung zur Vornahme bestimmter Verrichtungen verstanden.

Beispiele:
- Ablauforganisation der Auftragsabwicklung einschließlich Fakturierung und Erarbeitung bestimmter Statistiken.
- Einführung der gleitenden Arbeitszeit einschließlich eines automatisierten Kontroll- und Abrechnungssystems.
- Optimalisierung der Aufbauorganisation des Bereiches Materialwirtschaft.

(2) **Abgrenzung**
Die Aufgabenstellung des Organisationsauftrages ist in seinem Umfang zu definieren. Diese Abgrenzung kann notwendig sein in
- sachlicher
- aufbauorganisatorischer
- ablauforganisatorischer
- funktionaler
- personaler
- geografischer
- zeitlicher

Hinsicht.

Beispiele:
- Für Abteilungen A, B und D jedoch nicht für C und E.
- Für alle Tochterunternehmen im Inland.
- Für alle Mitglieder des Managements.

(3) **Ziele**
Die durch die Zielplanung definierten Vorstellungen, die durch den Organisationsauftrag erreicht werden sollen, sind hier auszuweisen.

Beispiele:
- Kostenminderung um 200.000 DM im Jahr,
- Verkleinerung der Fehlerquote auf maximal 1 Prozent,
- Verkürzung der Durchlaufzeit auf 16 Arbeitstage.

(4) **Konzeption**
Liegen bereits Vorstellungen oder gar verbindliche Auflagen hinsichtlich des zu erarbeitenden Systems vor, so sind diese als Systemkonzeption auszuweisen. Diese Konzeption kann Gesamt- oder Teillösungen für das neue System beinhalten.
Selbstverständlich ist es auch möglich, alternative Systemkonzepte vorzugeben. Dann ist es Aufgabe der Projektgruppe, diese auszuarbeiten und zu werten.

Beispiele:
- Gemäß dem in der Zeitschrift XYZ beschriebenen Verfahren,
- Lösung im Rahmen der Textverarbeitung mit Personal Computer,
- Dialogdatenverarbeitungssystem unter Einsatz einer Datenbank.

(5) **Bedingungen**
Für eine Systemlösung können Bedingungen gegeben sein oder vorgegeben werden. Das sind solche Gegebenheiten, die bei der Systemlösung zu berücksichtigen sind. Dabei kann unterschieden werden in

- Zwingende Bedingungen
- Empfehlende Bedingungen.

Insbesondere sind hier auch zukünftige, entweder prognostizierte oder geplante, Veränderungen auszuweisen.

Beispiele:
- Bestehende Aufbauorganisation darf nicht verändert werden.
- Die in der Richtlinie 107 genannten Bedingungen sind zwingend einzuhalten.
- Die Systemlösung ist für die neue Rechnerkonfiguration auszulegen.

5.3.2 Auftragsanlaß

Für die Projektdurchführung ist es erforderlich den Hintergrund zu kennen, der zu dem Projekt geführt hat. Weiterhin ist notwendig eine Aussage zu machen, warum gerade zum jetzigen Zeitpunkt ein neues System ausgearbeitet werden soll.

Um den Auftragsanlaß zu beschreiben, sind deswegen vornehmlich zwei Aussagen zu machen:

(1) **Auftragsgründe**
Unter diesem Punkt sind die Gründe zu nennen, die veranlaßt haben, den Auftrag zu erteilen. Diese Gründe wurden durch die Problemanalyse ermittelt. Es werden deswegen vornehmlich das auslösende Problem und die zusätzlich gefundenen Probleme sein, die hier als Auftragsgründe genannt werden sollten.

Beispiele:
- Bisherige Ablauforganisation ist zu kosten- und personalintensiv.
- Aufbauorganisatorische Integration eines Tochterunternehmens in ein anderes Tochterunternehmen.
- Maschinelle Rechnungskontrolle, da deren Datenoutput für die maschinelle Kreditorenbuchhaltung benötigt wird.

(2) **Auftragsanstoß**
Während die Auftragsgründe Antwort geben auf die Frage nach dem "Warum" des Organisationsauftrages, muß der Auftragsanstoß Aussagen machen auf die Frage nach dem "Warum jetzt".

Beispiele:
- Keine Anwerbungsmöglichkeiten für qualifizierte Sachbearbeiter.
- Änderung von bestehenden Gesetzen.
- Bevorstehende Fertigstellung eines neuen Bürogebäudes.

5.3.3 Auftragsmittel

Im Ausweis der Auftragsmittel werden die erforderlichen Mittel zur Projektdurchführung gemäß der Projektplanung vorgegeben. Insbesondere sind das Vorgaben in den Bereichen:

- Personal
- Termine
- Sachmittel
- Kosten
- Kontrolle.

Diese Vorgaben wurden bei der Projektplanung hinlänglich beschrieben. Durch diese Vorgaben ist das Projektbudget definiert.

5.3.4 Auftragsdurchführung

Es wurde von der Forderung ausgegangen, den Organisationsauftrag so zu erstellen, daß er ohne weitere Vorgaben oder Rückfragen ausgeführt werden kann. Das kann auch erforderlich machen, für die Auftragsdurchführung entsprechende Vorgaben zu definieren:

(1) **Entscheidungsverfahren**
Es ist vorzugeben, bei welchen Projektabschnitten Entscheidungen einzuholen sind. Das bedingt, daß bei den nicht genannten Projektteilen von der Projektgruppe autonom entschieden werden kann.

Beispiel: Entscheidungen sind vom Vorstand einzuholen für die
- Detailorganisation
- Systemeinführung.

(2) **Dokumentationsart**
In der Praxis werden neue Systeme in sehr unterschiedlichem Umfang und in differierender Art dokumentiert. Gibt es in einem Unternehmen nicht eine generelle Regelung über die Dokumentation und will man diese nicht dem Ermessen der Projektgruppe überlassen, so sollte dies ebenfalls im Organisationsauftrag vorgegeben werden.

Beispiele:
- Einsatz des CASE-Systems XY
- Programmlogik in Pseudocode
- Ablaufplanung mit Datenflußplänen

(3) **Priorität**
Häufig konkurrieren in einem Unternehmen mehrere Projekte miteinander. So kann es vorkommen, daß Mitarbeiter in mehreren Projekten arbeiten oder daß nur eine begrenzte Rechnerkapazität zur Verfügung steht, um welche die Projekte streiten.

Um solche Konkurrenzsituationen im vorhinein zu entscheiden, werden den einzelnen Projekten Prioritätszahlen zugeordnet. Mit ihnen erfolgt beim Eintreten einer Warteschlangensituation eine Automatisierung der Entscheidung.

Der Projekt- oder Organisationsauftrag ist natürlich den Projektmitarbeitern nicht nur schriftlich vorzugeben, sondern auch in einem Gespräch zu erläutern.

6. Projektsteuerung und -kontrolle

Die Steuerung und die Kontrolle von Projekten sind zwei abhängige Aufgaben. Eine Steuerung ohne Kontrolle ist rational nicht möglich, und eine Kontrolle ohne daraus resultierende Steuerungsmaßnahmen ist nicht sinnvoll.

Für beide Aufgaben ist die Basis der Projektplan und der darauf aufbauende Kontrollplan.

Während die Projektsteuerung ausschließlich eine interne Projektaufgabe sein sollte, ist die Projektkontrolle gemäß der Kontrollplanung eine interne und externe Aufgabe. Die Kontrollinstanzen müssen im Kontrollplan definiert sein. Die Projektsteuerung erfolgt durch den Projektleiter.

6.1 Projektsteuerung

Die Projektsteuerung veranlaßt die Projektdurchführung im Rahmen der Projektplanung.

Projektsteuerung – Definition:
Veranlassen und Sichern der Aufgabenerledigung bei der Projektdurchführung und der Zielerreichung bei der Systemgestaltung.

Damit besteht die Projektsteuerung aus zwei Inhalten:

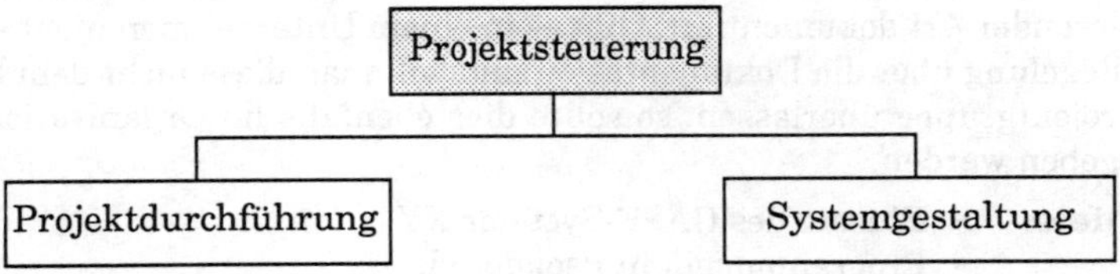

Da gemäß *Rüsberg* die Steuerung planungsimmanent ist, besteht für sie eine nachhaltige Entlastung bei der Projektdurchführung durch die Projektkontrolle.

6.1.1 Projektdurchführungssteuerung

Die Steuerung der Projektdurchführung beinhaltet vornehmlich:

(1) **Einhaltung der Projektplanung**
Die Einhaltung der Projektplanung bei der Projektdurchführung ist natürlich eines der wesentlichsten Ziele der Projektsteuerung. Nur wenn nicht beeinflußbare Ursachen für Abweichungen vom Projektplan erkennbar sind, müssen andere Maßnahmen getroffen werden, beispielsweise eine Korrektur des Projektplanes.

(2) **Mitarbeiterführung**
Die Führung der Projektmitarbeiter sollte durch einen kooperativen Führungsstil gekennzeichnet sein.

(3) **Mitarbeitereinsatz**
Der Mitarbeitereinsatz muß entsprechend der Projektplanung erfolgen. Im Laufe der Projektdurchführung kann es auf Grund von nicht vorhersehbaren Gegebenheiten notwendig werden, die Einsatzplanung zu verlassen. Gründe dafür können beispielsweise Fluktuation oder Krankheit von Projektmitarbeitern sein.

(4) **Sach- und fachgerechte Projektdurchführung**
Um die Projektarbeit möglichst wirksam zu gestalten, enthält die Projektsteuerung auch den Auftrag, eine sach- und fachgerechte Aufgabendurchführung durch alle Mitarbeiter zu sichern.

(5) **Projektkoordination**
Da die Projektdurchführung üblicherweise arbeitsteilig erfolgt, besteht in der Koordination der Durchführung der einzelnen parallelen und nacheinander erfolgenden Aufgaben ein weiterer wesentlicher Teil der Projektsteuerung.

(6) **Mittelbereitstellung**
Die im Organisationsauftrag enthaltenen Projekt- und Systemmittel müssen termin-, mengen- und qualitätsgerecht verfügbar sein. Die Sicherung der Verfügbarkeit ist ebenfalls eine Aufgabe der Projektsteuerung.

(7) **Information und Kontaktpflege**
Um ein Projekt möglichst reibungslos durchzuführen, muß versucht werden, daß es auch von der berührten Umwelt unterstützt wird. Dazu ist notwendig, alle Projektberührten über das Projekt, seine Aufgaben und Ziele zu informieren und eine positive Motivation zu erreichen. Dazu gehört eine ständige und vertrauensvolle Verbindung zu allen Projektberührten wie:

- Fachabteilung
- Unternehmensleitung
- Belegschaft
- Betriebsrat
- Organisation
- Datenverarbeitung.

(8) **Herbeiführung von Entscheidungen**
Im Laufe der Projektdurchführung sind Entscheidungen zu treffen, die nicht von der Projektgruppe oder dem Projektleiter gefällt werden. Hier ist es Aufgabe der Projektsteuerung, diese Entscheidungen so herbeizuführen, daß die Projektarbeit kontinuierlich fortgeführt werden kann.

6.1.2 Systemgestaltungssteuerung

Der Projektleiter trägt die Verantwortung für das zu erarbeitende System. Dazu ist es notwendig, daß er die Gestaltung und Auslegung des zu erarbeitenden Systems steuert und bei Alternativen entsprechend den vorgegebenen Systemzielen entscheidet.

Auch hier sollte die Steuerung durch Führung der Mitarbeiter in einem kooperativen Stil erfolgen, um damit die Projektmitarbeiter zu motivieren.

6.2 Projektkontrolle

Die Projektkontrolle gliedert sich in zwei Aufgaben:

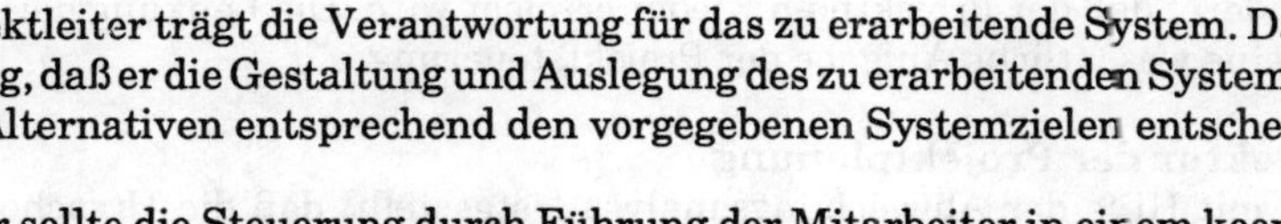

Beide Kontrollteile müssen gemäß dem Kontrollplan vorgenommen werden. Für beide Teile ist das geplante Berichtssystem die Datenbasis.

6.2.1 Projektdurchführungskontrolle

Die Kontrolle der Projektdurchführung enthält folgende Aufgaben:

(1) **Feststellung der Istdaten**
Mit Hilfe des vorgegebenen Berichtswesen werden die Ist-Daten für die einzelnen Kontrollkriterien gesammelt und entsprechend dem Kontrollplan aufbereitet.

(2) **Ermittlung der Abweichungen**
Durch Vergleich der vorgegebenen Sollwerte des Kontrollplanes und den festgestellten Istzahlen werden die Abweichungen ermittelt. Um sie besser beurteilen zu können, empfiehlt es sich, sie nicht nur in absoluten Zahlen, sondern auch in Prozentwerten zu errechnen.

(3) **Analyse der Abweichungen**
Erhebliche Abweichungen zwischen der Sollvorgabe des Kontrollplanes und dem ermittelten Ist, werden im Hinblick auf die Ursachen der Abweichungen untersucht. Die Abweichungsanalyse sollte neben den Abweichungsursachen auch die Beeinflußbarkeit der Ursachen feststellen.

(4) **Auslösung von Aktionen**
Ergibt die Abweichungsanalyse, daß die Ursachen der Abweichung beeinflußbar sind, so müssen nun Aktionen erfolgen, um die Ursachen der Abweichungen so zu verändern, daß der Projektplan wieder erreicht wird. Die Lenkung der Aktionen sind eine wesentliche Aufgabe der Projektsteuerung.

(5) **Korrektur der Projektplanung**
Wird mit Hilfe der Abweichungsanalyse festgestellt, daß die Ursachen für die Abweichung bei der Projektdurchführung nicht beeinflußt werden können, so ist es erforderlich, eine Korrektur der Projektplanung durchzuführen.

Die Punkte (4) und (5) sind folglich Alternativen. Eine Korrektur der Projektplanung sollte jedoch nur bei wesentlichen, unbeeinflußbaren Abweichungen durchgeführt werden.

Weiterhin sollte eine Änderung des Projektplanes nicht zu jedem beliebigen Zeitpunkt vorgenommen werden, sondern nur entweder in regelmäßigen Intervallen, wie es *Rüsberg* empfiehlt, oder nach dem Abschluß wesentlicher Projektphasen. Dadurch wird gewährleistet, daß der Projekt- und Kontrollplan nicht durch zu häufige Korrekturen den Charakter der Vorgabe verliert.

Nicht beeinflußbare Ursachen für Abweichungen vom Projektplan können bedingt sein durch:

- Projektplanung ist fehlerhaft.
- Projektvoraussetzungen haben sich verändert.
- Projektziele haben sich gewandelt.
- Projektaufgabe wurde geändert.
- Eine andersartige Systemlösung wird erarbeitet.

Der Einsatz von Programmsystemen für die Projektkontrolle bezieht sich vornehmlich auf die Ermittlung der Abweichungen. Daneben bieten sie üblicherweise ein Verfahren zur Erfassung der Istdaten an und können Hinweise für die Abweichungsanalyse geben.

6.2.2 Systemgestaltungskontrolle

Mit der Kontrolle der Systemgestaltung ergibt sich die Aufgabe, das in Bearbeitung begriffene System dahingehend zu beurteilen, ob mit ihm die vorgegebenen Ziele ganz, teilweise oder gar nicht erreicht werden. Das bedingt einen wesentlich größeren Schwierigkeitsgrad gegenüber der Kontrolle der Projektdurchführung:

- Ein direkter Soll-Ist-Vergleich ist nicht möglich, da kein detailliertes Sollsystem vorgegeben sein kann. Das Projekt dient erst der Erarbeitung eines Systems.

- Die Zielerreichung des in Bearbeitung begriffenen Systems kann nicht ermittelt werden, da erst mit der Einführung des Systems seine Auswirkungen festgestellt werden können.

- Die vorgegebenen Ziele sind Wunschvorstellungen, deren Erreichbarkeit nicht immer sichergestellt ist.

Damit ergibt sich für die Kontrolle der Systemgestaltung, daß sie während der Projektdurchführung wesentlich von subjektiven Beurteilungen abhängig ist. Erst nachdem das neue System eingeführt wurde und die Anlaufphase überwunden ist, kann eine objektive Kontrolle des gestalteten Systems einsetzen. Sie ist dann jedoch nicht mehr Aufgabe der Projekt-, sondern ein Teil der Systemkontrolle.

	Kontrollfragen	bearbeitet	Lösungshinweis	Lösung +	Lösung -
01	Was sind die wesentlichen Merkmale eines Projektes?		36		
02	Welche Phasen beinhaltet die Projektorganisation?		37		
03	Gibt es für organisatorische Probleme einen speziellen Begriffsinhalt oder entspricht er der üblichen Problemdefinition?		38		
04	Warum ist die Problemerkennung besonders schwierig?		38		
05	Mit welchen Techniken werden üblicherweise organisatorische Schwachstellen ermittelt?		38 ff.		
06	Worin besteht der Unterschied zwischen positiver und negativer Problemerkennung?		41		
07	Welche Aufgaben besitzt die Problemanalyse?		42 ff.		
08	Warum wird eine Probleminventur vorgenommen?		47.		
09	Was können die Ergebnisse einer Problemkonferenz sein?		47		
10	Welche Gründe sprechen üblicherweise für eine Projektgruppe bei der Bearbeitung einer organisatorischen Aufgabe?		48		
11	Worin unterscheiden sich Ausschuß und Projektgruppe?		50		
12	Erläutern Sie die “Project-Organization”.		51		
13	Welche Kompetenzen kann ein Projektleiter besitzen?		51 f.		
14	Wann empfiehlt sich der Einsatz einer hierarchiefreien Projektgruppe?		52		
15	Wodurch unterscheidet sich eine Projektgruppe von einer Teilprojektgruppe?		53 f.		
16	Was versteht man unter einem “Mannmonat”?		55		
17	Erläutern Sie die Abhängigkeit von Projektdauer und Mitarbeitereinsatz an einem Beispiel.		55 f.		
18	Welche Qualifikationsarten werden bei Projektmitarbeitern unterschieden?		58.		
19	Wägen Sie den Einsatz von unternehmenseigenen und unternehmensfremden Mitarbeitern in einer Projektgruppe gegeneinander ab.		59		
20	Was versteht man unter dem “Schweizer System”?		60		
21	Durch welche wesentlichen Merkmale wird die Position des Projektleiters gekennzeichnet?		63		
22	Welche Verantwortungen trägt ein Projektleiter?		64 ff.		
23	Mit welchen Problemen wird sich ein Projektleiter insbesondere befassen müssen?		69 f.		
24	Welche Aufgaben beinhaltet eine Projektplanung?		72		
25	Nennen Sie die beiden Phasen der Aufgabenplanung.		73		
26	Erläutern Sie die Projektmatrix und den Projektablaufplan.		75 f.		
27	Welche Ablaufstrukturen können für den Projektablauf unterschieden werden?		75 f.		

	Kontrollfragen	bear- beitet	Lösungs- hinweis	Lösung +	-
28	Worin unterscheiden sich die Schätzverfahren für die Ermittlung des Personalbedarfes eines Projektes?		78 f.		
29	Welche Analogierechnungen werden zur Personalbedarfsermittlung eingesetzt?		79 f.		
30	Welche Voraussetzungen müssen für eine Terminplanung gegeben sein?		81		
31	Nennen Sie die wesentlichen Terminplanungstechniken.		82		
32	Wodurch unterscheiden sich die GANTT- und die PLANNET-Technik?		83 f.		
33	Was wird unter "Pufferzeit" verstanden?		84		
34	Erläutern Sie die Begriffe "Vorgang" und "Ereignis".		85		
35	Skizzieren Sie einen Vorgang einschließlich dessen Ereignisse in der Vorgangspfeiltechnik.		87		
36	Skizzieren Sie den entsprechenden Vorgang in der Vorgangsknotentechnik.		90		
37	Welchen Inhalt sollte ein Projektmittelplan enthalten?		94 ff.		
38	Wie sollte ein Projektkostenplan aufgebaut sein?		98 f.		
39	Welche Kontrollarten müssen in einem Kontrollplan vorgesehen werden?		102		
40	An welchen Kriterien werden üblicherweise Projekte kontrolliert?		105 f.		
41	Welche Kontrollinstanzen werden zur Projektkontrolle eingesetzt?		103 f.		
42	Welche Festlegungen müssen für das Berichtswesen im Rahmen der Kontrollplanung getroffen werden?		108		
43	Welche Phasen gehen der Projektentscheidung voraus?		109 f.		
44	Mit welchen Verfahren kann eine Projektwertung erfolgen?		110 f.		
45	Welche Verfahren der Projektwertung werden üblicherweise in der Praxis eingesetzt?		112 ff.		
46	Welche Schritte beinhaltet die Nutzwertanalyse?		113 ff.		
47	Was ist der Inhalt eines Organisationsauftrages?		118 ff.		
48	Welche Beziehungen bestehen zwischen Projektsteuerung und -kontrolle?		121 ff.		
49	In welche Aufgaben gliedert sich die Projektkontrolle?		123 f.		
50	Warum ist die Kontrolle der Systemgestaltung schwierig?		125		

C. Aufbauorganisation

Organisation wurde von *Grochla* mit "Strukturierung von Systemen zur Erfüllung von Daueraufgaben" definiert. Die Strukturierung von Unternehmen ist zu unterscheiden in

- Aufbauorganisation und
- Ablauforganisation.

Dabei wird auch von Gebilde- und Prozeßstrukturierung gesprochen.

1. Begriff

Unternehmen werden wesentlich durch zwei Merkmale bestimmt:

(1) **Rechtsform**
Durch die Wahl einer Rechtsform wird ein Unternehmen in rechtlicher Hinsicht gestaltet. Unternehmen können in der Bundesrepublik Deutschland nur gesetzlich definierte Rechtsformen wählen.

Häufig benutzte Rechtsformen sind:

- Einzelkaufmann
- Offene Handelsgesellschaft (OHG)
- Kommanditgesellschaft (KG)
- Gesellschaft mit beschränkter Haftung (GmbH)
- Aktiengesellschaft (AG).

Die Rechtsform beeinflußt die Aufbauorganisation eines Unternehmens in mehrfacher Hinsicht, so beispielsweise die

- Unternehmensorgane
- Geschäftsführung
- Vertretung im Außenverhältnis.

(2) **Organisationsform**
Während die Rechtsform den rechtlichen Rahmen jeder Unternehmung bestimmt, definiert die Organisationsform den organisatorischen Rahmen eines Unternehmens.

Die Rechtsformen sind durch Gesetze vorgegeben. Die Organisationsform muß von jedem Unternehmen selbst gestaltet werden.

Der Begriff "Aufbauorganisation" beinhaltet natürlich ebenfalls die **Zweideutigkeit des Organisationsbegriffes:**

(1) **Aufbauorganisation als Gestaltungsaufgabe**
Die Erarbeitung der organisatorischen Unternehmensstruktur umfaßt die Gestaltungsaufgabe. Aufbauorganisation ist folglich in dieser Bedeutung eine Tätigkeit.

(2) **Aufbauorganisation als Unternehmensstruktur**
Die organisatorische Aufbaustruktur, in welcher ein Unternehmen betrieben wird, bestimmt die Organisationsform. Aufbauorganisation ist folglich in seinem zweiten Begriffsinhalt das Ergebnis der Gestaltungsaufgabe.

Die **Aufbauorganisation** bedarf der Betrachtung in verschiedener Sicht:

(1) **Stellenbildung**
Durch Aufgabenanalyse und -synthese werden die kleinsten organisatorischen Einheiten zur Erfüllung von Aufgaben, die Stellen, gebildet.

(2) **Aufbaugestaltung**
Jedes Unternehmen bedarf einer organisatorischen Aufbaustruktur. Auf der Basis der erarbeiteten Stelle gilt es, diese Struktur zu gestalten.

(3) **Organisationsformen**
Die Aufbauorganisation eines Unternehmens kann in verschiedenen Formen ausgeprägt werden. Diese Organisationsformen sind modellmäßig zu betrachten.

(4) **Dokumentation**
Die schriftliche Darstellung der Aufbauorganisation mit Hilfe geeigneter Darstellungstechniken wird als Dokumentation bezeichnet.

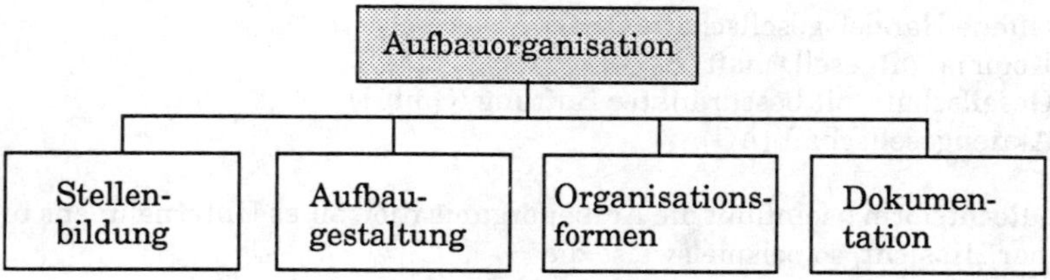

2. Stellenbildung

Die ersten Schritte zur Gestaltung der Aufbauorganisation dienen dazu, alle zur Zielerreichung und Aufgabenerledigung des Unternehmens erforderlichen Stellen zu bilden.

Die **Stellenbildung** erfolgt in **zwei Stufen:**

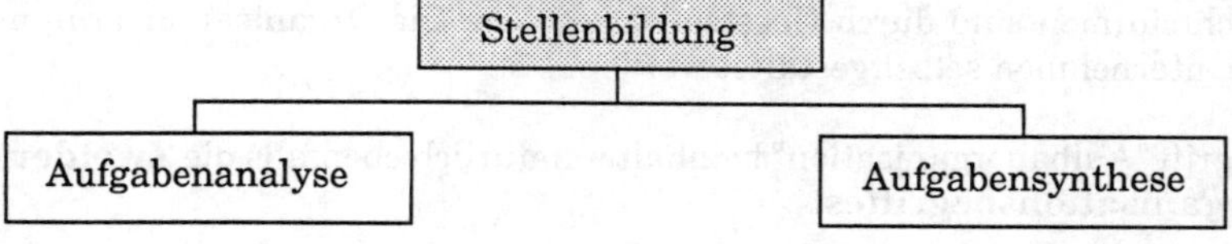

2.1 Aufgabenanalyse

Die Aufgabe wurde als Verpflichtung zur Vornahme bestimmter Tätigkeiten definiert. Zweck einer Aufgabenanalyse ist es folglich zu untersuchen, welche Tätigkeiten vorgenommen werden müssen, damit die Unternehmensziele erreicht werden. Ausgangspunkt einer Aufgabenanalyse sind demnach die Unternehmensziele.

2.1.1 Vorgehensweise

Der Begriff der Aufgabenanalyse wurde von *Kosiol* als "schrittweise Zerlegung oder Aufspaltung der Gesamtaufgabe in ihre einzelnen Bestandteile" formuliert. Die Gesamtaufgabe wird durch die Unternehmensziele bestimmt, so daß die Aufgabenanalyse durch folgende Analyseschritte gekennzeichnet werden kann.

	Analyseschritte	Beispiel
1.	Unternehmensziele	Gewinnerreichung
2.	Gesamtaufgabe	Umsatzerzielung
3.	Hauptaufgabe	Vertrieb
4.	Teilaufgabe	Abschluß von Kaufverträgen
.	.	.
.	.	.
.	.	.
n.	Elementaraufgabe	Erlangung der Kundenunterschrift

Die vorstehende Aufgabenanalyse wurde dabei ausschließlich in Abwärtsrichtung vorgenommen. Wird in gleicher Weise in Seitwärtsrichtung die Aufgabenanalyse durchgeführt, so ergibt sich eine Baumstruktur. Ausgegangen wird dabei von der Gesamtaufgabe:

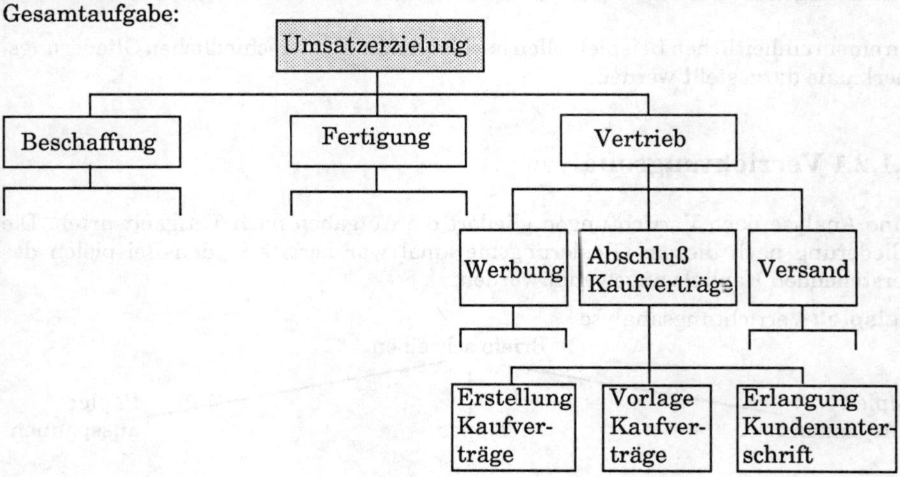

Die **Tiefe** der Aufgabenanalyse hängt insbesondere von folgenden Kriterien ab:

- Aufbauorganisatorische Aufgabenstellung
- Komplexität der Aufgaben
- Grad der gewünschten Arbeitsteilung
- Sachmitteleinsatz
- Häufigkeit des Aufgabenanfalls.

Das Ergebnis der Aufgabenanalyse ist der Aufgabengliederungsplan in der Dokumentationsform des **Struktur- oder Baumdiagrammes.**

2.1.2 Gliederungsmerkmale

Die Zerlegung der Gesamtaufgabe eines Unternehmens in seine Haupt-, Teil- usw. bis zu den Elementaraufgaben kann nach unterschiedlichen Gliederungsmerkmalen vorgenommen werden. *Kosiol* unterscheidet in sachliche und formale Gliederungsmerkmale:

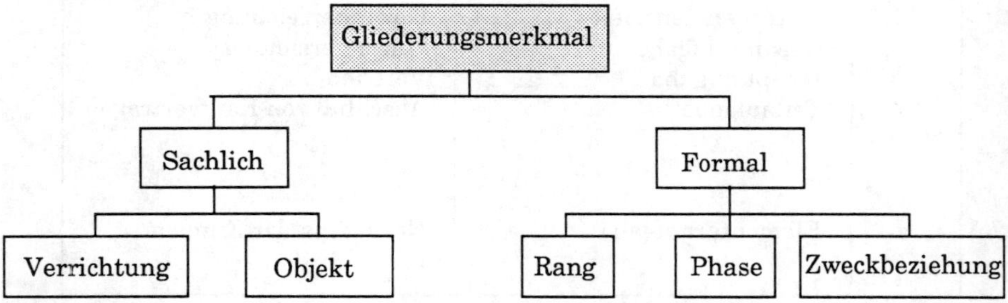

Jede Elementaraufgabe wird durch diese fünf **Gliederungsmerkmale** bestimmt. Durch eine Aufgabenanalyse nach einem Gliederungsmerkmal werden die anderen Gliederungsmerkmale nicht berührt und bleiben damit nicht untersucht.

An einem einheitlichen Beispiel sollen nachfolgend die unterschiedlichen Gliederungsmerkmale dargestellt werden.

2.1.2.1 Verrichtungsanalyse

Eine Analyse nach Verrichtungen gliedert die Aufgaben nach Tätigkeitsarten. Die Gliederung nach diesem Gliederungsmerkmal war bereits in den Beispielen des vorstehenden Kapitels angewandt worden.

Beispiel: Verrichtungsanalyse

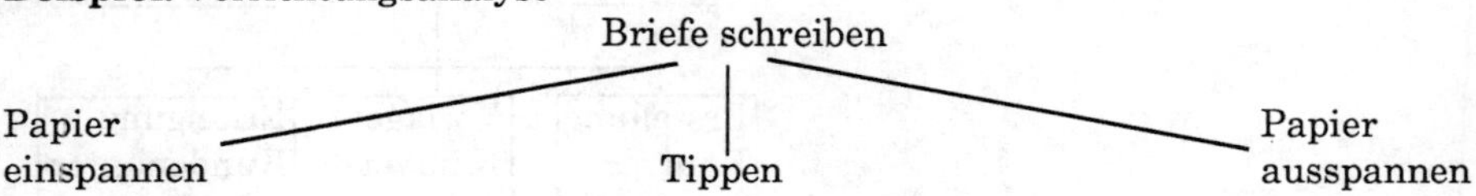

2.1.2.2 Objektanalyse

Jede Verrichtung muß an einem Objekt vorgenommen werden. Objekte können unterschiedlicher Art sein:

(1) **Materielle Objekte**
Zu ihnen gehören beispielsweise Objekte wie
- Erzeugnisse
- Sachmittel
- Maschinen.

(2) **Immaterielle Objekte**
Zu den nichtkörperlichen Objekten zählen zum Beispiel:
- Texte
- Daten
- Grafiken.

Entsprechend ist auch das einheitliche Beispiel für alle Gliederungsmerkmale von Aufgabenanalysen für die Objektanalyse in zwei Objektbetrachtungen auszuweisen. Eine Mischung beider Objektarten bei der Objektanalyse ist nicht empfehlenswert.

Beispiele: Objektanalyse
(1) Materielle Objekte:

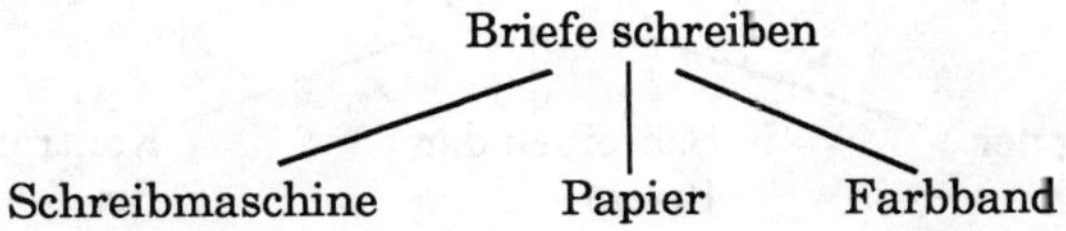

(2) Immaterielle Objekte:

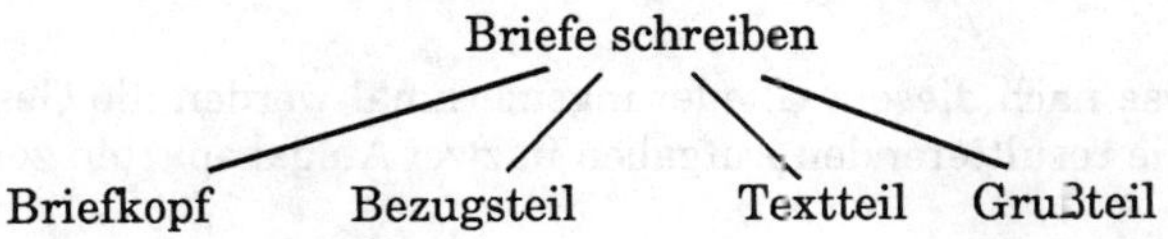

2.1.2.3 Ranganalyse

Mit der Ranganalyse wird dem Umstand Rechnung getragen, daß bei jeder Ausführungsaufgabe eine Entscheidungsaufgabe vorhergehen muß. Deswegen wird hinsichtlich des Ranges von Aufgaben unterschieden in:

- Entscheidungsaufgaben
- Ausführungsaufgaben.

Der Ausführungsaufgabe ist die Entscheidungsaufgabe vor- und übergeordnet. Diese Vor- und Überordnung ist jedoch hier nicht als zeitlicher, sondern als qualitativer Aspekt zu sehen.

Beispiel: Ranganalyse

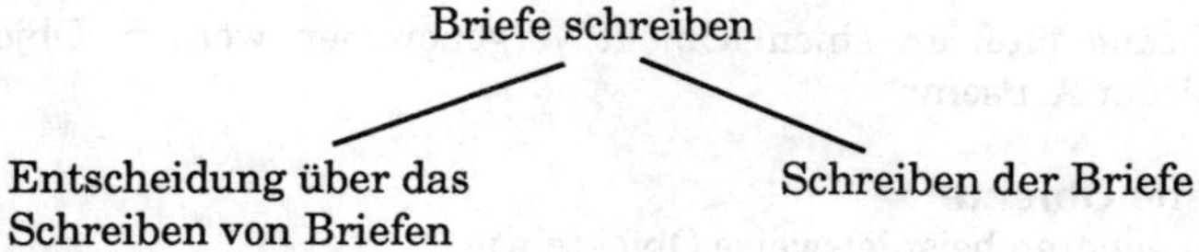

2.1.2.4 Phasenanalyse

Eine Aufgabenerledigung erfolgt üblicherweise in drei Phasen:

- Planung
- Durchführung
- Kontrolle.

Danach kann in Planungs-, Durchführungs- und Kontrollaufgaben unterschieden werden. Die Aufeinanderfolge der einzelnen Phasen ist dabei nicht nur zeitlich aufzufassen, sondern auch in sachlicher Hinsicht:

Beispiel: Phasenanalyse

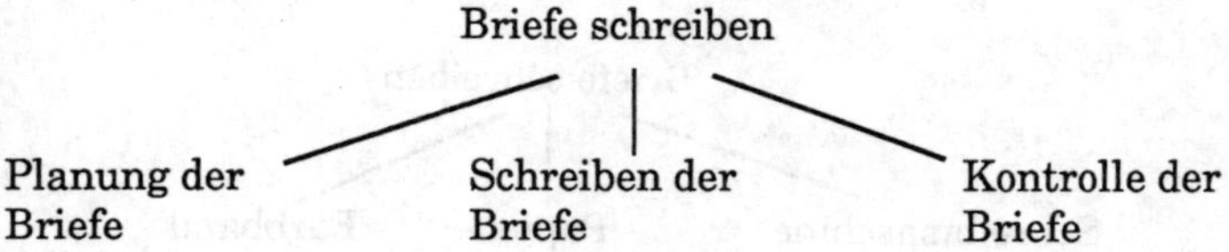

2.1.2.5 Zweckbeziehungsanalyse

Bei der Analyse nach diesem Gliederungsmerkmal werden die Gesamtaufgabe und nachfolgend die resultierenden Aufgaben in zwei Aufgabenarten zerlegt:

(1) **Zweckaufgaben**

Diese Primäraufgaben dienen unmittelbar den Unternehmenszielen:
- Beschaffung
- Fertigung
- Vertrieb.

(2) **Verwaltungsaufgaben**

Diese Sekundäraufgaben nützen nur indirekt den Unternehmenszielen:
- Buchhaltung
- Kostenrechnung
- Statistik.

Beispiel: Zweckbeziehungsanalyse

Briefe schreiben

In einem Schreibbüro — In einem Industrieunternehmen

Zweckaufgabe — Verwaltungsaufgabe

8

2.1.3 Praktische Anwendung

Gegen den Einsatz aller fünf Aufgabenanalysen in der betrieblichen Organisationspraxis wird von *Schwarz* insbesondere eingewandt:

- Aufwendig bei bestehender Aufbauorganisation
- Unübersichtlich durch die fünfdimensionale Betrachtung jeder Aufgabe

Die **Gesellschaft für Organisation** hat ein vereinfachtes Verfahren für die methodische Durchführung der vollständigen Aufgabenanalyse erarbeitet. Unter Verzicht auf die von Kosiol geforderte Trennung von Verrichtungs- und Objektanalyse wird folgende **Vorgehensweise** empfohlen:

(1) Analyse der Zweckaufgaben und nur der bedeutsamen Verwaltungsaufgaben unabhängig voneinander durch eine kombinierte Verrichtungs- und Objektgliederung.

(2) Schematische Ergänzung der in dem ersten Schritt gewonnenen Elementaraufgaben im Hinblick auf Rang und Phase mit Hilfe des nachstehenden Schemas:

Aufgabengliederungsplan – Zweck-/Verwaltungsaufgaben			
Sachgliederung	Ranggliederung		Phasengliederung
	Entscheidung	Ausführung	
			Planung der ....
			Durchführung der....
			Kontrolle der...........

In der betrieblichen Organisationspraxis begnügt man sich oftmals mit einer Verrichtungs- und Objektanalyse.

2.2 Aufgabensynthese

Die Aufgabensynthese fügt die mittels der Aufgabenanalyse ermittelten Elementaraufgaben zu Stellen zusammen. Kriterium für die Bildung von Stellen aus Elementaraufgaben ist vornehmlich die **Zweckmäßigkeit**.

Formal wurde die Stelle als kleinste organisatorische Einheit zur Erfüllung von Aufgaben definiert. Gemäß ihrem Sachinhalt kann sie folgendermaßen definiert werden:

Stelle – Definition nach *Gaugler*:
Kombinat einzelner Aufgaben.

Stellen sind durch folgende **Eigenschaften** gekennzeichnet:

(1) **Immaterielle Stellenelemente**
Aufgaben, Befugnisse und Verantwortung bestimmen jede Stelle.

(2) **Materielle Stellenelemente**
Mitarbeiter, Sachmittel und Energie sind die materiellen Merkmale jeder Stelle.

(3) **Dauer**
Stellen werden auf Dauer oder für einen Zeitraum gebildet.

(4) **Abgrenzung**
Jede Stelle muß abgrenzbar sein.

Durch die technische Entwicklung, insbesondere durch automatische Anlagen wie die elektronische Datenverarbeitung, kann diese Einengung des Aufgabenträgers auf den Menschen nicht mehr aufrechterhalten werden. Jedoch wird bei *Grochla*, *Schwarz*, *Gaugler* u.a. nicht soweit gegangen, daß der Aufgabenträger ausschließlich eine Maschine sein kann, da nach *Schwarz* zur Aufgabenerfüllung neben der Verantwortung auch solche Funktionen gehören wie

- Initiative und
- Engagement.

Diese Funktionen können aber nicht durch eine Maschine übernommen werden.

Daraus resultieren nach *Schwarz* als **Aufgabenträger einer Stelle:**

- Einzelpersonen
- Personengruppen
- Mensch-Maschinen-Kombinationen.

Eine Stelle ist folglich nicht identisch mit einem Arbeitsplatz. Eine Stelle kann folglich aus einem oder auch mehreren Arbeitsplätzen bestehen.

Die Aufgabensynthese, also die Zusammenfassung von Aufgaben in Stellen bedingt ihre Zentralisation nach einem bestimmten Merkmal. Da Aufgaben nach verschiedenen Merkmalen, wie beispielsweise Verrichtung, Objekt, Phase usw. zentralisiert werden können, resultiert daraus zwangsläufig, daß mit jeder Zentralisation nach einem Merkmal, eine Dezentralisation nach den anderen Merkmalen erfolgen muß.

Wesentliches Begriffspaar der Aufgabensynthese ist folglich Zentralisation und Dezentralisation.

Im Rahmen der aufbauorganisatorischen Betrachtung können sie folgendermaßen definiert werden:

Zentralisation – Definition:
Zusammenfassung gleichartiger Aufgaben in einer Stelle.

Dezentralisation – Definition:
Verteilung gleichartiger Aufgaben auf mehrere Stellen.

Die Bestimmung der Gleichheit von Aufgaben bezieht sich natürlich auf ein bestimmtes Merkmal.

2.2.1 Zentralisationsarten

In der betrieblichen Praxis werden eine Reihe von Merkmalen zur Zentralisation von Aufgaben benutzt:

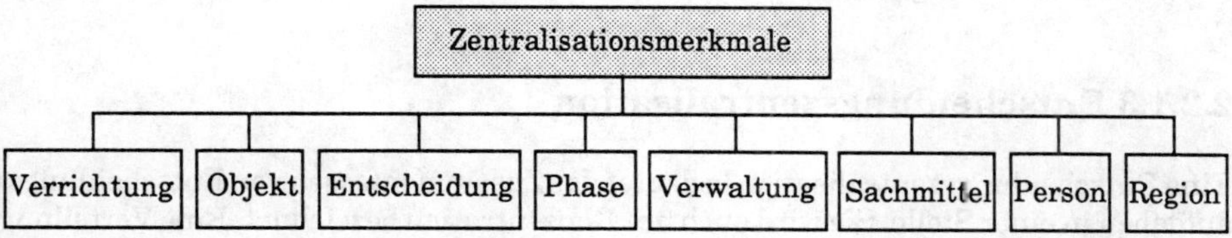

Diese Zentralisierungsmerkmale werden auch wieder an einem einheitlichen Beispiel, dem der Fertigung, erläutert. Die wesentlichen Vorteile jeder Zentralisierungsart werden nach *Schwarz* ausgewiesen.

2.2.1.1 Verrichtungszentralisation

Bei dieser Zentralisationsart werden Aufgaben mit gleichen Verrichtungen zusammengefaßt, gleichgültig an welchen Objekten diese Tätigkeiten ausgeführt werden.

Beispiel:
Fertigung

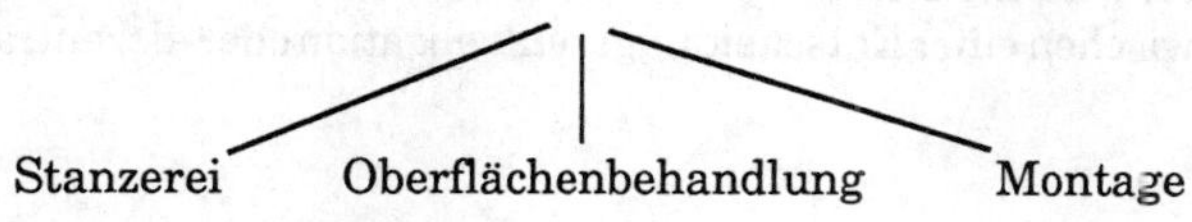

Diese Zentralisationsart entspricht folglich dem Werkstattprinzip in der Fertigung.

Die **Vorteile** der Verrichtungszentralisierung sind insbesondere:

- Einsatz von spezialisierten Sachmitteln
- Anwendung von gezielten Arbeitsmethoden
- Erfahrungskonzentration
- Einsatz von Arbeitskräften mit geringer Qualifikation.

2.2.1.2 Objektzentralisation

Hier erfolgt üblicherweise eine Zentralisation nach Erzeugnissen oder Erzeugnisgruppen, gleichgültig welche Verrichtungen an diesen Objekten vorgenommen werden.

Beispiel:

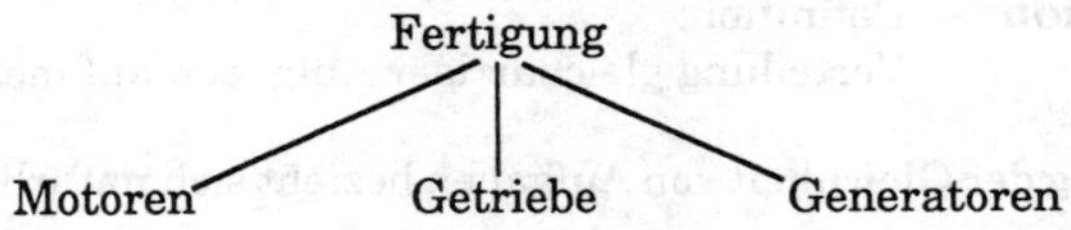

Für eine Objektzentralisierung sprechen vornehmlich folgende **Vorteile:**

- Direkte objektbezogene Erfolgsermittlung
- Geringes Kommunikationserfordernis zwischen objektzentralisierten Stellen
- Vermeidung von Arbeitsmonotonie
- Starke Beziehungsintensität zum Produkt.

2.2.1.3 Entscheidungszentralisation

Eine Entscheidungszentralisation bedeutet das Zusammenfassen von Entscheidungsaufgaben in einer Stelle. Sie wird auch mit Konzentration bezeichnet. Eine Verteilung der Entscheidungen auf viele Stellen kann auch mit Dekonzentration benannt werden.

Dabei stellt sich die Frage, ob es immer eine echte Wahlmöglichkeit zwischen Zentralisation und Dezentralisation von Entscheidungen gibt. Dazu ist es notwendig, die betrieblichen Entscheidungen nach ihrem Wirkungsbereich zu differenzieren:

(1) **Ganzheitsentscheidungen**
Entscheidungen, die das Unternehmen insgesamt betreffen. Sie müssen bei der obersten Unternehmensleitung zentralisiert werden.

(2) **Bereichsentscheidung**
Entscheidungen, die sich nur auf einzelne Unternehmensbereiche beziehen. Für sie kann zwischen einer Entscheidungszentralisation oder -dezentralisation gewählt werden.

Als **Vorteile** für eine **Entscheidungszentralisation** werden genannt:
- Einheitliche Willensbildung
- Geringere Anzahl qualifizierter Führungskräfte ist erforderlich
- Entlastung der horizontalen Kommunikationswege.

Dem stehen die Vorteile der **Entscheidungsdezentralisation** gegenüber:
- Entlastung der oberen Leitungsorgane
- Sachliche Verbesserung der Entscheidungsfindung
- Zeitliche Verkürzung des Entscheidungsvorganges
- Stärkung von Initiative und Verantwortungsbewußtsein
- Verbesserung der Motivation.

2.2.1.4 Phasenzentralisation

Bei dieser Zentralisationsart werden die Stellen durch Zentralisation von Planungs- oder Kontrollaufgaben gebildet. Selbstverständlich bedingt eine Zentralisation einer dieser Phasen nicht zwangsläufig auch eine Zentralisation der anderen.

Beispiel:

Für eine **Planungszentralisation** spricht insbesondere:
- Einhaltung einheitlicher Planungsgrundsätze
- Einsatz von Planungsspezialisten
- Beschleunigung des Planungsvorganges.

Die Zentralisation von **Kontrollaufgaben** bringt folgende Vorteile:
- Sicherung der Anwendung einheitlicher Kontrollgrundsätze
- Objektivierung der Kontrolle.

2.2.1.5 Verwaltungszentralisation

Diese Art der Zentralisation wird kaum vollständig durchgeführt werden können, da immer ein Teil von Verwaltungsaufgaben dezentralisiert bleiben müssen, da sie mit Ausführungstätigkeiten verknüpft sind.

Beispiel:

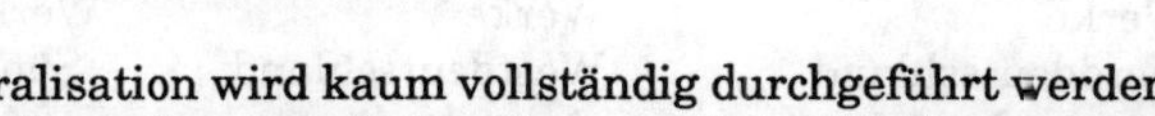

Hier sprechen insbesondere folgende **Vorteile** für eine Zentralisation:

- Einsatz von Fachkräften
- Einheitliche Bearbeitung von Verwaltungsaufgaben
- Automatisierbarkeit.

2.2.1.6 Sachmittelorientierte Zentralisation

Hier erfolgt eine Zusammenfassung von Aufgaben im Hinblick auf universelle Sachmittel wie beispielsweise die elektronische Datenverarbeitung oder automatische Fertigungsanlagen. Diese Zentralisation wird häufig deswegen vorgenommen, weil solche meistens automatisch arbeitenden Sachmittel bei einer hohen Auslastung besonders wirtschaftlich arbeiten.

Beispiel:

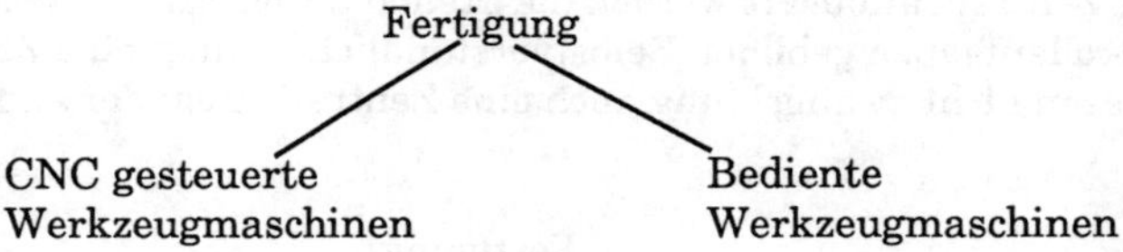

Einige **Vorteile** der Sachmittelzentralisation können gesehen werden in:

- Kostenminderung
- Qualitätsverbesserung
- Beschleunigung.

2.2.1.7 Regionale Zentralisation

Alle Aufgaben, die sich auf bestimmte Regionen beziehen, werden hier zusammengefaßt. Region kann dabei jede geografische Gliederung sein, wie beispielsweise Standort, Kreis, Bezirk oder Land.

Beispiel:

Für diese Zentralisationsart können insbesondere folgende **Vorteile** gesehen werden:

- Verringerung von Transportwegen und -zeiten
- Minderung der Kommunikationskosten
- Bessere physische Überwachungsmöglichkeiten.

2.2.1.8 Personale Zentralisation

Diese Zentralisationsart bezieht sich auf bestimmte Personen. Eine oder mehrere Personen werden zum Entscheidungskriterium für die Zuordnung von Aufgaben. Dadurch wird angestrebt, persönliche Eigenschaften, Erfahrungen und Kenntnisse bestmöglich zu nutzen.

Beispiel:

Fertigung

Oberingenieur Müller   Oberingenieur Maier

Die aus dieser Zentralisationsart erwartbaren **Vorteile** sind:

- Bestmögliche Nutzung des personellen Potentials
- Straffe Koordination
- Berücksichtigung von Eigentümergegebenheiten, z.B. bei Familienunternehmen.

2.2.2. Stellenstruktur

Die Art der Zentralisierung betrifft den qualitativen Aspekt der Stellenbildung. Daneben bedürfen weitere Gesichtspunkte der Berücksichtigung:

(1) **Aufgabenumfang**
Jede Aufgabe benötigt zu ihrer Erledigung eine größere oder kleinere Kapazität. Durch Mitarbeiter und Sachmittel wird diese Kapazität bereitgestellt.

Um Stellen optimal zu bilden, bedarf es deswegen immer der Betrachtung der erforderlichen Kapazität.

(2) **Aufgabenkomplexität**
Aufgaben können unterschiedlichen Schwierigkeitsgrad haben. Die Aufgaben einer Stelle sollten einen ähnlichen Schwierigkeitsgrad besitzen, um damit in einer Stelle kein zu großes Komplexitätsgefälle zu erzeugen.

(3) **Organisationsziele**
Jede Organisation muß Basisziele anstreben. Zu diesen Basiszielen zählen vornehmlich:
- Zweckmäßigkeit
- Wirtschaftlichkeit
- Stabilität.

Die Stellenbildung hat immer unter Anstrebung dieser Basisziele zu erfolgen.

Das Ergebnis der Stellenbildung, eine bestimmte Zahl von Stellen, muß nun strukturiert werden, um die Aufbauorganisation zu gestalten.

3. Aufbaugestaltung

In aller Regel ist die Struktur von Unternehmen durch folgende **Merkmale** gekennzeichnet:

(1) **Stellenelemente**
Zur Ausstattung von Stellen bedarf es bestimmter Elemente:
- Immaterielle Stellenelemente
- Materielle Stellenelemente.

Durch die Ausstattung mit einem unterschiedlichen Umfang an Stellenelementen werden unterschiedliche Stellenarten geschaffen.

(2) **Stellenarten**
Die Stellenarten sind die Bausteine der Aufbauorganisation. Die verschiedenen Stellenarten bedürfen deswegen der Charakterisierung.

(3) **Stellenstruktur**
Durch die Zusammenfassung von Stellen zu Abteilungen und deren hierarchische Strukturierung wird die Aufbauorganisation eines Unternehmens geschaffen. Nur Kleinstunternehmen bedürfen keiner hierarchischen Struktur.

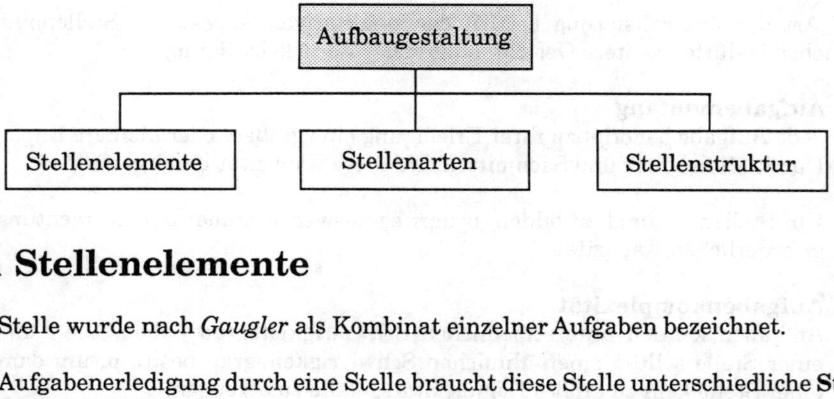

3.1 Stellenelemente

Die Stelle wurde nach *Gaugler* als Kombinat einzelner Aufgaben bezeichnet.

Zur Aufgabenerledigung durch eine Stelle braucht diese Stelle unterschiedliche **Stellenelemente:**

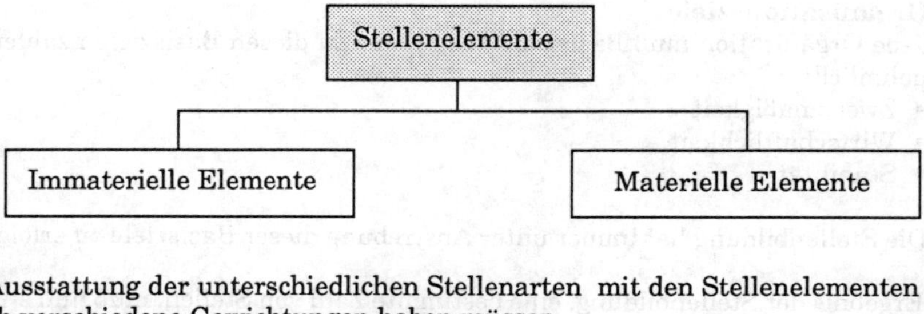

Die Ausstattung der unterschiedlichen Stellenarten mit den Stellenelementen wird jedoch verschiedene Gewichtungen haben müssen.

3.1.1 Immaterielle Stellenelemente

Drei Elementarten werden als immaterielle Stellenelemente bezeichnet:

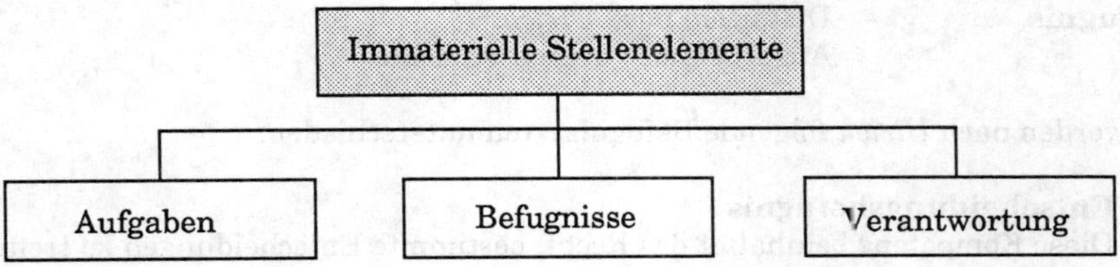

Für die Bildung von Stellen gleich welcher Art muß das Gesetz der Einheit von

- Aufgaben
- Befugnissen
- Verantwortung

gelten. Nur dadurch ist der Aufgabenträger der Stelle in der Lage, die ihm zugeordneten Aufgaben bestmöglichst zu erfüllen:

(1) **Fehlerhafte Stellenbildung**

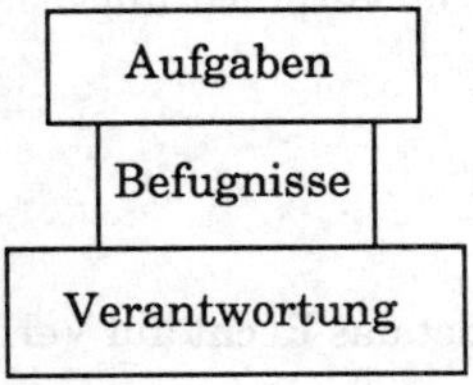

(2) **Fehlerfreie Stellenbildung**

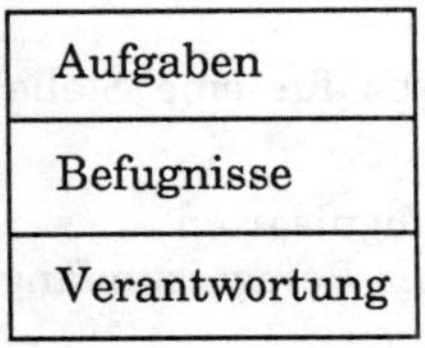

Jede Stelle braucht den Aufgaben entsprechende Befugnisse und angemessene Verantwortung.

3.1.1.1 Aufgaben

Als Aufgabe wurde die Verpflichtung zur Vornahme bestimmter Verrichtungen definiert. Die einer Stelle zugeordneten Aufgaben sind Grundlage für die Gestaltung aller anderen Stellenelemente. Mit der Aufgabensynthese werden die Aufgaben einer Stelle definiert.

3.1.1.2 Befugnisse

Die synonymen Begriffe “Befugnis” und “Kompetenz” können wie folgt definiert werden:

Befugnis – Definition nach *Ulrich:*
Ausdrücklich zugeteilte Rechte.

Es werden nach *Ulrich* folgende Befugnisarten unterschieden:

(1) **Entscheidungsbefugnis**
Diese Kompetenz beinhaltet das Recht, bestimmte Entscheidungen zu treffen.

Entscheidung – Definition:
Recht zur Willensbildung und Willensdurchsetzung

(2) **Weisungsbefugnis**
Sie gibt das Recht auf Bestimmung des Verhaltens anderer Stellen. Diese Befugnisart begründet das Vorgesetzten-Untergebenen-Verhältnis.

(3) **Verpflichtungsbefugnis**
Durch die Verpflichtungsbefugnis wird das Recht auf rechtskräftige Verpflichtung des Unternehmens gegenüber der Umwelt bestimmt. Die Unterschriftsberechtigung ist ihr Kennzeichen. Die Verpflichtungsbefugnis wirkt im Außenverhältnis. Beispiele dafür sind
- Prokura
- Handlungsvollmacht.

(4) **Verfügungsbefugnis**
Diese Befugnisart begründet das Recht auf Verfügung über Sachen und Werte.

(5) **Informationsbefugnis**
Diese Kompetenz verleiht das Recht auf den Bezug bestimmter Informationen.

Die Zubilligung von Befugnissen für eine Stelle wird unterschiedlicher Art sein müssen:

- Zugestehen bestimmter Befugnisarten
- Zuordnung unterschiedlichen Befugnisumfanges einer Befugnisart.

Jeder Stelle in einem Unternehmen, auch reinen Ausführungsstellen, müssen zur Aufgabenerledigung bestimmte Teilbefugnisse zugestanden werden wie beispielsweise Teile von Entscheidungs-, Verfügungs- und Informationskompetenzen.

3.1.1.3 Verantwortung

Aus der Aufgabenstellung und der Vergabe von bestimmten Befugnissen an eine Stelle muß eine entsprechende Verantwortung für diese Stelle resultieren.

Verantwortung – Definition
Persönliches Einstehen für die Folgen von Handlungen und Entscheidungen.

Die Übertragung von Verantwortung an eine Stelle erfolgt oftmals ohne ihre ausdrückliche Nennung allein durch Übergabe einer Aufgabe. Es ist jedoch erforderlich, den Verantwortungsumfang gesondert zu definieren und zu dokumentieren. Das sollte in der Stellenbeschreibung geschehen.

3.1.2 Materielle Stellenelemente

Nach *Scheibler* benötigen Stellen die folgenden **materiellen Stellenelemente:**

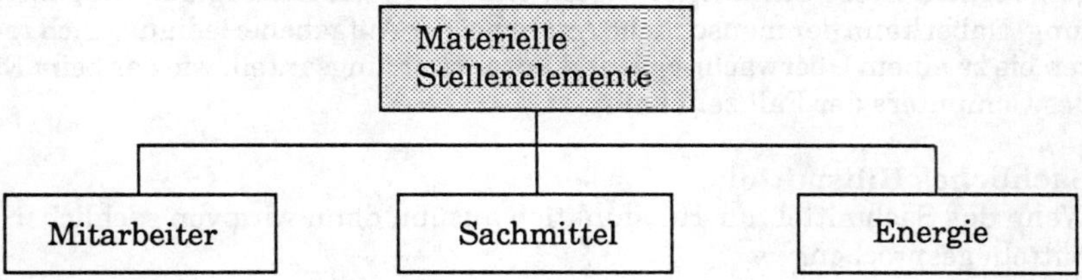

Teilweise sind die materiellen Stellenelemente austauschbar:

- Mitarbeiter
- Sachmittel.

Die **optimale Elementekombination** zu finden ist die Aufgabe der Organisation.

3.1.2.1 Mitarbeiter

Der Aufgabenträger einer Stelle ist entweder ein Mitarbeiter allein oder ein Mitarbeiter im Zusammenwirken mit anderen Mitarbeitern oder mit Sachmitteln.

Zur Erfüllung von Stellenaufgaben braucht der jeweilige Mitarbeiter bestimmte Eigenschaften. Bei der Gestaltung der Aufbauorganisation müssen diese Eigenschaften vorgeplant werden, da die Gestaltung einer Stelle sich nur auf einen gedachten Mitarbeiter beziehen kann. Ausnahme davon ist die Anwendung der personalen Zentralisierung von Aufgabe zu einer Stelle. Sie soll hier unberücksichtigt bleiben.

Die bei der Stellengestaltung bestimmten Eigenschaften des oder der für die Stelle benötigten Mitarbeitern wird in der Stellenbeschreibung dokumentiert.

Es sind insbesondere folgende Eigenschaften, die für die Gestaltung der Stelle zu definieren sind:

- Kenntnisse
- Fähigkeiten und Fertigkeiten

- Erfahrungen
- Kapazitäten.

Die bei der Stellengestaltung bestimmten Eigenschaften des oder der für die Stelle benötigten Mitarbeitern wird in der Stellenbeschreibung dokumentiert.

3.1.2.2 Sachmittel

Als Elemente von Stellen können Sachmittel zwei verschiedene Positionen einnehmen:

(1) **Aufgabenträger**
In Kombination mit einem Mitarbeiter kann ein Sachmittel zu einem Aufgabenträger werden. Diese Sachmittel leisten einen aktiven Beitrag zur Aufgabenerfüllung. Dabei kann der menschliche Anteil bei der Aufgabenerledigung sich reduzieren bis zu einem Überwachungs- und Verantwortungsanteil, wie das beim Einsatz des Computers der Fall sein kann.

(2) **Sachliches Hilfsmittel**
Wenn das Sachmittel nur Hilfsfunktion ausübt, dann wird von sachlichen Hilfsmitteln gesprochen.

Im organisatorischen Sinn sind dabei Werkstoffe, die Verarbeitungsvorgängen unterworfen sind, keine Sachmittel. Nur solche Objekte, die als Produktionsmittel im weitesten Sinn bezeichnet werden können, zählen zu den Sachmitteln als Elemente einer Stelle.

Sachmittel können im Hinblick auf ihre **Elementeigenschaft** von Stellen unterschieden werden in:

(1) **Basissachmittel**
Als Basissachmittel können solche Sachmittel verstanden werden, die üblicherweise zur Aufgabenerledigung benötigt werden.

Beispiele: Raum, Mobiliar.

(2) **Entlastende Sachmittel**
Diese Sachmittelart entlastet den Menschen bei der Aufgabenerledigung, ohne ihn deswegen von der Aufgabendurchführung zu befreien.

Beispiele: Büromaschinen, konventionelle Produktionsmaschinen.

(3) **Automatische Sachmittel**
Bei dieser Sachmittelart wird der Mensch von der Aufgabendurchführung befreit, ohne deswegen Kontrollfunktionen oder Verantwortung abzugeben.

Beispiele: Elektronische Datenverarbeitung, prozeßrechnergesteuerte Produktionsmaschine.

Im Hinblick auf die **Verfügbarkeit** von Sachmitteln bei einer Stelle werden unterschieden:

(1) **Alleinverfügungsrecht**
Bestimmt eine Stelle allein über ein Sachmittel, so besitzt sie das Alleinverfügungsrecht.

(2) **Mitverfügungsrecht**
Die Mitverfügung kann eine aufeinanderfolgende oder eine gleichzeitige, also zeitlich parallele Verfügbarkeit für mehrere Stellen sein.

3.1.2.3 Energie

Die materielle Ausprägung des Stellenelementes "Energie" ist einmal durch die Materiekonsistenz der meisten Energien bedingt, wie beispielsweise bei Heizöl oder Kohle.

Zum anderen bedarf es eines Zuführungssystems für Energie, wie beispielsweise elektrische Leitungsnetze oder Wärmeverteilungsanlagen. Da ohne Energie weder der Mensch noch viele der Sachmittel ihre Aufgaben erfüllen können, die Energie jedoch selten als Element der direkten Aufgabenerfüllung in einer Stelle auftritt, kann hier von einem Sekundärelement gesprochen werden.

3.2 Stellenarten

Damit von Stellen ihre Aufgaben optimal erfüllt werden können, müssen diese in unterschiedlicher Weise mit **Stellenelementen** ausgestattet werden. Dazu ist es notwendig, deren Merkmale und die unterschiedlichen **Stellenarten** zu betrachten:

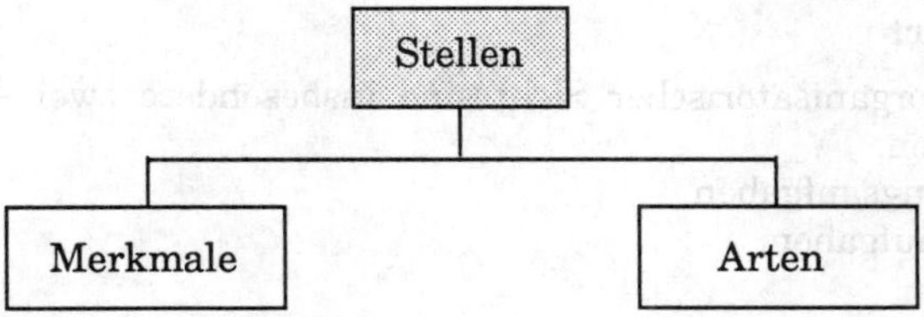

Für einige Aufgaben empfiehlt es sich, diese nicht von einer Stelle ausführen zu lassen, sondern dafür eine **Personengruppe** gemeinsam mit der Aufgabe zu betrauen:

- Eine Aufgabenlösung bedarf einer Teambearbeitung und -verantwortung.
- Verschiedene Qualifikationen und Spezialkenntnisse sind für die Aufgabenlösung erforderlich.
- Die Aufgabendurchführung erfordert eine intensive Kommunikation und Koordination.
- Aufgabenträger aus verschiedenen Stellen werden zur Aufgabenlösung benötigt.

Solche Personengruppen werden nicht als Stellen bezeichnet. Für sie wird der Sammelbegriff **"Gremium"** benutzt.

Da Gremien wie Stellen materielle und immaterielle Stellenelemente benötigen, werden Gremien gemeinsam mit den Stellen betrachtet.

3.2.1 Merkmale

Für die Unterscheidung verschiedener Stellen- und Gremienarten sind vornehmlich folgende Merkmale bedeutsam:

(1) **Befugnisumfang**

Einer Stelle sollten alle für die Aufgabendurchführung überlicherweise erforderlichen Befugnisse zugestanden werden:
- Entscheidungsbefugnis
- Weisungsbefugnis
- Verfügungsbefugnis
- Informationsbefugnis.

Die Verpflichtungsbefugnis benötigen nur Stellen, welche mit Kunden und Lieferanten zusammenarbeiten

Sind einer Stelle alle Befugnisse übertragen, so spricht man von einer Linienstelle:
Linienstelle – Definition
Stelle mit allen üblichen Befugnissen.

Den Linienstellen stehen die Stabstellen gegenüber:
Stabstelle – Definition
Stelle mit eingeschränktem Befugnisumfang.

(2) **Aufgabenart**

Aus aufbauorganisatorischer Sicht sind insbesondere zwei Aufgabenarten zu unterscheiden:
- Ausführungsaufgaben
- Leitungsaufgaben.

Entsprechend werden Stellen, denen ausschließlich oder überwiegend Ausführungsaufgaben zugeordnet werden, als Ausführungsstellen bezeichnet.

Leitungsstellen werden mit dem Begriff "Instanz" benannt. Oftmals werden Leitungshilfsstellen geschaffen, um die Leitungsstellen zu unterstützen.

(3) **Aufgabenumfang**

Stellen und Gremien können ihre Aufgaben haupt- oder nebenamtlich durchführen. Im letzteren Fall wird es sich immer um Aufgaben handeln, deren Umfang keine vollzeitliche Betreuung erfordert.

3.2.2 Arten

In der betrieblichen Organisation werden überwiegend die nachstehenden **Stellen- und Gremienarten** benutzt:

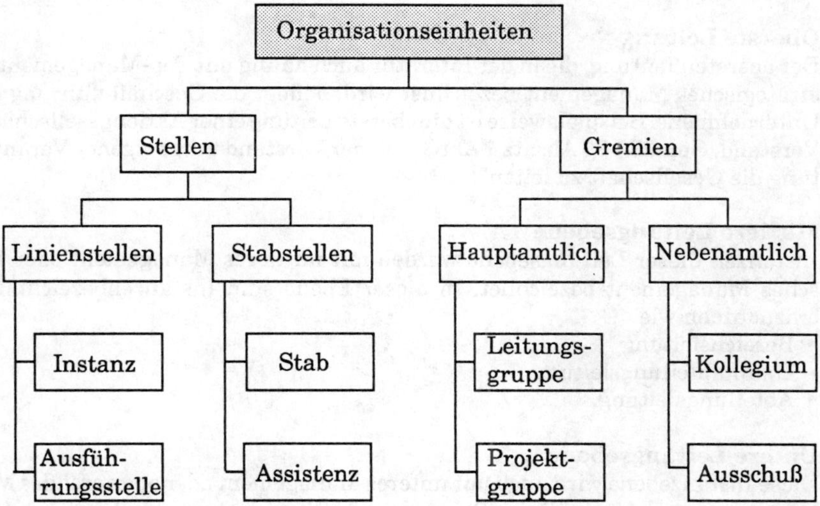

3.2.2.1 Instanz

Instanz – Definition nach *Kosiol*
Stelle mit Leitungsaufgaben.

Gekennzeichnet ist die Instanz dadurch, daß sie die Elemente von Leitungsstellen aufweisen muß. Initiative, Entscheidung, Anordnung, Überwachung und Koordination sind besonders ausgeprägte Funktionen einer Leitungsstelle.

Für die Bildung von Instanzen empfiehlt *Schwarz* die Instanz an solchen **Kriterien** auszurichten wie:

- Räumliche Überschaubarkeit des Aufgabenbereiches
- Zeitliche Leistungsfähigkeit des Stellenleiters
- Normaleignung des Stellenleiters
- Kontrollspanne, d.h. die Zahl der optimal betreubaren Untergebenen.

Eine Instanz kann durch eine Person oder durch mehrere Personen gebildet werden. Danach wird unterschieden in:

(1) **Singularinstanz**
Diese Instanz wird auch als Direktorialinstanz bezeichnet. Der Aufgabenträger ist eine Person.

(2) **Pluralinstanz**
Für sie findet man auch die Bezeichnung Kollegialinstanz oder Leitungsgruppe. Im Kapitel 3.2.2.5 werden Leitungsgruppen betrachtet.

Instanzen gibt es auf verschiedenen **Ebenen.** Man unterscheidet:

(1) **Oberste Leitung**
Der obersten Leitung, die in der Literatur auch häufig mit Top-Management oder strategisches Management bezeichnet wird, obliegt die Geschäftsführung eines Unternehmens. Beispielsweise ist die oberste Leitung einer Aktiengesellschaft der Vorstand. Gemäß § 76 Absatz 1 AktG "hat der Vorstand unter eigener Verantwortung die Gesellschaft zu leiten".

(2) **Mittlere Leitungsebene**
Instanzen dieser Leitungsebene werden mit mittleres Management oder taktisches Management bezeichnet. In dieser Ebene sind Instanzenbezeichnungen einzuordnen wie
- Bereichsleitung
- Hauptabteilungsleitung
- Abteilungsleitung.

(3) **Untere Leitungsebene**
Diese Instanzebene wird auch mit unteres Management oder operierendes Management bezeichnet. Zu dieser Ebene zählen alle unterhalb der Abteilungsebene befindlichen Leitungsstellen. Diese Instanzen leiten direkt die betrieblichen Prozesse, gleichgültig ob es sich um informationelle oder materiale Prozesse handelt:
- Gruppenleitung
- Meisterbereich
- Bürovorstand.

Um die quantitativen Verhältnisse zwischen den einzelnen Instanzenebenen darzustellen, wird oftmals die Management- oder Instanzenpyramide ausgewiesen:

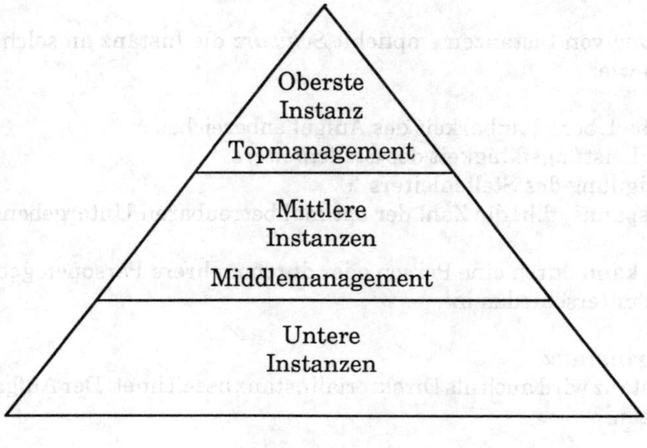

3.2.2.2 Ausführungsstelle

Stellen, die keine Leitungsbefugnisse besitzen, werden als Ausführungsstellen bezeichnet.

Ausführungsstellen üben im Bürobereich vornehmlich solche **Aufgaben** aus wie:
- Verwaltungsaufgaben
- Abwicklungsaufgaben
- Abrechungsaufgaben.

In *Steinbuch, P.A.:* Betriebliche Datenverarbeitung, Kiehl Verlag, wird ausführlich auf die Ausführungsaufgaben eingegangen.

3.2.2.3 Stab

Stäbe und Assistenzen sind Leitungshilfsstellen. Beide Stellenarten können durch folgende **Merkmale** gekennzeichnet werden:

(1) **Teilkompetenz**
Die Befugnisse von Stäben sind begrenzt. Sie besitzen in der Regel weder Entscheidungs- noch Weisungsbefugnis, sondern nur ein Vorschlagsrecht. Die Entscheidungen und die Anweisungen werden von der Instanz getroffen, der sie zugeordnet sind.

Besteht ein Stab aus mehreren Personen, so bezieht sich diese Kompetenzbegrenzung natürlich nur auf die Außenbeziehungen des Stabes. Innerhalb des Stabes hat der Leiter des Stabes natürlich alle üblichen Kompetenzen gegenüber seinen Untergebenen.

(2) **Leitungshilfe**
Stäbe und Assistenzen sind Hilfsstellen der oberen und mittleren Instanzen. Sie sind in der Regel unmittelbar einer Instanz zugeordnet.

(3) **Errichtungsgründe**
Leitungshilfsstellen werden vornehmlich aus folgenden Gründen eingerichtet:
- Verfügbarkeit von Fachkenntnissen für einen Instanzeninhaber
- Entlastung des Instanzeninhabers von arbeitsaufwendigen Fachaufgaben.

Stabstellen werden für eine Vielzahl von **Aufgaben** eingerichtet. Typische **Beispiele** sind:

- Organisation
- Patentwesen
- Public Relations
- Rechtsreferat
- Steuerwesen.

Das Sekretariat ist die klassische Assistenzstelle der meisten Instanzen.

Stäbe und Assistenzen unterscheiden sich in wesentlichen Merkmalen. Im Gegensatz zur Assistenz ist ein **Stab** insbesondere durch folgende **Merkmale** gekennzeichnet:

(1) **Festgelegte Aufgaben**
Stäbe haben definierte und abgegrenzte Aufgaben. Vielfach handelt es sich dabei um Aufgaben, die von den oberen Instanzen durchgeführt werden sollten, die jedoch auf einen Stab übertragen wurden.

(2) **Tätigkeitsgebiet**
Stäbe sind wohl einer Instanz zugeordnet, werden jedoch auf ihrem Aufgabengebiet für alle Stellen ihres Unternehmens tätig. Das bedingt, daß in der Regel es für ein Aufgabengebiet nur einen Stab im Unternehmen gibt.

(3) **Spezialisten**
Für Stabsaufgaben werden üblicherweise Spezialisten benötigt:
- Organisatoren
- Patentanwälte
- Journalisten
- Juristen
- Steuerfachleute.

Mehrere Stabstellen können auch in einer Abteilung zusammengefaßt werden.

3.2.2.4 Assistenz

Im Gegensatz zu einem Stab ist eine Assistenz durch die nachstehenden **Merkmale** gekennzeichnet:

(1) **Aufgaben**
Assistenzen besitzen in der Regel keine ständigen Aufgaben, sondern erhalten fallweise ihre Aufgaben. Der Assistent eines Leiters unterstützt seinen Leiter in dessen Aufgabengebiet.

(2) **Tätigwerden**
Assistenzen werden ausschließlich für die Instanz tätig, der sie zugeordnet sind. Sie werden nur nach und gemäß einem Auftrag der Instanz aktiv.

(3) **Generalisten**
Die Vielzahl und die Unterschiedlichkeit der Aufgaben von Assistenzen erfordern, daß solche Stellen mit Generalisten besetzt werden.

Assistenzen werden vornehmlich den obersten Instanzen eines Unternehmens zugeordnet.

Die wesentlichen Merkmale für die unterschiedlichen Stellenarten können in einer Matrix verglichen werden:

Stelle / Merkmal	Instanz	Ausführungsstelle	Stab	Assistenz
Aufgabe	Leitung	Ausführung	Leitungshilfe	Leitungshilfe
Befugnisse	Vollkompetenz	Vollkompetenz	Teilkompetenz	Keine Kompetenz
Mitarbeiterart	Generalist oder Spezialist	Spezialist	Spezialist	Generalist

3.2.2.5 Leitungsgruppe

Die oberste Leitung eines Unternehmens wird oftmals nicht einer Einzelperson, sondern einer **Gruppe von Personen** gemeinsam anvertraut. Man spricht hier auch von einer Pluralinstanz.

Für die Einrichtung einer Leitungsgruppe gibt es vornehmlich folgende **Gründe:**

(1) **Qualität**

Es wird davon ausgegangen, daß die Leitungsqualität besser ist, wenn mehrere Manager gemeinsam die Leitung eines Unternehmens ausüben.

(2) **Recht**

Für verschiedene Unternehmensformen ist gesetzlich festgelegt, daß ihre Leitung nur von einer Leitungsgruppe ausgeübt werden darf.

Typisches Beispiel dafür ist ein mehrköpfiger Vorstand einer Aktiengesellschaft. Nach § 77, Abs. 1, AktG sind die Vorstandsmitglieder nur gemeinschaftlich zur Geschäftsführung befugt.

(3) **Kontrolle**

Zur besseren Kontrolle der obersten Instanz eines Unternehmens wird diese Instanz als Leitungsgruppe eingerichtet. Dadurch ist es möglich, Kontrolleure der obersten Leitung direkt in die Leitung zu entsenden.

Besteht eine Instanz aus mehreren Personen, die nur gemeinschaftlich zur Geschäftsführung befugt sind, so taucht die Frage nach der Art der Willensbildung in dieser Instanz auf. Folgende Systeme der **Willensbildung** bei Pluralinstanzen werden unterschieden:

(1) **Direktorialsystem**

Ein Mitglied der Instanz hat besondere Rechte bei der Willensbildung:
- Alleinentscheidungsrecht
- Entscheidungsrecht gegen eine qualifizierte Mehrheit
- Entscheidungsrecht gegen eine einfache Mehrheit.

(2) **Kollegialsystem**

Alle Mitglieder der Instanz haben gleiche Rechte hinsichtlich der instanzlichen Willensbildung:
- Entscheidung mit einfacher Mehrheit
- Entscheidung mit qualifizierter Mehrheit
- Entscheidung durch einstimmige Beschlüsse.

Leitungsgruppen werden üblicherweise auf Dauer eingerichtet.

3.2.2.6 Projektgruppe

Die Projektgruppe, wie sie ausführlich im Kapitel B beschrieben wurde, ist insbesondere durch folgende **Merkmale** gekennzeichnet:

(1) Personenmehrheit mit unterschiedlichen Kenntnissen und aus unterschiedlichen Tätigkeitsgebieten.

(2) Überwiegend hauptamtliches und vollzeitliches Tätigwerden der Projektgruppenmitarbeiter.

(3) Die Projektgruppe führt Sonderaufgaben aus, welche als Projekte gekennzeichnet sind.

(4) Tätigkeit ist zeitlich befristet.

(5) Aufgabenlösung und Zielerreichung wird von der Gruppe gemeinsam angestrebt.

Nach *Hill/Fehlbaum/Ulrich* erfolgt der Einsatz von Gruppen anstelle von isoliert handelnden Mitarbeitern oft aufgrund technologischer Zwänge bei Ausführungsarbeiten oder aus der Notwendigkeit heraus, spezialisierte Funktionen zu koordinieren. Typisches Beispiel für beide Aussagen ist die Gestaltung organisatorischer Systeme.

Die Projektgruppe ist dabei zu unterscheiden von der Untergliederung einer Abteilung in Gruppen. Hier sind die Gruppen eine zwischen den Stellen und der Abteilung liegende Ebene, um dadurch Abteilungen in sich zu strukturieren.

Kennzeichen einer Projektgruppe ist, daß sie jeweils für eine anstehende Aufgabenstellung neu gegründet wird und ihre Mitglieder im Hinblick auf diese Aufgabe für die Projektgruppe ausgewählt werden. Nach Erledigung einer Aufgabe löst sich die Projektgruppe wieder auf.

3.2.2.7 Kollegium

In der Umgangssprache werden oftmals Kollegium und Ausschuß synonym verwandt. Hier wird die Unterscheidung der Organisationslehre benutzt.

Kollegium – Definition nach *Kosiol:*
Organisatorisches Gebilde, welches zur Erfüllung von Sonderaufgaben gebildet wird, nur eine diskontinuierliche und befristete zeitliche Tätigkeit aufweist und aus einer Mehrheit von Aufgabenträgern besteht, die sowohl sachlich, als auch instanziell aus unterschiedlichen Bereichen kommen und nur zu bestimmten Zeitpunkten an einem Ort zusammentreffen, während sie sonst anderen Aufgaben innerhalb ihrer Stelle nachgehen.

Gemäß dieser Definition ist ein Kollegium durch folgende Merkmale gekennzeichnet:

(1) **Aufgabe**
Kollegien werden mit Sonderaufgaben betraut.

(2) **Dauer**
Die Aufgabe von Kollegien ist zeitlich befristet.

(3) **Mitarbeit**
In Kollegien wird nur nebenamtlich gearbeitet. Seine Mitglieder haben eine andere hauptamtliche Tätigkeit.

(4) **Umfang**
Die Arbeit in einem Kollegium ist keine Vollzeittätigkeit. Ihr Umfang beträgt oft nur wenige Stunden in der Woche oder im Monat.

Das Kollegium unterscheidet sich von der Projektgruppe und dem Ausschuß gemäß den Aussagen in der folgen Matrix:

Merkmal \ Gremium	Projektgruppe	Kollegium	Ausschuß
Aufgabe	Projekte	Sonderaufgaben	Daueraufgaben
Dauer	Befristet	Befristet	Unbefristet
Mitarbeit	Hauptamtlich	Nebenamtlich	Nebenamtlich
Umfang	Vollzeitlich	Teilzeitlich	Teilzeitlich

3.2.2.8 Ausschuß

Gemäß der Definition der Organisationslehre ist ein Ausschuß entsprechend der vorstehenden Merkmalsmatrix wie folgt gekennzeichnet:

- Übt Daueraufgaben aus
- Wird unbefristet eingerichtet
- Die Ausschußmitglieder sind nebenamtlich tätig
- Im Ausschuß wird nur teilzeitlich gearbeitet.

Ausschüsse können nach ihren **Aufgaben** unterschieden werden:

(1) **Informationsausschuß**
Die Aufgabe dieser Ausschußart besteht im Austausch von Informationen unter den Ausschußmitgliedern.

(2) **Beratungsausschuß**
Diese Ausschußart hat die Aufgabe, die Unternehmensleitung zu beraten und ihre Entscheidungen vorzubereiten.

(3) **Entscheidungsausschuß**
Das Treffen von Entscheidungen ist die Aufgabe dieser Ausschußart. Die Entscheidung durch einen Ausschuß wird häufig deswegen gewählt, damit mehrere Instanzen am Entscheidungsprozeß beteiligt werden können und die Verantwortung dafür gemeinsam zu tragen haben.

(4) **Kontrollausschuß**
Diese Art von Ausschüssen hat die Aufgabe der Überwachung. Komplexe Gegebenheiten bedürfen häufig der Kontrolle durch verschiedene Bereiche und unter unterschiedlichen Aspekten, also einer Mehrdimensionalität der Überwachung.

Im Organisationsbereich gibt es häufig zwei verschiedene Ausschüsse:

(1) **Organisationsausschuß**
Die Beratung der Geschäftsleitung in allen organisatorischen Fragen ist die Hauptaufgabe des Organisationsausschusses. Daneben ist dieser Ausschuß oftmals auch eine Entscheidungs- und Kontrollinstanz über alle organisatorischen Projekte.

Dem Organisationsausschuß gehören üblicherweise neben den Leitern von Organisation und Datenverarbeitung jeweils Vertreter der einzelnen Geschäftsbereiche an.

(2) **Datenverarbeitungsausschuß**
Der Datenverarbeitungausschuß kann entweder ein paralleles Gremium zum Organisationsausschuß sein, das sich mit allen Fragen befaßt, welche Probleme und Projekte der Datenverarbeitung betreffen, oder er ist eine spezielle Form des Organisationsausschusses, der durch Hinzuziehung der Leiter von Programmierung und Rechenzentrum erweitert wird.

Entsprechend dem Organisationsausschuß kann der Datenverarbeitungsausschuß nur Beratungsgremium oder auch Entscheidungs- und Kontrollinstanz sein.

Die Begriffsbildung ist auf diesem Gebiet noch nicht abgeschlossen. Neben Kollegium und Ausschuß gibt es eine Reihe von Begriffen, die teilweise synonym und teilweise differenzierend gebraucht werden. Solche Begriffe sind Kommission, Arbeitskreis oder Komitee.

3.3 Unternehmensstrukturierung

Die Bildung von Stellen nach den genannten Zentralisierungsmerkmalen bedeutet noch nicht, daß dadurch das Unternehmen strukturiert ist. Vielmehr ist es nun notwendig, eine **hierarchische Strukturierung** vorzunehmen. Das geschieht zunächst durch die Zusammenfassung von mehreren Stellen zu Abteilungen.

Wird die Aufbauorganisation von größeren Unternehmen gestaltet, so können die gebildeten Abteilungen nicht direkt der Leitung unterstellt werden. Vielmehr bedarf es der Bildung einer angemessenen Hierarchie:

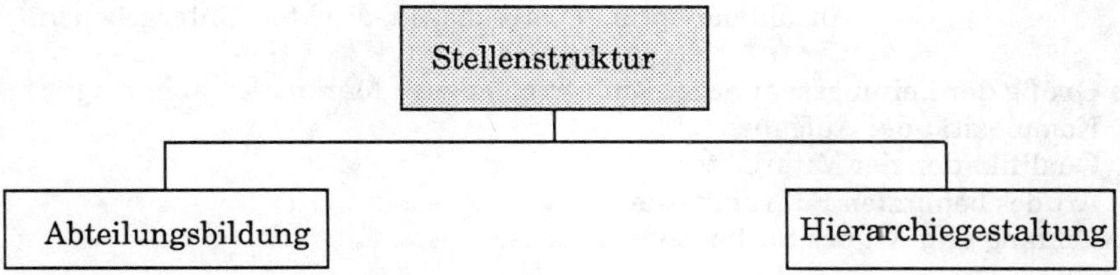

3.3.1 Abteilungsbildung

Die Bildung von Abteilungen erfolgt üblicherweise in zwei Schritten:

(1) **Stellenzusammenfassung**
Mehrere Stellen werden zu einer Einheit zusammengefaßt. Dabei sind vornehmlich zwei Gesichtspunkte zu berücksichtigen:
- Artmäßige Festlegung der Abteilungsaufgaben
- Umfangmäßige Bestimmung der Abteilungsaufgaben.

Ziel der Stellenzusammenfassung in einer Abteilung ist die Schaffung eines einheitlichen, in sich abgeschlossenen und von anderen Abteilungen deutlich abgegrenzten Aufgabenbereiches.

(2) **Instanzenbildung**
Einem der Stelleninhaber, der in einer Abteilung zusammengefaßten Stellen, werden Leitungsaufgaben im Hinblick auf die anderen Stelleninhaber übertragen, so daß dadurch eine Leitungsstelle entsteht *(Kosiol).*

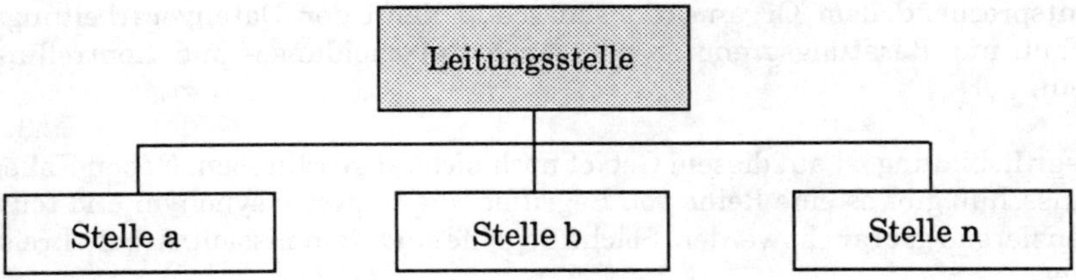

Ein Stellenverbund, der eine Leitungsstelle einschließt, ist folglich eine Abteilung. Der Inhaber der Leitungsstelle wird damit zum Abteilungsleiter.

3.3.2 Hierarchiegestaltung

Jeder Vorgesetzte kann nur eine begrenzte Zahl von direkt untergebenen Mitarbeitern optimal betreuen. Diese Mitarbeiterzahl wird als Leitungs- oder Kontrollspanne bezeichnet:

Leitungsspanne – Definition
Anzahl der optimal betreubaren, direkten Untergebenen.

Die **Größe** der Leitungsspanne ist von verschiedenen Merkmalen abhängig:

- Komplexität der Aufgaben
- Qualifikation der Mitarbeiter
- Art des benutzten Führungsstiles
- Umfang und Art des Sachmitteleinsatzes.

Häufig wird bei Büroaufgaben eine Leitungsspanne von ungefähr 6 direkt unterstellten Mitarbeitern empfohlen.

Je größer die Zahl der Mitarbeiter und damit der Stellen ist, umso mehr hierarchische Ebenen werden in einem Unternehmen benötigt. Erfolgt die Betrachtung der **hierarchischen Ebenen** nur rechnerisch, so ergibt sich das nachfolgende Ergebnis:

Ebenen	Mitarbeiterzahl	
	je Ebene	Gesamt
1	1	1
2	6	7
3	36	43
4	216	259
5	1.296	1.555
6	7.776	9.331

Natürlich kann die Zahl der hierarchischen Ebenen in einem Unternehmen oder in einer anderen Institution nicht ausschließlich rechnerisch betrachtet werden. Weitere **Kriterien** dafür sind neben der Unternehmensgröße und der Leitungsspanne:

- Art und Umfang der Unternehmensaufgaben
- Geografische Strukturierung des Unternehmens
- Vertretungsaufgaben nach außen
- Art des Führungsstils
- Gestaltung der Organisationsform des Unternehmens
- Organisation des Ablaufes.

Für die verschiedenen hierarchischen Ebenen gibt es keine einheitlichen Begriffe. Oftmals wird jedoch mit der folgenden **Hierarchie** gearbeitet:

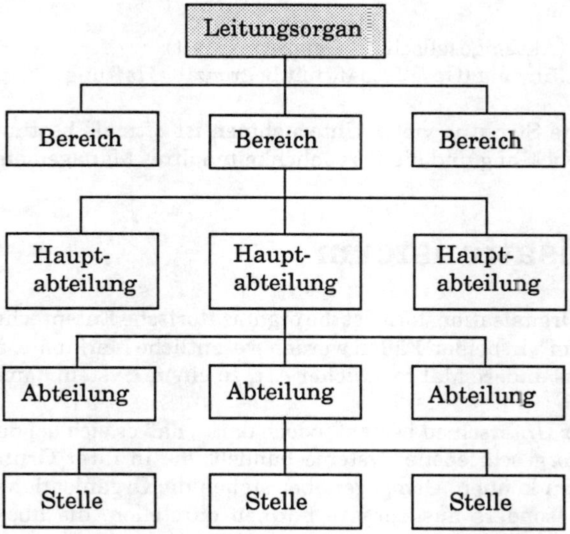

Die hierarchischen Bauelemente der Aufbauorganisation sind vornehmlich folgende **Organisationseinheiten:**

(1) **Stelle**

Die kleinste organisatorische Einheit ist die Stelle. Sie wird auch mit anderen Begriffen bezeichnet:

- Unterabteilung
- Gruppe
- Referat

Eine Stelle kann einen oder auch mehrere Arbeitsplätze umfassen.

(2) **Abteilung**

Die Abteilung ist ein Stellenverbund zwischen einer Leitungs- und einer oder mehrerer Ausführungsstellen.

(3) **Hauptabteilung**

Die mehreren Abteilungen vorgesetzte Instanz wird häufig mit Hauptabteilung bezeichnet.

(4) **Bereich**

Mehrere Hauptabteilungen werden oftmals in einem Bereich zusammengefaßt. Dazu werden Bereichsinstanzen gebildet.

(5) **Leitungsorgan**

In aller Regel ist das Leitungsorgan eines Unternehmens sowohl eine organisatorische wie auch eine rechtliche Einheit. In Abhänigkeit von der rechtlichen Unternehmensform sind hier unterschiedliche Bezeichnungen vorgegeben, so beispielsweise

- Vorstand (Aktiengesellschaft, Genossenschaft)
- Geschäftsführung (Gesellschaft mit begrenzter Haftung).

Die hierarchische Struktur vieler Unternehmen ist oftmals bestimmt durch deren historische Entwicklung und die Persönlichkeiten ihres Managements.

4. Organisationsform

Der Begriff der Organisationsform ist die organisatorische Entsprechung zur Bezeichnung "Rechtsform". In beiden Fällen werden wesentliche Merkmale, einmal organisatorischer Art, das andere Mal rechtlicher Art, zu einem System kombiniert.

Ein wesentlicher Unterschied besteht jedoch darin, daß es sich bei den Rechtsformen um gesetzlich vorgeschriebene Systeme handelt, die in ihrer Grundstruktur nicht beeinflußt werden können. Demgegenüber stehen die Organisationsformen, die nur typische, d.h. besonders ausgeprägte Formen darstellen, die aber nach Belieben verändert werden können.

Durch die Organisationsform des Unternehmens wird dessen organisatorische Struktur in ihren Grundzügen bestimmt. Das beinhaltet hauptsächlich die Art der hierarchischen Strukturierung der oberen Instanzen, also die Gestaltung der Unternehmensspitze.

4.1 Aufbauorganisation als System

Stellen und Gremien sind die Systemelemente der Aufbauorganisation eines Unternehmens. Die zwischen diesen Systemelementen bestehenden Beziehungen strukturieren das Unternehmen zu einem geordneten Gefüge.

Das bedingt, da die Systemelemente in den meisten Unternehmen grundsätzlich ähnlich sind, daß durch die Systembeziehungen die Organisationsformen gekennzeichnet werden. Die Systembeziehungen sind folglich die kennzeichnenden Merkmale der Organisationsformen.

Untersucht man die bestehenden Organisationsformen in den deutschen Unternehmen, so kann man vornehmlich drei kennzeichnende **Merkmale** für die Systembeziehungen erkennen:

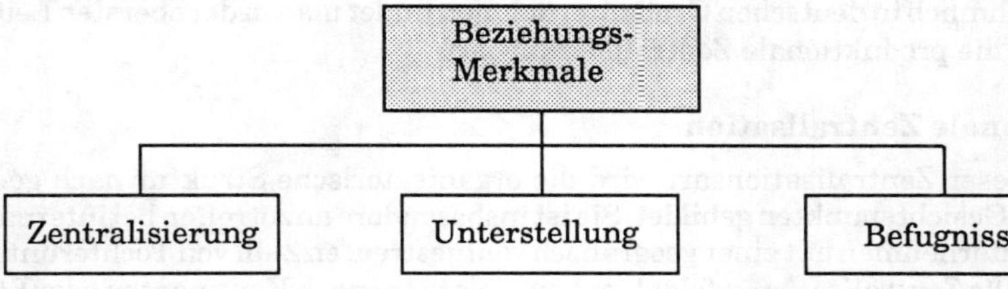

Andere Merkmale weisen offensichtlich nicht die Bedeutung dieser Beziehungsmerkmale auf.

4.1.1 Zentralisierung

Die Zentralisierung und damit auch die daraus resultierende Dezentralisierung kennzeichnet die Strukturierung von Unternehmen im Hinblick auf die Art der Zusammenfassung von Stellen und der Überordnung von Leitungsstellen. Dieser Strukturierungsvorgang wurde mit **Aufbaugestaltung** bezeichnet.

Folgende Zentralisierungsarten werden überwiegend bei der Gestaltung der höheren Instanzen verwandt:

(1) **Verrichtungszentralisation**

Durch die Zusammenfassung von gleichen Tätigkeiten in der obersten Leitungsebene, die auch mit funktionaler Gliederung bezeichnet wird, entstehen Bereiche wie

- Beschaffung
- Fertigung
- Vertrieb
- Verwaltung.

In kleinen und mittleren Unternehmen ist die Verrichtungszentralisation vorherrschend.

(2) **Objektzentralisation**

Da bei dieser Zentralisation alle Aufgaben zusammengefaßt werden, die sich auf ein bestimmtes Erzeugnis, eine Erzeugnisgruppe, eine Verfahrenstechnik oder einen Kundenkreis beziehen, wird sie auch als produktionale Gliederung bezeichnet.

Diese Zentralisierung der obersten Leitungsebene bedingt eine Gliederung in Bereiche, die mit Begriffen wie

- Division
- Geschäftsbereich
- Sparte
- Unternehmensbereich

bezeichnet werden.

Vornehmlich in deutschen Großunternehmen findet man in der obersten Leitungsebene die produktionale Zentralisierungsart.

(3) **Regionale Zentralisation**

Bei dieser Zentralisationsart wird die organisatorische Struktur nach geografischen Gesichtspunkten gebildet. Sie ist insbesondere anzutreffen bei internationalen Unternehmen mit einer geografisch weitgestreuten Zahl von Tochterunternehmen. Die Zentralisation erfolgt hier beispielsweise nach Kontinenten oder Ländergruppen wie

- Westeuropa
- Nordamerika
- Mittel- und Südamerika
- Afrika und Asien
- Australien und Ozeanien.

(4) **Personale Zentralisation**

Hier erfolgt die Strukturierung des Unternehmens in Abhängigkeit von Person, Fachkenntnissen, Erfahrungen oder Vorlieben der verfügbaren Manager.

Eine Zentralisation nach einer der genannten Arten auf der höchsten Instanzenstufe empfiehlt auf der nächsten Stufe eine andere Zentralisationsart zu wählen, um damit der üblicherweise gegebenen Merkmalsverflechtung in der organisatorischen Struktur nachzukommen. Die folgende Skizze ist für diese stufenweise wechselnde Zentralisation charakteristisch.

Beispiel: Wechselnde Zentralisationsart

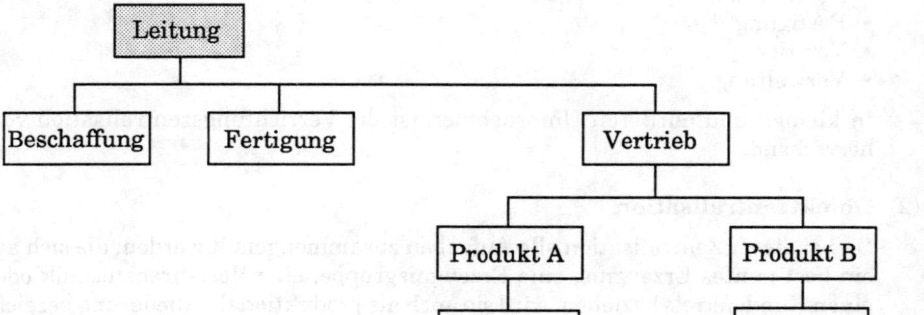

Eine Beibehaltung der Verrichtungszentralisation zeigt folgende Abbildung:

Beispiel: Gleichbleibende Zentralisationsart – Verrichtungszentralisation

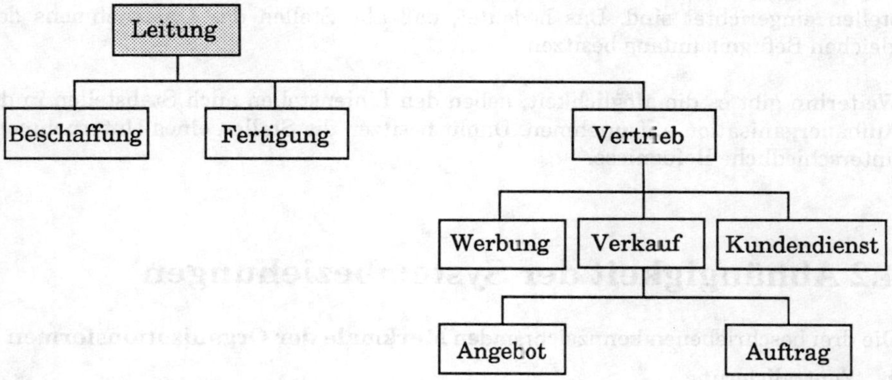

4.1.2 Unterstellung

Mit Ausnahme der obersten Leitungsebene ist jede Stelle eines Unternehmens dadurch gekennzeichnet, daß sie einer oder mehreren anderen Stellen untergeordnet ist.

Nach der **Zahl der vorgesetzten Instanzen** wird unterschieden:

(1) **Einfachunterstellung**
Die Organisationsstruktur ist hier dadurch gekennzeichnet, daß jede Stelle des Unternehmens nur einen Vorgesetzten hat. Diese Unterstellungsart wird auch mit Einliniensystem bezeichnet.

(2) **Mehrfachunterstellung**
Bei dieser Unterstellungsart besitzen einzelne oder alle Stellen jeweils mehrere vorgesetzte Instanzen. Das bedingt, daß eine scharfe Abgrenzung zwischen den Aufgabengebieten der einzelnen vorgesetzten Instanzen einer Stelle definiert und eingehalten werden muß.

Mit dem Begriff "Mehrliniensystem" wird diese Unterstellungsart ebenfalls bezeichnet.

4.1.3 Befugnisse

Es werden zwei Stellenarten im Hinblick auf ihre Ausstattung mit Kompetenzen unterschieden:

(1) **Vollkompetenz**
Diese Stellen werden als Linienstellen bezeichnet.

(2) **Teilkompetenz**
Stellen mit Teilkompetenz werden mit Stabstellen benannt.

Bei den Organisationsformen ist danach zu differenzieren, ob ausschließlich Linienstellen eingerichtet sind. Das bedeutet, daß alle Stellen des Unternehmens den gleichen Befugnisumfang besitzen.

Weiterhin gibt es die Möglichkeit, neben den Linienstellen auch Stabstellen in die Aufbauorganisation aufzunehmen. Damit besitzen die Stellen eines Unternehmens unterschiedliche Befugnisse.

4.2 Abhängigkeit der Systembeziehungen

Die drei beschriebenen kennzeichnenden **Merkmale der Organisationsformen**
- Zentralisierung
- Unterstellung
- Befugnisse

können als Koordination eines dreidimensionalen Systems gesehen werden:

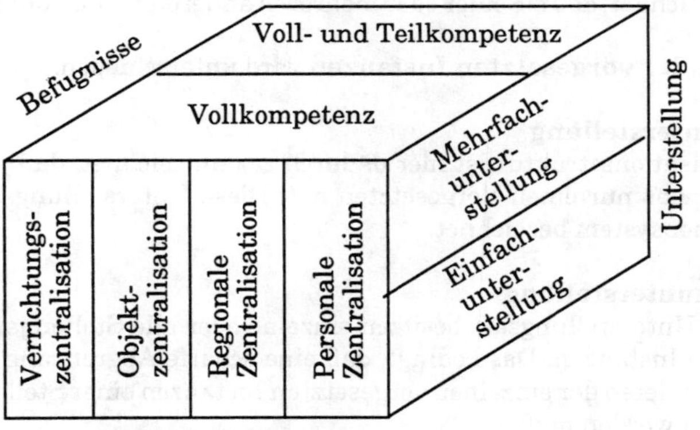

Es ergeben sich folglich daraus insgesamt 16 mögliche Organisationsformen.

Da die regionale Gliederung bei deutschen Unternehmen auf der obersten Leitungsebene selten anzutreffen ist und da die personale Zentralisierung für den Betrachtungsgegenstand keine besonderen Gesichtspunkte bedingt, reduzieren sich die hier betrachtenswerten Organisationsformen auf 8 unterschiedliche Daten.

Wird auf den Ausweis der Befugnisse verzichtet, so können in einer einfachen Matrix alle in Deutschland benutzten Organisationsformen den kennzeichnenden Merkmalen zugeordnet werden:

Zentralisation / Unterstellung	Verrichtungszentralisation	Objektzentralisation
Einfachunterstellung	Linienorganisation Stablinienorganisation	Divisionalorganisation
Mehrfachunterstellung	Produktmanagement Projektmanagement	Matrixorganisation Tensororganisation

Durch die kennzeichnenden Merkmale

- Zentralisierung
- Unterstellung
- Befugnisse

können folglich schlagwortartig die Organisationsformen definiert werden. Die Linienorganisation kann beispielsweise charakterisiert werden als eine Organisationsform mit Verrichtungszentralisation, Einfachunterstellung mit ausschließlicher Vollkompetenz.

4.3 Organisationsformen

Die derzeitig in der deutschen Wirtschaft wesentlichen Organisationsformen werden nachfolgend dargestellt. Vorangestellt werden jeweils die kennzeichnenden Merkmale. In den Darstellungen weisen gestrichelte Linien Stabstellen aus.

4.3.1 Linienorganisation

Kennzeichnende Merkmale:
- Verrichtungszentralisation
- Einfachunterstellung
- Ausschließlich Vollkompetenz

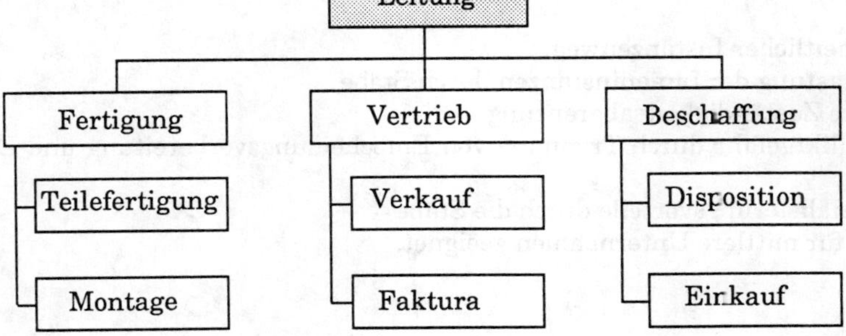

Die Linienorganisation kann als die klassische Organisationsform bezeichnet werden. Sie ist durch folgende Gesichtspunkte gekennzeichnet:

- Einheitlicher Instanzenweg, dadurch sehr übersichtlich.
- Klare Zuständigkeitsabgrenzung.
- Überlastung der Führungskräfte.
- Schwerfälligkeit.
- Nur für Klein- und Mittelunternehmen geeignet.

9

4.3.2 Stablinienorganisation

Kennzeichnende Merkmale:
- Verrichtungszentralisation
- Einfachunterstellung
- Voll- und Teilkompetenz

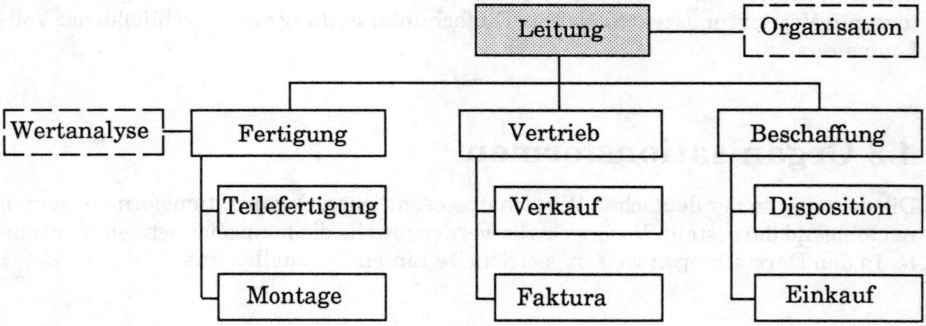

Um den Nachteil der Überlastung der Führungskräfte zu mindern, wird die Linienorganisation mit Leitungshilfsstellen ergänzt und wird dadurch zur Stablinienorganisation. Deshalb umfaßt diese Organisationsform sowohl Stellen mit Vollkompetenz als auch mit Teilkompetenz.

Die Stablinienorganisation ist durch folgende Gesichtspunkte besonders gekennzeichnet:

- Einheitlicher Instanzenweg
- Entlastung der Linieninstanzen durch Stäbe
- Klare Zuständigkeitsabgrenzung
- Konfliktgefahr durch Trennung von Entscheidungsvorbereitung und Entscheidung
- Spezialisierungsvorteile durch die Stäbe
- Gut für mittlere Unternehmen geeignet.

10

4.3.3 Produktmanagement

Kennzeichnende Merkmale: • Verrichtungszentralisation
• Mehrfachunterstellung

Das Produktmanagement gibt es sowohl in der Form "ausschließlich Vollkompetenz" wie auch als "Voll- und Teilkompetenz."

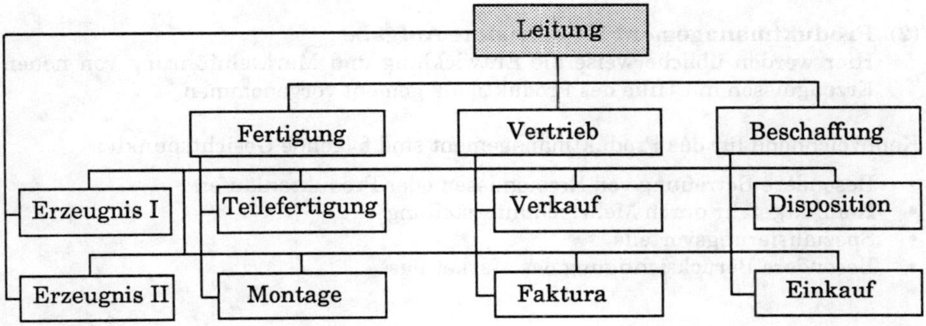

Das Produktmanagement ist dadurch charakterisiert, daß gleichsam in einer zweiten Ebene eine weitere Organisationsstruktur über eine vorhandene Aufbauorganisation gelegt wird. Die zweite Strukturebene ist dabei nach Erzeugnissen gegliedert, also objektzentralisiert.

Es werden hier folglich alle oder wesentliche Leitungsaufgaben, die sich auf ein Erzeugnis oder auf eine Erzeugnisgruppe beziehen, in einer Stelle zentralisiert. Diese Stelle wird üblicherweise als

- Produktmanager
- Erzeugnisleiter
- Produktkoordinator

bezeichnet.

Für die betroffenen, produktbezogenen Fachabteilungen und -stellen ergibt sich daraus eine Mehrfachunterstellung. Eine Stelle ist einmal dem jeweiligen Funktionalvorgesetzten unterstellt und in bezug auf die Produkte dem oder den zuständigen Produktmanagern. Die Aufgabenabgrenzung ist durch das Erzeugnis oder die Erzeugnisgruppe gegeben.

Produktmanager können alle Anordnungs- und Entscheidungsbefugnisse für ihr Aufgabengebiet haben. Man spricht dann von einem Produktmanagement mit Vollkompetenz. Nach *Poth* besitzen 28 % der Produktmanager in der deutschen Markenartikelindustrie Vollkompetenz.

Das bedeutet, daß 72 % dieser Produktmanager nur Teilkompetenzen hinsichtlich ihrer Produkte besitzen. Diese Teilkompetenz wird vornehmlich in einem Mitentscheidungs- und -anweisungsrecht bestehen. Hier müssen Produktmanager und die Leiter der Fachabteilungen gemeinsam Entscheidungen treffen.

Produktmanagement wird in zwei zeitlichen Formen benutzt:

(1) **Produktmanagement als Daueraufgabe**
Bestimmte oder alle Erzeugnisse eines Unternehmens werden hier während ihrer ganzen "Lebenszeit" von einem Erzeugnisleiter betreut.

(2) **Produktmanagement als befristete Aufgabe**
Hier werden üblicherweise die Entwicklung und Markteinführung von neuen Erzeugnissen mit Hilfe des Produktmanagement vorgenommen.

Kennzeichnend für das Produktmanagement sind folgende Gesichtspunkte:

- Besondere Betreuung von Erzeugnissen oder Produktanläufen
- Konfliktgefahr durch Mehrfachunterstellung
- Spezialisierungsvorteile
- Besondere Berücksichtigung des Marketings.

11

4.3.4 Projektmanagement

Kennzeichnende Merkmale:
- Verrichtungszentralisation
- Mehrfachunterstellung
- Voll- und Teilkompetenz

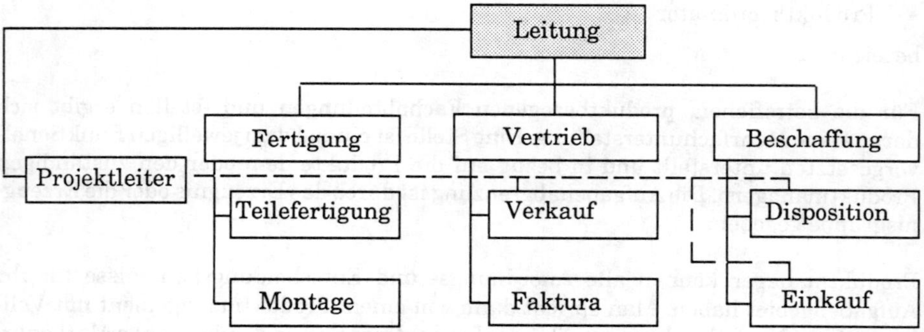

Das Projektmanagement ist dem Produktmanagement verwandt. Hier werden alle ein Projekt betreffenden Aufgaben in der Projektgruppe zentralisiert. Der Projektleiter oder Projektmanager übt dann folglich die Leitungsaufgaben des Projektes aus.

Beim Projektmanagement wird üblicherweise keine Vollkompetenz gegeben sein. Die Projektarbeit ist nicht gekennzeichnet durch ein alleiniges Entscheidungsrecht oder durch eine Weisungsbefugnis des Projektleiters nach außen. Daraus resultiert, daß beim Projektmanagement überwiegend Teilkompetenz vorliegen wird.

Das Projektmanagement ist durch die zeitliche Befristung der Projekte gekennzeichnet. Im Zeitablauf werden einzelne Projekte durch andere Projekte ersetzt werden. Dadurch erhält die Aufbauorganisation ein dynamisches Moment.

Im Kapitel B wird ausführlich auf das Projektmanagement eingegangen.

12

4.3.5 Divisionalorganisation

Kennzeichnende Merkmale:
- Objektzentralisation
- Einfachunterstellung

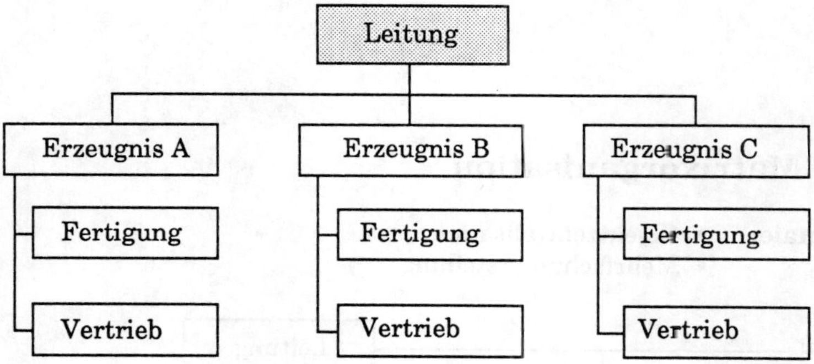

Eine Divisionalorganisation oder Spartenorganisation, wie diese Organisationsform auch genannt wird, bedeutet die Gliederung des Unternehmens in mehrere Geschäftsbereiche in Abhängigkeit von einzelnen Erzeugnissen, Erzeugnisgruppen oder Märkten. Die Geschäftsbereiche werden auch als

- Division
- Sparte
- Unternehmensbereich

bezeichnet.

Hier werden unternehmensähnliche Geschäftsbereiche gebildet, die als Quasiunternehmen bezeichnet werden können, da sie üblicherweise alle für ein Unternehmen notwendigen Stellen in ihrer Aufbauorganisation besitzen.

Aus der Sicht des Rechnungswesens werden die Geschäftsbereiche auch als Profitcenter betrachtet, da in dieser Organisationsform die direkte Gewinnverantwortung an den Leiter des Geschäftsbereiches delegiert werden kann. Hinzu kommt, daß durch diese Organisationsform eine Minimierung von Kostenschlüsselungen, -verteilungen und -zurechnungen erfolgt. Die Kostenrechnung erhält dadurch eine wesentlich verbesserte Aussagekraft.

Divisionalorganisationen können einerseits ausschließlich mit Linienstellen gestaltet werden. Dann kann man von einer Divisionalorganisation in Linienstruktur sprechen. Andererseits ist es natürlich auch möglich, Stabstellen in diese Organisationsform einzubeziehen. Dann wird von einer Divisionalorganisation in Stablinienstruktur gesprochen.

Vornehmlich die folgenden Gesichtspunkte kennzeichnen die Divisionalorganisation:

- Einheitlicher Instanzenweg und klare Zuständigkeitsabgrenzung
- Gute Transparenz
- Marketingorientierte Organisationsform
- Profitcenter
- Gefahr des Eigenlebens der Geschäftsbereiche des gleichen Unternehmens
- Anstrebung von Geschäftsbereichszielen anstelle von Unternehmenszielen.

13

4.3.6 Matrixorganisation

Merkmale:
- Objektzentralisation
- Mehrfachunterstellung

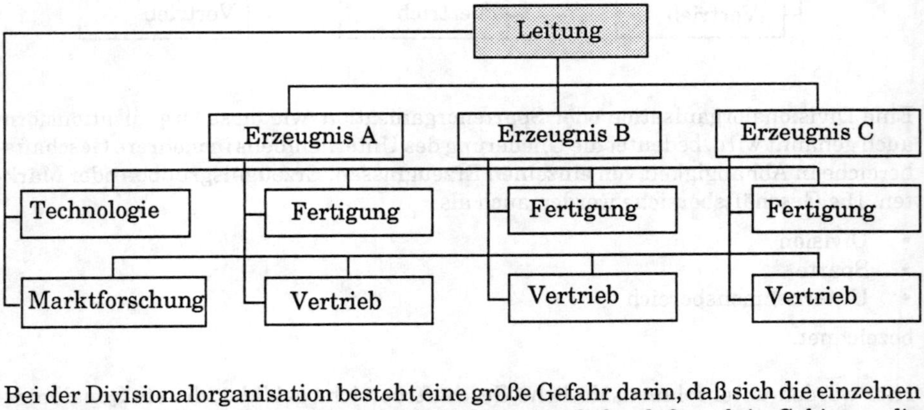

Bei der Divisionalorganisation besteht eine große Gefahr darin, daß sich die einzelnen Geschäftsbereiche immer weiter auseinander entwickeln, daß auch in Gebieten, die nur gemeinsam sinnvoll bearbeitet werden können, getrennt gearbeitet wird und daß primär die Ziele des Geschäftsbereiches angestrebt werden und die Unternehmensziele zu Sekundärzielen werden.

Deswegen hat es sich als eine Verbesserung der Divisionalorganisation erwiesen, bestimmte Funktionen nicht den Geschäftsbereichen zu überlassen, sondern sie zentral durch das Unternehmen auszuüben. Dies geschieht in Zentralabteilungen oder Zentralbereichen. Besonders Funktionen oder Teilfunktionen wie

- Finanzierung
- Organisation
- Personalpolitik
- Technologie
- Werbung
- Elektronische Datenverarbeitung

werden zumindest in der Richtlinienkompetenz häufig der Unternehmensleitung zugeordnet.

Die Matrixorganisation kann in Abhängigkeit von der Zubilligung von Voll- oder Teilkompetenz an die Zentralabteilungen unterschieden werden in

- Matrixorganisation in Linienstruktur
- Matrixorganisation in Stablinienstruktur.

Der Begriff der Matrixorganisation leitet sich von der bei ihr häufig gebrauchten grafischen Darstellungsform in einer Matrix her.

Die kennzeichnenden Gesichtspunkte der Matrixorganisation sind:

- Marketingorientierte Organisationsform
- Konfliktgefahr durch Mehrfachunterstellung
- Sicherung der Einheitlichkeit des Unternehmens für bestimmte Funktionen
- Spezialisierungsvorteile.

14

4.3.7 Tensororganisation

Vorherrschende Merkmale:
- Objektzentralisation
- Mehrfachunterstellung

Die Matrixorganisation ist durch die Übereinanderlagerung von zwei Zentralisationsarten gekennzeichnet:

- Objektzentralisation
- Verrichtungszentralisation.

Selbstverständlich können weitere zusätzliche Zentralisationsarten den genannten überlagert werden. Dabei kann beispielsweise an eine regionale Zentralisation oder eine Phasenzentralisation gedacht werden. *Bleicher* hat für eine solche mehrdimensionale Organisation den Begriff der Tensororganisation geprägt.

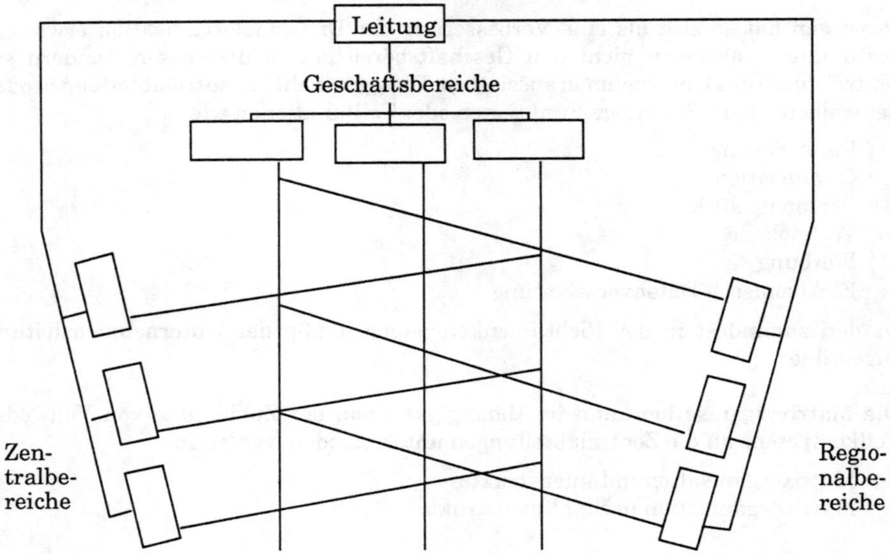

Die kennzeichnenden Gesichtspunkte der Tensororganisation sind:

- Marketingorientierte Organisationsform
- Unübersichtlichkeit
- Spezialisierungsvorteile.

15

4.3.8 Teamorganisation

Diese Organisationsform kann nicht durch die bisher betrachteten Kriterien gekennzeichnet werden. Vielmehr muß diese Organisationsform durch das Kriterium "Führung durch Teams" charakterisiert werden.

Ausgangspunkt dieser Organisationsform sind die Vorteile des Arbeitens im Team:

- Im Team kann ein höherer Leistungsgrad erreicht werden.
- Kommunikations- und Interaktionsbedürfnisse werden im Team direkt befriedigt.
- Verbesserung der Entscheidungsqualität durch Teamentscheidungen.

Aufbauend auf solchen Vorteilen entwickelte *Likert* eine Organisationsform, die auf **überlappenden Teams** beruht:

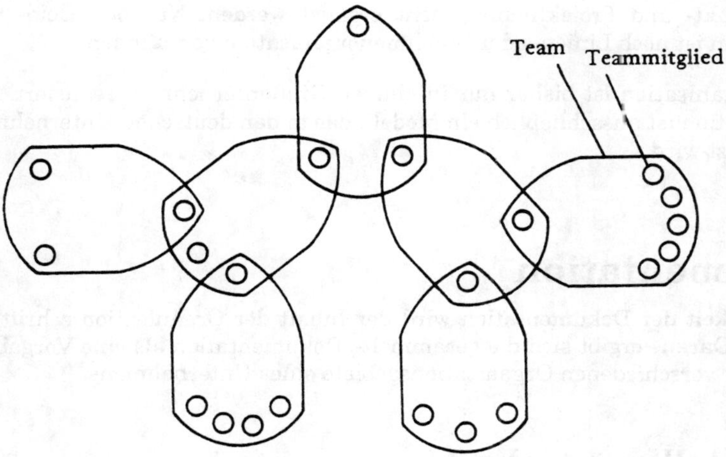

Die Teams setzen sich aus je einem Vorgesetzten und den ihnen zugeordneten Mitarbeitern zusammen. Charakteristikum dieser Organisationsform ist das Bindeglied zwischen den hierarchischen Teams:

- Der Vorsitzende eines untergeordneten Teams ist gleichzeitig
- das Gruppenmitglied eines übergeordneten Teams.

Meyer / Stopp haben bei dieser Organisationsform insbesondere folgende Bedenken:

- Vermehrter Zeitaufwand zur Entscheidungsfindung
- Fehlen klarer Kompetenzbeziehungen
- Teamarbeit führt zu Konformität und daraus zu Frustration
- Teamarbeit ist für Routineaufgaben überflüssig.

4.4 Anwendung

Bis zu Beginn der sechziger Jahre waren in Deutschland fast ausschließlich Linien- und Stablinienorganisationen gebräuchlich. In den sechziger Jahren und anfangs der siebziger Jahre dieses Jahrhunderts erfolgte bei vielen Großunternehmen in Deutschland eine Reorganisation:

- Divisionalorganisation
- Matrixorganisation

Überlagert wurde dies im Konsumgüterbereich durch die Einführung des Produktmanagement. In fast allen Groß- und Mittelbetrieben hat das Projektmanagement mit dem Einsatz des Computers seinen Einzug gehalten.

Nur selten finden sich die vorstehend genannten Organisationsformen in den großen deutschen Unternehmen in typischer Form. In den Groß- und Mittelunternehmen werden vielmehr Divisional- und Matrixorganisation eingesetzt, die aber mit Elementen des Produkt- und Projektmanagement ergänzt werden. Nur bei Klein- und Mittelbetrieben ist noch Linien- oder Stablinienorganisation vorzufinden.

Die Tensororganisation ist bisher nur in einigen Großunternehmen realisiert. Die Teamorganisation ist ausschließlich ein Modell, das in den deutschen Unternehmen nicht eingesetzt wird.

5. Dokumentation

Mit der Tätigkeit der Dokumentation wird der Inhalt der Organisation schriftlich niedergelegt. Daraus ergibt sich die gesammelte Dokumentation als eine Vorgabensammlung der verschiedenen Organisationsgebiete eines Unternehmens.

5.1 Darstellungstechniken

Die Aufbauorganisation läßt sich mit verschiedenen Inhalten und in verschiedenen Darstellungstechniken dokumentieren. In der betrieblichen Praxis werden vornehmlich folgende Dokumentationsarten für die Aufbauorganisation eingesetzt:

(1) **Organisationsplan**
Er ist ein grafischer Ausweis der Aufbauorganisation.

(2) **Stellenbeschreibung**
Sie ist eine formularisierte Aufstellung der wesentlichen Merkmale einer Stelle.

(3) **Stellenbesetzungsplan**
In ihm werden die personale Besetzung aller Stellen ausgewiesen.

(4) **Funktionendiagramm**
Mit ihm werden die Anteile der Stellen und Abteilungen an der Erfüllung der Gesamtaufgabe dargestellt.

Diese vier Dokumentationsarten der Aufbauorganisation überschneiden sich in Teilen ihres Inhaltes. Solche **Überschneidungen** können mit Hilfe eines VENN-Diagrammes grafisch dargestellt werden:

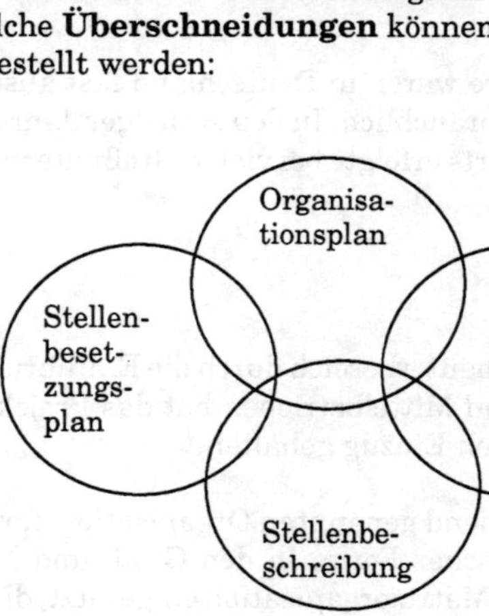

In der Kombination dieser vier Dokumentationsarten ergibt sich eine vollständige und vielen Zwecken dienliche **Sammlung** aller **aufbauorganisatorischen Regelungen.** Die durch die Inhaltsüberschneidungen resultierende Redundanz bedingt eine gesuchte Vollständigkeit der Auskunft auch bei Verwendung von Teilen, damit bei gezielten Fragestellungen nicht die Gesamtdokumentation benutzt werden muß.

5.1.1 Organisationsplan

Der Organisationsplan, der auch als Organigramm, Organisationsschaubild, Betriebsgliederungsplan oder Strukturplan bezeichnet wird, kann wie folgt definiert werden:

Organisationsplan – Definition
Grafische Darstellung der Aufbauorganisation.

Nach *Schwarz* veranschaulicht der Organisationsplan im einzelnen:

- Das Verteilungssystem der Aufgaben und die Zuordnung von Teilaufgaben auf Stellen.
- Die Stellengliederung und ihre Zusammenfassung zu Abteilungen.
- Die hierarchische Ordnung der Instanzen.
- Die Zuordnung von Leistungshilfsstellen.
- Das System der Instanzenwege wie Anordnungs- und Berichtsweg.
- Die Organisationsform.

Die Symbolik von Organisationsplänen ist nicht genormt. In der Praxis haben sich in Anlehnung an die Graphendarstellung folgende **Regeln** eingebürgert:

- In Rechtecken werden Stellen, Abteilungen usw. ausgewiesen.
- Mit Linien wird die Über- oder Unterordnung dargestellt, wobei Unterordnungen von oben nach unten oder von links nach rechts ausgewiesen werden.
- Vollinien symbolisieren Vollkompetenz, gestrichelte Linien weisen Teilkompetenz aus.

Vorzufinden sind vornehmlich drei **Darstellungsarten** von Organisationsplänen:

(1) **Vertikale Darstellung**

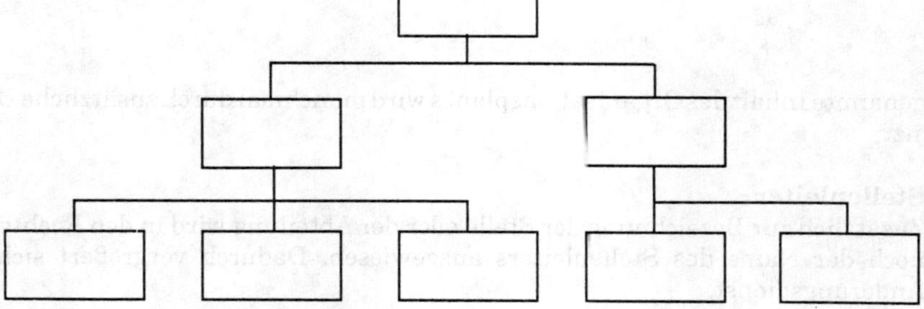

(2) **Horizontale Darstellung**

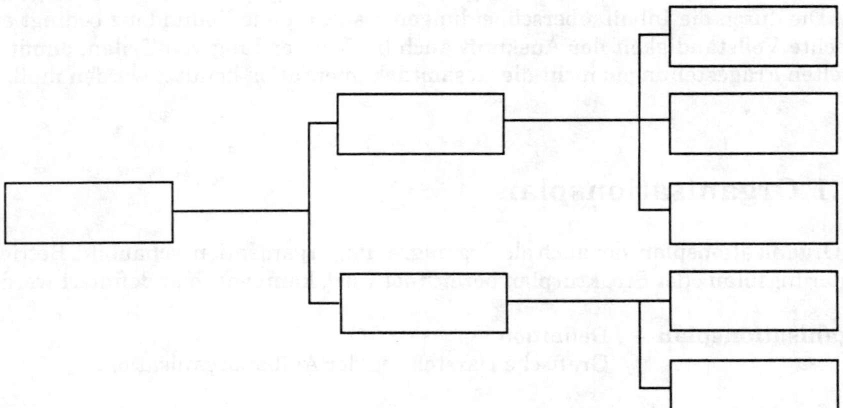

(3) **Mischform (Vertikal-horizontale Kombination)**

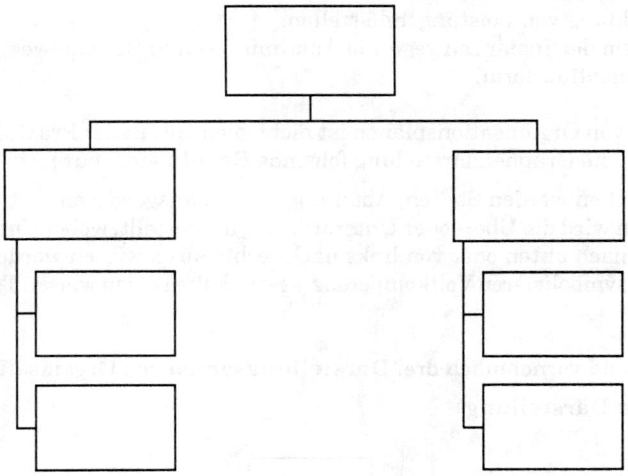

Der genannte Inhalt des Organisationsplanes wird manchmal durch zusätzliche Daten ergänzt:

(1) **Stellenleiter**
Zusätzlich zur Bezeichnung der Stelle oder der Abteilung wird in den Rechtecken noch der Name des Stellenleiters ausgewiesen. Dadurch vergrößert sich der Änderungsdienst.

(2) **Instanzenebene**
Durch die Wahl von verschiedenen Rechteckgrößen oder unterschiedlichen Linienarten für die Rechtecke werden die Instanzenebenen wie Bereiche, Hauptabteilungen, Abteilungen usw. dargestellt.

(3) **Mitarbeiterzahl**
Durch eine Zahl im Stellensymbol wird die Zahl der Arbeitsplätze dieser Stelle ausgewiesen, um damit eine quantitative Vorstellung zu geben.

An einem Ausschnitt aus einem Organisationsplan sollen diese Ergänzungen dargestellt werden.

Beispiel: Erweiterter Organisationsplan

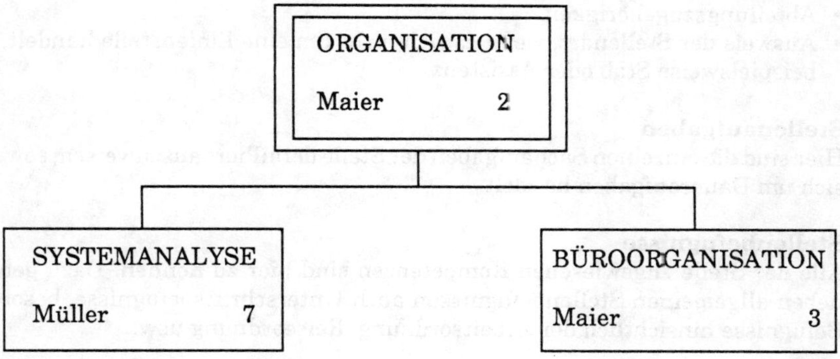

Der Ausweis von Ausschüssen und Kollegien erfolgt üblicherweise nicht im Organisationsplan.

5.1.2 Stellenbeschreibung

Neben dem Begriff der Stellenbeschreibung werden auch Tätigkeitsbeschreibung, Pflichtenheft, Jobdescription oder Arbeitsplatzbeschreibung verwandt.

Stellenbeschreibung – Definition
Formularisierter Ausweis aller wesentlichen Merkmale einer Stelle.

Stellenbeschreibungen dienen nach *Schwarz* mehreren **Zwecken:**

- Aufbauorganisatorische Dokumentation
- Vorgabe von Leistungserfordernissen und Zielen an den Stelleninhaber
- Objektivierung der Lohn- und Gehaltsstruktur
- Basisinformation zur Stellenbesetzung.

Die wesentlichen Merkmale einer Stelle müssen gemäß der Definition in ihrer Beschreibung enthalten sein. Außerdem muß gefordert werden, daß die Beschreibung übersichtlich und kurz ist, damit sie ein Werkzeug für die verschiedenen Anforderungen ist. Daraus resultiert der folgende Inhalt einer Stellenbeschreibung:

(1) **Stellenbezeichnung**
Neben den Namen der Stelle sollte, wenn es ein Kurzzeichen oder ein Nummernsystem für die Stellen eines Unternehmens gibt, dieses hier ausgewiesen werden.

(2) **Stelleneinordnung**
Zur eindeutigen Stelleneinordnung ist es erforderlich, folgende Strukturdaten zu benennen:

- Vorgesetzte Instanz
- Untergebene Stellen
- Abteilungszugehörigkeit
- Ausweis der Stellenart, wenn es sich nicht um eine Linienstelle handelt, also beispielsweise Stab oder Assistenz.

(3) **Stellenaufgaben**
Hier sind die einzelnen Sachaufgaben der Stelle detailliert auszuweisen, soweit es sich um Daueraufgaben handelt.

(4) **Stellenbefugnisse**
Alle der Stelle zugewiesenen Kompetenzen sind hier zu nennen. Dazu gehören neben allgemeinen Stellenbefugnissen auch Unterschriftsbefugnisse, besondere Befugnisse hinsichtlich der Arbeitsordnung, Reiseordnung usw.

(5) **Stellenverantwortung**
Entsprechend den Befugnissen sind hier alle Verantwortungen, welche den Stellen zugeordnet sind, zu nennen.

(6) **Stellenziele**
Im Hinblick auf die Stellenaufgaben sind die bei ihrer Erledigung anzustrebenden Ziele soweit wie möglich quantitativ vorzugeben.

(7) **Stellvertretungen**
Es ist auszuweisen, von welcher Stelle eine Vertretung erfolgt und welche Stelle vertreten wird.

(8) **Stellenanforderungen**
Insbesondere die folgenden Anforderungsarten an einen Stelleninhaber sind hier zu definieren:

- Ausbildung
- Fachkenntnisse
- Fähigkeiten und Fertigkeiten
- Erfahrungen
- Persönliche Eigenschaften.

Bewußt wurde in dieser Inhaltsbeschreibung auf Daten des Stelleninhabers verzichtet, da die Stellenbeschreibung unabhängig vom Stelleninhaber zu gestalten ist. Ein Verzicht auf persönliche Daten des Stelleninhabers bedeutet einen wesentlich geringeren Änderungsdienst bei Stellenbeschreibungen. Da personelle Stellenänderungen sehr häufig sind,

- Fluktuation
- Beförderungen
- Umsetzungen

wird dadurch der Änderungsaufwand wesentlich vermindert. Das setzt jedoch das Führen von Stellenbesetzungsplänen voraus.

Folgende **personale Stellendaten** sind häufig in Stellenbeschreibungen zu finden:

- Name des Stelleninhabers
- Titel
- Berufsbezeichnung
- Dienstrang
- Namen des oder der unmittelbaren Vorgesetzten
- Namen der unmittelbaren Untergebenen
- Namen von Stellvertretern und Platzhaltern.

Werden Stellenbeschreibungen erstmalig erstellt, so erfolgt das üblicherweise durch ein mehrphasiges **Vorgehen:**

- Istaufnahme durch Interview, Fragebogen oder Selbstaufschreibung
- Istanalyse
- Verbesserung der erkannten Mängel
- Erarbeitung und Inkraftsetzung der Stellenbeschreibung.

Liegen Stellenbeschreibungen vor, so ist es Aufgabe bei jeder organisatorischen Änderung sie neu zu erstellen oder entsprechend zu ändern.

Für die **Verwendung** von Stellenbeschreibungen sprechen insbesondere folgende Punkte:

- Unternehmensstruktur wird bis in die Details transparent.
- Jeder Mitarbeiter kennt eindeutig Aufgaben, Befugnisse, Verantwortung und Unterstellung.
- Leichtere Personalplanung und -anwerbung sowie -einarbeitung.
- Die Leistungen der Mitarbeiter lassen sich leichter beurteilen.
- Basis für eine Objektivierung der Lohn- und Gehaltsstruktur.

Nachteile von Stellenbeschreibungen sind vornehmlich:

- Erhebliche Kosten der Erstellung und des Änderungsdienstes.
- Gefahr der Differenz zwischen der Stellenbeschreibung und dem tatsächlichen Ist.
- Der Inhalt der Stellenbeschreibung wird als sozialer Besitzstand angesehen.

Als Beispiel für eine Stellenbeschreibung dient die Stelle eines Personalleiters:

Stellenbeschreibung	
Stellenbezeichnung:	**Personalleiter:**
Stelleneinordnung: Unterstellung: Überstellung:	Hauptabteilungsleiter Vorsitzer der Geschäftsleitung Personalverwaltungsleiter Leiter der Entgeltrechnung Ausbildungsleiter Leiter des Sozialwesens
Stellenaufgaben:	Beratung der Geschäftsleitung in allen Personalfragen. Entwurf der Personal-, Sozial-, Entgelt-, und Führungspolitik. Personalplanung Personalentwicklung Leitung des Bereiches Personalwesen Vertretung des Unternehmens in Personalangelegenheiten Direkter Gesprächspartner zum Betriebsrat Pflege der Kontakte zu Verbänden, Ämter usw.
Stellenziele:	Optimale Ausstattung und Einsatz des Unternehmens mit Mitarbeitern Wirtschaftlichkeit des Personaleinsatzes Motivation der Belegschaft Sicherung des Betriebsfriedens und eines guten Betriebsklimas
Stellenbefugnisse:	Prokura Einstellungen, Versetzungen, tarifliche Ein- und Umgruppierungen, Entlassungen Entscheidung über Entgeltvorschüsse und Personaldarlehen
Stellvertretung: Vertritt: Wird vertreten:	 Verwaltungsleiter Personalverwaltungsleiter
Stellenanforderungen:	Abgeschlossenes Jura- oder Betriebswirtschaftsstudium 2. Staatsexamen bei einem Jurastudium 5 Jahre Erfahrung im Personalwesen Spezielle Kenntnisse: Arbeits- und Sozialrecht Organisation Betriebspsychologie Elektronische Datenverarbeitung Ausgeprägte Fähigkeiten: Einfühlungsvermögen

5.1.3 Stellenbesetzungsplan

Werden im Organisationsplan nicht die Stelleninhaber und in der Stellenbeschreibung keine personalen Inhaberdaten ausgewiesen, wie das vorstehend empfohlen wurde, so ist es notwendig, einen Stellenbesetzungsplan zu führen. Daneben empfiehlt es sich auch bei Vorliegen dieser erweiterten Dokumentation mit einem Stellenbesetzungsplan zu arbeiten.

Stellenbesetzungsplan – Definition
Ausweis der personalen Besetzung der eingerichteten Stellen.

In seiner einfachsten Form enthält der Stellenbesetzungsplan nur die Stellenbezeichnungen und die Namen der Stelleninhaber.

Beispiel: Stellenbesetzungsplan

Stellenbezeichnung	Stelleninhaber
Abteilungsleitung Programmierung	H. Müller
Systemprogrammierung	H. Maier
Anwendungsprogrammierung Rechnungswesen	Fr. Mauser

In der betrieblichen Praxis wird der Stellenbesetzungsplan häufig noch um folgende Daten ergänzt:

- Ausweis der hierarchischen Stufe der Stelle
- Nennung des Stellvertreters des Stelleninhabers
- Eintrittsdatum des Stelleninhabers in das Unternehmen
- Zahl der direkten und indirekten Untergebenen.

Beispiel: Erweiterter Stellenbesetzungsplan

Stufe	Stellenbezeichnung	Untergebene dir.	Untergebene indir.	Stellen-inhaber	Stellvertreter
3	Leitung Organisation	6	72	Schneider	Schulze
4	Leitung Allgemeine Organisation	4	12	Schulze	Schmidt
4	Leitung Datenverarbeitung	5	54	Schnabel	Müller

5.1.4 Funktionendiagramm

Das Funktionendiagramm, das auch mit Funktionsmatrix oder Aufgabenverteilungsplan bezeichnet wird, verknüpft die Aufgaben und Befugnisse eines Unternehmens mit seinen Stellen.

Funktionendiagramm – Definition:
Matrizenmäßige Zuordnung von Aufgaben und Befugnissen zu Stellen.

Üblicherweise werden in den Spalten die Stellen und in den Zeilen die Aufgaben ausgewiesen. Im Schnittpunkt zwischen Spalten und Zeilen wird mit Hilfe eines Symbols die Art der Aufgaben bzw. der Befugnisse dargestellt. Folgende Symbolarten werden dabei eingesetzt:

- Piktographische Zeichen
- Buchstaben.

Beispiel: Buchstabensymbole
A Ausführung
E Entscheidung
K Kontrolle
P Planung
X Gesamtfunktion

Auf geringem Raum und trotzdem sehr übersichtlich zeigt das Funktionendiagramm die Zuordnung von

- Stellen
- Aufgaben
- Befugnissen.

Beispiel: Einfaches Funktionendiagramm

	Stelle 1	Stelle 2	Stelle 3	Stelle 4		Stellen n
Aufgabe A	K	E	A			
Aufgabe B		K	X			
Aufgabe C	P		X			
Aufgabe D				X		
. . .						
Aufgabe N						

Diese Grundform eines Funktionendiagramms kann erweitert werden:

(1) Durch grafische Kennzeichnung wird die Einordnung jeder Stelle in der Unternehmensstruktur ausgewiesen.

(2) Durch eine entsprechende grafische Darstellungsart werden die Aufgaben strukturiert.

(3) Durch eine starke Gliederung der Aufgaben- und Befugnisarten. So wird beispielsweise die Aufgabe und Befugnis "Entscheidung" gegliedert in:

G Grundsatzentscheidung
N Normalfallentscheidung
W Wichtige Entscheidungen
Q Ausnahmefallentscheidung
M Mitentscheidung
Y Kollektiventscheidung.

(4) Durch zusätzlichen Ausweis des Aufgabenumfangs.
Dadurch erhält das Funktionendiagramm einen größeren Dateninhalt, wird jedoch auch unübersichtlich. Einen Ausschnitt aus einem erweiterten Funktionendiagramm zeigt folgendes **Beispiel:**

		Hauptabteilung	○							
		Abteilung		○			○	○		
		Gruppe			○	○			○	○
Hauptaufgabe	Teilaufgabe		Organisation	DV-Organisation	Systemanalyse	System-gestaltung	Büroorganisation	Programmierung	Anwendungspr.	System-programm
○		Systemplanung	E							
	○	Grobkonzept	Y	Y		A		Y		
	○	Detailplanung				X		M		
	○	Programmierung						E	A	
	○	Test							A	

5.2 Dokumentationspflege

Die Aufbauorganisation ist keine einmal gestaltete Struktur, die dann für lange Zeit unverändert bestehen bleibt. Sie muß vielmehr fortwährend den Gegebenheiten angepaßt werden.

Bei der Aufbauorganisation können folgende Veränderungsarten unterschieden werden, die in ihrer Dokumentation ihren Niederschlag finden müssen:

(1) **Änderungsdienst**
Unter diesem Begriff können alle Änderungen von einzelnen Daten zusammengefaßt werden, wie beispielsweise Namensänderungen von Stellen, personelle Veränderungen usw.

(2) **Änderungen von Teilbereichen**
Eine Änderung von Teilbereichen geht häufig einher mit Veränderungen in der Ablauforganisation, Einrichtung neuer Stellen oder bei einer Stellenverminderung.

(3) **Reorganisation des Unternehmens**
Darunter kann eine Neuorganisation des gesamten Unternehmens verstanden werden. In den letzten Jahren schlossen solche Reorganisationen fast immer auch die Verwendung einer neuen Organisationsform ein.

Zwischen der bestehenden Aufbauorganisation und ihrer Dokumentation darf es keine Differenzen geben. Die Organisation hat deswegen die dauernde Aufgabe der **Aktualitätssicherung.**

17 18

	Kontrollfragen	bearbeitet	Lösungshinweis	Lösung +	Lösung -
01	Welche Arten von Aufgabenanalysen werden bei der Aufbauorganisation unterschieden?		132 f.		
02	Durch welche Merkmale ist der Begriff "Stelle" gekennzeichnet?		136		
03	Wer kann nach neuerer Ansicht Aufgabenträger einer Stelle sein?		136		
04	Nach welchen Merkmalen kann eine Zentralisation von Aufgaben in einer Stelle erfolgen?		137		
05	Welche Arten von Abteilungsbildung werden unterschieden?		157		
06	Was beinhaltet das grundlegende Gesetz der Stellenbildung?		143		
07	Welche Stellenelemente können differenziert werden?		143 ff.		
08	Unterscheiden Sie die wesentlichen Befugnisarten!		144		
09	Wodurch unterscheiden sich die verschiedenen Stellenarten?		148		
10	Welche Stellenarten werden in den deutschen Unternehmen angetroffen?		149		
11	Was ist eine Instanz?		149		
12	Nennen Sie das kennzeichnende Merkmal einer Singularinstanz!		149		
13	Unterscheiden Sie die wesentlichen Instanzenebenen!		150		
14	Durch welche Merkmale ist ein Stab gekennzeichnet?		151		
15	Wodurch unterscheiden sich Stab und Assistenz?		152		
16	Kann ein Stab auch eine Abteilung sein?		152		
17	Worin unterscheiden sich Leitungs- und Projektgruppe?		153 f.		
18	Durch welche Merkmale ist das Kollegium gekennzeichnet?		155		
19	Welche Arten von Ausschüssen findet man in den deutschen Unternehmen?		156		
20	Ist die Aufgabe des Organisationsausschusses üblicherweise zeitlich befristet?		156		
21	Erläutern Sie die hierarschiche Strukturierung von Unternehmen!		159 f.		
22	Durch welche Systembeziehungen werden die Organisationsformen bestimmt?		161 ff.		
23	Was beinhalten die Begriffe Einlinien- und Mehrliniensystem?		163		
24	Welche Organisationsform wird mit den Merkmalen Verrichtungszentralisation, Einfachunterstellung und Vollkompetenz gekennzeichnet?		165		
25	Worin unterscheidet sich die Linienorganisation von der Stablinienorganisation?		165 f.		
26	Unterscheiden Sie die Organisationsformen Produkt- und Projektmanagement!		167 ff.		

	Kontrollfragen	bearbeitet	Lösungshinweis	Lösung +	Lösung -
27	Zeichnen Sie die grundlegende Struktur des Produktmanagements!		167 f.		
28	Durch welche kennzeichnenden Merkmale ist die Divisionalorganisation bestimmt?		169 f.		
29	Skizzieren Sie die Struktur der Divisionalorganisation!		169		
30	Worin unterscheidet sich die Divisional- von der Matrixorganisation?		169 ff.		
31	Machen Sie eine Schemaskizze der Matrixorganisation!		169		
32	Was versteht man unter Tensororganisation?		171 f.		
33	Erläutern Sie die Organisationsform der Teamorganisation!		172 f.		
34	Mit welchen Darstellungstechniken wird oftmals die Aufbauorganisation dokumentiert?		174		
35	Was veranschaulicht der Organisationsplan?		175 f.		
36	In welchen Darstellungsarten können Organisationspläne gezeichnet werden?		175 f.		
37	Welche zusätzlichen Merkmale werden in einem erweiterten Organisationsplan ausgewiesen?		176 f.		
38	Welche Aussagen sollte eine Stellenbeschreibung enthalten?		178 f.		
39	Nennen Sie die Informationen eines Stellenbesetzungsplanes!		181		
40	Was ist ein Funktionendiagramm?		182		

D. Ablauforganisation

Die Ablauforganisation strukturiert den Arbeitsprozeß. Diese Strukturierung erfolgt entweder im Rahmen der gegebenen Aufbauorganisation oder löst eine Änderung der Aufbauorganisation aus. Die Projektorganisation plant, steuert und überwacht das Vorgehen bei der Strukturierung der Ablauforganisation.

1. Begriff und Aufgabe

Der Begriff der Ablauforganisation hat sich allgemein eingebürgert. Mit Ausnahme des Begriffes "Verfahrensorganisation", der gelegentlich gebraucht wird, gibt es fast keine Synonyme.

Werden Abläufe unter Einsatz der Elektronischen Datenverarbeitung organisiert, so spricht man auch von

- EDV-Organisation
- DV-Organisation
- Software-Organisation.

Auf die besonderen Gegebenheiten des Einsatzes der EDV wird eingegangen in:

- *Steinbuch, P.A.:* Betriebliche Datenverarbeitung, 4. Auflage, Ludwigshafen 1989
- *Steinbuch, P.A.:* Softwareorganisation, 2. Auflage, Bad Homburg 1988
- *Moos / Steinbuch:* Programmierlogik, 3. Auflage, Bad Homburg 1988

Ausgangspunkt ist für die Ablauforganisation, wie bei jeder organisatorischen Aufgabe, die Problemerkennung. Wie im Kapitel B beschrieben wurde, schließt sich daran die Problemanalyse und Projektplanung an. Die Aufgabenstellung für eine ablauforganisatorische Tätigkeit enthält der dabei erarbeitete Organisations- oder Projektauftrag.

Die ablauforganisatorische Systemgestaltung gliedert sich in drei **Hauptaufgaben:**

(1) **Systemanalyse**
Zur Entwicklung eines neuen Systems ist es Voraussetzung, das bisherige System einschließlich seiner Schwachstellen zu kennen und die Anforderungen an das neue System detailliert in Erfahrung zu bringen. Dazu erfolgt die Systemanalyse.

(2) **Systemgestaltung**
Auf Grund der Erkenntnisse der Systemanalyse ist das neue System bis zur Einführungsreife zu gestalten.

(3) **Systemeinführung**
Das geplante System muß dann im Unternehmen, für das es gestaltet wurde, realisiert werden. Mit der Kontrolle, ob die angestrebten Ziele erreicht wurden, schließt diese ablauforganisatorische Aufgabenstellung ab.

Zeigen sich bei der als letzte Aufgabe genannten Systemkontrolle Probleme, so wird wieder eine Problemanalyse und gegebenenfalls eine Problemlösung einsetzen. Daraus ergibt sich dann der **Kreislauf des Organisierens** *(Müller-Pleuss):*

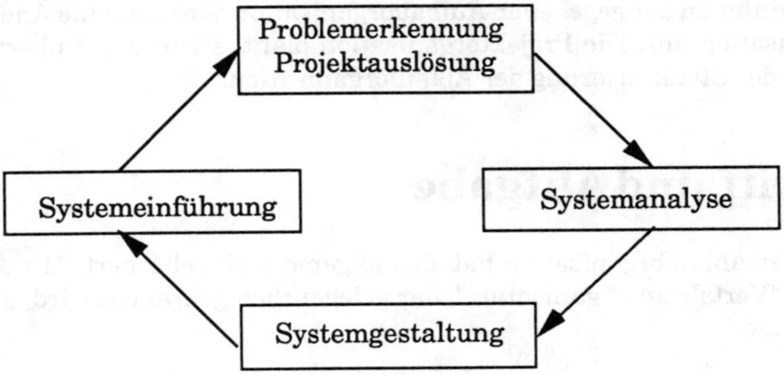

1.1. Aufgaben

Die genannten Hauptaufgaben sind üblicherweise sehr umfangreich und vor allem sehr unterschiedlich im Einsatz der organisatorischen Methoden und Techniken.

1.1.1 Systemanalyse

Um das bisher angewandte System intensiv zu kennen und um die Bedingungen für das zu gestaltende System zu ermitteln, ist es erforderlich zwei **Aufgaben** zu erledigen:

(1) **Istaufnahme**
Diese Aufgabe umfaßt die Ermittlung der Gegebenheiten des bisherigen Systems und der Anforderungen an das neue System.

(2) **Istanalyse**
Durch die Istanalyse wird das bisher benutzte System im Hinblick auf seine Mängel untersucht und die Anforderungen auf ihre Notwendigkeit überprüft.

1.1.2 Systemgestaltung

Die Erarbeitung eines neuen Systems erfolgt in der betrieblichen Praxis oftmals in folgender **Aufgabengliederung:**

(1) **Groborganisation**
Zunächst muß das neue System in seinen wesentlichen Merkmalen gestaltet werden. Man spricht dann auch von der Ausarbeitung eines Sollvorschlages oder eines Systemkonzeptes.

(2) **Detailorganisation**
Nachdem die Entscheidung getroffen wurde, daß ein bestimmtes Systemkonzept ausgeführt werden soll, muß es im Detail organisiert werden. Das Ergebnis ist der einführungsreife Entwurf der Ablauforganisation. Sollen Teile dieses Entwurfs mit der elektronischen Datenverarbeitung arbeiten, so muß für diese Systemteile eine ausführungsreife Programmvorgabe erstellt werden.

(3) **Programmierung**
Die von der elektronischen Datenverarbeitung zu übernehmenden Aufgaben müssen programmiert und die Programme bis zu ihrer Einsatzreife getestet werden.

Parallel zu diesen Aufgaben der Systemgestaltung muß eine Dokumentation des gestalteten Systemes erfolgen.

1.1.3 Systemeinführung

Die mit der Systemplanung ausgearbeitete, einführungsreife Ablauforganisation wird ebenfalls in mehreren Aufgabenstufen eingeführt:

(1) **Einführungsvorbereitung**
Das einzuführende System liegt bisher nur als Plan vor. Die Umsetzung dieses Planes in die Betriebsrealität erfordert eine Reihe von Vorbereitungen wie die Beschaffung von Organisationsmitteln oder die Schulung der Mitarbeiter. Diese Vorbereitung der Systemeinführung wird auch mit Implementierung bezeichnet.

(2) **Systemanlauf**
In dieser Phase wird nun das neue System eingesetzt und eingebunden in den betrieblichen Ablauf. Hier beweist sich die Güte eines neuen Systems.

(3) **Systemkontrolle**
Die Zielerreichung des neuen Systems muß überwacht werden, nachdem es seine anlaufbedingten Schwierigkeiten überwunden hat.

Die in der Literatur oftmals nur kurz abgehandelte Systemeinführung ist in der betrieblichen Praxis von hoher Bedeutung. Viele gute Systeme sind an ihrer mangelhaften Einführung gescheitert.

1.2 Aufgabengliederung

Die Gestaltung eines organisatorischen Systems erfordert die Abarbeitung eines Aufgabensystems, das im wesentlichen von dem zu gestaltenden System abhängig ist. Dieses Aufgabensystem wird unterschiedlich gegliedert. Nachfolgend werden einige maßgebliche **Gliederungsarten** gegenübergestellt.

Diese Darstellung weist die Ähnlichkeit aller Abfolgen aus. Sie unterscheiden sich in der:

- Terminologie der einzelnen Phasen
- Einbeziehung der laufenden Wartung
- Zahl der Gliederungspunkte.

Bettermann Richter	*Heinrich*	*Honeywell Bull*	*IBM*	*Müller-Pleuss*	*Nordsieck*	*Siemens*	*Wedekind*
Grobuntersuchung	Systemanalyse	Grundlagenanalyse Funktionsanalyse	Systemanalyse	Istaufnahme Istkritik	Istaufnahme Analyse d. Istaufnahme	Systemanalyse	Istanalyse
Rahmenvorschlag Detailentwicklung	Systementwicklung	Systemmodell Arbeitssystem	Systementwurf Programmierung	Sollvorschlag	Richt- od. Idealplan Sollplanung	Systementwurf	Zielsetzung Sollkonzept Durchführbarkeitsstudie Systementwurf
Einführung Durchführung	Systemeinführung	Systemumstellung	Umstellungsvorbereitung	Durchführung Kontrolle	Einführung	Systemimplementierung Systembetrieb	Systemimplementierung Systembetrieb

Es ist bedauerlich, daß auf diesem Gebiet, auf dem es offensichtlich inhaltlich eine ziemlich weitgehende Übereinstimmung gibt, keine einheitliche **Terminologie** gefunden werden kann.

1.3 Arbeitsergebnisse

Während allen Phasen der Systementwicklung fallen Arbeitsergebnisse an, die oftmals Vorgaben für den nachfolgenden Arbeitsschritt sind:

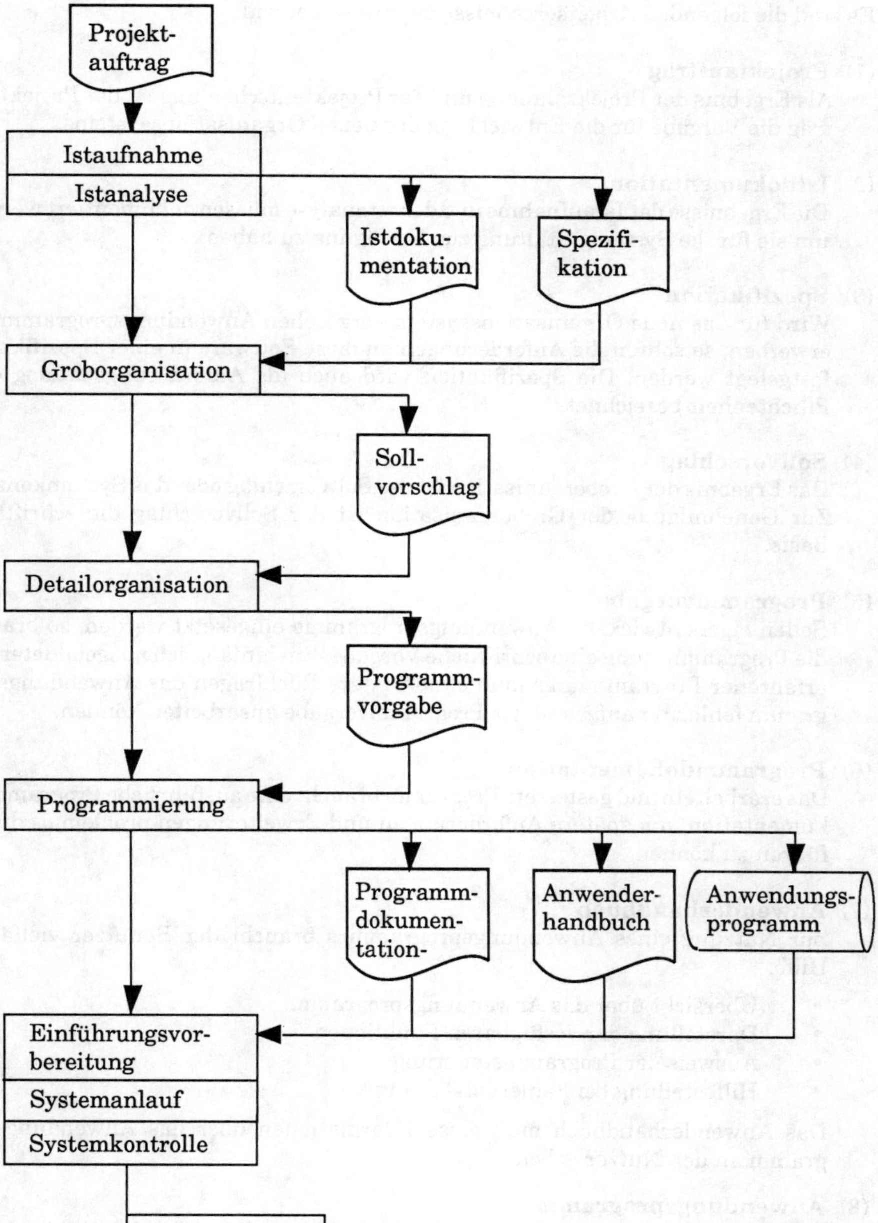
Projekt-
auftrag
Istaufnahme
Istanalyse
Istdoku-
mentation
Spezifi-
kation
Groborganisation
Soll-
vorschlag
Detailorganisation
Programm-
vorgabe
Programmierung
Programm-
dokumen-
tation-
Anwender-
handbuch
Anwendungs-
programm
Einführungsvor-
bereitung
Systemanlauf
Systemkontrolle
Abnahme-
protokoll
Projekt-
bericht

Es sind die folgenden Arbeitsergebnisse zu unterscheiden:

(1) **Projektauftrag**
Als Ergebnis der Projektplanung und der Projektentscheidung ist der Projektauftrag die Vorgabe für die Entwicklung des neuen Organisationssystems.

(2) **Istdokumentation**
Die Ergebnisse der Istaufnahme und der Istanalyse müssen dokumentiert werden, um sie für die Systemgestaltung zur Verfügung zu haben.

(3) **Spezifikation**
Wird für das neue Organisationssystem vorgesehen Anwendungsprogramme zu erwerben, so sollten die Anforderungen an diese Software in einer Spezifikation festgelegt werden. Die Spezifikation wird auch als Anforderungskatalog oder Pflichtenheft bezeichnet.

(4) **Sollvorschlag**
Das Ergebnis der Groborganisation ist der Sollvorschlag oder das Systemkonzept. Zur Genehmigung der Groborganisation ist der Sollvorschlag die schriftliche Basis.

(5) **Programmvorgabe**
Sollen eigenentwickelte Anwendungsprogramme eingesetzt werden, so braucht die Programmierung eine schriftliche Vorgabe. Ein hinlänglich ausgebildeter und erfahrener Programmierer muß ohne weitere Rückfragen das Anwendungsprogramm fehlerfrei aufgrund der Programmvorgabe ausarbeiten können.

(6) **Programmdokumentation**
Das erarbeitete und gestestete Programm braucht eine ausführliche Programmdokumentation, um spätere Anforderungen und Erweiterungen problemlos durchführen zu können.

(7) **Anwenderhandbuch**
Zur Nutzung eines Anwendungsprogrammes braucht der Benutzer vielfältige Hilfe:

- Übersicht über das Anwendungsprogramm
- Darstellung der verfügbaren Funktionen
- Ausweis der Programmsteuerung
- Hilfestellung bei Fehlerentstehung.

Das Anwenderhandbuch muß diese Informationen über das Anwendungsprogramm an den Nutzer geben.

(8) **Anwendungsprogramm**
Das fehlerfreie Anwendungsprogramm steht natürlich im Mittelpunkt der Arbeit des Anwendungsprogrammierers.

(9) **Abnahmeprotokoll**
In vielen Unternehmen wird nach Einführung einer neuen Ablauforganisation gemeinsam von den Fachabteilungen und der Projektgruppe ein Abnahmeprotokoll erstellt. Damit wird die Anlaufphase abgeschlossen und die Restarbeiten für die Projektgruppe festgehalten.

(10) **Projektbericht**
Nach Abschluß eines organisatorischen Projektes sollte dem Auftraggeber über den Verlauf und die Ergebnisse des Projektes berichtet werden.

Die Techniken für die Erstellung dieser Arbeitsergebnisse werden in den jeweiligen Kapiteln ausgewiesen.

1.4 Entscheidungen

Während der Systementwicklung werden üblicherweise zwei Zäsuren vorgenommen, in welchen durch die Entscheidungsträger die bisher erarbeiteten Ergebnisse geprüft und über die Fortführung des Projekts entsprechend der bisherigen Ergebnisse entschieden werden sollte. Selbstverständlich können solche Entscheidungen auch Änderungen in der bisher angestrebten Systemgestaltung beinhalten.

In der Regel werden folgende Entscheidungen getroffen:

(1) **Genehmigung des Sollvorschlages**
Durch diese Genehmigung erhalten die Projektgruppe und der Auftraggeber eine Rückversicherung für ihr System und ihr weiteres Arbeiten.

(2) **Genehmigung der Systemeinführung**
Nach Abschluß der Systemgestaltung, nachdem also das neue System ausführungsreif vorliegt, wird über seine Einführung entschieden.

Selbstverständlich können weitere Entscheidungserfordernisse vorgegeben werden oder auch auf die ausdrückliche Genehmigung der Systemeinführung verzichtet werden.

Die Genehmigung des Systemkonzeptes durch den Entscheidungsträger ist jedoch unabdingbar. Auf diese Genehmigung sollte auch die Projektgruppe zu ihrer eigenen Absicherung bestehen.

Daraus ergeben sich folgende **Phasen der Systemgestaltung:**

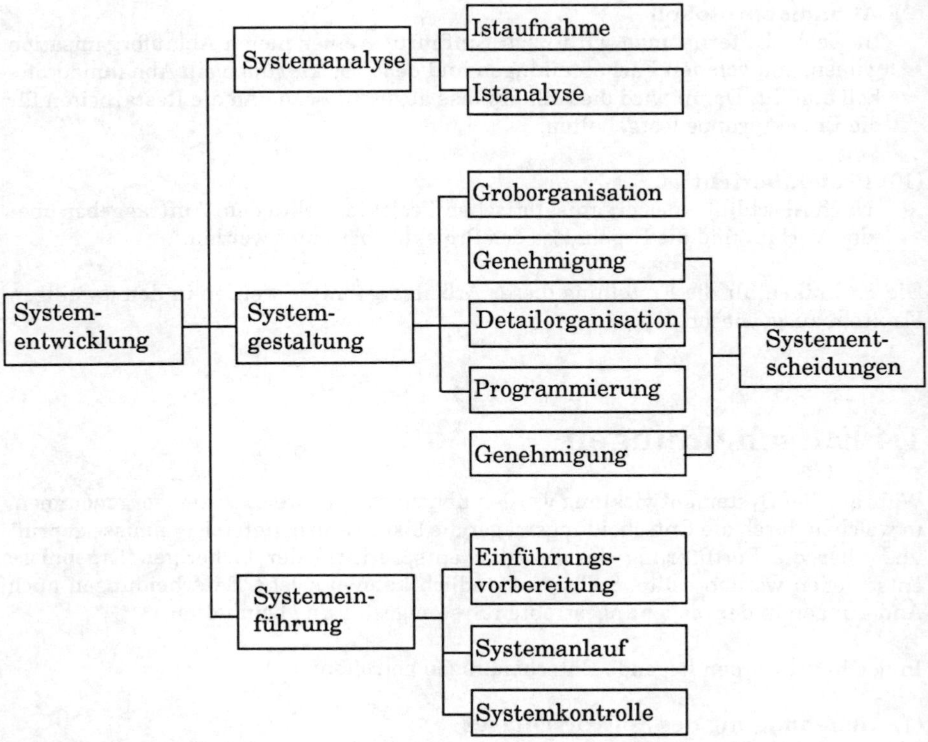

Der Prozeß der Systemgestaltung ist jedoch keine lineare Abfolge der ausgewiesenen Phasen. Vielmehr überlappen sich verschiedene Phasen und sind durch Rückkoppelung untereinander vernetzt *(Heinrich)*.

2. Systemanalyse

Der Begriff der Systemanalyse wird mehrdeutig gebraucht:

(1) **Umfassender Begriff für die Gestaltung von Systemen**
So schreibt *Schulz,* daß in der Praxis der Begriff Systemanalyse häufig auf die Konzeption datenverarbeitender Systeme angewandt wird.

(2) **Sammelbegriff für bestimmte Organisationsmethoden**
Nach *Huch* versteht man unter Systemanalyse "Methoden zur Lösung komplexer Organisations-, Kontroll- und Entscheidungsprobleme in Organisationen."

(3) **Begriff für die Ermittlung und Beurteilung des Istzustandes von Systemen**
Dieser Begriffsinhalt hat sich in der Literatur durchgesetzt (*Heinrich, Spitzschka / Joschke, Wedekind, Wegner* u.a.).

Gemäß dem dritten Begriffsinhalt wird Systemanalyse definiert:

Systemanalyse – Definition
Ermittlung und Beurteilung von Systemen.

Die Systemanalyse beinhaltet zunächst die Ermittlung

(1) des Istzustandes des benutzten Systems und
(2) der Anforderungen an das zu gestaltende System.

Für die Istaufnahme sind insbesondere zu betrachten:
- Quellen
- Methoden
- Inhalt
- Dokumentation.

Daran muß sich die kritische Beurteilung des aufgenommenen Systems durch die Istanalyse anschließen:

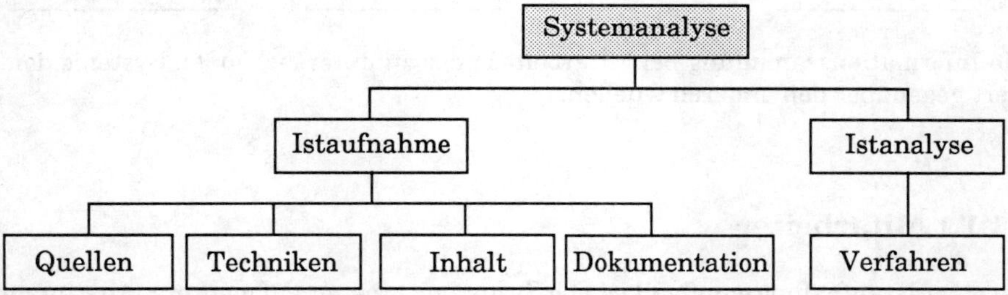

2.1 Istaufnahme

Die Istaufnahme, die auch mit Istzustandsermittlung *(Futh, Heinrich)* bezeichnet wird, muß unter Anstrebung folgender Ziele vorgenommen werden:
- Vollständigkeit
- Fehlerfreiheit
- Wirtschaftlichkeit.

Gegenstand der Istaufnahme ist in Anlehung an den *Studienkreis Dr. Pärli:*

(1) Das bestehende System, welches durch das zu gestaltende System abgelöst werden soll.

(2) Die voraussichtlichen Entwicklungen und Veränderungen für den Zeitraum des voraussichtlichen Einsatzes des neuen Systems.

(3) Die an das neue System zusätzlich gerichteten Anforderungen und Bedürfnisse.

Es ist bei ablauforganisatorischen Aufgaben zu prüfen, ob bei der Systemgestaltung auf eine Istaufnahme des bisherigen Systems verzichtet werden kann. Das bedingt aber, daß die Anforderungen und Bedürfnisse detailliert ermittelt werden. In der Regel wird jedoch eine Aufnahme des benutzten Systems vorgenommen, um damit die Gefahr einer anwendungsfremden Gestaltung zu mindern.

2.1.1 Quellen

Zur Erlangung von Informationen über den Istzustand gibt es verschiedene Quellen:

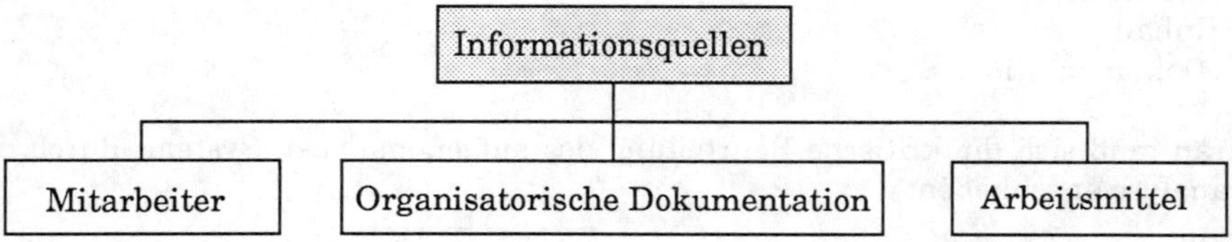

Die Informationssammlung bei Mitarbeitern des zu untersuchenden Systems dominiert gegenüber den anderen Quellen.

2.1.1.1 Mitarbeiter

Bei einer Istaufnahme empfiehlt es sich Systemmitarbeiter auf mehreren **Instanzenebenen** zu bemühen, da auf den verschiedenen Instanzenebenen unterschiedliche Informationen über ein System gewonnen werden können:

(1) **Geschäftsleitung**

Auf dieser Instanzenebene werden hauptsächlich folgende Informationen ermittelt:
- Unternehmensziele
- Unternehmensplanungen
- Beurteilung der Entwicklung
- Anforderungen des Topmanagement an das neue System
- Generelle Probleme.

(2) **Abteilungsleitung**

Auf der Ebene der Abteilungsleitung werden insbesondere festgestellt:
- Informationsfluß
- Anforderungen an das neue System
- Systemgegebenheiten
- Systemerfahrungen
- Probleme
- Verbesserungsmöglichkeiten.

(3) **Sachbearbeiter**

Die direkt im System arbeitenden Sachbearbeiter werden Auskünfte geben können über:

- Systemgegebenheiten
- Systemerfahrungen
- Anforderungen an ein neues System
- Probleme
- Verbesserungsmöglichkeiten.

2.1.1.2 Organisatorische Dokumentation

Nur selten findet man in der Praxis vollständige und alle Änderungen umfassende schriftliche Unterlagen über ein eingesetztes organisatorisches System. Üblicherweise werden nur Teildokumentationen gegeben sein.

Vornehmlich die folgenden Unterlagen müssen auf relevante Informationen über ablauforganisatorische Systeme geprüft werden:

(1) **Aufbaudarstellungen**

- Organisationspläne
- Stellenbeschreibungen
- Funktionendiagramme

(2) **Arbeitsablaufdarstellungen**

- Datenflußpläne
- Ablaufkarten
- Blockdiagramme

(3) **Vorgaben der Ablauforganisation**

- Organisationsrichtlinien
- Arbeitsanweisungen
- Organisationshandbücher

(4) **Ergebnisse früherer Istaufnahmen.**

Werden Systeme aufgenommen, in denen die Datenverarbeitung bereits eingesetzt ist, so kommen weitere Unterlagenarten hinzu, die Aussagen über das System machen können:

- Programmlogikdokumentation
- Datei- und Satzbeschreibungen
- Druckbilder
- Bildschirmmasken
- Nummernverzeichnisse
- Testvorgaben.

Bei der Benutzung von schriftlichen Unterlagen ist es zwingend erforderlich zu prüfen, ob der Inhalt der Unterlagen noch mit der tatsächlichen Handhabung in der Praxis übereinstimmt.

2.1.1.3 Arbeitsmittel

Alle bei der täglichen Arbeit benötigten und anfallenden Arbeitsmittel können zur Istaufnahme dienen:

- Formulare
- Karteien
- Akten
- Schreiben
- Abrechnungen.

Bei benutzten Formularen genügt oftmals das Formular nicht, sondern es werden auch Ausfüllbeispiele benötigt. Daneben können im Formularwesen gegeben sein:

- Formularflußpläne
- Ausfüllanleitungen
- Datenerfassungsanweisungen.

Außerdem können eine Reihe weiterer Arbeitsmittel bei der Istaufnahme dienlich sein, wie beispielsweise Nomogramme oder Stempelbilder.

2.1.2 Techniken

Die für die Systemanalyse geltenden Ziele erfordern im Hinblick auf die Wahl der Technik oder Techniken zunächst eine Ermittlung der Informationsbedürfnisse und der Informationsquellen. Auf Grund dieser Kenntnisse können die folgenden **Techniken** auf ihre Verwendung geprüft werden:

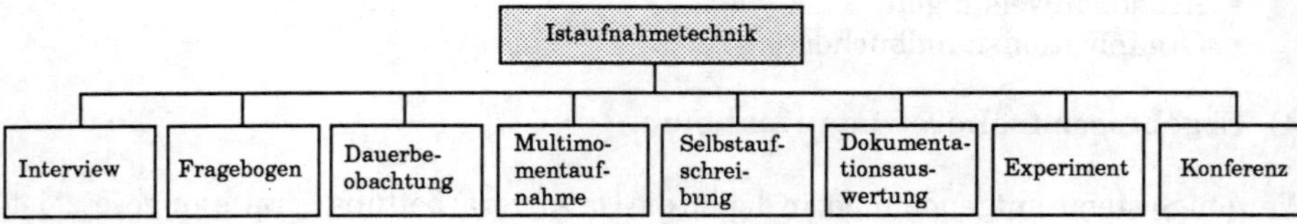

Häufig werden mehrere Techniken kombiniert eingesetzt. So findet sich in der Praxis häufig folgende **Kombination:**

- Fragebogen und Interview
- Dokumentationsauswertung und Konferenzmethode.

Das Interview wird nachfolgend ausführlich behandelt, da es besonders häufig in der Praxis eingesetzt wird.

2.1.2.1 Interview

In zwei Bereichen werden Interviews zur Istaufnahme eingesetzt:

- Organisation
- Demoskopie.

Organisatorische und demoskopische Interviews unterscheiden sich mehrfach:

Merkmal	Organisatorisches Interview	Demoskopisches Interview
Inhalt	Fakten	Meinungen
Interviewer	Fachmann	Angelernter Laie
Ort	Arbeitsplatz	Überall
Basis	Informationsbedarfskatalog	Vorgefertigter Fragebogen
Fragestellung	Formulierung durch Interviewer während des Interviews	Verlesen der formulierten Fragen
Beantwortung	Formulierung durch den Interviewten	Auswahl aus vorgegebenen Antworten
Dokumentation	Stichwortmitschrift	Anstreichen der Auswahlantworten
Auswertung	Manuell	Maschinell
Menge	Wenige Interviews	Gemäß der Wahrscheinlichkeitsrechnung

2.1.2.1.1 Interviewvorbereitung

Eine Istaufnahme mit Hilfe der Interviewtechnik setzt eine fundierte **Vorbereitung** voraus:

- Erarbeitung eines Katalogs der benötigten Informationen
- Auswahl der für diese Informationen fachkundigen Gesprächspartner
- Erstellung eines Interviewplanes
- Information des Interviewten durch den Vorgesetzten.

Die Erarbeitung eines Interviewplanes schließt die Gesprächsverabredung mit den Interviewten ein. Ein **Interviewplan** kann folgenden Inhalt haben:

INTERVIEWPLAN			Projekt: Auftragsabwicklung	
Interviewter	Termin	Ort	Projektbereich	Inhalt
H. Maier VK	7.2. 9.00	Bau 3 Zi. 113	Verkauf	Informationsbedarfs- katalog 3 + 4
H. Moor VKS	7.2. 14.00	Bau 3 Zi. 114	Verkauf - Inland	IBK 4 + 5
H. Sel VKSE	8.2. 9.30	Bau 3 Zi. 204	Verkaufsab- wicklung	IBK 5 + 6

Bei der Vereinbarung eines Gesprächstermines mit dem Interviewten sollten ihm die folgenden **Informationen** unaufgefordert gegeben werden:

- Interviewzweck
- Interviewbereich
- Voraussichtliche Interviewdauer.

Der **Interviewtermin** wird so gewählt werden, daß das Interview nicht mit Arbeitsbeginn anfängt oder durch das Arbeitsende begrenzt wird. Es sollte auf jeden Fall während der normalen Arbeitszeit geführt werden.

Der **Interviewort** ist immer der Arbeitsplatz des Interviewten, auch wenn dadurch erhebliche Störungen unvermeidlich sein können. Die Gründe dafür sind:

- Der Interviewer lernt das untersuchte Arbeitsgebiet auch hinsichtlich seiner Arbeitsplätze und -atmosphäre kennen.
- Die Unterlagen, auf die sich das Interview bezieht, sind sofort verfügbar.
- Es ist erwartbar, daß Interviewte am gewohnten Arbeitsplatz weniger gehemmt sind.

2.1.2.1.2 Interviewdurchführung

Ein Interview gliedert sich in drei **Phasen:**

(1) **Einführungsphase**
In diesem Stadium wird der Interviewer versuchen, eine positive Gesprächsatmosphäre zu erreichen. Es wird dem Interviewten nochmals der Interviewzweck und damit, soweit wie nötig, die Aufgabe des Projektes erläutert.

(2) **Befragungsphase**
In ihr versucht der Interviewer alle benötigten Informationen zu erlangen.

(3) **Schlußphase**
Diese Phase wird dazu benutzt, um die Einstellung des Gesprächspartners zu dem Projekt in Erfahrung zu bringen. Hier sollte versucht werden, ihn positiv für das Projekt zu motivieren.

Das Verhalten des Interviewers hat sich im Stil und in der Gesprächsführung dem Gesprächspartner anzupassen. Das Gespräch wird vom Interviewer geleitet, ohne daß er dauernd den Informationsfluß unterbricht. Der Interviewer muß sich dabei jeder Wertung oder Meinung enthalten. Das Interview sollte in der Regel 1,5 Stunden nicht überschreiten.

Die Interviewdurchführung sollte durch folgende **Prinzipien** geprägt sein:

- Die Fragen sollten so formuliert werden, daß sie nicht nur mit ja oder nein beantwortet werden können. Es ist anzustreben, daß der Interviewte mit seinen Begriffen den Istzustand erläutert.

- Sollte eine Antwort unvollständig oder unverständlich sein, darf der Anwortfluß nicht unterbrochen werden. Erst nachträglich sollte nochmals auf den Tatbestand eingegangen werden.

- Arbeitsabläufe und Vorgehensweisen sollten demonstriert und erläutert werden und nicht nur verbal genannt werden.

- Zu allen genannten Tatbeständen müssen Mengenangaben gefordert werden.

- Auf Suggestivfragen sollte verzichtet werden: "Sie sind doch auch der Ansicht.....".

- Die Aussagen des Interviewten werden immer wieder durch den Interviewer zusammengefaßt, um damit sicherzustellen, daß er alles richtig verstanden hat.

Während des Interviews werden vom Interviewer offen Notizen gemacht. Komplexere Tatbestände werden gemeinsam mit dem Interviewten formuliert und aufgezeichnet. Auf die Verwendung von Aufzeichnungsgeräten muß verzichtet werden, weil Interviewte dadurch gehemmt sein könnten. Hinzu kommt, daß die Auswertung von Tonaufzeichnungen sehr mühsam ist.

2.1.2.1.3 Interviewauswertung

Interviews müssen möglichst bald ausgewertet werden, damit das Kurzzeitgedächtnis noch eine wesentliche Hilfestellung geben kann.

Die **Auswertung** beinhaltet vornehmlich:

(1) **Vollständigkeitsprüfung**
Das Interview muß auf Vollständigkeit im Hinblick auf die benötigten Informationen geprüft werden.

(2) **Plausibilitätsprüfung**
Die Interviewaussagen müssen auf Fehler geprüft werden. Dazu empfiehlt es sich, bereits im Interview entsprechende Kontrollfragen zu stellen. Durch logische Prüfungen wird weiterhin das Interviewergebnis abgesichert.

(3) **Istdokumentation**
Mit Dokumentationstechniken wie Datenflußplänen, Entscheidungstabellen, Listen usw. ist der Istzustand übersichtlich schriftlich oder auf magnetischen Datenträgern niederzulegen.

(4) **Zusatzprotokoll**
In einem Zusatzprotokoll, das ausschließlich der weiteren Projektarbeit dient, hat es sich bewährt, folgende Ergebnisse zu dokumentieren:

- Erkannte Systemmängel
- Mögliche Systemverbesserungen
- Beurteilung des Interviewten.

2.1.2.1.4 Interviewanwendung

Die Istaufnahmetechnik des Interviews wird vornehmlich für **Aufgaben** eingesetzt wie:

- Arbeitsabläufe
- Datenflüsse
- Komplexe Tatbestände.

Voraussetzung für den Einsatz dieser Technik ist aus Gründen der Wirtschaftlichkeit eine geringere Zahl von Informationsgebern.

Die **Vorteile** des Interviews können gesehen werden in:

- Es wird das tatsächliche Ist ermittelt.
- Vertiefungsmöglichkeiten durch Zusatz- und Verständnisfragen.
- Der Befragte kann motiviert werden.

Demgegenüber müssen folgende **Nachteile** beachtet werden:

- Sehr zeitaufwendige Technik.
- Durchführung nur durch qualifizierte Organisatoren.
- Der Interviewte wird in seiner Arbeit gestört.

Das Interview ist die am häufigsten eingesetzte Istaufnahmetechnik. Oftmals wird sie in Verbindung mit der Dokumentationsauswertung benutzt.

2.1.2.2 Fragebogen

Die Fragebogentechnik wird nach der Art der Fragebogen unterschieden in:

(1) **Fragebogen mit freien Antworten**
Der Befragte muß die Antwort auf dem Fragebogen selbst formulieren. Die Auswertung dieser Fragebogenart ist manchmal schwierig.

(2) **Fragebogen mit Auswahlantworten**
Zu jeder Frage sind entsprechende Antwortalternativen vorgegeben, die vom Antwortgeber gekennzeichnet werden müssen.

Die Fragebogentechnik kann nur eingesetzt werden, wenn einfache Tatbestände, Zahlenwerte, Ja-Nein-Entscheidungen und ähnliches zu ermitteln sind.

Der Einsatz anonymer Fragebogen hat sich für organisatorische Istaufnahmen nicht bewährt.

Der Ausarbeitung und **Formulierung** der Fragen ist besondere Bedeutung zuzumessen:

- Leichte und eindeutige Verständlichkeit
- Bewertungsfreie Fragestellung
- Anpassung der Fragestellung an den Befragten.

Vor Einsatz eines Fragebogens sollte dieser immer zunächst einem Test unterzogen werden, ob mit ihm die angestrebten Aufgaben erfüllt werden.

Die Fragebogentechnik wird vornehmlich eingesetzt bei:
- Vielzahl von Informationsgebern
- Geografisch denzentralisierten Informationsgebern
- Einfachem und einheitlichem Informationsbedarf
- Vorbereitung von Stellenbeschreibungen.

Für den Einsatz der Fragebogentechnik sprechen folgende **Vorteile:**

- Schriftliche Ergebnisse
- Anwendung der Wahrscheinlichkeitsrechnung
- Geringe Kosten.

Dem können die nachstehenden **Nachteile** gegenüberstehen:

- Geringe Antwortquote
- Mißverständnisse möglich
- Aufwendige Auswertung bei freien Antworten.

19

2.1.2.3 Dauerbeobachtung

Die Dauerbeobachtung ist ein permanentes optisches und akustisches Verfolgen von Arbeitsabläufen über einen längeren Zeitraum hinweg. Dazu hält sich der Beobachter mehrere Tage am beobachteten Arbeitsplatz auf.

Verdeckte Beobachtungen, d.h. Beobachtungen die "getarnt" vorgenommen werden, sind in der Organisation nicht üblich und nicht zulässig ohne Mitbestimmung des Betriebsrates (§ 87, 1, 6 BVG).

Dauerbeobachtungen finden **Anwendung** bei:

- Arbeitsgestaltung
- Arbeitsplatzgestaltung
- Auslastungsermittlungen.

Diese Technik wird selten angewandt, da den Vorteilen der großen Genauigkeit und Vollständigkeit erhebliche **Nachteile** gegenüberstehen:

- Sehr zeitaufwendig
- Psychologische Belastung
- Verfälschungsgefahr.

2.1.2.4 Multimomentaufnahme

Alternativ zur Dauerbeobachtung gibt es die Technik der Stichprobenbeobachtung:

Multimomentaufnahme – Definition
Stichprobenverfahren, bei dem aus einer Vielzahl von Augenblickbeobachtungen statistisch gesicherte Mengen- oder Zeitangaben abgeleitet werden.

Von den Beobachtungsstichproben wird hier mit Hilfe der Wahrscheinlichkeitsrechnung auf die Gesamtheit geschlossen.

Bei einer Multimomentaufnahme wird in folgenden Schritten vorgegangen:

(1) **Aufnahmefestlegung**
Zunächst sind die zu beobachtenden Personen, Arbeitsplätze, Sachmittel zu definieren. Da die Ergebnisse üblicherweise eine bestimmte Genauigkeit bei einer definierten statistischen Zuverlässigkeit besitzen sollen, muß die dafür erforderliche Beobachtungszahl errechnet oder mit Hilfe eines entsprechenden Nomogrammes ermittelt werden. Mit einem Multimomentzeitplan werden für die ermittelte Beobachtungszahl die Beobachtungszeitpunkte festgelegt.

(2) **Aufnahmevorbereitung**
Um die Stichproben ohne großen Aufwand durchzuführen, empfiehlt es sich, ein Formular in Form einer Strichliste zu erstellen. Dazu ist es notwendig, den Katalog der voraussichtlich beobachteten Tätigkeitsarten zu ermitteln, wie beispielsweise

- Karteiführung
- Diktat
- Telefonat
- Abwesenheit.

(3) **Mitarbeiterinformation**
Die beobachteten Mitarbeiter werden vor der Stichprobenaufnahme informiert. Erfolgt eine Multimomentaufnahme mit Hilfe von technischen Einrichtungen, wie beispielsweise einem Fernsehaufnahmegerät, dann besteht nach § 87, Abs. 1, Satz 6 BVG ein Mitbestimmungsrecht des Betriebsrates.

(4) **Aufnahme**
In die vorbereitete Strichliste trägt der Aufnehmer zum vorgegebenen Zeitpunkt gemäß dem Beobachtungszeitplan die jeweilige Beobachtung ein.

(5) **Auswertung**
Nach Vorlage aller Beobachtungsergebnisse können die entsprechenden Anteilswerte ermittelt werden:

- Zeitbedarf
- Arbeitsauslastung
- Arbeitsstruktur.

Die **Anwendung** der Multimomentaufnahme kann erfolgen für:

- Auslastungsermittlungen
- Tätigkeitsprofiluntersuchungen
- Verteilzeitstudien.

Die wesentlichen **Vorteile** dieser Technik sind:

- Gute Ergebnisse im Rahmen der Wahrscheinlichkeitsrechnung
- Kaum Störung des Beobachteten
- Im Verhältnis zur Dauerbeobachtung geringe Kosten.

Der wesentliche Nachteil liegt in den oftmals vorhandenen Abneigungen der Beobachteten gegen diese Technik.

2.1.2.5 Selbstaufschreibung

Bei der Selbstaufschreibung wird ein wesentlicher Teil des Aufwands für die Istaufnahme auf die Mitarbeiter verlagert:

Selbstaufschreibung – Definition:
Erstellung von Berichten durch die Mitarbeiter über ihre ausgeführten Arbeiten.

Das Ergebnis der Selbstaufschreibung ist der Arbeitsbericht *(Müller-Pleuss)*.

Bei der Selbstaufschreibung wird üblicherweise folgendermaßen vorgegangen:

(1) **Aufnahmefestlegung**
Die Aufnahmemerkmale und der Aufnahmeumfang sind zunächst festzustellen. Die Aufnahmemerkmale können beispielsweise Tätigkeitsarten oder Sachmittel-

einsatz sein. Der Aufnahmeumfang betrifft die Festlegung der in die Aufnahme einzubeziehenden Mitarbeiter.

(2) **Aufnahmevorbereitung**
Um die Mitarbeiter durch die Selbstaufschreibung zeitlich möglichst geringfügig zu belasten, sollte ihnen ein Vordruck zur Verfügung gestellt werden, der mit geringem Arbeitsaufwand ausgefüllt werden kann. Dieses Formular muß erarbeitet werden.

Um den Erfassungsaufwand zu mindern, sollte dieses Formular so gestaltet sein, daß es entweder direkt erfaßt oder von einem Belegleser maschinell gelesen werden kann. Die Auswertung kann dann einfach mit der EDV erfolgen.

(3) **Mitarbeiterinformation**
Die Information der Mitarbeiter, welche an der Selbstaufschreibung beteiligt werden sollen, muß mit psychologischem Geschick erfolgen, da gegen diese Technik oftmals Widerwillen bestehen.

(4) **Durchführung**
Die Selbstaufschreibung sollte mindestens über einen Zeitraum von 6 Wochen erfolgen. Es empfiehlt sich jedoch, diese Aktion über ein Vierteljahr durchzuführen. Der Arbeitsbericht wird vom Mitarbeiter entweder täglich oder wöchentlich erstellt.

(5) **Auswertung**
Da die Auswertung von Arbeitsberichten manuell zeitaufwendig ist, sollte sie maschinell erfolgen.

Werden die Arbeitsberichte nach verschiedenen Aufnahmemerkmalen erstellt, so können nicht nur aus dem Ausweis eines Merkmales, sondern aus der Kombination verschiedener Merkmale wesentliche Schlüsse gezogen werden. Solche Merkmalskombinationen können beispielsweise sein:

- Tätigkeiten in Abhängigkeit von Aufgaben
- Tätigkeiten in Abhängigkeit von der organisatorischen Stellung
- Tätigkeiten in Abhängigkeit von der Qualifikation
- Tätigkeiten in Abhängigkeit von Sachmitteleinsatz.

Die Ergebnisse werden als Profile bezeichnet wie beispielsweise Aufgabenprofil oder Qualifikationsprofil.

Die Technik der Selbstaufschreibung wird insbesondere eingesetzt zur:

- Feststellung verschiedener Profile
- Auslastungsermittlung
- Zeitbedarfsermittlung.

Die **Vorteile** dieser Technik liegen vornehmlich in:

- Totalaufnahme ohne zu große Kostenbelastung
- Unangreifbare Ergebnisse.

Die **Nachteile** dieser Technik bestehen darin, daß die Gefahr einer bewußten und gezielten Verfälschung nicht ausgeschlossen werden kann und in den oft erheblichen Widerständen gegen diese Istaufnahmeart.

2.1.2.6 Dokumentationsauswertung

Eine Auswertung von Dokumentationen bedingt das Gegebensein folgender **Voraussetzungen:**

- Das aufzunehmende System muß hinreichend dokumentiert sein
- Keine Abweichungen zwischen Istzustand und Dokumentation
- Vollständigkeit der Dokumentation.

Die vornehmlich zu einer Istaufnahme herangezogenen Dokumentationsmittel und Unterlagen wurden bei den Informationsquellen der Istaufnahme genannt.

Diese Technik wird vornehmlich angewandt:

- Zur Vorinformation
- Bei bereits bestehenden Anwendungssystemen der Datenverarbeitung.

Ihre **Vorteile** sind:

- Geringer Aufwand
- Eine Aufnahmedokumentation entfällt
- Keine Störung des Arbeitsablaufes.

Die **Nachteile** dieser Technik liegen vornehmlich darin begründet, daß die Übereinstimmung des Dokumentationsinhaltes mit dem Ist zusätzlich geprüft werden muß.

2.1.2.7 Experiment

Die Technik des Experimentes kann nur selten angewandt werden, da sie darin besteht, daß in Arbeitsabläufe fiktive Bearbeitungsfälle eingeschleust werden und nun verfolgt wird, welche Ergebnisse auf Grund dieser Bearbeitungsfälle entstehen. Damit ist diese Technik vornehmlich geeignet zur qualitativen Betrachtung von Arbeitsabläufen.

Ein Paradebeispiel für den Einsatz des Experimentes ist die Systemanalyse der Hauspost eines Unternehmens. Durch das Versenden von Briefen zu bestimmten Zeiten an bestimmte Empfänger und die Protokollierung von deren Ankunft beim Empfänger ergibt sich eine Istaufnahme über die Güte des Hauspostsystems.

Diese Technik kommt zum **Einsatz** bei

- Qualitativer Betrachtung von Arbeitsabläufen
- Zeitbedarfsermittlung
- Schwachstellenermittlung.

Ihr **Vorteil** liegt insbesondere in der hohen Anschaulichkeit. Als **Nachteil** können genannt werden, daß kein signifikantes Ergebnis auf Grund eines Experimentes entsteht, sondern erst durch eine Vielzahl von Experimenten. Hinzu kommt, daß oftmals die durch die fiktiven Bearbeitungsfälle ausgelösten Aktionen wieder korrigiert werden müssen.

2.1.2.8 Konferenztechnik

Bei der Konferenztechnik werden alle wesentlichen Systembeteiligten zu einem Gespräch gebeten. Soll dieses Gespräch über das aufzunehmende System effizient sein, so müssen folgende **Voraussetzungen** gegeben sein:

(1) Begrenzte Teilnehmerzahl, welche die Zahl 10 nicht erreichen sollte.

(2) Die Teilnehmer sollten vorbereitet an der Konferenz teilnehmen. Das setzt voraus, daß

- sie rechtzeitig eingeladen wurden
- sie sich auf das Gespräch vorbereitet haben
- die notwendigen Gesprächsunterlagen greifbar sind.

(3) Sachkundiger und zielstrebiger Konferenzleiter

(4) Gleichzeitig Anwesenheit aller zuständigen Mitarbeiter

Die Konferenztechnik wird eingesetzt bei:
- Hochkomplexen Systemen
- Bereichsüberschreitenden oder interdisziplinären Systemen
- Streitfällen.

Dem Vorteil, daß es nur durch eine Konferenz zur Klärung von Streitfällen oder von Schnittstellen kommen kann, steht die Gefahr der Ineffizienz dieser Technik gegenüber.

2.1.3 Inhalt

Der Inhalt einer Istaufnahme eines ablauforganisatorischen Systems kann in einfacher Weise ermittelt werden. Man bezieht die üblichen Frageworte auf das aufzunehmende System:

- Was macht das System?
- Wer macht in dem System etwas?
- Warum macht das System dies?

Die wesentlichen Fragen, die bei dieser einfachen Methode zur **Inhaltsbestimmung** bei Istaufnahmen benutzt werden können, sind:

Fragewort	Fragegegenstand	Beispiel: Rechnungsschreibung
Was	Objekt	Rechnung
Wie	Verrichtung	Schreiben
Wer	Subjekt	Fakturistin
Womit	Sachmittel	Personalcomputer
Wo	Ort	Bau 3, Zimmer 21
Wie viele	Menge	30 Stück je Tag
Wann	Zeitpunkt	Ab 13.00 Uhr
Wie lange	Zeitdauer	4 Stunden
Wie oft	Häufigkeit	Täglich
Wie teuer	Kosten	4.000 DM im Monat
Warum	Ursache	Warenlieferung
Wozu	Zweck	Zahlungserlangung

Inhalt von ablauforganisatorischen Istaufnahmen sind vornehmlich:

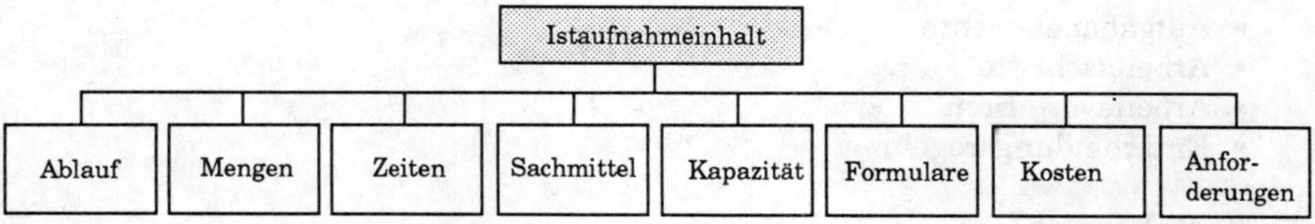

Mit dieser Inhaltsübersicht sind nicht alle Aufgaben des Einzelfalles ausgewiesen. Es wird vielmehr notwendig sein, in jedem Einzelfall zu prüfen, welche weiteren Aufgaben durch die Istaufnahme erfüllt werden müssen.

Bei Istaufnahmen, welche für die Gestaltung von EDV-Systemen vorgenommen werden, ist die Aufnahme der Datenorganisation des Systems von besonderer Bedeutung:

- Daten: Darstellungsart, Zeichenart, Feldlänge usw.
- Datenbestand: Bestandart, Sortierfolge, Speicherung usw.
- Datenträger: Datenträgerart, Speicherorganisation usw.

Spezielle Formulare helfen bei der Aufnahme der Datenorganisation.

2.1.3.1 Ablauf

Um Arbeitsabläufe vollständig aufzunehmen: ist es erforderlich, die folgenden Punkte zu bestimmen:

(1) **Arbeitsgänge**
Es ist zu ermitteln, aus welchen Arbeitsgängen sich der Arbeitsablauf zusammensetzt und welche Arbeiten jeder Arbeitsgang einschließt.

(2) **Reihenfolge**
Die Arbeitsgänge werden üblicherweise in einer bestimmten Reihenfolge durchgeführt. Diese Reihenfolge ist festzustellen.

(3) **Arbeitsträger**
Die Arbeitsgänge werden an einem oder mehreren Arbeitsplätzen ausgeführt. Für jeden Arbeitsgang sind die zugehörigen Arbeitsplätze und deren Arbeitsträger zu ermitteln: Mitarbeiter oder Computer oder Mitarbeiter-Computer-Kombination.

(4) **Eingaben**
Jeder Arbeitsgang wird üblicherweise durch eine bestimmte Informationseingabe oder durch das Eintreffen einer Bedingung ausgelöst. Diese Eingaben müssen festgestellt werden.

(5) **Verarbeitung**
Jeder Arbeitsgang beinhaltet einen bestimmten Arbeitsauftrag. Dieser Auftrag kann beschrieben werden durch folgende Punkte:

- Aufgabenelemente
- Arbeitsschritte
- Arbeitsverfahren
- Entscheidungsregeln.

(6) **Speicherung**
Um Arbeitsgänge durchführen zu können, ist es häufig erforderlich, gespeicherte Informationen heranzuziehen oder Informationen abzuspeichern. Es muß folglich geprüft werden, ob bei einem Arbeitsgang gespeicherte Informationen benutzt werden oder ob eine Speicherung erfolgt. Dazu muß ermittelt werden, von welcher Art die gespeicherten Informationen und deren Speicher sind.
Als Speicher kommen beispielsweise

- Karteien
- Dateien
- Listen
- Vorgangsakten

zum Einsatz.

(7) **Ausgaben**
Wenn ein Arbeitsgang zweckvoll sein soll, dann muß sich ein Ergebnis in Form einer Ausgabe ergeben. Dieses Ergebnis kann entweder an den nachfolgenden Arbeitsgang ausgegeben werden oder wie im vorhergehenden Punkt ausgeführt wurde, gespeichert werden.

Mit der Ermittlung der Punkte (4) bis (7) für jeden Arbeitsgang wird der Sachinhalt des Ablaufes bestimmt.

2.1.3.2 Mengen

Um den Ablauf auch quantitativ aufzunehmen, müssen die Mengen, die bei dem aufgenommenen Ablauf bearbeitet werden, festgestellt werden. Dazu ist es notwendig, für jeden Arbeitsgang **repräsentative Bezugsgrößen** zu ermitteln.

Beispiel: Bezugsgrößen einer Fakturenstelle
- Rechnungen
- Rechnungsseiten
- Rechnungspositionen
- Rechnungszeilen
- Rechnungsstellen

Diese Bezugsgrößen müssen natürlich auf eine Zeiteinheit bezogen werden.

Beispiel: Maßeinheiten
- Rechnungen im Monat
- Positionen je Tag
- Zeilen pro Stunde

Die Ermittlung der Mengen muß zwei **Inhalte** haben:

(1) **Aktuelle Mengen**
Die zum Zeitpunkt der Istaufnahme gegebenen Mengen sind zu ermitteln.

(2) **Zukünftige Mengen**
Da Ablaufsysteme für eine längere Lebensdauer geplant werden, ist es erforderlich, für ihre voraussichtliche Einsatzdauer die Veränderung der aktuellen Menge zu bestimmen. Das kann mit verschiedenen Techniken erfolgen:

- **Trendrechnung**
  Die mengenmäßige Entwicklung von der Vergangenheit bis zur Gegenwart wird in die Zukunft hinein mit Hilfe von statistischen Verfahren verlängert.
- **Regressionsrechnung**
  Bei dieser Rechnungsart wird von der Entwicklung einer bestimmten Größe auf die Entwicklung einer von ihr abhängigen anderen Größe geschlossen. So wird beispielsweise aus der erwarteten Umsatzentwicklung die Zahl der Rechnungen errechnet.
- **Ableitung**
  In allen Unternehmen, in welchen Pläne für die Zukunft vorliegen, kann versucht werden, aus den Planwerten zukünftige Mengen abzuleiten oder direkt zu entnehmen.

Die Mengenermittlung darf sich nicht auf einen Stichtag beziehen. vielmehr ist es erforderlich, hier **Mittelwerte** über einen längeren Zeitraum zu ermitteln. Besondere Beachtung muß dabei saisonalen Schwankungen von Mengen geschenkt werden.

Oftmals genügt es nicht, nur einen Mittelwert zu ermitteln. Die **Schwankungsbreiten** von Mengen können für die Organisation wesentliche Bedeutung haben:

- Maximale Menge je Zeiteinheit
- Mittelwert über einen längeren Zeitraum
- Minimale Menge je Zeiteinheit.

Für die Ermittlung von Mengen liegen oftmals schriftliche Unterlagen vor.

2.1.3.3 Zeiten

Die Ermittlung der Zeiten bei einem Arbeitsablauf schließt mehrere **Aufgaben** ein:

- Arbeitszeit jedes Arbeitsganges
- Durchlaufzeit des Arbeitsablaufes
- Zeitpunkt der Arbeitsdurchführung
- Frequenz oder Häufigkeit der Arbeitsdurchführung.

Die einzelnen Teile der Zeitaufnahme sind voneinander abhängig:

(1) **Arbeitszeit**
Nach REFA ist sie die Spanne vom Beginn bis zum Ende einer Arbeit ohne Ruhepausen. Die Arbeitszeit ist zunächst für jeden Arbeitsgang zu ermitteln. Die Summe der Arbeitszeiten aller Arbeitsgänge eines Arbeitsablaufes ergibt die Gesamtarbeitszeit.

(2) **Durchlaufzeit**
Die Durchlaufzeit ergibt sich aus der Differenz zwischen End- und Starttermin einer Arbeitsdurchführung bei einem Arbeitsablauf *(REFA)*. Analytisch ergibt sich die Durchlaufzeit aus der Summe von:

- Arbeitszeiten
- Transportzeiten
- Liegezeiten.

(3) **Zeitpunkt**
Arbeiten können in zwei Arten vorgenommen werden:

- Kontinuierliche oder ständige Arbeitsdurchführung bedeutet eine andauernde Arbeitsdurchführung während der ganzen Arbeitszeit.
- Diskontinuierliche oder unterbrochene Arbeitsdurchführung beinhaltet eine immer wieder aufgenommene Bearbeitung. Man spricht hier auch von einer Stapelbearbeitung. Eine Bearbeitung erfolgt nur dann, wenn ein Bearbeitungsstapel gegeben ist.

Wenn es sich um eine diskontinuierliche Arbeitsdurchführung handelt, sollte ermittelt werden, ob die Arbeitsdurchführung

- zu einem bestimmten Zeitpunkt erfolgt oder
- ob die Bearbeitungspunkte keiner Gesetzmäßigkeit unterliegen.

(4) **Häufigkeit**
Bei einer regelmäßig diskontinuierlichen Arbeitsdurchführung ergibt sich aus den Durchführungszeitpunkten ihre Häufigkeit. Übliche Häufigkeiten sind:

- Täglich
- Wöchentlich

- Dekadisch
- Monatlich
- Vierteljährlich
- Jährlich.

Wird dagegen eine unregelmäßige diskontinuierliche Arbeitsdurchführung vorgenommen, so kann nur deren durchschnittliche Häufigkeit ermittelt werden.

2.1.3.4 Sachmittel

Die Aufnahme eines Arbeitsablaufes schließt auch die Feststellung der in diesem Arbeitsablauf eingesetzten Sachmittel ein. Dabei verzichtet man auf die Aufnahme allgemein üblicher Sachmittel und beschränkt sich auf die ablaufspezifischen Sachmittel. Für diese Sachmittel sollten die folgenden **Merkmale** ermittelt werden:

- Sachmittelart
- Menge
- Einsatzart
- Verfügbare und benutzte Kapazität
- Mehrfacheinsatz bei anderen Arbeitsabläufen.

Besondere Sachmitteldaten, wie beispielsweise Restbuchwert oder Abschreibung, können üblicherweise in der Anlagenbuchhaltung ermittelt werden.

2.1.3.5 Kapazitäten

Nachdem im vorstehenden Kapitel bereits die kapazitive Komponente von Sachmitteln genannt wurde, muß weiterhin die personale Kapazität ermittelt werden. Sie beinhaltet die Aufnahme der

- verfügbaren Personalkapazität und
- benötigten Personalkapazität.

Beide Aufgaben müssen für jeden Arbeitsgang festgestellt werden. Zweckmäßigerweise wählt man dabei eine **Maßeinheit** wie

- Stunden je Arbeitstag
- Manntage je Monat.

Neben dieser quantitativen Ermittlung der Personalkapazität sind weiterhin das Vorhandensein und das Erfordernis folgender **Merkmale** festzustellen:

- Qualifikation
- Kenntnisse
- Erfahrungen
- Fähigkeiten und Fertigkeiten.

Sachmittel und personale Kapazitäten werden in Listen erfaßt.

2.1.3.6 Formulare

Der Einsatz von Formularen, Vordrucken oder Formblättern bedingt eine wesentliche Rationalisierung. Deswegen wird heute ein wesentlicher Teil aller manuellen Arbeitsabläufe mit Hilfe von Formularen abgewickelt. Deshalb müssen bei der Istaufnahme alle in einem Ablauf benutzten Formulare ermittelt werden.

Die Formularaufnahme umfaßt mehrere **Teilaufgaben:**

(1) **Formularverzeichnis**
Alle bei dem aufzunehmenden Arbeitsablauf benutzten Formulare werden in einem Verzeichnis erfaßt.

(2) **Formularsammlung**
Jeder im Formularverzeichnis aufgeführte Vordruck wird in eine Formularsammlung eingereiht. Bei schwierigen Bearbeitungsfällen wird in die Formularsammlung ein zweites oder mehrere Exemplare mit Ausfüllbeispielen aufgenommen.

(3) **Formularflußplan**
Mit Hilfe einer Dokumentationstechnik, üblicherweise mit der Technik des Datenflußplanes nach DIN 66001, wird der aufgenommene Fluß des Formulars festgehalten.

Besteht ein organisiertes Formularwesen, so gibt es für jedes Formular ein Formularstammblatt, aus dem ergänzende Angaben entnommen werden können wie:

- Formularauflage
- Weitere Einsatzgebiete
- Formularänderungen.

Masken in Dialogprogrammen werden auch als Bildschirmformulare bezeichnet. Sie sollten ebenfalls aufgenommen werden.

2.1.3.7 Kosten

Eine neue Ablauforganisation muß in der Regel wirtschaftlicher sein als die Organisation, die sie ablöst. Diese Forderung bedeutet, daß die Kosten für den aufzunehmenden Ablauf ermittelt werden müssen.

Die Kostenaufnahme kann entweder summarisch für den ganzen Ablauf erfolgen oder kann für jeden Arbeitsgang vorgenommen werden. Auch hier empfiehlt es sich, die folgenden **Kostenarten** zu ermitteln:

- Personalkosten
- Materialkosten
- Kapitalkosten
- Fremdleistungskosten
- Sonstige Kosten.

Bei der Istaufnahme sind die tatsächlich angefallenen Istkosten festzustellen. Teilweise werden sie der Kostenstellenrechnung entnommen werden können. Ist das nicht möglich, so müssen sie analytisch auf der Basis von Kostenarten errechnet werden.

2.1.3.8 Anforderungen

Neben der Aufnahme des bestehenden Systems ist es weiterhin Aufgabe der Istaufnahme, folgende Informationen zu ermitteln:

(1) **Probleme**
Da die der Projektdurchführung vorhergehende Problemanalyse nur eine Grobuntersuchung ist, wird sie häufig nicht alle beim Betrieb des Systems auftretenden Probleme feststellen, da mit ihr üblicherweise keine detaillierte Istaufnahme verbunden ist. Deswegen ist es eine Aufgabe der Istaufnahme, alle beim Systembetrieb auftauchenden Probleme zu ermitteln.

(2) **Verbesserungen**
Häufig haben die Mitarbeiter eines organisatorischen Systems konkrete Vorstellungen über Verbesserungen des Systems oder von Systemteilen. Diese Verbesserungen müssen bei der Istaufnahme ebenfalls ermittelt werden.

(3) **Forderungen**
Die Systembeteiligten haben außerdem häufig Wünsche oder Forderungen an das zu gestaltende System. So beispielsweise, welche Aufgaben zusätzlich mit ihm durchgeführt werden sollten, welche zusätzlichen Systemergebnisse vorteilhaft wären oder welche Änderungen vorgenommen werden sollten, um das System effizienter zu gestalten.

Die Probleme, Verbesserungen und Forderungen, die bei einer Istaufnahme ermittelt werden müssen, werden hier unter dem Begriff "Anforderungen" an das neue System zusammengefaßt. Alle drei Begriffe beinhalten Anforderungen an das neue System.

2.1.4 Dokumentation

In der Ablauforganisation gibt es eine Reihe von **Dokumentationsnotwendigkeiten:**

- Der durch die Istaufnahme ermittelte Istzustand
- Die Ergebnisse der Istanalyse
- Der erarbeitete Sollvorschlag
- Alle Teile der Detailorganisation
- Das Programm bei EDV-Einsatz.

Für die verschiedenen Aufgaben der Dokumentation sind verschiedene Dokumentationstechniken optimal. Formal können folgende **Arten** unterschieden werden:

Gestaltungsform Darstellungsart	Beispiel	Einsatzarten
Baum	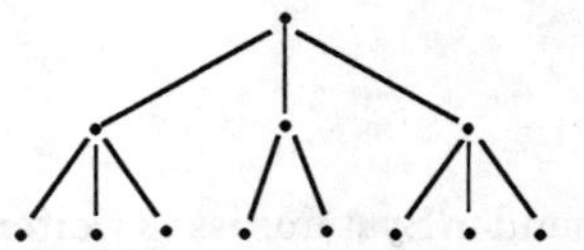	Strukturdiagramm Organisationsplan Entscheidungsbaum
Netz	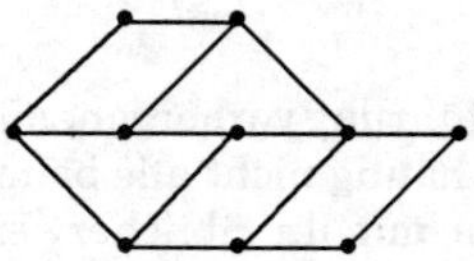	Datenflußplan Programmablaufplan Netzplan
Tabelle	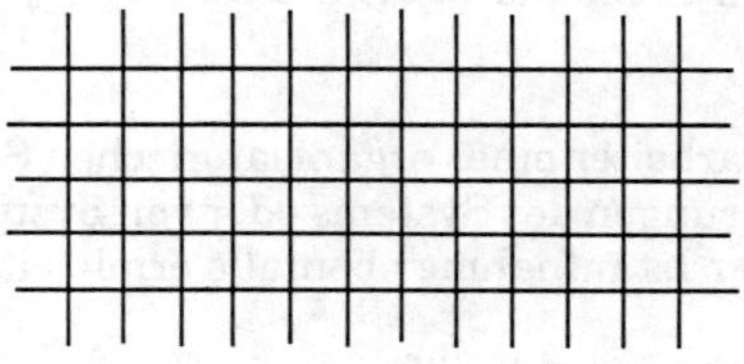	Entscheidungstabelle Blockschaltbild Zuordnungsmatrix
Grafik	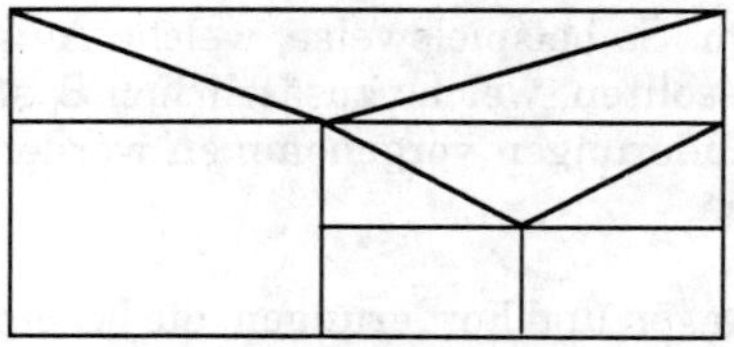	Struktogramm Kommunikations-spinne Balkendiagramm
Sprache	IF a THEN b ELSE c	Verbale Beschreibung Programmiersprache Pseudocode
Formel	a V b	Informationsalgebra Mathematik Datenbankabfrage

Zur Dokumentation der Istaufnahmeergebnisse werden vornehmlich folgende **Techniken** eingesetzt:

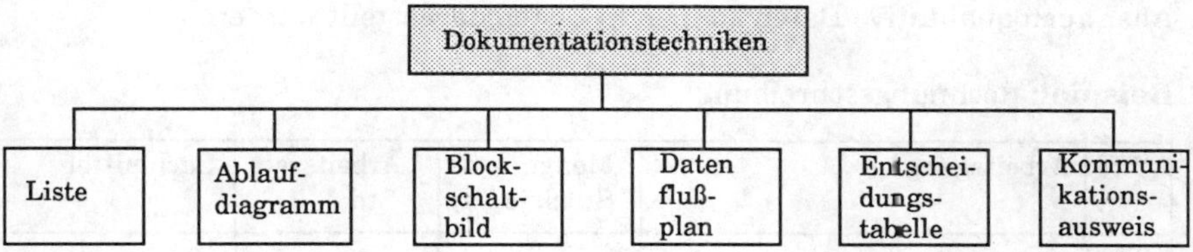

2.1.4.1 Liste

Unter einer Tabelle versteht man eine Anordnung von Elementen in Form von Zeilen und Spalten *(Jäger)*. Im Gegensatz zur Matrix besitzt die Liste nur einen Leitwert:

Liste – Definition
Tabelle mit einem Kopf

Mit Listen können folgende Aufnahmeergebnisse dargestellt werden:

(1) **Lineare Abläufe**

Besitzen Abläufe keine
- Alternativbearbeitungen
- Schleifenbearbeitungen
- Parallelbearbeitungen,

so können sie auch in Listen dokumentiert werden. Da dies selten ist, zählt die Ablaufdokumentation in Listenform zur Ausnahme.

Beispiel: Rechnungsschreibung

Lfd. Nr.	Arbeitsgang	Abteilung	Arbeitsplatz
1	Prüfung Rechnungsunterlagen	Verkauf	Sachbearbeiter
2	Schreiben Rechnung	Fakturenstelle	Fakturistin
3	Prüfen Rechnung	Fakturenstelle	Leiter
4	Trennen Rechnungssatz	Fakturenstelle	Bürohilfe
5	Versandbearbeitung Rechnung	Poststelle	Sachbearbeiter

(2) **Quantitäten**

Besonders gut eignet sich die Liste zur Dokumentation von quantitativen Aufnahmeergebnissen:
- Mengen
- Zeiten
- Sachmittel
- Kapazitäten
- Kosten.

Aber auch qualitative Daten können in Listen dargestellt werden.

Beispiel: Rechnungsschreibung

Lfd. Nr.	Arbeitsgang	Menge Stück je Tag	Arbeitszeit Std.	Sachmittel
1	Prüfung Rechnungsunterlage	40	4,0	–
2	Schreiben Rechnung	40	8,0	Fakturier-maschine
3	Prüfung Rechnung	40	2,0	–
4	Trennen Rechnungssatz	40	0,5	Separier-maschine
5	Versandbearbeitung	200	1,0	Falz- und Kuvertier-maschine

2.1.4.2 Ablaufdiagramm

Das Arbeitsablaufdiagramm *(Acker, Littmann, Meyer / Stopp, REFA, Schwarz)*, das auch mit Ablaufkarte *(Nordsieck, Schmidt)*, Ablaufschema *(Heinrich)*, Arbeitsablaufblatt *(Sommer)* bezeichnet wird, ist eine **Kombination** zwischen **tabellarischer und grafischer Darstellungstechnik.**

Wie die Liste eignet sich das Arbeitsablaufdiagramm auch nur für lineare Abläufe.

Nach ihrem **Inhalt** werden zwei verschiedene Ablaufdiagramme unterschieden.

(1) **Stellenorientiertes Ablaufdiagramm**
Die ausführenden Stellen werden hier grafisch den einzelnen Arbeitsgängen zugeordnet.

Beispiel: Rechnungsschreibung

Lfd. Nr.	Arbeitsgang	Verkauf	Fakturen-stelle	Poststelle
1	Prüfung Rechnungsunterlagen			
2	Schreiben Rechnung			
3	Prüfen Rechnung			
4	Trennen Rechnungssatz			
5	Versandbearbeitung			

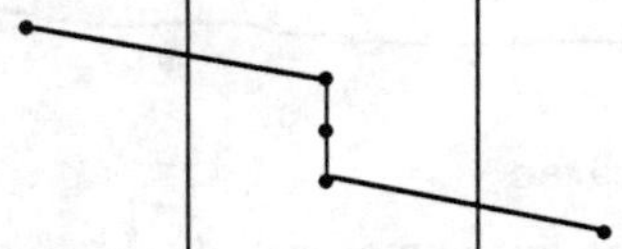

(2) **Verrichtungsorientiertes Ablaufdiagramm**
Mit wenigen Symbolen werden die Arbeitsgänge unterschiedlichen Verrichtungsarten zugeordnet. Die Symbole weichen leider bei verschiedenen Autoren vonein-

ander ab *(Behlert, Böhrs, Gruppe, Nordsieck, Meyer / Stopp)*. Die AMA (American Management Association) verwendet die nachfolgenden Sinnbilder:

◯	Arbeitsverrichtung	△	Lagerung
○	Transport	□	Kontrolle

Beispiel: Rechnungsschreibung

Lfd. Nr.	Verrichtung	Symbol
1	Rechnungsunterlagen prüfen	
2	Rechnungsunterlagen an Fakturistin	
3	Rechnung schreiben	
4	Rechnung an Leiter Fakturenstelle	
5	Rechnung kontrollieren	

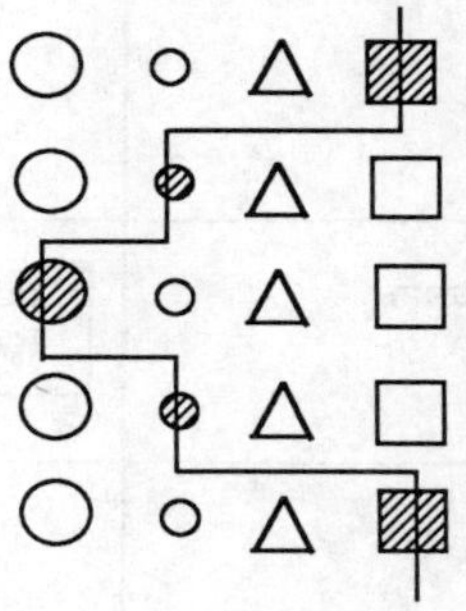

20 21

2.1.4.3 Blockschaltbild

Beim Blockschaltbild werden in einer Matrix drei Elemente, nämlich

- Tätigkeiten
- Stellen und
- Aufgaben

miteinander verknüpft.

Matrix – Definition
Tabelle mit zwei Köpfen

In den Zeilen einer Matrixwerden in einem Blockschaltbild die Arbeitsträger, also die ausführenden Stellen, und in den Spalten die Tätigkeitsarten ausgewiesen. Im jeweiligen Schnittpunkt von Zeilen und Spalten können dann beispielsweise

- Arbeitsgänge
- Eingabedatenträger
- Ausgabedatenträger

genannt werden. Es empfiehlt sich, durch ein besonderes Sinnbild Anfang und Ende des dargestellten Arbeitsablaufes zu kennzeichnen.

Beispiel: Rechnungsschreibung

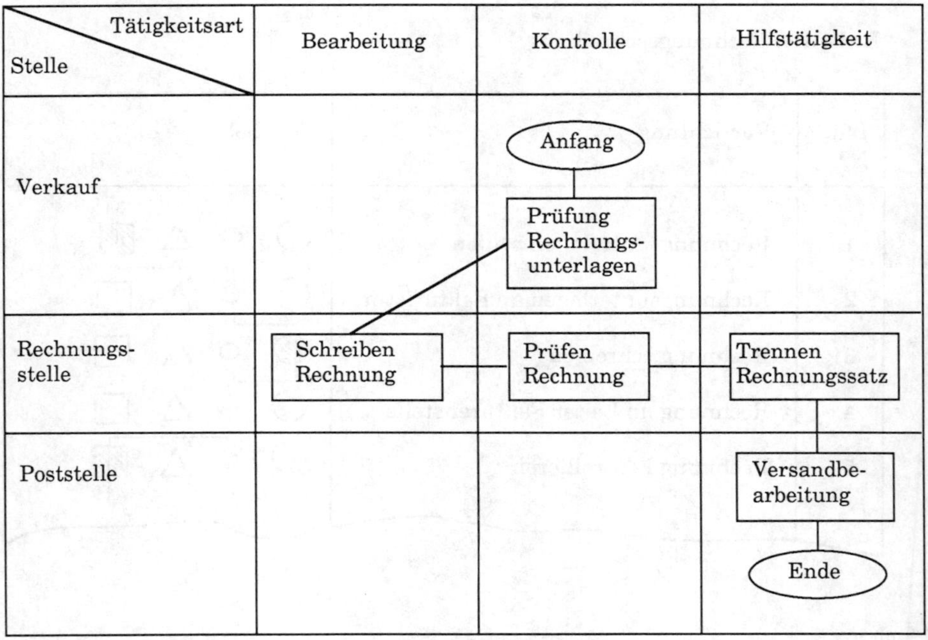

Das Blockschaltbild eignet sich ebenfalls vornehmlich für lineare Abläufe. Jedoch können auch einfache Alternativen oder Schleifen mit ihm dargestellt werden.

22

2.1.4.4 Datenflußplan

Die Symbolik des Datenflußplanes ist gemeinsam mit der des Programmablaufplanes in der DIN 66001 und in den USA in einer ANSI-Norm genormt.

Die netzmäßige Darstellung des Datenflußplanes läßt auch

- Alternativen
- Schleifen
- Parallelbearbeitungen

gut darstellen.

Der Datenflußplan ist die derzeitig in der betrieblichen Praxis am häufigsten eingesetzte Dokumentationstechnik für Abläufe. Obwohl sie besonders für Abläufe mit der elektronischen Datenverarbeitung erarbeitet wurde, kann diese Technik auch für alle anderen Abläufe gut verwandt werden.

Beim Datenflußplan werden fünf **Arten von Sinnbildern** verwandt:

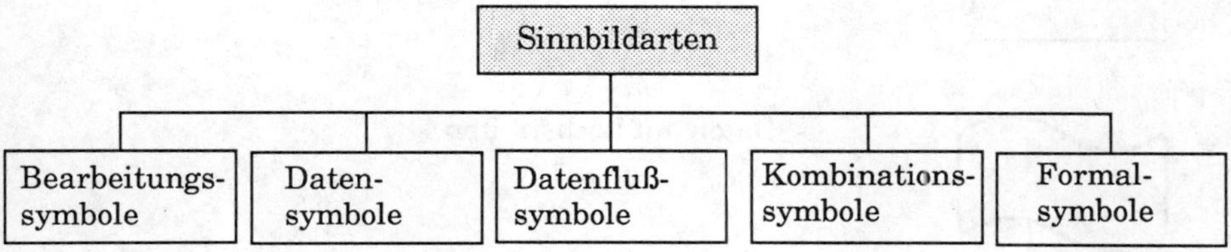

Vornehmlich die folgenden Symbole werden benutzt:

(1) **Bearbeitungssymbole**

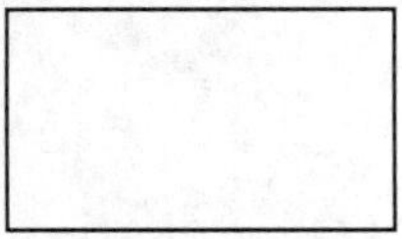

Verarbeitung, allgemein – einschließlich EDV-Arbeitsgänge

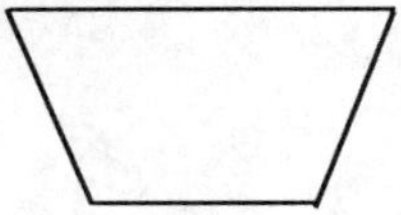

Manuelle Verarbeitung

(2) **Datenträgersymbole**

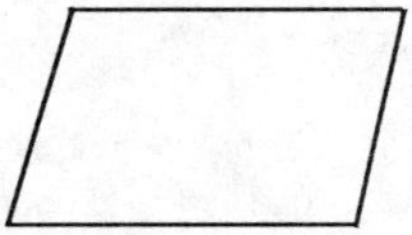

Daten, allgemein

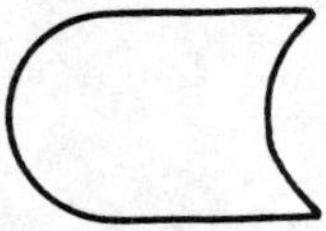

Maschinell zu verarbeitende Daten

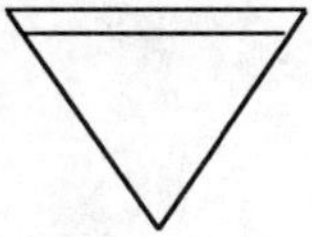

Manuell zu verarbeitende Daten

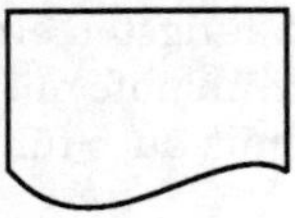

Daten auf Schriftstück

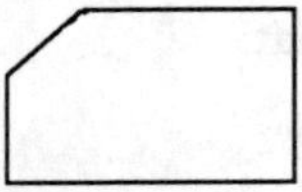

Daten auf Lochkarten

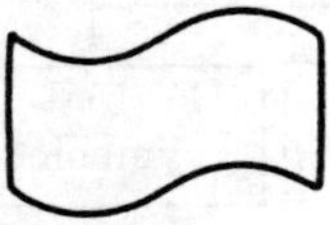

Daten auf Lochstreifen

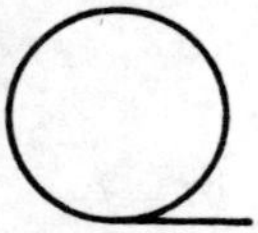

Daten auf Speicher mit ausschließlich sequentiellem Zugriff

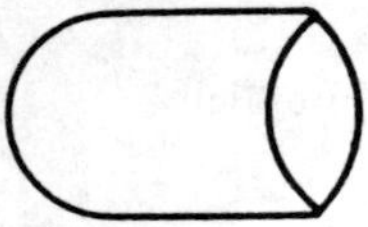

Daten auf Speicher mit direktem Zugriff

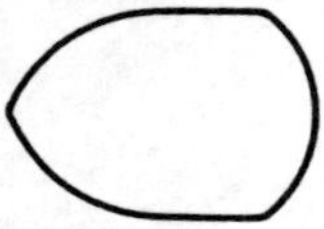

Bildschirmanzeige – Maschinell erzeugte optische oder akustische Daten

(3) **Datenflußsymbole**

Datenfluß allgemein

Datenfernübertragung

(4) **Kombinationssymbole**

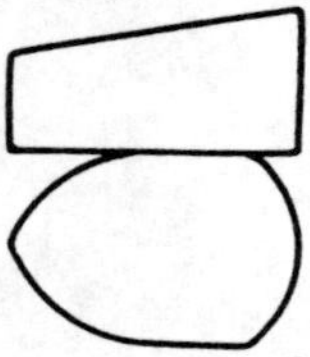

Benutzerstation
z.B. Bildschirmterminal

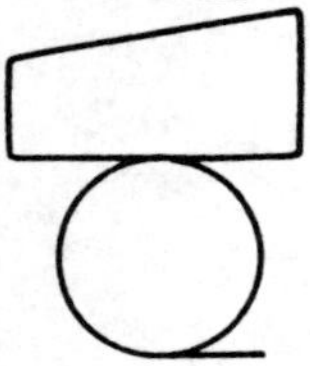

Magnetbanddatenerfassung

(5) **Formalsymbole**

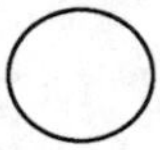

Übergangsstelle (Konnektor)

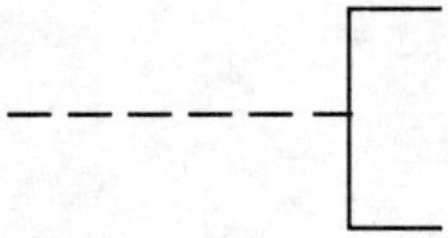

Bemerkung
Dieses Sinnbild kann an jedes andere Symbol angefügt werden

Beim Erstellen von Datenflußplänen empfiehlt es sich, folgende **Regeln** zu beachten:

(1) Die Vorzugsrichtung ist von oben nach unten oder von links nach rechts. Nur Schleifen dürfen in Gegenrichtung ausgewiesen werden.

(2) Da jedes informationsverarbeitende System durch das **EVA-Prinzip**,
E – Eingabe
V – Verarbeitung
A – Ausgabe,
gekennzeichnet ist, müssen sich Datendarstellungen und Bearbeitungen jeweils abwechseln. Es ist jeweils ein Vorgang darzustellen.

(3) Bearbeitungssymbole haben zwei verbale Inhalte:
- Aufgabenträger in GROSSBUCHSTABEN: Wer die Bearbeitung vornimmt, z.B. RECHNUNGSSTELLE
- Verrichtung: Welche Bearbeitung vorgenommen wird, z.B. Schreiben.

(4) Datensymbole enthalten den logischen Namen der Daten oder des Datenbestandes, z.B. Rechnung.

(5) Jeder Datenträger ist einzeln auszuweisen. Nur noch ungetrennte Formularsätze sollten mit Schattendarstellungen gezeichnet werden.

(6) Vernetzungen sind grafisch darzustellen. Konnektoren sollten deswegen nur bei Blattwechsel benutzt werden.

(7) Keine Darstellungsredundanz durch Sinnbild und verbale Benennung.

(8) Verzicht auf allgemeine Darstellungen, wenn ein genauerer Ausweis möglich ist.

(9) Einheitliche Größe der Sinnbilder, die durch Benutzung einer Schablone nach DIN 66001 erreicht werden kann.

(10) Darstellung so einfach wie möglich, so komplex wie nötig.

Formularflußpläne oder Belegflußpläne werden üblicherweise auch mit der Symbolik des Datenflußplanes erstellt.

Beispiel: Rechnungsschreibung: siehe nächste Seite.

Beispiel: Datenflußplan - Rechnungsschreibung

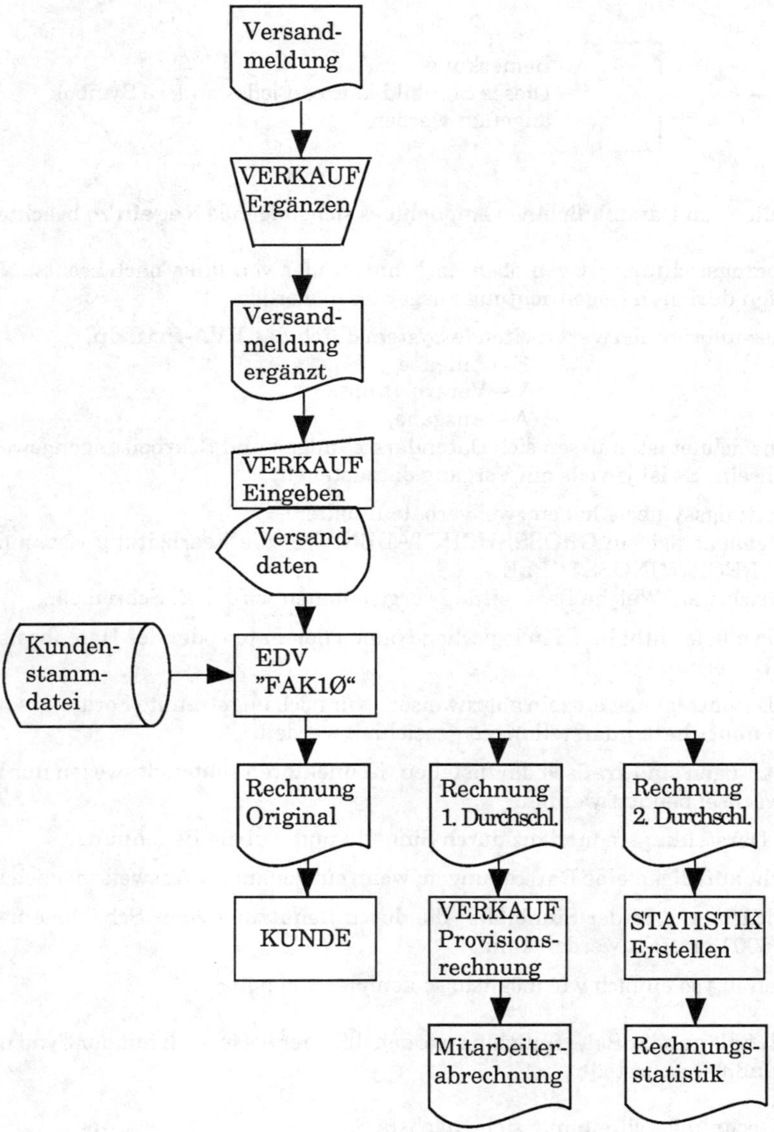

2.1.4.5 Entscheidungstabelle

Entscheidungstabellen dienen dazu, Entscheidungssysteme eindeutig und zusammengefaßt darzustellen. Entscheidungstabellen sind in der DIN 66 241 genormt.

Entscheidungstabelle – Definition nach DIN 66241:
Beschreibungsmittel für formalisierbare Entscheidungsprozesse.

Die Anwendung von Entscheidungstabellen ist aber nicht nicht nur begrenzt auf die Darstellung von Entscheidungssystemen, sie kann daneben weiteren Aufgaben dienen:

(1) **Istanalyse**

Mit Entscheidungstabellen kann die Logik von Entscheidungssystemen untersucht werden. Sie können weiterhin dazu benutzt werden, um Entscheidungssysteme auf ihre

- Vollständigkeit
- Widerspruchsfreiheit
- Redundanzlosigkeit

zu prüfen.

(2) **Systementwurf**

Entscheidungstabellen sind ein wertvolles Werkzeug zur Gestaltung von Entscheidungssystemen. Besonders bei komplexen Systemen wird durch den Einsatz von Entscheidungstabellen ihre Erarbeitung wesentlich erleichtert und zeitlich verkürzt.

(3) **Programmvorgabe**

Sollen Teile eines neuen Systems vom Computer ausgeführt werden, so dient die Entscheidungstabellentechnik der Erstellung eindeutiger und klarer Programmiervorgaben sowie der Verdeutlichung von komplexen Programmteilen.

(4) **Programmierung**

Durch den Einsatz von Entscheidungstabellengeneratoren kann die Programmierung vereinfacht und in ihrem Aufwand vermindert werden. Dazu ist es erforderlich, die zu programmierende Logik in Form von Entscheidungstabellen darzustellen. Gebräuchliche Entscheidungstabellengeneratoren oder -vorübersetzer sind

- DETAB
- DECTAT
- VORELLE.

Auch wenn kein Entscheidungstabellengenerator oder -vorübersetzer eingesetzt wird, ergibt ihre Anwendung eine erhebliche Vereinfachung der Programmierung.

Entscheidungstabellen haben folgenden grundsätzlichen **Aufbau:**

Bedingungen “WENN”	Regeln 1, 2, 3,....
Aktionen “DANN”	Anzeiger 1, 2, 3,...

Die vier Quadranten einer Entscheidungstabelle haben folgenden **Inhalt:**

(1) **Bedingungen**
Im Bedingungsteil werden alle Bedingungen ausgewiesen, von denen die Entscheidungsalternativen abhängig sein können. Bedingungskombinationen sind nicht zulässig. Für jede Bedingung ist eine eigene Zeile zu benutzen.

(2) **Regeln**
Im Regelteil werden die Bedingungen miteinander zu verknüpfen sein. Hier werden folglich die Kombinationen von Bedingungen in den einzelnen Spalten mit folgenden Symbolen ausgewiesen:

J Ja bzw. trifft zu
N Nein bzw. trifft nicht zu.

(3) **Anzeiger**
Im Quadranten der Aktionsanzeiger erfolgt der Ausweis der für jede Bedingungskombination zutreffenden Aktionen. Für jede zutreffende Aktion wird ein X eingesetzt.

(4) **Aktionen**
Im Aktionsteil werden alle Aktionen, Maßnahmen, Tätigkeiten genannt, welche die Entscheidungen bedingen. Jede Aktion wird in einer eigenen Zeile ausgewiesen.

Für das **Lesen** einer Entscheidungstabelle ergibt sich folgende Vorgehensweise:

	R_1	R_2	R_3	R_4	R_5	R_6	R_7	R_8
Bedingung A	J	J	(J)	J	N	N	N	N
Bedingung B	J	J	(N)	N	J	J	N	N
Bedingung C	J	N	(J)	N	J	N	J	N
Aktion Q	X	X						
Aktion R		X	(X)					
Aktion S			(X)	X	X	X	X	X

Beispiel: Einfache Entscheidungstabelle

	R_1	R_2	R_3	R_4
Hunger	J	J	N	N
Durst	J	N	J	N
Gasthof besuchen	X	X	X	
Weiterarbeiten				X

Beim **Erarbeiten** von Entscheidungstabellen wird in folgenden Schritten vorgegangen:

(1) Ermittlung aller Bedingungen, von denen die Entscheidung abhängig ist.

(2) Feststellung aller Aktionen.

(3) Verknüpfung der Bedingungen mit den Aktionen durch Bildung der Regeln und Eintragung der zutreffenden Anzeiger.

(4) Prüfung der entstandenen Entscheidungstabelle auf
- Vollständigkeit
- Widerspruchsfreiheit
- Redundanzlosigkeit

Folgende **Arten** von Entscheidungstabellen werden unterschieden:

(1) **Begrenzte Entscheidungstabelle**
Diese Tabellenart ist durch die nachstehenden **Merkmale** bestimmt:
- Im Regelteil wird ausschließlich mit folgenden Symbolen gearbeitet:

  J Ja bzw. trifft zu
  N Nein bzw. trifft nicht zu.

- Im Anzeigerteil werden zwei Symbole verwandt:

  X Zutreffende Aktion
  – Nicht zutreffende Aktion.

- Die Zahl der Regeln ergibt sich aus der Bedingungszahl nach der Formel:

$$R = 2^B$$

R : Zahl der Regeln
B : Zahl der Bedingungen

Bei begrenzten Entscheidungstabellen sind alle möglichen Bedingungskombinationen, also Regeln, auszuweisen.

Beispiel: Begrenzte Entscheidungstabelle – Scheckeinlösung

	R_1	R_2	R_3	R_4
Kreditlimit überschritten	N	N	J	J
Zahlungsverhalten gut	N	J	N	J
Scheck einlösen	X	X		X
Scheck zurückgeben			X	

(2) **Erweiterte Entscheidungstabelle**
Im Gegensatz zur begrenzten Entscheidungstabelle ist diese Entscheidungstabellenart durch folgende **Merkmale** gekennzeichnet:

- Alle Arten von Eintragungen bei den Regeln und den Aktionsanzeigern sind erlaubt, so beispielsweise quantitative, verbale oder symbolische Eintragungen.

Beispiel: Erweiterte Entscheidungstabelle – Scheckeinlösung

	R_1	R_2	R_3	R_4
Kreditlimit	Unter-schritten	Unter-schritten	Über-schritten	Über-schritten
Zahlungsverhalten	Schlecht	Gut	Schlecht	Gut
Scheck	Einlösen	Einlösen	Zurückgeben	Einlösen

- Nur die relevanten Bedingungskombinationen brauchen bei den Regeln ausgewiesen zu werden. Mehrere Bedingungskombinationen können, wenn es die Logik erlaubt, zusammengefaßt werden.

Beispiel: Erweiterte Entscheidungstabelle – Scheckeinlösung

	R_1	R_2	R_3
Kreditlimit	Unterschritten	Überschritten	Überschritten
Zahlungsverhalten	–	Schlecht	Gut
Scheck	Einlösen	Zurückgeben	Einlösen

(3) **Verknüpfte Entscheidungstabellen**
Hier wird nicht mit einer einzigen Entscheidungstabelle gearbeitet, sondern mit einer Reihe von Entscheidungstabellen, welche durch Aktionen miteinander verknüpft sind. Es wird hier folglich ein System von Entscheidungstabellen verwandt.

Da Entscheidungstabellen mit vielen Bedingungen und Regeln unübersichtlich sind, werden sie in mehrere Entscheidungstabellen aufgelöst.

Beispiel: Verknüpfte Entscheidungstabelle – Scheckeinlösung

ET 1	R_1	R_2	R_3
Kreditlimit	Unterschritten	Überschritten	Überschritten
Zahlungsverhalten	–	Schlecht	Gut
Scheck einlösen	X		X
Gehe nach ET 2		X	

ET 2	R_1	R_2	R_3	R_4
Kunde	Alt	Alt	Neu	Neu
Umsatz	Hoch	Klein	Hoch	Klein
Scheck einlösen	X	X	X	
Gehe nach ET 3				X

Eine Entscheidungstabelle 3 gibt dann über die weitere Vorgehensweise Auskunft.

Natürlich brauchen Entscheidungsvorgänge nicht ausschließlich mit der Entscheidungstabellentechnik dokumentiert werden. Ihre Darstellung kann auch durch folgende **Techniken** vorgenommen werden:

- Entscheidungsdiagramm
- Entscheidungsbaum
- Entscheidungsmatrix.

Im Kapitel 3.2.4 wird auf diese Techniken eingegangen.

25 26 27

2.1.4.6 Kommunikationsausweis

Während die Datenflußdarstellungen qualitative Darstellungen von Abläufen sind, werden mit Kommunikationsausweisen die Abläufe quantitativ veranschaulicht.

Kommunikationsaufnahmen werden vor allem bei folgenden **Aufgaben** vorgenommen:

- Bauplanungen
- Raum- und Umzugsplanung
- Kommunikationsmittelplanung
- Wirtschaftlichkeitsuntersuchungen
- Allgemeine Organisationsaufnahmen.

Bei Kommunikationsaufnahmen werden die folgenden **Kommunikationsarten** unterschieden:

- Persönliche Kommunikation
- Fernmündliche Kommunikation
- Schriftliche Kommunikation
- Elektronische Kommunikation: Bürokommunikation, Teletex, Bildschirmtext usw.

Zur Aufnahme von Kommunikationen werden folgende **Methoden** verwandt:

- Selbstaufschreibung mit Strichliste
- Beobachtung
- Unterlagenauswertung
- Automatische Ermittlung bei technischen Kommunikationen wie Telefon, Teletex usw.

Die Ergebnisse der Kommunikationsaufnahme können in verschiedenen **Formen** dargestellt werden:

(1) **Kommunikationsmatrix**
In der Matrix können die Kommunikationsrichtungen unterschiedlich ausgewiesen werden:

	Abt. A	Abt. B	Abt. C
Abt. A	–	712	318
Abt. B	704	–	511
Abt. C	209	530	–

Beispiel: Kommunikationsmatrix

Die von Abteilung A ausgelöste Kommunikation mit B weist im Beispiel 712 Kommunikationen auf. Von B wurden 704 Kommunikationen bewirkt.

In einer Kommunikationsmatrix können dokumentiert werden:

- Anzahl der Interaktionen
- Dauer der Kommunikation
- Auslöser der Interaktion.

(2) **Kommunikationsspinne**

Die Kommunikationsspinne, die auch als Kommunikationsdiagramm in Kreisform oder als Kommunikationskreis bezeichnet wird, ermöglicht den optischen Ausweis der Kommunikationsdauer oder -häufigkeit. Diese werden mit Hilfe unterschiedlicher Strichstärken dargestellt:

Beispiel: Kommunikationsspinne

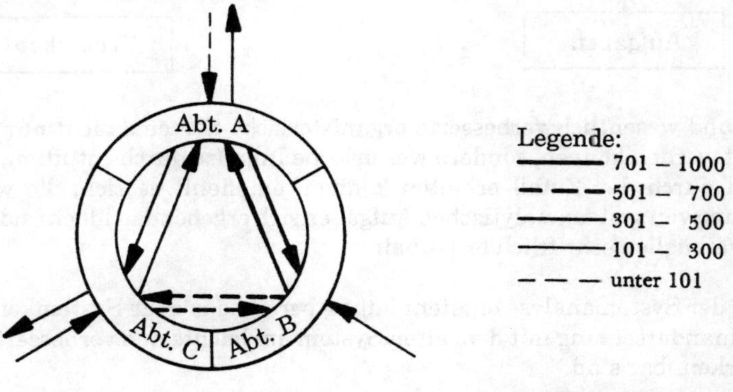

Externe Kommunikationen werden außerhalb des Kreises ausgewiesen.

(3) **Kommunikationsnetz**

Das Kommunikationsnetz kann entweder nur als andere Darstellungsart der Kommunikation benutzt werden oder es kann mit ihm weiterer Inhalt dargestellt werden. Die kommunizierenden Stellen werden:

- Größenmäßig entsprechend zu ihrer Personalstärke gezeichnet.
- Lagemäßig entsprechend ihrem Standort im Betriebsgelände veranschaulicht.

Die Strichstärke weist wieder die Kommunikationshäufigkeit oder -dauer aus.

Beispiel: Kommunikationsnetz

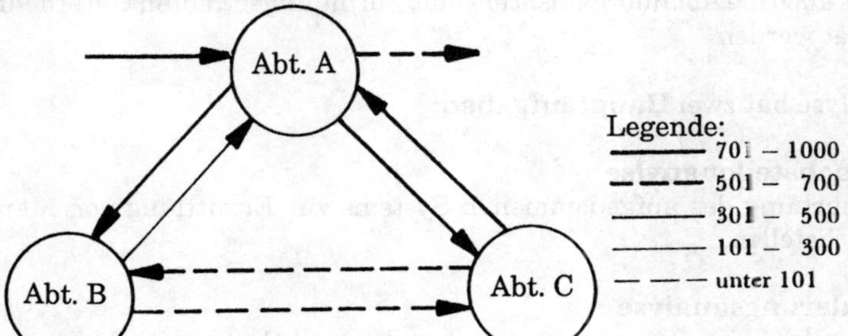

2.2 Istanalyse

Die Istanalyse geht von den Ergebnissen der Istaufnahme aus. Die Absicherung der Übereinstimmung des dokumentierten Ist mit dem tatsächlichen Ist muß bei der Istaufnahme erfolgen.

Für die Istanalyse sind vornehmlich zwei **Gesichtspunkte** maßgeblich:

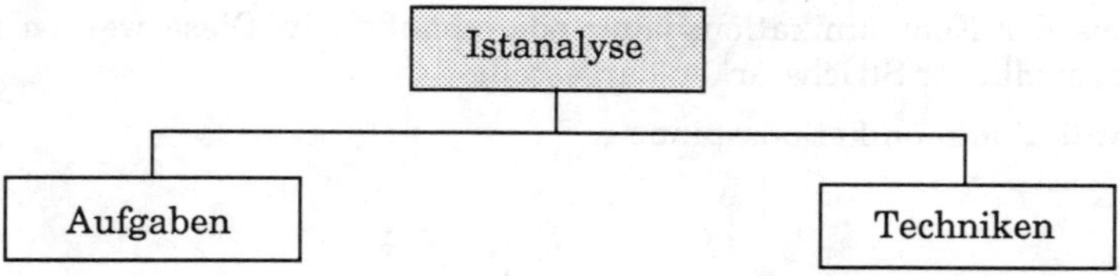

Da neue und wesentlich verbesserte organistorische Systeme nicht nur durch Fleiß erarbeitet werden können, sondern wesentliche Impulse durch Intuition, Assoziation und auch durch den Zufall erhalten können, empfiehlt es sich, die während der Bearbeitung von systemanalytischen Aufgaben sich ergebenden Ideen und Lösungsansätze unverzüglich schriftlich festzuhalten.

Während der Systemanalyse entsteht häufig bereits das neue Systemkonzept, da bei der Auseinandersetzung mit dem alten System am leichtesten verbesserte Systemlösungen erkennbar sind.

2.2.1 Aufgaben

Ein organisatorisches Problem wurde als Abweichung zwischen einem erwünschten organisatorischen Soll und dem Istzustand definiert. Aufgabe der Istanalyse ist es, solche Abweichungen zu ermitteln. **Voraussetzung** für eine Istanalyse sind folglich:
- Die Ergebnisse der Istaufnahme müssen vorliegen.
- Das angestrebte, also das erwünschte organisatorische Soll muß bekannt sein.

Das Soll muß von den Zielen des Unternehmens abgeleitet werden, denn sowohl die Aufbau- als auch die Ablauforganisation muß auf die angestrebten Unternehmensziele ausgerichtet werden.

Die Istanalyse hat zwei **Hauptaufgaben:**

(1) **Schwachstellenanylse**
Untersuchung des aufgenommenen Systems zur Ermittlung von Mängeln und Schwachstellen.

(2) **Anforderungsanalyse**
Prüfung der Leistungsanforderungen an das neue System. Die Leistungsanforderungen ergeben sich aus den:

- Aufgabenstellungen und Zielvorgaben des Organisationsauftrages.
- Ergebnissen der Istaufnahme, denn sie enthalten wesentliche Leistungsanforderungen an das bestehende System.
- unter dem Begriff "Anforderungen" zusammengefaßten Probleme, Verbesserungsvorschläge und Forderungen im Hinblick auf das zu gestaltende System.

Beide Aufgaben können gemeinsam bearbeitet werden, denn diese Bearbeitung erfolgt mit den gleichen Verfahren und soll die gleichen Ergebnisse erbringen. Die Ergebnisse der Istanalyse sind wesentliche Basisdaten für die Gestaltung des neuen Systems.

Durch die Systemgestaltung werden ein neues System oder alternative Systeme erarbeitet. Diese neuen Systeme müssen gegenüber dem bestehenden System verbessert sein, sonst ist die Einführung eines neuen Systems nicht sinnvoll. Für diese Prüfung des oder der neuen Systeme werden ebenfalls die Methoden und Techniken der Istanalyse verwandt.

2.2.2 Techniken

Die Techniken der Istanalyse können danach unterschieden werden, ob mit ihnen eine Gesamtanalyse des zu untersuchenden Systems oder nur Teilanalysen vorgenommen werden können. Teilanalysen betreffen nur bestimmte Systemmerkmale, während mit Gesamtanalysen versucht wird, das System umfassend und in allen wesentlichen Merkmalen zu untersuchen.

Es werden vornehmlich folgende **Methoden und Techniken** bei der Istanalyse eingesetzt:

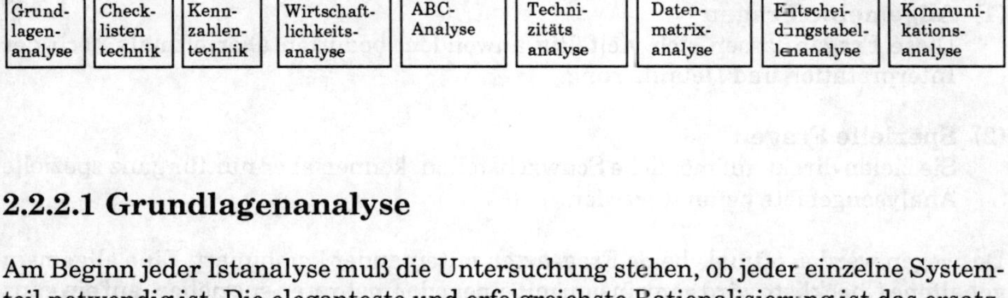

2.2.2.1 Grundlagenanalyse

Am Beginn jeder Istanalyse muß die Untersuchung stehen, ob jeder einzelne Systemteil notwendig ist. Die eleganteste und erfolgreichste Rationalisierung ist das ersatzlose Streichen von Arbeiten. Nach *Mund* ist diese Verbesserungsart zwar selten möglich, kommt aber häufiger vor als man gemeinhin denkt.

Bei der Grundlagenanalyse wird jeder einzelne Systemteil dahingehend geprüft, ob

- er zwingend notwendig ist,
- Vorteile sich aus seinem Vorhandensein ergeben,
- auf ihn verzichtet werden kann
- der Nutzen der Bearbeitung den Kosten entspricht.

Diese Prüfung ist an dem von den Unternehmenszielen abgeleiteten organisatorischen Soll vorzunehmen.

Müller-Pleuss nennt folgende Gründe, warum die Grundlagenanalyse, die von ihm mit Grundsatzkritik bezeichnet wird, erfolgreich sein kann:

- Arbeiten werden doppelt vorgenommen.
- Der ursprünglich vorhandene Grund für eine Arbeit ist zwischenzeitlich entfallen.
- Die Grundlagen der Arbeiten haben sich verändert.
- Die Arbeit hat durch Veränderungen im Zeitablauf ihre Bedeutung eingebüßt.
- Die Kosten einer Arbeit übersteigen ihren Nutzen.

Die Grundlagenanalyse ist die Basis jeder Istanalyse.

2.2.2.2 Checklistentechnik

Die Checkliste, für die auch Begriffe wie Prüfliste (*Sommer, Wedekind*) und Prüffragenkatalog (*Schmidt*) gebraucht werden, ist ein methodisches Hilfsmittel zum Auffinden von Schwachstellen.

Checklisten wurden nach *Heinrich* definiert als eine Zusammenstellung von logisch abgeleiteten und aus der Erfahrung gewonnenen Fragen, die in ihrer Gesamtheit sicherstellen sollen, daß alle Schwachstellen des Istzustandes erkannt werden.

Die Problematik der Checklistentechnik besteht nach *Acker* vornehmlich darin, daß es sehr schwer ist, gute Prüflisten zu entwickeln. Es stellt sich immer die **Fragenproblematik:**

(1) **Allgemeine Fragen**
Diese Fragen lassen sich vielfältig anwenden, bedürfen aber oftmals noch der Interpretation und Detaillierung.

(2) **Spezielle Fragen**
Sie zielen direkt auf mögliche Schwachstellen, können aber nur für ganz spezielle Analysengebiete benutzt werden.

Deswegen werden oftmals beide Fragearten miteinander kombiniert. Eine allgemein gehaltene Checkliste wird gemeinsam mit einer oder mehreren speziellen, auf ein ganz enges Aufgabengebiet beschränkte Checklisten benutzt.

Zur **Erlangung** von geeigneten Checklisten gibt es mehrere Möglichkeiten:

- Eigenerstellung durch einen erfahrenen Organisator
- Erwerb von käuflichen Checklisten in Buchform
- Benutzung der in der Literatur ausgewiesenen Checklisten, so beispielsweise bei *Acker* oder *Sommer*.
- Von verschiedenen Unternehmensberatungen werden detaillierte Checklistensysteme angeboten. Sie sind jedoch oftmals teuer.

Ein Ausschnitt der von *Acker* veröffentlichten Prüffragenliste wird nachstehend für den Bereich des Zusammenwirkens von einzelnen Verrichtungen ausgewiesen.

Beispiel:

Checkliste – Zusammenwirken von einzelnen Verrichtungen
(1) Kann die Verrichtung mit anderen Verrichtungen kombiniert werden? (2) Kann man die Verrichtung in Teilverrichtungen zerlegen, und zwar so, daß die einzelnen Teilverrichtungen mit anderen Verrichtungen kombiniert werden können? (3) Kann ein Teil der Verrichtungen abgetrennt werden, damit er danach als besondere Verrichtung besser ausgeführt werden kann? (4) Kommen insbesondere einzelne Teilverrichtungen so regelmäßig und häufig vor, daß sie besser als selbständige Verrichtungen einem spezialisierten Aufgabenträger zugewiesen werden sollten? (5) Kann die Verrichtung ausgeführt werden, während bei einer anderen Verrichtung eine Wartezeit auftritt? (6) Ist die Reihenfolge der einzelnen Verrichtungen des Arbeitsablaufes die zweckmäßigste? (7) Würde eine Änderung in der Reihenfolge der Verrichtungen die einzelne Verrichtung in irgendeiner Weise ändern? (8) Wenn ja, hat das günstige oder ungünstige Auswirkungen? (9) Weicht die Reihenfolge der Verrichtungen von dem ab, was in ähnlichen Fällen günstig ist? (10) Sollte diese Verrichtung besser an einem anderen Arbeitsplatz oder von einer anderen Stelle ausgeführt werden, z.B. um Kosten oder Wege zu sparen? (11) Ist der Arbeitsfluß so günstig gestaltet, daß die Durchlaufzeit möglichst gleich der Bearbeitungszeit ist oder ihr doch sehr nahe kommt? (12) Können Arbeitsverrichtungen und Kontrollverrichtungen miteinander kombiniert werden?

2.2.2.3 Kennzahlentechnik

Für die zu analysierenden Ablaufbereiche werden aussagekräftige Kennzahlen gebildet, so beispielsweise

- Kosten je Buchungssatz
- Zahl der Buchungen je Tag und Buchhalter
- Zeitdauer für die Erstellung der Monatsbilanz.

Diese Kennzahlen werden mit Vergleichskennzahlen in Bezug gesetzt:

- Sollzahlen
- Branchendurchschnittswerte
- Vergangenheitswerte.

Die Differenzen werden untersucht und damit Mängel und Schwachstellen ermittelt.

Im Kapitel B.2.1.1.1 wird ausführlich auf die Kennzahlentechnik eingegangen.

2.2.2.4 Wirtschaftlichkeitsanalyse

Die Wirtschaftlichkeitsanalyse vergleicht angefallene Istwerte mit den Werten möglicher anderer Lösungen. Es kommen dafür verschiedene Werte in Frage:

- Kosten
- Deckungsbeitrag
- Gewinn
- Rentabilität
- Wiedergewinnungszeit.

Dieser Vergleich kann auf der Basis von Gesamtwerten, also Gesamtkosten oder Gesamtdeckungsbeiträgen erfolgen. Er kann aber auch vorgenommen werden für durchschnittliche Leistungseinheiten wie zum Beispiel:

- Buchungen
- Bestellungen
- Rechnungen
- Aufträge
- Briefe.

Die Vergleichsbasis zu den Istwerten können ermittelt werden mit Hilfe von Angeboten, Tarifen oder Hochrechnungen.

2.2.2.5 ABC-Analyse

Die ABC-Analyse ist eine Technik zum **Erkennen von Schwerpunkten**. In der Ermittlung und der kritischen Würdigung von Unterschieden zwischen tatsächlich vorhandenen Schwerpunkten und den im gegebenen organisatorischen System gebildeten Schwerpunkt ergibt sich die Aufgabe dieser Technik in der Systemanalyse.

Daneben dient diese Technik der Rangreihung von Systemelementen, um damit der Systemplanung die Möglichkeit zu geben nach Wirtschaftlichkeitskriterien das neue System zu gestalten. Dies ist insbesondere von Bedeutung bei der Gestaltung von Datenverarbeitungssystemen, bei denen entschieden werden muß, ob alle speziellen Bearbeitungsbedürfnisse maschinell vorgenommen werden sollen oder ob und für welche Bedürfnisse es sinnvoller ist, ein manuelles Bearbeitungssystem zu gestalten.

Bei einer ABC-Analyse wird ermittelt, welche Systemelemente den höchsten Wertanteil haben. Sind die Werte der Systemelemente normalverteilt so sind solche Systemelemente mit hohem Wertanteil nur mit einer geringen Zahl von Systemelementen vertreten. Sie werden mit A-Positionen bezeichnet.

Entsprechend wird es bei einer Normalverteilung, die üblicherweise gegeben ist, eine Vielzahl von Systemelementen geben, die nur einen geringen Wertanteil ausmachen. Sie werden C-Positionen genannt.

Zwischen beiden Positionsgruppen werden die B-Positionen eingereiht. Der Zusammenhang zwischen Wert und Positionenzahl weist die folgende *Lorenz*-Kurve aus:

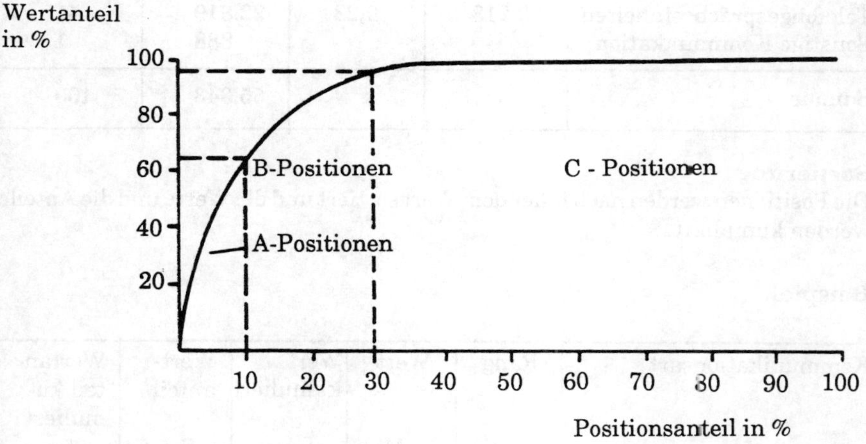

Die Erarbeitung einer ABC-Analyse erfolgt in folgenden **Phasen:**

(1) **Wertermittlung**
Ermittlung des Wertes für jedes Systemelement durch Multiplikation der Menge mit seinem Preis. Außerdem wird üblicherweise der relative Anteil jeder Position am Gesamtwert ermittelt.

Beispiel: Externe Kommunikation mit Hilfe der Dienste der Bundespost – Ermittlung des Wertes und ihres relativen Anteils der anfallenden Kosten

Kommunikationsart	Menge Stück	Gebühr DM	Wert DM	Anteil %
Standardbriefe	9.810	1,00	9.810	18
Briefe bis 50 g	1.285	1,70	2.185	4
Briefe über 50 bis 100 g	715	2,40	1.716	3
Briefe über 100 g	201	3,20	643	1
Standarddrucksachen	14.510	0,60	8.706	16
Briefdrucksachen bis 50 g	1.624	1,40	2.274	4
Standardwarensendungen	4.418	0,60	2.651	5
Wurfsendungen bis 20 g	15.085	0,18	2.715	5
Auslandsbriefe	780	1,20	936	2
Telefongesprächseinheiten	99.213	0,23	22.819	41
Sonstige Kommunikation	–	–	888	1
Summe			55.343	100

(2) **Sortierung**
Die Positionen werden nach fallendem Wert sortiert und die Werte und die Anteile werden kumuliert.

Beispiel:

Kommunikationsart	Rang	Wert DM	Wert kumuliert DM	Wertanteil %	Wertanteil kumuliert %
Telefongespräche	1	22.819	22.819	41	41
Standardbriefe	2	9.810	32.629	18	59
Standarddrucksachen	3	8.706	41.335	16	75
Wurfsendungen	4	2.715	44.050	5	80
Standardwarensendungen	5	2.651	46.701	5	85
Briefdrucksachen	6	2.274	48.975	4	89
Briefe bis 50 g	7	2.185	51.160	4	93
Briefe bis 100 g	8	1.716	52.876	3	96
Auslandsbriefe	9	536	53.812	2	98
Sonstige Kommunikation	10	888	54.700	1	99
Briefe über 100 g	11	643	55.343	1	100

(3) **Auswertung**
Vergleich der kumulierten Prozentanteile des Wertes und der Positionen.

Beispiel:

Kommunikationsart	Rang	Wertanteil kumuliert %	Positionsanteil kumuliert %	Klassifikation
Telefongespräche	1	41	9	A
Standardbriefe	2	18	18	B
Standarddrucksachen	3	16	27	B
Wurfsendungen	4	5	36	C
Standardwarensendungen	5	5	45	C
Briefdrucksachen	6	4	55	C
Briefe bis 50 g	7	4	64	C
Briefe bis 100 g	8	3	73	C
Auslandsbriefe	9	2	82	C
Sonstige Kommunikation	10	1	91	C
Briefe über 100 g	11	1	100	C

Für das Beispiel ergeben sich die nachstehenden **Aussagen:**

Klassifizierungsgruppe	Wert %	Positionen %
A - Positionen	41	9
B - Positionen	34	18
C - Positionen	25	73

Aus dem Ergebnis dieses Beispiels kann gefolgert werden, daß ein Einfluß auf nur 27% der Positionen (A- und B-Positionen) eine kostenmäßige Wirkung von 75 % haben wird.

Die ABC-Analyse kann als ökonomischer Hebel eingesetzt werden, der bedingt, wie das Beispiel demonstriert, daß mit wesentlich geringerem Aufwand ein nur wenig schlechteres Ergebnis erreicht wird.

30

2.2.2.6 Technizitätsanalyse

Technizität – Definition nach *Müller-Pleuss:* Rechnerisches Verhältnis einer Büroleistung zu den Kosten für die Erstellung dieser Büroleistung.

Die Technizitätsanalyse dient der Untersuchung der kostenmäßigen **Zweckmäßigkeit von technischen Verfahren**. Technische Anlagen wie beispielsweise Büromaschinen oder Büroautomaten haben üblicherweise einen bestimmten Mengenbereich, in welchem sie wirtschaftlich eingesetzt werden können. Werden sie mit größeren oder kleineren Mengen ausgelastet, so können andere Maschinen kostengünstiger sein.

Beispiel: Vervielfältigungstechnik

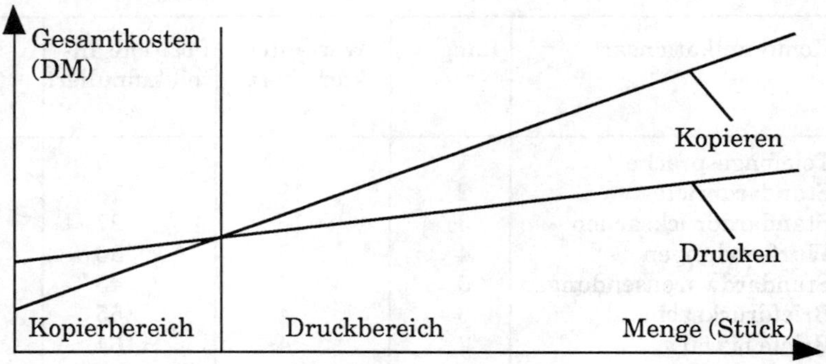

Die Technizitätsanalyse ist damit eine Sonderform der Wirtschaftlichkeitsanalyse, die dem besonderen Aspekt des individuellen Kapazitätsbedarfs Rechnung trägt.

Typisches Beispiel ist die Vervielfältigungstechnik. Bis zu einer bestimmten Auflage ist ein Kopierverfahren kostenmäßig einem Druckverfahren überlegen. Mit der Technizitätsanalyse wird die Auflage ermittelt, bei der von der einen Vervielfältigungstechnik zur anderen Technik übergegangen werden sollte.

Die **Durchführung** einer Technizitätsanalyse erfolgt in folgenden Schritten:

(1) **Gesamtkostenermittlung**
Für unterschiedlichen Kapazitätsbedarf bei den relevanten Anlagen werden die Gesamtkosten ermittelt.

Beispiel: Gesamtkosten – Vervielfältigungsverfahren

	Kopieren		Drucken	
Auflage in Stück	10	40	10	40
Gesamtkosten in DM	1,50	6,00	2,50	3,50

(2) **Ermittlung der Einzelkosten**
Eine Technizitätsanalyse auf der Basis der Einzelkosten empfiehlt sich aus Gründen der Anschaulichkeit. Sie kann selbstverständlich auch ausschließlich mit Gesamtkosten erstellt werden.

Beispiel: Einzelkosten – Vervielfältigungsverfahren

	Kopieren		Drucken	
Auflage in Stück	10	40	10	40
Einzelkosten in DM	–,15	–,15	–,25	–,09

(3) **Ermittlung der Wirtschaftlichkeitsschwelle**
Für die Ermittlung der Wirtschaftlichkeitsschwelle bieten sich mehrere Techniken an:

- Mathematisch durch Gleichsetzung der Kostenfunktionen
- Grafisch durch Zeichnen der Kostenkurven. Der Schnittpunkt ist die Wirtschaftlichkeitsschwelle
- Tabellarisch durch Vergleich der Einzel- oder Gesamtkosten für verschiedene Mengen.

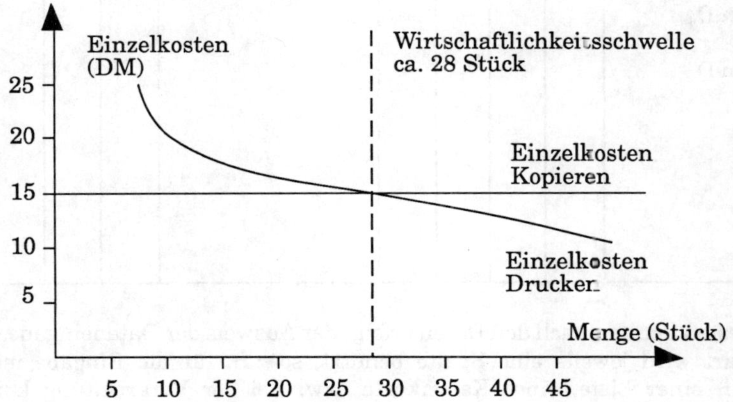

Beispiel: Grafische Ermittlung der Wirtschaftlichkeitsschwelle

Besonders Arbeitsabläufe, die mit Hilfe der elektronischen Datenverarbeitung durchgeführt werden, sollten einer Technizitätsanalyse unterzogen werden, da bei manchen Informatikanwendungen in der betrieblichen Praxis der Verdacht gegeben ist, daß mit einer anderen Verfahrenstechnologie das gleiche Ergebnis kostengünstiger erarbeitet werden könnte.

31

2.2.2.7 Datenmatrixanalyse

Die Datenmatrixanalyse, die auch mit Informationsmatrix- *(Herkelmann / Trede)* oder als Eingabe-Ausgabe-Analyse (IBM) oder Matrixanalyse *(Heinrich)* bezeichnet wird, dient zur

- Darstellung des Informationsstromes in einem ablauforganisatorischen System.
- Analyse dieses Informationsstroms von der Eingabe über die Verarbeitung bis zur Ausgabe.

In einer Datenmatrix werden die Daten eines Systems in matrizen- oder listenmäßiger Form so dargestellt, daß ihre Eingabe, Verarbeitung und Ausgabe übersichtlich ist und damit einfach analysiert werden kann.

Verrichtung / Daten	Eingabe				Verarbeitung	Ausgabe			
	E_1	E_2	E_3	...		A_1	A_2	A_3	...
Datum D_1									
Datum D_2									
Datum D_3									
.									
.									
.									

In den ersten Spalten nach den Daten erfolgt der Ausweis der Dateneingabe. Für jede Eingabeart wird jeweils eine Spalte benutzt, so z.B. für die Eingabe mit einem Formular, einer Liste, einer Karteikarte usw. Bei der Verarbeitung kann jeder Arbeitsgang eine Spalte erhalten und für jede Systemausgabe, beispielsweise auf einem Vordruck, Brief oder Kontoblatt wird ebenfalls eine Spalte eingerichtet.

Im Schnittpunkt von Zeilen und Spalten erfolgt der Ausweis der relevanten Daten durch eine entsprechende Kennzeichnung:

	Eingabe		Verarbeitung	Ausgabe	
	Artikelkarte	Kundenauftrag		Umsatzliste	Provisionsliste
Kundennummer		?		X	X
Artikelnummer	X	?		X	
Artikelbezeichn.	X	X		X	
Bestellmenge		X	X		
Verkaufspreis	X	?	X		
Umsatz			X	X	X
.	.	.	.	.	
.	.	.	.	.	.

Eine Analyse mit einer Datenmatrix beinhaltet folgende **Aufgaben:**

(1) **Prüfung auf Vollständigkeit**

Jedes Datum muß in einer der folgenden Verwendungskombinationen vorkommen:

- Eingabe - Ausgabe
- Eingabe - Verarbeitung
- Verarbeitung - Ausgabe
- Eingabe - Verarbeitung - Ausgabe.

Ein einziger Ausweis nur in einer Spalte ist logischerweise nicht möglich, da es beispielsweise nicht nur eine Eingabe oder Ausgabe geben kann.

(2) **Prüfung auf Redundanz**

Es wird kontrolliert, ob Daten mehrfach, auch mit unterschiedlichen Datennamen, vorkommen. Weiterhin ob die ermittelten Mehrfacheingaben und Mehrfachausgaben erforderlich sind oder ob diese nicht auf eine Einfachein- oder -ausgabe reduziert werden können.

(3) **Prüfung auf Erfordernis**

Jede Datenart ist zu prüfen, ob sie überhaupt benötigt wird oder ob sie verkürzt werden kann. Typische Frage ist hier das Erfordernis des Pfennigausweises bei Wertangaben. Meistens gibt es keinen Grund in allen Unterlagen Pfennigangaben zu machen. Oftmals genügt sogar ein Ausweis in 1.000 DM (TDM).

Die Analyse mit der Datenmatrix wird vornehmlich bei der Systemanalyse von Datenverarbeitungssystemen eingesetzt.

32

2.2.2.8 Entscheidungstabellenanalyse

Im Rahmen vieler Arbeitsgänge sind Entscheidungen zu treffen. Diese können dem Sachverstand des Sachbearbeiters überlassen bleiben. Sie können aber auch nach einem vorgegebenen Entscheidungssystem zu treffen sein.

Vorgegebene Entscheidungssysteme können einfach mit Hilfe einer Entscheidungstabellenanalyse geprüft werden:

(1) **Tabellendarstellung**

Im ersten Schritt wird das zu prüfende Entscheidungssystem in Form einer begrenzten Entscheidungstabelle dargestellt.

(2) **Vollständigkeit**

Mit Hilfe der Formel

$$R = 2^B$$

R: Regelzahl
B: Bedingungszahl

ist für begrenzte Entscheidungstabellen einfach zu prüfen, ob alle möglichen Entscheidungen berücksichtigt sind.

(3) **Redundanzlosigkeit**

Mit einer Entscheidungstabelle ist es einfach möglich zu prüfen, ob in dem Entscheidungssystem Wiederholungen gegeben sind. Gleiche Regeln bedeuten Redundanz.

(4) **Widerspruchsfreiheit**

Während es sich bei der Prüfung auf Vollständigkeit und Redundanzfreiheit um formale Analysen handelt, sind Entscheidungssysteme auch dahingehend zu prüfen, ob sie keine logischen Widersprüche enthalten.

Dazu ist es notwendig, alle Regeln mit ihren Aktionen miteinander zu vergleichen und zu fragen, ob sie keine Widersprüche enthalten.

Andere Dokumentationstechniken für Entscheidungssysteme

- Entscheidungsdiagramm
- Entscheidungsbaum
- Entscheidungsmatrix

können natürlich auch zur Analyse von Entscheidungssystemen benutzt werden.

2.2.2.9 Kommunikationsanalyse

Liegt das Ergebnis einer Kommunikationsaufnahme vor, so können diese Daten einer Kommunikationsanalyse unterzogen werden.

Mit einer Kommunikationsanalyse können unterschiedliche **Aufgaben** gelöst werden:

(1) **Raumplanungsanalyse**

Ziel jeder Raumplanung muß es sein

- Transporte
- Wege

zu minimieren. Mit einem Kommunikationsnetz, das die geografische Lage der Stellen berücksichtigt, kann einfach geprüft werden, ob ein Raumplanungsoptimum erreicht ist. Weiterhin dient sie der Planung neuer Büroräume oder Bürobauten.

(2) **Kommunikationsmittelanalyse**

Mit einer Kommunikationsmittelanalyse kann entweder die Planung eines zusätzlichen Kommunikationsmittels oder der Einsatz benutzter Kommunikationsmittel geprüft und unterstützt werden:

- Telefon
- Rohrpost
- Fernkopieren
- Bürofernschreiben.

Mit dieser Analyse kann

- Zahl
- Ort
- Einsatzort

von Kommunikationsmitteln optimiert werden.

Kommunikationsanalysen werden vornehmlich von der Büroorganisation durchgeführt.

3. Systemgestaltung

Die Systemgestaltung enthält folgende **Aufgaben:**

(1) Groborganisation
(2) Detailorganisation
(3) Programmierung

Nur bei Systemen mit Einsatz von automatischen Anlagen wie Daten- oder Textverarbeitung ist eine Programmierung erforderlich.

Im Anschluß an die Gestaltung des Systemkonzeptes erfolgt üblicherweise eine grundsätzliche Entscheidung über das neue Systemkonzept. Am Ende der Systemgestaltung steht manchmal eine weitere Entscheidung über die Systemeinführung.

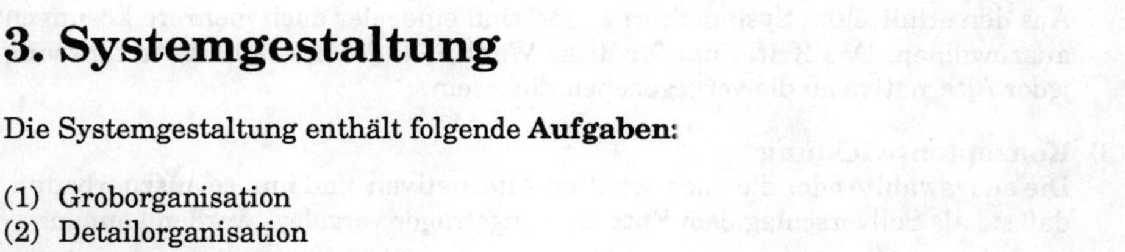

3.1 Groborganisation

Die Erarbeitung eines Sollvorschlages, der auch mit

- Systemkonzept
- Systemstrukturierung
- Grundkonzeption

bezeichnet wird, hat zur Voraussetzung, daß folgende **Vorgaben** gegeben sind:

- Organisationsauftrag mit Aufgabenbeschreibung, Zieldefinition usw.
- Projektplanung mit Vorgaben für Kapazität, Termine, Sachmittel usw.
- Systemanalyse mit den Ergebnissen von Istaufnahme und -analyse.

Die Groborganisation, also die Ausarbeitung eines oder auch mehrerer Systemkonzepte, kann in folgenden **Verfahrensschritten** vorgenommen werden:

(1) **Alternativenermittlung**
Es sind zunächst alle Alternativen für das neue System zu ermitteln. Dabei sollten jeweils sowohl manuelle als auch EDV-Lösungen betrachtet werden.

(2) **Alternativenauswahl**
Aus den ermittelten Systemalternativen sind eine oder auch mehrere Lösungen auszuwählen. Das Kriterium für diese Wahl muß die erwartbare Annäherung jeder Alternative an die vorgegebenen Ziele sein.

(3) **Konzeptentwicklung**
Die ausgewählte oder die ausgewählten Alternativen sind nun so auszuarbeiten, daß sie als Sollvorschlag dem Entscheidungsträger vorgelegt werden können.

(4) **Systementscheidung**
Der Entscheidungsträger hat nun über den oder die Sollvorschläge zu entscheiden. Diese Entscheidung bedingt, daß das System nun realisiert wird.

Zusammengefaßt ergeben sich die folgenden **Aufgaben:**

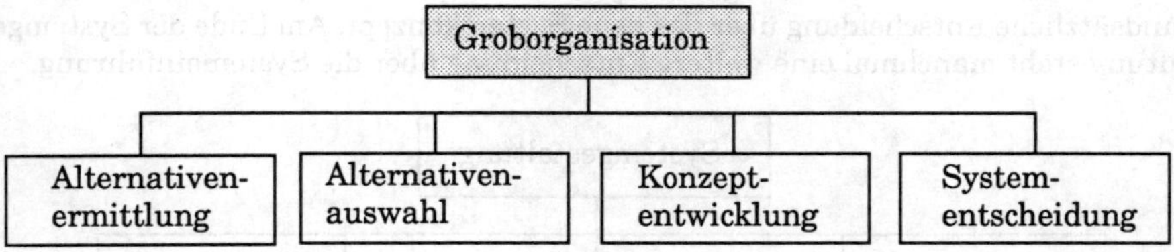

3.1.1 Alternativenermittlung

Um zum bestmöglichen organisatorischen Ablaufsystem für eine vorgegebene Aufgabe zu kommen, ist es zunächst erforderlich, alle möglichen Systemalternativen zu ermitteln.

Systemalternativen können sich insbesondere in folgenden **Merkmalen** unterscheiden:

- Systemart
- Arbeitsablauf
- Arbeitsverteilung
- Arbeitsvereinigung
- Arbeitslokalisierung
- Sachmitteleinsatz.

Da es sich zunächst nur um das Konzept eines neuen Systems handelt, betrifft die Alternativenermittlung überwiegend die Systemart und den Arbeitsablauf. Daneben wird sie auch bereits den Sachmitteleinsatz zu berücksichtigen haben, da durch ihn wesentlich die verschiedenen Systemalternativen bestimmt werden.

Bei **ablauforganisatorischen Systemen** sind grundsätzlich zwei **Arten** zu unterscheiden:

(1) **"Manuelle" Arbeit**

Ausschließlich von Mitarbeitern ausgeführte Aufgaben können als "manuelle" Büroarbeit oder Datenverarbeitung bezeichnet werden.

(2) **Maschinelle Arbeit**

Werden zur Arbeitsdurchführung Personal Computer oder Großcomputer eingesetzt, so spricht man von maschineller Datenverarbeitung.

Folgende ablauforganisatorische **Systemarten** können für die Alternativenermittlung unterschieden werden:

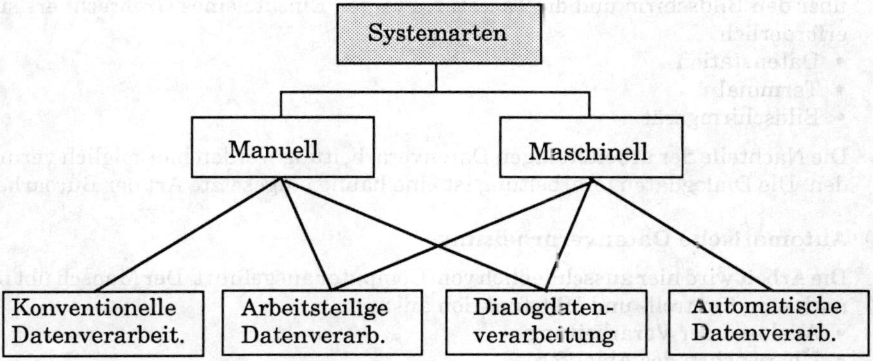

Wesentliche **Merkmale** dieser Systemarten sind:

(1) **Konventionelle Datenverarbeitung**

Arbeitsdurchführung ohne Maschinen oder unter Einsatz von Büromaschinen wird als konventionelle Büroarbeit bezeichnet.

Kennzeichen von Büromaschinen ist ihre Bedienungsbedürftigkeit:
- Rechenmaschinen
- Schreibmaschinen
- Diktiergeräte
- Kopiergeräte.

Büromaschinen vergrößern die menschliche Leistung.

(2) **Arbeitsteilige Datenverarbeitung**

Der Einsatz von Computern gestattet eine Arbeitsteilung zwischen den Mitarbeitern und einer elektronischen Datenverarbeitungsanlage.
Schwierigkeiten bereiten dabei jeweils der Übergang der Arbeit vom Mitarbeiter zum Computer, denn hier sind eine Reihe von zeit- und kostenaufwendigen Tätigkeiten erforderlich:
- Erfassen der Daten in maschinenlesbarer Form
- Transport der Daten zum Rechenzentrum
- Einlesen der Daten in den Rechner
- Prüfung der Daten auf Fehler
- Korrektur der fehlerhaften Daten
- Erneutes Einlesen der verbesserten Daten.

Eine optimale Arbeitsteilung zwischen Mensch und Computer ist deswegen kaum realisierbar.

(3) **Dialogdatenverarbeitung**

Gemeinsam und gleichzeitig werden hier die Aufgaben von Mitarbeitern und Computern gelöst. Voraussetzung dafür ist die direkte Kommunikation zwischen beiden Dialogpartnern. Am Personal Computer erfolgt die Kommunikation direkt über den Bildschirm und die Tastatur. Für den Einsatz eines Großrechners sind erforderlich:
- Datenstation
- Terminal
- Bildschirmgerät.

Die Nachteile der arbeitsteiligen Datenverarbeitung werden hier folglich vermieden. Die Dialogdatenverarbeitung ist eine häufig eingesetzte Art der Büroarbeit.

(4) **Automatische Datenverarbeitung**

Die Arbeit wird hier ausschließlich vom Computer ausgeführt. Der Mensch übt nur noch eine Kontroll- und Hilfsfunktion aus:
- Auslösen der Verarbeitung
- Überwachen des Ablaufes
- Rüsten der Anlage.

Im kommerziellen Bereich wird die automatische Datenverarbeitung noch nicht allzu häufig eingesetzt.

Die Ermittlung von Systemalternativen ist eine kreative Aufgabe, die durch verschiedenartige Methoden, Techniken und auch mit Hilfe des Zufalles erfolgen kann.

Folgende Verfahrensarten zur Ermittlung von **Alternativen** für das Systemkonzept sind zu betrachten.

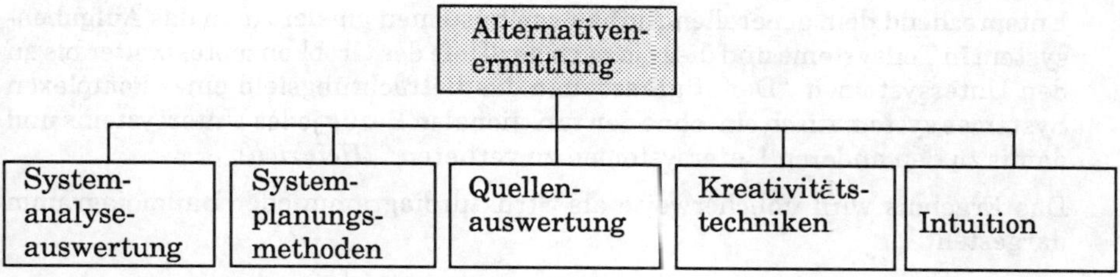

Diese Verfahrensarten werden oftmals in Kombination angewandt.

3.1.1.1 Systemanalyseauswertung

Es liegt nahe, bei der Ermittlung von Alternativen für das Systemkonzept an die Systemanalyse anzuknüpfen. Dazu müssen insbesondere die folgenden **Ergebnisse** der Systemanalyse benutzt werden:

- Die durch die Istanalyse erkannten Mängel und Schwachstellen des benutzten Systems.
- Die mit der Problemanalyse ermittelten Probleme und ihre Problemursachen.
- Die während der Systemanalyse erkannten Verbesserungsmöglichkeiten, welche schriftlich festgehalten sein sollten.
- Die bei der Istaufnahme von den Systemmitarbeitern genannten Anforderungen an das neue System.

Die systematische Beurteilung dieser Ergebnisse der Systemanalyse im Hinblick auf Systemalternativen wird häufig bereits mehrere Alternativen erkennen lassen.

3.1.1.2 Systemplanungsmethoden

Geht man bei der Groborganisation methodisch vor, so sind auch hier zwei **Phasen** zu unterscheiden:

(1) **Arbeitsanalyse**
Alle wesentlichen Arbeitsaufgaben sind zu ermitteln. Die Arbeitsanalyse geht wesentlich tiefer als die Aufgabenanalyse der Aufbauorganisation.

(2) **Arbeitssynthese**
In geeigneter Form sind die einzelnen Arbeitselemente zusammenzufassen und ihre Arbeitsdurchführung zu organisieren.

Vornehmlich zwei **Methoden** können zur Aufgabenanalyse eingesetzt werden:

(1) **Hierarchische Strukturierung**

Entsprechend dem generellen Aufbau von Systemen gliedert man das Aufgabensystem in Teilsysteme und diese je nach der Tiefe des Grobkonzeptes weiter bis zu den Untersystemen. "Damit grenzt man das Betrachtungsfeld eines komplexen Systemes systematisch ein, ohne den funktionalen Bezug jedes Untersystems und damit zu den anderen Untersystemen zu verlieren." *(Heinrich)*

Das Ergebnis wird üblicherweise als Strukturdiagramm oder Baumdiagramm dargestellt:

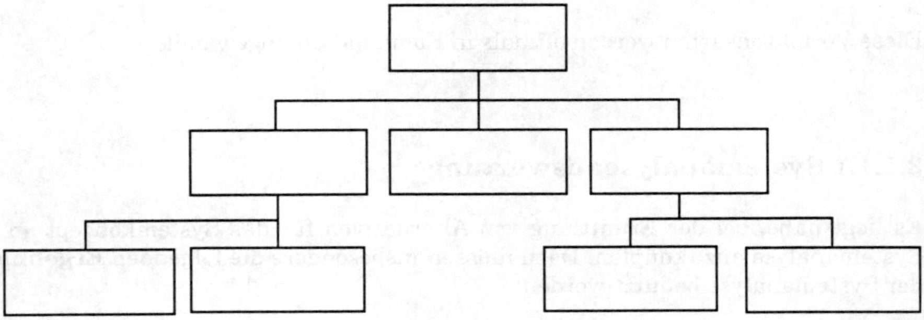

(2) **Methode des schwarzen Kastens**

Diese auch als Black-Box-Methode bezeichnete Vorgehensweise geht zunächst davon aus, daß das System selbst nicht interessiert, sondern ausschließlich seine Beziehungen zur Umwelt. Deswegen werden zunächst die Ein- und Ausgaben der Black-Box systematisch ermittelt.

Danach wird versucht auf Grund der Kenntnisse der Ein- und Ausgaben des Systems dieses selbst zu strukturieren und in Untersysteme zu zerlegen.

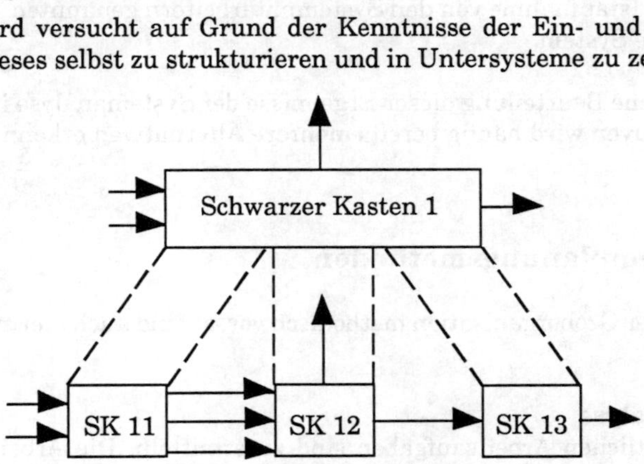

Für diese Untersysteme (Schwarzer Kasten 11, 12 und 13) werden nun ergänzend zu ihren Ein- und Ausgaben zur Umwelt die Informationsbeziehungen zwischen diesen Untersystemen ermittelt, die jeweils wieder Ein- und Ausgaben sein müssen.

In Abhängigkeit von dem Detaillierungserfordernis der Groborganisation, dem Umfang und der Komplexität des Aufgabensystems wird die Tiefe der Gliederung bestimmt. Auf der untersten Stufe wird dann der erforderliche Inhalt aller so erhaltenen schwarzer Kästen erarbeitet.

Die Arbeitssynthese kann bei der Groborganisation in zwei **Schritten** vorgenommen werden:

(1) **Modulbildung**

Die ermittelten Aufgaben oder Untersysteme der Ablauforganisation werden in Module zusammengefaßt. Diese Zusammenfassung kann nach verschiedenen Zentralisierungsarten erfolgen (vgl. C.2.2.1):

- Verrichtungszentralisation
- Objektzentralisation
- Sachmittelzentralisation
- Entscheidungszentralisation
- Regionale Zentralisation.

(2) **Modulgestaltung**

Die ermittelten Module müssen grob gestaltet werden. Dazu geht man nach dem **AVE-Prinzip** vor:

A – Ausgabe
V – Verarbeitung
E – Eingabe

- Ermittlung aller erforderlichen Modulergebnisse, also aller erforderlichen Ausgaben
- Grobe Festlegung der Verarbeitungserfordernisse zur Erarbeitung der Modulausgaben
- Definition der Moduleingaben auf Grund der Notwendigkeit der Verarbeitung.

34

3.1.1.3 Quellenauswertung

Nach *Ben Akiba* "ist alles schon einmal dagewesen". Diese Aussage gilt sicher auch für organisatorische Systeme. Deswegen gilt es Quellen zu finden, welche im konkreten Aufgabenfall Beispiele über geplante oder realisierte Systemlösungen geben können.

Es sollte bei ablauforganisatorischen Projekten immer versucht werden, solche Quellen aufzuspüren und sie für das individuelle System auszuwerten.

Folgende **Quellen** kommen vornehmlich für das Finden von Systemalternativen in Frage:

(1) **Schriftliche Systembeschreibungen**
- Fachbücher
- Fachzeitschriften
- Veröffentlichungen von Fachfirmen
- Programmbeschreibungen.

(2) **Persönliche Informationen über Systemrealisierungen**
- Zwischenbetriebliche Fachgespräche, Betriebsbesichtigung usw.
- Beratung durch Fachinstitute, Unternehmensberater oder sonstige Experten
- Beratung durch Organisationsmittel-, Büromaschinen-, und sonstige Fachfirmen.

(3) **Schulung über Systemlösungen**
- Kongresse, Symposien oder Foren verschiedenster Veranstalter
- Lehrgänge, Kurse, Seminare oder Workshops von Fachfirmen, Beratungsunternehmen und Universitäten.

Zunehmend werden auch öffentliche Datenbanken zur Quellenauswertung benutzt.

3.1.1.4 Kreativitätstechniken

Den Kreativitätstechniken, die auch mit Ideenfindungstechniken oder Problemlösungstechniken bezeichnet werden, ist gemeinsam:
- Sie werden fast immer in Gruppen angewandt
- Sie werden unter der Leitung eines Gruppenleiters, der als Moderator bezeichnet wird, durchgeführt.

Für ihre **Anwendung in einer Gruppe** spricht besonders:
- Größeres Ideen- und Wissenspotential
- Gegenseitige Stimulierung und Auslösung von Assoziationen
- Betrachtung aus verschiedenen Kenntnis- und Erfahrungsbereichen.

Die Notwendigkeit eines **Moderators** beim Einsatz von Kreativitätstechniken ergibt sich aus seinen Aufgaben:
- Steuerung der Gruppensitzung
- Erläuterung der anzuwendenden Technik
- Sicherung der Einhaltung der Spielregeln
- Überwindung von Stockungen.

In der organisatorischen Praxis werden fast ausschließlich nur drei **Techniken** eingesetzt:

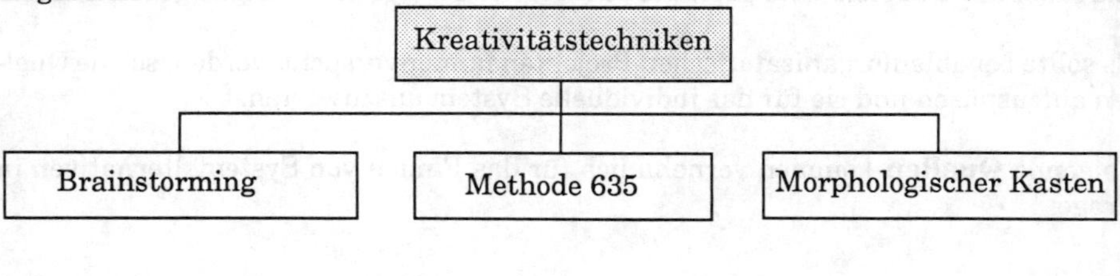

Daneben gibt es eine Vielzahl weiterer eigenständiger Techniken sowie Varianten dieser Techniken.

3.1.1.4.1 Brainstorming

Die älteste und am häufigsten eingesetzte Kreativitätstechnik ist das Brainstorming.

Brainstorming – Definition nach *Werneck / Ullmann:*
Durch ungehemmte Diskussion mit phantasievollen Einfällen sollen in einer Gruppensitzung kreative Leistungen erbracht werden.

Die Anwendung dieser Technik erfolgt in drei **Phasen:**

(1) **Vorbereitung**

Zur Vorbereitung einer Brainstorming-Sitzung bedarf es der Erfüllung folgender Aufgaben:

- Einladung von maximal 10 Teilnehmern mit möglichst unterschiedlichen Kenntnissen und Erfahrungen ohne Nennung des Themas.
- Definition des Problems und Erarbeitung von Hilfen zur Anregung des Ideenflusses.
- Vorbereitung der Hilfsmittel wie Flipcharts, Overhead-Projektor und einer Glocke für den Moderator.
- Sicherung der Störungsfreiheit der Gruppensitzung, z.B. durch Abklemmen des Telefons im Sitzungsraum.

(2) **Durchführung**

Die Gruppensitzung setzt neben dem Moderator einen Protokollanten voraus, der alle gefundenen Ideen allgemein sichtbar aufschreibt.

Die Sitzung wird in drei Schritten durchgeführt:

- Bekanntgabe der Sitzungsregeln
- Vorstellung des Themas mit kurzer Skizzierung der Problematik
- Austausch der Ideen mit Protokollierung

Für die Gruppensitzung sollten von jedem Teilnehmer folgende Regeln beachtet und vom Moderator durchgesetzt werden:

- Keine Kritik
- Quantität vor Qualität
- Ideen sind weiter zu entwickeln
- Freier Lauf der Phantasie und der Assoziation
- Keine Killerphrasen

Typische Killerphrasen sind beispielsweise:

Das wird doch nirgends so gemacht! Wer soll denn das bezahlen? Das darf doch nicht Ihr Ernst sein! Haben Sie denn das studiert? Das kann doch gar nicht funktionieren! Wenn Sie das glauben, kann ich ja gleich gehen! In der Praxis sieht das ganz anders aus! So ging das schon vor 10 Jahren nicht! Das haben wir schon immer so gemacht! Das können Sie gar nicht beurteilen!

Die Dauer einer Gruppensitzung sollte etwa 30 Minuten betragen.

(3) **Auswertung**

Die bei der Gruppensitzung gefundenen und protokollierten Ideen und auch nachgereichte Ideen müssen anschließend ausgewertet werden. Das sollte in einer weiteren Gruppensitzung mit einem anderen Teilnehmerkreis oder auch nur durch einen Fachmann erfolgen. Die gefundenen Ideen werden in folgende Gruppen eingeteilt:

- Unmittelbar als Systemalternativen verwertbare Ideen
- Ideen, die zu Systemalternativen entwickelt werden können
- Unbrauchbare Ideen.

Der Einsatz der Technik des Brainstorming hat in der Organisationspraxis gute Ergebnisse gebracht.

3.1.1.4.2 Methode 635

Der Name dieser Technik ergibt sich daraus, daß hier

6 Gruppenmitglieder
3 Vorschläge aufschreiben, die
5 mal weiterentwickelt werden.

Diese Technik wird auch als schriftliches Brainstorming bezeichnet.

Der Einsatz dieser Technik erfolgt ebenfalls in drei **Phasen:**

(1) **Vorbereitung**

- Einladung von 6 unterschiedlich qualifizierten Teilnehmern
- Erarbeitung eines geeigneten Vordruckes für diese Methode
- Sicherung der Störungsfreiheit der Gruppensitzung.

(2) **Durchführung**

Nach der Bekanntgabe der Regeln, des Themas und der Skizzierung seiner Problematik wird in folgenden Schritten vorangegangen:

- Jedes Sitzungsmitglied schreibt auf seinen Vordruck drei Lösungsalternativen.
- Die Vordrucke mit den drei Lösungsalternativen werden den Nachbarn weitergegeben.
- Nach dem Studium dieser Alternativen entwickelt jedes Gruppenmitglied die notierten Alternativen weiter und schreibt die weiterentwickelten Alternativen ebenfalls auf den Vordruck.
- Die Vordrucke werden wieder weitergegeben und die bisherige Vorgehensweise wird wiederholt.

Als Ergebnis müssen auf 6 Vordrucken insgesamt 108 Systemalternativen vorliegen.

(3) **Auswertung**

Die Auswertung der aufgeschriebenen Systemalternativen erfolgt in gleicher Weise wie beim Brainstorming.

3.1.1.4.3 Morphologischer Kasten

Der Morphologische Kasten dient der möglichst vollständigen Erfassung aller Systemalternativen und der Prüfung ihrer Kombinationsmöglichkeiten.

Die **Vorgehensweise** beim Einsatz des Morphologischen Kastens oder der Morphologischen Matrix erfolgt in folgenden Schritten:

(1) **Definition des Themas**

Das Thema ist möglichst allgemein festzulegen, so daß nicht durch die Enge des Themas Lösungsmöglichkeiten ausgeschlossen werden.

Beispiel: Systemalternativen für die Erfassung von Gleitzeit.

(2) **Bestimmung der Merkmale**

Die Merkmale können sowohl die Systemelemente wie die Systembeziehungen beinhalten.

Beispiel: Merkmale für ein Erfassungssystem von Gleitzeit:
- Erfassungsart
- Erfassungdaten
- Erfassungsbereich
- Erfassungsdokumentation.

(3) **Suche von Merkmalsausprägungen**

Für jedes Merkmal sollten möglichst viele und unterschiedliche Ausprägungen gefunden werden. Sie werden in eine Matrix eingetragen.

Beispiel: Morphologischer Kasten für ein Erfassungssystem von Gleitzeit.

Ausprägung / Merkmale	1.	2.	3.
Erfassungsart	Erfassungsgerät	Pförtner	Selbstaufschreibung
Erfassungsdaten	Anwesenheits-Stichproben	Anfangs- und Endzeiten	Anfangs-, Pausen- und Endzeiten
Erfassungsbereich	Kernarbeitszeit	Gleitzeit	Nachtzeit
Erfassungsdokumentation	Klarschrift	Maschinenlesbar	Diagrammtechnik

(4) **Analyse der Kombinationen**

Jede Kombination des Kastens ist zu analysieren. Dabei müssen auch die Kombinationen mehrerer Ausprägungen eines Merkmals berücksichtigt werden.

Beispiel: Systemalternativen für die Erfassung von Gleitzeit

- Erfassung der Anfangs- und Endzeiten durch Selbstaufschreibung in Diagrammtechnik ausschließlich für die Kernzeit
- Erfassung der Anfangs-, Pausen- und Endzeiten durch Erfassungsgeräte für die gesamte Gleitzeit.

Der Morphologische Kasten kann in einer Gruppe erarbeitet werden. Er ist jedoch die einzige Kreativitätstechnik, die für Organisationsaufgaben eingesetzt wird und die von einem Mitarbeiter allein durchgeführt werden kann.

35

3.1.1.5 Intuition

Die intuitive Ideenfindung sollte nicht vergessen werden, obwohl hier keine Technik gegeben ist, die rational angewandt werden kann. Unter Intuition versteht man zufällige Erleuchtungen, eine Eingebung über eine oder mehrere Systemalternativen.

3.1.2 Alternativenauswahl

Die Auswahl von Systemalternativen bedeutet zunächst eine Einengung der Vielzahl von üblicherweise vorhandenen Alternativen auf einige wenige, die dann als Systemkonzept ausgearbeitet werden sollen.

In der Regel erfolgt hier aber bereits die Auswahl nur einer einzigen Alternative. Dadurch wird wohl der Aufwand für die Systemkonzeption vermindert, aber es besteht die Gefahr, daß gute Lösungen ohne fundierte Prüfung abgewählt werden.

Die ermittelten Systemalternativen müssen an den Leistungsanforderungen und den Zielvorgaben für das System gemessen werden. Die Leistungsanforderungen sind vornehmlich durch folgende **Systemdeterminanten** bestimmt:

- Aufgabenstellung
- Bestehende Probleme
- Verbesserungserfordernisse
- Anwendungsforderungen
- Verfügbare Projektmittel.

Alle Systemalternativen, die den Leistungsanforderungen oder den Zielvorgaben nicht genügen, sind auszuscheiden.

Bei den Leistungsanforderungen können zwei **Anforderungsarten** unterschieden werden:

- **MUSS**-Anforderungen
- **SOLL**-Anforderungen.

Die MUSS-Anforderungen müssen durch eine Systemalternative zwingend erfüllt werden, sonst ist diese auszuscheiden. Bei Systemalternativen, die nicht allen SOLL-Anforderungen genügen, ist individuell zu prüfen, ob das Nichtgenügen so gravierend ist, daß die Alternative deswegen ausgeschieden werden muß.

3.1.3 Konzeptentwicklung

Die Entwicklung des Sollvorschlages oder der Sollvorschläge beinhaltet die Konkretisierung der Systeme soweit, daß eine fundierte Entscheidung darüber getroffen werden kann, welches der Systeme detailliert organisiert und eingeführt werden soll.

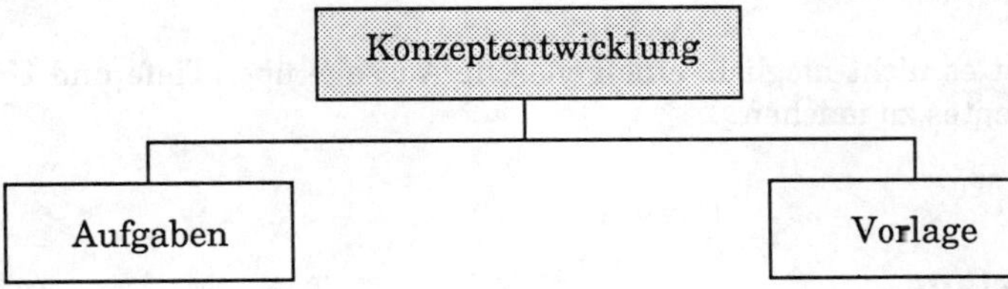

3.1.3.1 Aufgaben

Die Konzeptentwicklung umfaßt vornehmlich folgende **Aufgaben:**

(1) **Arbeitsablaufplanung**
Der Arbeitsablauf des neuen Systems ist soweit auszuplanen, daß er von allen tangierten Stellen hinreichend beurteilt werden kann. Insbesondere den in das

neue System einbezogenen Fachabteilungen und Entscheidungsträgern muß es möglich sein, das konzipierte System begutachten zu können.

(2) **Systemart**

Für jeden definierten Aufgabenbereich ist die Systemart zu bestimmen:
- Manuelle Arbeitsdurchführung
- Arbeitsteilige Büroarbeit
- Dialogdatenverarbeitung
- Automatische Aufgabenerledigung.

(3) **Datenorganisation**

Die Art der Speicherung oder Archivierung der im Systemkonzept benötigten oder erarbeiteten Daten muß ebenfalls grob bestimmt werden.

(4) **Ausgaben**

Inhalt, Darstellung und Empfänger der Ergebnisse des neuen Systems sind im Systemkonzept ebenfalls auszuweisen.

(5) **Sachmitteleinsatz**

Der Einsatz von Sachmitteln muß insbesondere in Hinsicht auf folgende Determinanten bestimmt werden:
- Sachmittelart
- Einsatzgebiete
- Einsatzumfang
- Einsatzart.

Für die Entwicklung des Systemkonzeptes gilt es einerseits das neue System nicht zu detailliert auszuarbeiten, andererseits aber für alle Fragen aussagefähig zu sein:

- Fachabteilungen
- Organisation
- DV-Abteilung
- Entscheidungsträger.

Deswegen ist es nicht möglich, eine generelle Aussage über Tiefe und Umfang des Systemkonzeptes zu machen.

3.1.3.2 Vorlage

Das Ergebnis der Groborganisation ist dem Entscheidungsträger vorzulegen. **Entscheidungsträger** über das Systemkonzept können sein:

- Geschäftsleitung
- Projektkontrolle
- Organisationsausschuß
- DV-Ausschuß.

Die Vorlage des Systemkonzeptes, das eine oder mehrere Systemalternativen enthält, kann wie in Kapitel B.5.2 beschrieben mittels verschiedener **Techniken** erfolgen:

- Bericht
- Vortrag
- Präsentation
- Informationsmarkt.

Inhalt der Vorlage an den Entscheidungsträger sollte folgende Punkte umfassen:

(1) **Aufgaben und Ziele**
Die vorgegebenen Aufgaben und Ziele des Organisationsauftrages sollten nochmals kurz einleitend genannt werden.

(2) **Bestehende Ablauforganisation**
Die durch das neue System abzulösende Ablauforganisation ist komprimiert darzustellen und auf ihre wesentlichen Merkmale hinzuweisen.

(3) **Sollvorschlag**
Das oder die grob ausgearbeiteten Systemalternativen sind darzustellen. Dazu wird man sich der gängigen Darstellungstechniken bedienen, die auch von Nichtorganisatoren gelesen werden können:

- Strukturdiagramme
- Listen und Tabellen
- Ablaufdiagramme
- Datenflußpläne.

(4) **Konsequenzen**
Aus einem neuen ablauforganisatorischen System werden üblicherweise bestimmte Konsequenzen sich ergeben, wie beispielsweise eine

- Änderung der Aufbauorganisation
- Versetzung von Mitarbeitern
- Räumliche Veränderungen für Stellen.

Diese Konsequenzen müssen in der Beschreibung des Systemkonzeptes ausgewiesen werden, damit eine Entscheidung darüber nicht auf unvollständigen Informationen beruht.

(5) **Sachmittelbedarf**
Die Einführung eines neuen Systems bedingt oftmals die Beschaffung von neuen Sachmitteln oder den Einsatz bereits vorhandener Sachmittel.

(6) **Wirtschaftlichkeit**
Die dargestellten Systemkonzepte und das bestehende System sind im Hinblick auf ihre Wirtschaftlichkeit gegenüberzustellen. Diese Gegenüberstellung sollte detailliert sein und kann wie beschrieben mit einer der folgenden Techniken vorgenommen werden:

- Kostenvergleichsrechnung
- Nutzwertanalyse.

Daneben sollten die nicht quantifizierbaren oder die nicht in die Wirtschaftlichkeitsrechnung aufgenommenen Vor- und Nachteile jedes Systemkonzeptes ausgewiesen werden.

(7) **Projektdurchführung**
Da zwischen der Projektplanung und der Vorlage eines Systemkonzeptes üblicherweise eine geraume Zeit verstrichen ist, in der sich Projektänderungen ergeben haben können, Annahmen der Projektplanung nicht eingetroffen sind oder neue Erkenntnisse über die Aufgabenstellung gewonnen wurden, ist es erforderlich, eine Aussage im Hinblick auf die weitere Projektdurchführung zu machen.

Entweder kann die Aussage darin bestehen, daß für die weitere Projektdurchführung diese im Rahmen der gegebenen Projektplanung erfolgt oder daß sich gegenüber der Projektplanung Änderungen ergeben.

Ist das Letztere der Fall, so ist es erforderlich, folgende Aussagen zu machen:

- Änderungsart gegenüber der Projektplanung
  Beispiele: (1) Nichteinhaltung des Terminplanes
  (2) Erhöhter Kostenbedarf
- Änderungsumfang
  Beispiele: (1) Verzögerung der Systemrealisation um 2 Monate
  (2) Mehrkosten von 95.000 DM
- Änderungsauswirkungen
  Beispiele: (1) Verzögerung der Mietdauer eines Personal Computers um 2 Monate
  (2) Anmietung eines zusätzlichen Personal Computers für 6 Monate

(8) **Zusammenfassung**
In ihr sollte in Kurzform der Hauptteil des oder der Systemkonzepte genannt werden und die aus ihrer Einführung resultierenden Vor- und Nachteile.

(9) **Entscheidungsempfehlung**
Werden mehrere Systemkonzepte zur Entscheidung vorgelegt, so ist es meistens erforderlich, daß die Projektgruppe eine Empfehlung für eines der vorgelegten Konzepte abgibt und diese begründet. Wird nur ein Systemkonzept zur Entscheidung gestellt, dann erübrigt sich eine solche Empfehlung. Auch die Empfehlung, das bestehende System zu belassen, kann eine Empfehlung der Projektgruppe sein.

3.1.4 Entscheidung

Die Entscheidung über ein Systemkonzept kann unterschiedliche Ergebnisse haben. In der Organisationspraxis werden folgende **Entscheidungsalternativen** unterschieden:

(1) **JA-Entscheidung**
Bei solchen Entscheidungen wird der Sollvorschlag ohne wesentliche Änderungen angenommen.

(2) **JA ABER-Entscheidung**
Dieses Entscheidungsergebnis kommt in der betrieblichen Praxis am häufigsten vor. Hier wird das grundsätzliche Systemkonzept genehmigt, aber Änderungswünsche in Details gefordert.

(3) **JEIN-Entscheidung**
Dieses Ergebnis einer Entscheidung beinhaltet eine Zurückweisung der Aufgabe an die Projektgruppe, denn hier werden erhebliche Änderungen des oder der vorgeschlagenen Systemkonzepte durch den Entscheidungsträger gewünscht, ohne die Projektgruppe deswegen nach außen diskriminieren zu wollen.

(4) **NEIN-Entscheidung**
Bei diesem Entscheidungsergebnis wird zu fragen sein, ob hier nicht bei der Projektdurchführung, und dies vor allem durch den Projektleiter, erhebliche Fehler gemacht wurden. Eine solche Entscheidung wird immer berechtigte Zweifel entweder am Projektleiter oder am Entscheidungsträger bedingen müssen.

Während bei der JA- und der JA ABER-Entscheidung nun die Projektdurchführung in die nächste Phase des detaillierten Entwurfes des Systems übergeht, verbleibt sie bei der JEIN-Entscheidung in der Phase des Systemkonzeptes. Eine Nein-Entscheidung bedingt üblicherweise eine Auflösung der Projektgruppe.

3.2 Detailorganisation

Die zweite Phase der Systemgestaltung beinhaltet die detaillierte Organisation des neuen Systems im Rahmen des genehmigten Systemkonzeptes.

Aufgaben dieser Phase der Systemgestaltung sind

- Ausarbeitung des einführungsreifen Systementwurfes
- Ausarbeitung von ausführungsreifen Programmvorgaben.

Die zweite Aufgabe besteht ausschließlich für solche Systeme, die Aufgabenerledigung mit der elektronischen Datenverarbeitung vorsehen. Hier schließt sich an die Phase des Systementwurfes noch eine Programmierphase an.

Die ablauforganisatorische Systemgestaltung unterscheidet sich von der Gestaltung der Aufbauorganisation neben ihrer sachlichen Aufgabenstellung in folgenden Punkten:

(1) **Vorgabe**
Die Ausarbeitung der Ablauforganisation erfolgt üblicherweise im vorgegebenen Rahmen der Aufbauorganisation. Nur selten wird Aufbau- und Ablaufgestaltung gemeinsam vorgenommen.

(2) **Zeit**
Nur bei der ablauforganisatorischen Systemgestaltung ist die Zeit eine wesentliche Gestaltungskomponente.

(3) **Raum**
Ebenso hat die Raumkomponente, abgesehen von der geografischen Zentralisation, kaum Einfluß auf die Aufbauorganisation. Für die Ablauforgansiation gewinnt sie wesentliche Bedeutung.

Die **Ziele**, welche bei der Gestaltung des Ablaufs grundsätzlich angestrebt werden müssen, sind vornehmlich (*Kosiol, Nordsieck, Schwarz* u.a.):

- Arbeitsdurchführung mit möglichst geringem Aufwand (Ökonomisches Prinzip)
- Optimierung der Durchlaufzeit aller Abläufe
- Maximierung der Kapazitätsausnutzung
- Minimierung der Zahl der Bearbeitungsfehler
- Termingerechte Arbeitsdurchführung
- Benutzerfreundlichkeit.

Diese Ziele sind nicht gleichgerichtet. Beispielsweise kann eine termingerechte Arbeitsdurchführung eine Maximierung der Kapazitätsausnutzung ausschließen. Deswegen ist es erforderlich, bei der Systemgestaltung in Abhängigkeit von der Aufgabenstellung für die genannten generellen Ziele und die im Organisationsauftrag ausgewiesenen speziellen Ziele ein Optimum zu erreichen.

Die Ausarbeitung des Systementwurfes beinhaltet zwei **Aufgabenbereiche:**

(1) **Generelle Detailorganisation**
Dieser Aufgabenbereich muß bei der Gestaltung jedes ablauforganisatorischen Systemes erledigt werden. Er enthält die Arbeitsablaufgestaltung:

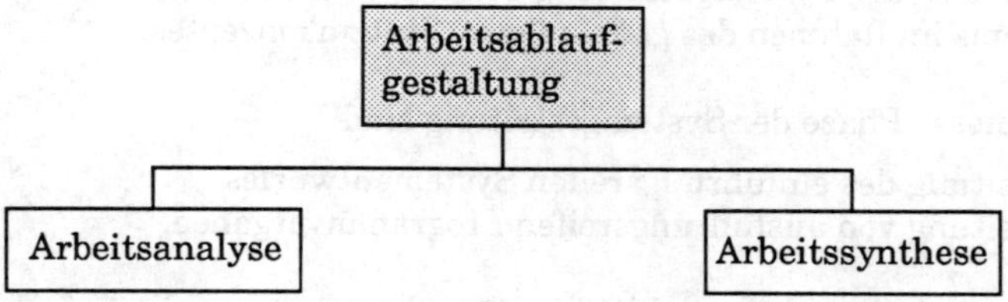

(2) **Spezielle Detailorganisation**
Dieser Aufgabenbereich umfaßt eine Reihe von besonderen ablauforganisatorischen Aufgaben, die nicht in jedem Projekt durchgeführt werden müssen. Sie können mit dem Begriff "Arbeitsinhaltsgestaltung" umrissen werden:

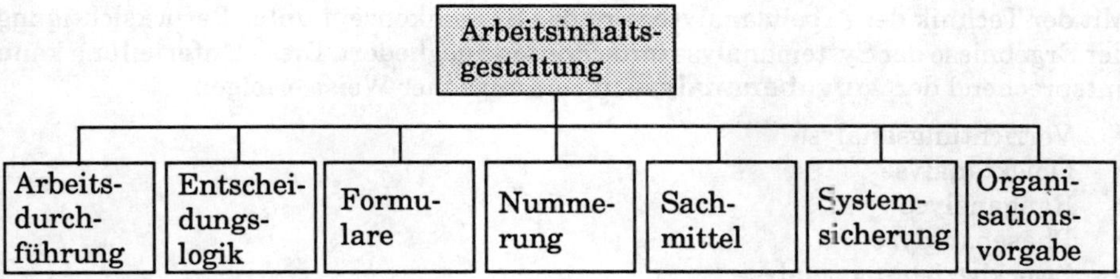

Die Reihung der Aufgaben von genereller und spezieller Detailorganisation muß im Einzelfall festgelegt werden, da es zwischen ihnen eine Vielzahl von Abhängigkeiten gibt, die beachtet werden müssen.

3.2.1 Arbeitsanalyse

Die Arbeitsanalyse der Ablauforganisation entspricht in ihrer Technik der Aufgabenanalyse der
- Projektorganisation
- Aufbauorganisation.

Inhaltsmäßig beginnt sie in der Regel dort, wo die Aufgabenanalyse aufhört. Die Aufgabenanalyse kann sich mit der Ermittlung der Teilaufgaben begnügen. Mit der Arbeitsanalyse müssen die Elementaraufgaben festgestellt werden. Die Arbeitsanalyse ist folglich die Verlängerung der Aufgabenanalyse *(Spitschka / Joschke)*.

Arbeitsanalyse – Definition nach *Schwarz*:
Erfüllungsbezogene Untergliederung der durch die Analyse der Gesamtaufgabe gewonnenen Teilaufgaben.

Zur Arbeitsanalyse können mehrere **Techniken** benutzt werden. Sie sind im Kapitel 3.1.1.2 beschrieben:
- Hierarchische Strukturierung
- Methode des schwarzen Kastens.

Die Ergebnisse werden als **Strukturdiagramm** ausgewiesen.

Beispiel: Verrichtungsanalyse Versand

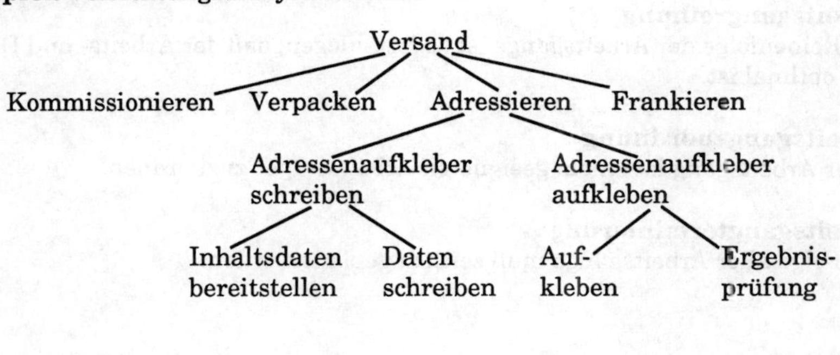

Mit der Technik der Arbeitsanalyse wird das Systemkonzept unter Berücksichtigung der Ergebnisse der Systemanalyse fortschreitend gegliedert. Diese Unterteilung kann entsprechend der **Aufgabenanalyse** in verschiedener Weise erfolgen:

- Verrichtungsanalyse
- Objektanalyse
- Ranganalyse
- Phasenanalyse
- Zweckbeziehungsanalyse.

Insbesondere die Verrichtungs- und die Objektanalyse werden überwiegend angewandt. Die formalen Analysen nach Rang, Phase und Zweckbeziehungen haben geringere Bedeutung.

Das Ergebnis der Arbeitsanalyse muß die Gesamtheit aller Elementaraufgaben sein, die durchgeführt werden müssen, um die Gesamtaufgabe gemäß dem Systemkonzept zu erfüllen. Das Ergebnis muß folgenden **Inhalt** aufweisen:

- Alle Elementaraufgaben
- Reihenfolge, soweit nicht die Reihung willkürlich erfolgen kann
- Ausweis der Elementaraufgaben, die parallel erfolgen können.

Die Tiefe der Arbeitsanalyse ist hauptsächlich von folgenden Faktoren abhängig:

- Ablauforganisatorische Aufgabenstellung
- Komplexität der Gesamtaufgabe
- Grad der gewünschten Arbeitsteilung
- Häufigkeit des Aufgabenanfalls
- Detaillierungsgrad des Systementwurfes.

3.2.2 Arbeitssynthese

Die Arbeitssynthese gestaltet den **Arbeitsablauf** im Detail:

(1) **Arbeitsgangbildung**
Die mit der Arbeitsanalyse ermittelten Elementaraufgaben werden zu Arbeitsgängen vereinigt.

(2) **Arbeitsgangreihung**
Die Reihenfolge der Arbeitsgänge ist so festzulegen, daß der Arbeits- und Datenfluß optimal ist.

(3) **Arbeitsgangzuordnung**
Jeder Arbeitsgang ist einem geeigneten Arbeitsträger zuzuordnen.

(4) **Arbeitsgangterminierung**
Die Folge aller Arbeitsgänge muß zeitlich geplant werden.

Die Aufgaben der Arbeitssynthese sind nicht als zeitliche Phasen zu verstehen. Diese Aufgaben sind vielmehr in gegenseitiger Abhängigkeit durchzuführen.

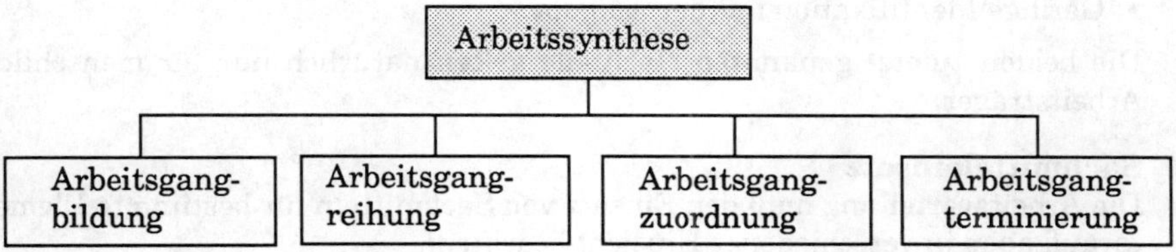

3.2.2.1 Arbeitsgangbildung

Die Zusammenfassung von Elementaraufgaben, die mit der Arbeitsanalyse ermittelt wurden, zu Arbeitsgängen muß nach mehreren **Kriterien** vorgenommen werden:

(1) **Zentralisierung**

Die Bildung von Arbeitsgängen sollte nach einer Zentralisierungsart durchgeführt werden. Besonders die nachstehenden Zentralisierungsarten kommen in Frage:

- Verrichtungszentralisierung
- Objektzentralisierung
- Regionale Zentralisierung
- Phasenzentralisierung.

(2) **Kapazität**

Da jeder Arbeitsplatz eine bestimmte Normalkapazität besitzt, ist die Zuordnung von Elementaraufgaben zu Arbeitsgängen und diese zu Arbeitsplätzen von der Übereinstimmung von

- Kapazitätsverfügbarkeit
- Kapazitätsbedarf

abhängig. Der Kapazitätsbedarf je Arbeitsgang kann aus folgenden Faktoren errechnet werden:

- Arbeitsvorgänge je Elementaraufgabe
- Arbeitszeitbedarf je Arbeitsvorgang.

(3) **Arbeitsteilung**

Die Arbeitsteilung bezieht sich auf die Zahl der unterschiedlichen Verrichtungen an einem Arbeitsplatz. Eine starke Arbeitsteilung bedingt im Extrem, daß nur eine einzige Verrichtung von einem Arbeitsplatz vorgenommen wird. Einige **Vorteile** einer starken Arbeitsteilung sind:

- Kürzere Einarbeitungszeit
- Niederes Qualifikationserfordernis
- Geringere Lohnkosten.

Den Vorteilen stehen die **Nachteile** gegenüber:

- Geringere Elastizität
- Monotonieerscheinungen
- Geringe Identifikation mit der Aufgabe.

Die beiden zuletzt genannten Nachteile gelten natürlich nur für menschliche Arbeitsträger.

(4) **Sachmitteleinsatz**

Die Arbeitsverteilung muß den Einsatz von Sachmitteln für bestimmte Elementaraufgaben in verschiedener Hinsicht beachten:

- Vollausnutzung
- Einsatzart
- Angemessenheit des Einsatzes
- Einsatzumfang.

(5) **Datenzugriff**

Häufig muß bei verschiedenen Elementaraufgaben, und damit oft auch bei verschiedenen Arbeitsgängen, auf gleiche Daten zugegriffen werden. Die Speicherung von gleichen Daten an verschiedenen Arbeitsplätzen oder der Zugriff auf einmalige Daten von verschiedenen Arbeitsplätzen aus ist kostenaufwendig. Deswegen sollten alle Arbeitsgänge, die gleiche Daten benötigen, am gleichen Arbeitsplatz bearbeitet werden. Diese Forderung gilt selbstverständlich nicht bei der Möglichkeit eines Zugriffs auf eine Datenbank mit Hilfe von Terminals eines Großcomputers.

(6) **Qualitätsniveau**

Da ein Arbeitsgang von einem Arbeitsträger ausgeübt wird und da dieser Arbeitsträger ein bestimmtes Niveau an

- Qualifikation
- Erfahrung

haben wird, können nur niveauähnliche Elementaraufgaben zu einem Arbeitsgang zusammengefaßt werden.

Da die vorgenannten Kriterien für die Arbeitsgangbildung teilweise konträre Forderungen beinhalten, ist es erforderlich, hier ein Optimum anzustreben. Dieses Optimum muß natürlich ein Gesamtoptimum für die Arbeitssynthese sein und darf sich nicht auf ein Teiloptimum beschränken.

Jeder Arbeitsgang ist durch das **EVA-Prinzip** gekennzeichnet:

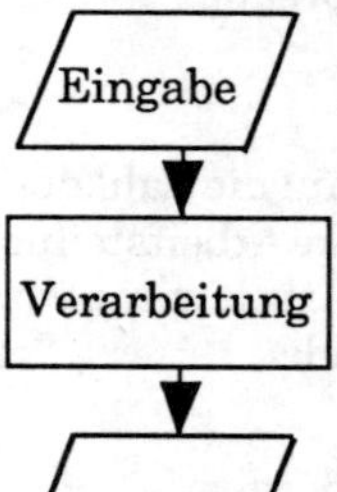

Deswegen ist es erforderlich, für jeden gebildeten Arbeitsgang seine 3 **Inhaltsmerkmale** zu definieren:

(1) **Eingabe**

Alle zur Durchführung des Arbeitsganges erforderlichen Eingaben sind zu ermitteln:

- Daten von vorhergehenden Arbeitsgängen
- Gespeicherte Daten
- Eingabedaten bei Nutzung der EDV.

(2) **Verarbeitung**

Auf Grund der Elementaraufgaben, die zu diesem Arbeitsgang zusammengefaßt wurden, sind die Arbeitserfordernisse und die Arbeitsverfahren festzulegen.

(3) **Ausgabe**

Ein Arbeitsgang ohne Ausgabe ist sinnlos. Deswegen sind alle Ausgaben zu definieren:

- Arbeitsergebnisse
- Zu speichernde Daten.

Die Ausgaben sind nach Art, Datenträger und Empfänger zu bestimmen.

Für jeden Arbeitsgang muß sich das nachstehende **Ergebnis** ergeben:

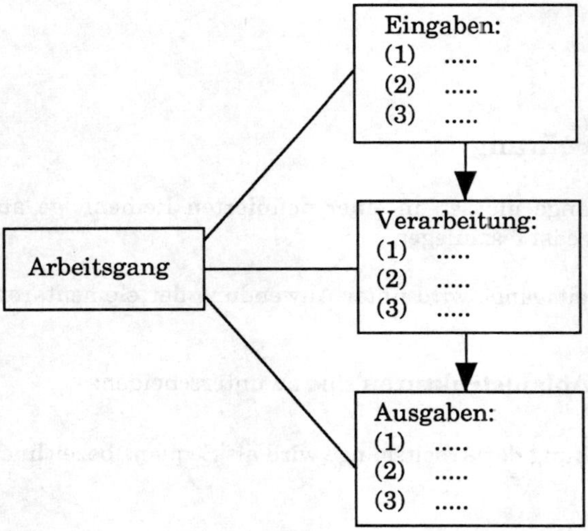

Am **Beispiel** eines Arbeitsganges "Rechnungsschreibung" wird das Ergebnis der Arbeitsgangbildung dargestellt:

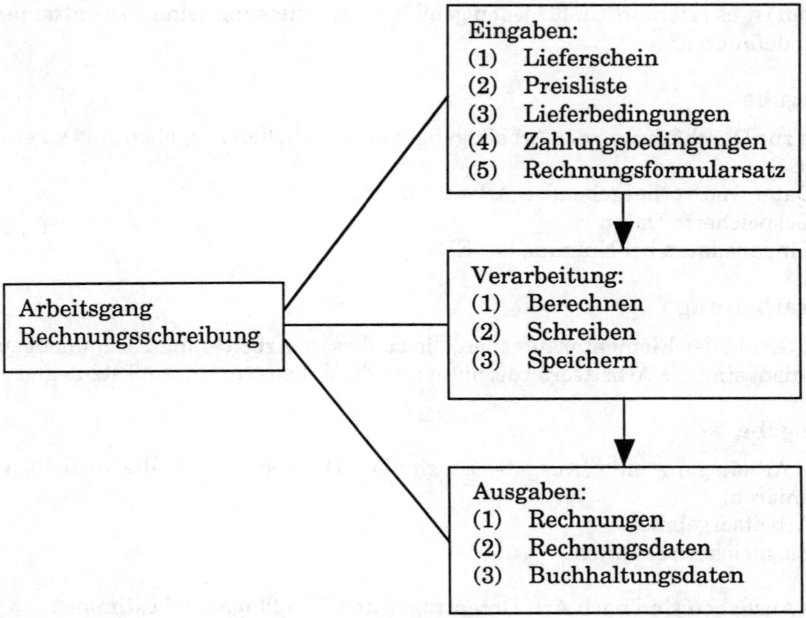

Die Arbeitsgangbildung bedarf der Berücksichtigung der nachfolgenden Aufgaben der Arbeitssynthese.

36

3.2.2.2 Arbeitsgangreihung

Die gebildeten Arbeitsgänge müssen in einer definierten Reihenfolge ausgeführt werden. Diese Reihenfolge ist festzulegen.

Die Reihenfolge der Arbeitsgänge wird unter Anwendung der elementaren Ablaufstrukturen gebildet.

Folgende **elementaren Ablaufstrukturen** sind zu unterscheiden:

(1) **Sequenz**
Eine unbedingte Reihung der Arbeitsgänge wird als Sequenz bezeichnet:

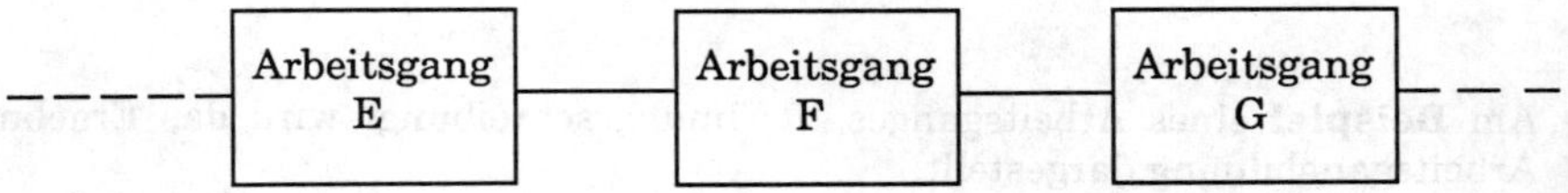

(2) **Alternative**

Abhängig von einer Bedingung werden unterschiedliche Arbeitsgänge durchgeführt. Diese Ablaufstruktur wird auch mit Begriffen bezeichnet wie

- Auswahlstruktur
- Fallunterscheidung
- Alternativstruktur.

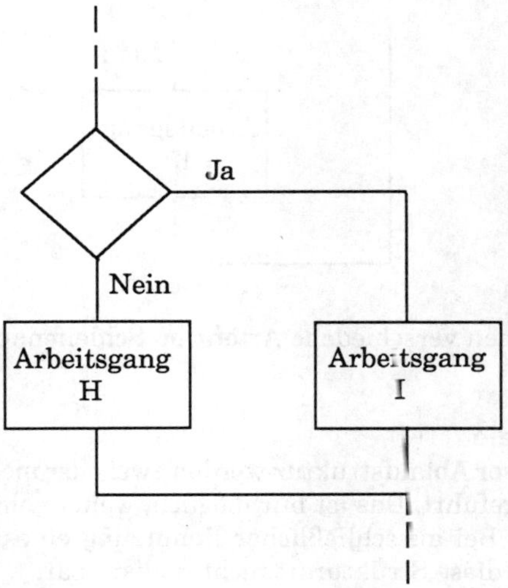

Eine Sonderform der Alternativstruktur ist die Alternative mit Leerzweig:

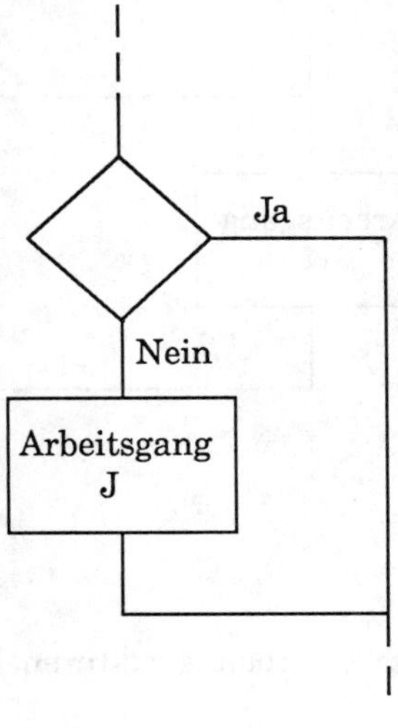

(3) **Zyklus**

Diese auch mit Wiederholungs- oder Schleifenstruktur bezeichnete Ablaufart ist dadurch gekennzeichnet, daß ein Arbeitsgang so lange wiederholt wird, bis eine Bedingung eingetreten ist. Dann wird die Schleife verlassen:

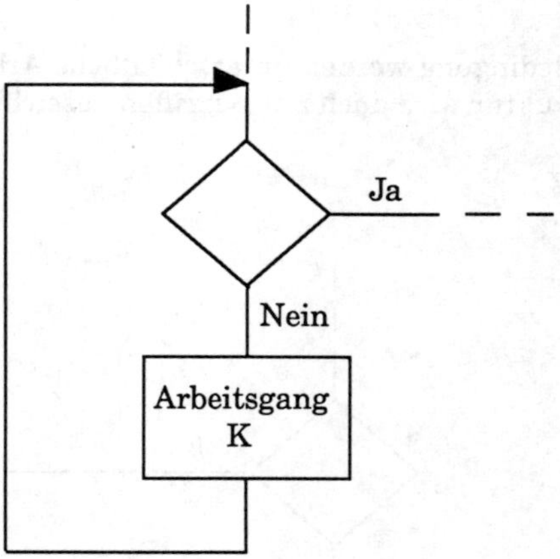

Es können verschiedene Arten von Schleifenkonstruktionen unterschieden werden.

(4) **Parallele**
Bei dieser Ablaufstruktur werden zwei oder mehrere Arbeitsgänge zeitlich parallel ausgeführt. Das ist nur möglich, wenn mehrere Arbeitsträger zur Verfügung stehen. Bei ausschließlicher Benutzung eines Computers als Arbeitsträger ist folglich diese Strukturart nicht realisierbar.

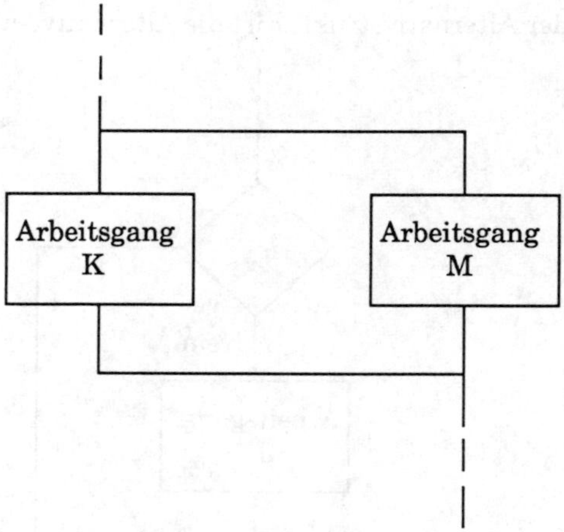

Mit Hilfe dieser elementaren Ablaufstrukturen können alle Abläufe konstruiert werden!

Die organisatorische **Gestaltungsfreiheit** bei der Bildung des Arbeitsganges ist jedoch oftmals begrenzt. Es können unterschieden werden:

(1) **Zwingende Folge**

Ein Arbeitsgang kann oftmals nur dann durchgeführt werden, wenn ein anderer Arbeitsgang vorangegangen ist:

- Dessen Arbeitsergebnisse werden benötigt
- Das Eintreten einer auslösenden Bedingung ergibt sich aus dem vorausgegangenen Arbeitsgang.

In diesen Fällen besitzt der Organisator keine Gestaltungsfreiheit, es liegt eine zwingende Folge vor. Beispielsweise müssen die Rechnungswerte berechnet werden, bevor eine Rechnung geschrieben werden kann.

(2) **Empfehlende Folge**
Hier ist es wohl nicht zwingend erforderlich, daß ein bestimmter Arbeitsgang vorausgeht, jedoch ergeben sich aus seinem Vorausgehen größere oder kleinere Vorteile. So empfiehlt es sich beispielsweise, vor einer Bestellung einige Angebote einzuholen.

(3) **Gestaltbare Folge**

Hier hat der Organisator freie Hand bei der Gestaltung des Ablaufes der einzelnen Arbeitsgänge. Ohne Sachzwänge kann beispielsweise die Reihenfolge von

- Bonitätsprüfung
- Lieferbereitschaft

für eine Auftragsbearbeitung organisiert werden.

Zur Dokumentation des Arbeits- und Datenflusses empfiehlt sich vornehmlich der **Datenflußplan.**

37

3.2.2.3 Arbeitsgangzuordnung

Jeder Arbeitsgang muß einem Arbeitsträger zugeordnet werden, der die Arbeitsaufgaben des Arbeitsganges ausführt.

Als **Arbeitsträger** kommen in Frage:

(1) **Mitarbeiter**
Zur Durchführung einer Arbeitsaufgabe benötigt der Mitarbeiter eine zu definierende Qualifikation.

Da die Organisation nicht personenbezogen zu gestalten ist, sollten die Arbeitsgänge auf
- Arbeitsplätze
- Stellen

und nicht auf Mitarbeiter ausgerichtet werden.

(2) **Maschinen**

Arbeitsträger können auch verschiedene Arten von Maschinen sein:
- Großcomputer
- Personal Computer
- Postbearbeitungsstraßen
- Textverarbeitungsautomaten.

Es genügt jedoch nicht, nur den Arbeitsträger für jeden Arbeitsgang festzulegen. Es muß auch die Arbeitsart bestimmt werden. Für kommerzielle Arbeitsgänge gibt es folgende **Arbeitsarten**:

(1) **Manuelle Arbeit**
Der Arbeitsgang wird von einem Mitarbeiter entweder ohne oder mit Büromaschinenunterstützung durchgeführt.

(2) **Dialogarbeit**
Die Arbeit wird im Dialog zwischen Mitarbeiter und Computer mit Hilfe eines Terminals oder mit einem Personal Computer verrichtet.

(3) **Automatenarbeit**
Die Arbeit wird ausschließlich von einem Computer oder einer anderen Art von Automaten abgewickelt.

Für die Zuordnung der Arbeitsgänge zu einem Arbeitsträger sind die Ziele, die mit dem neuen System erreicht werden sollen, von vorrangiger Bedeutung. Daneben müssen aber auch die **Kriterien** für die Arbeitsgangbildung, wie sie im Kapitel 3.2.2.1 beschrieben sind, Berücksichtigung finden:

- Zentralisierungsart
- Kapazität
- Arbeitsteilung
- Sachmitteleinsatz
- Datenzugriff
- Qualifikationsniveau.

Wird an einem Arbeitsplatz nicht nur ein Arbeitsgang verrichtet, sondern eine Reihe von Arbeitsgängen, so ist zu bestimmen, in welcher Folge diese Arbeitsgänge durchzuführen sind. Es können in Abhängigkeit von Verrichtungs- und Objektzentralisation vier **Folgearten** unterschieden werden:

(1) **Verrichtungsgleiche Folge**

Die gleiche Tätigkeit wird an unterschiedlichen Objekten immer wieder ausgeführt.

Beispiel: Berechnen von Rechnungen und Gutschriften.

(2) **Objektgleiche Folge**

An übereinstimmenden Objekten werden unterschiedliche Verrichtungen durchgeführt.

Beispiel: Berechnen und Schreiben von Rechnungen.

(3) **Verrichtungs- und objektgleiche Folge**

An übereinstimmenden Objekten wird die gleiche Verrichtung vorgenommen.

Beispiel: Berechnen nur von Rechnungen.

(4) **Verrichtungs- und objektungleiche Folge**

Die Arbeitsgänge eines Arbeitsplatzes unterscheiden sich sowohl in der Verrichtungsart wie auch in den Objekten.

Beispiel: Berechnen von Rechnungen und Diktieren von Mahnungen.

Für die Organisation der Arbeitsgangzuordnung ist es wichtig zu unterscheiden, ob diese Zuordnung zu einem bereits eingerichteten Arbeitsträger

- Stelle
- Arbeitsplatz

erfolgt, oder ob es sich dabei nur um einen geplanten Arbeitsträger handelt:

(1) **Vorhandener Arbeitsträger**

Es ist zu prüfen, welche Änderungen sich durch die Zuordnung von einem oder mehreren Arbeitsgängen ergeben:

- Stellen- oder Arbeitsplatzbeschreibung
- Sachmittelausstattung
- Organisationsanweisungen.

(2) **Geplanter Arbeitsträger**

Der neue Arbeitsträger ist umfassend zu organisieren. Das umfaßt vornehmlich folgende Aufgaben:

- Aufbauorganisatorische Gestaltung
- Lokalisierung und Raumzuordnung
- Ausstattung mit Sachmittel
- Erarbeitung Stellen- oder Arbeitsplatzbeschreibung
- Ausarbeitung von Organisationsanweisungen
- Personale Ausstattung.

Oftmals kommt noch eine Schulung der Mitarbeiter hinzu, welche die zugeordneten Aufgaben übernehmen.

3.2.2.4 Arbeitsgangterminierung

Arbeitsgänge können an einem Arbeitsplatz in unterschiedlicher **Frequenz** bearbeitet werden.

(1) **Kontinuierliche Bearbeitung**

Erfolgt an einem Arbeitsplatz nur die Bearbeitung eines Arbeitsganges, so kann von einer kontinuierlichen Bearbeitung gesprochen werden.

(2) **Diskontinuierliche Bearbeitung**
Werden zwei oder mehrere verschiedene Arbeitsgänge an einem Arbeitsplatz durchgeführt, so ist neben der Arbeitsfolge auch die Frequenz zu bestimmen, in der die verschiedenen Arbeitsgänge wechseln sollen. Dabei ist zu differenzieren zwischen:

- **Regelmäßiger Arbeitsgangwechsel**
  Hier erfolgt zu einem bestimmten Zeitpunkt jeweils der Wechsel eines Arbeitsganges.

  Die Bestimmung der Arbeitsgangfrequenz mit regelmäßigem Arbeitsgangwechsel kann transparent mit Hilfe eines *Gantt*-Diagramms dargestellt werden:

  Beispiel: Arbeitsfrequenz eines Arbeitsplatzes

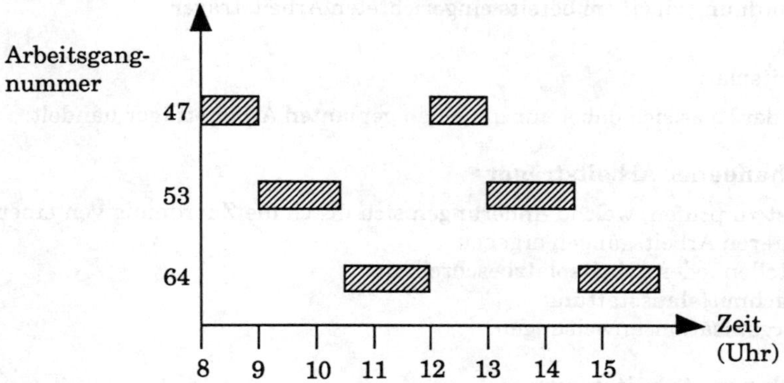

- **Unregelmäßiger Arbeitsgangwechsel**

  Hier wird jeweils ein Arbeitsstapel abgearbeitet, dann erfolgt unabhängig von einem definierten Zeitpunkt der Wechsel des Arbeitsganges.

  Beispiel: Nach Fertigstellung aller schreibfähigen Rechnungen erfolgt die Verbuchung der geschriebenen Fakturen.

Gemeinsam mit der Bestimmung der Arbeitsfrequenz erfolgt auch die Bestimmung des zeitlichen Arbeitsablaufes bei regelmäßigem Arbeitsplatzwechsel. Beide können nur gemeinsam bestimmt werden, denn der Arbeitsablauf ist die Folge der Arbeitsgänge über alle Arbeitsplätze, an denen die gleiche Aufgabe bearbeitet wird.

Die Zeitdauer des Arbeitsablaufes ist die **Durchlaufzeit**. Sie wird bestimmt durch:
- Arbeitszeit
- Transportzeit
- Liegezeit.

Ziel der Bestimmung des zeitlichen Arbeitsablaufes ist die **Minimierung der Durchlaufzeit**. Das bedeutet in der Hauptsache die Minimierung der Liegezeiten. Es ist jedoch erforderlich, nicht nur bei einem Ablauf die Durchlaufzeit zu minimieren, sondern dies für alle Abläufe zu tun.

Ein entsprechendes Diagramm zur vorstehenden Bestimmung der Arbeitsfrequenz kann folgendes Aussehen haben:

Beispiel: Zeitlicher Arbeitsablauf eines Auftrages

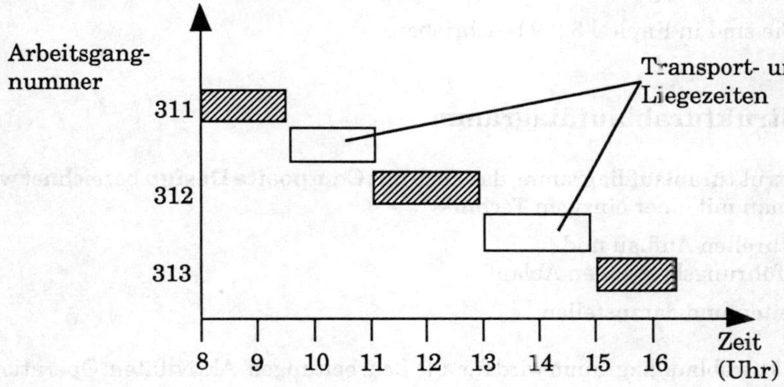

3.2.3 Arbeitsdurchführung

Die Organisation der Arbeitsdurchführung ist in erheblichem Maße abhängig vom **Arbeitsträger:**

(1) **Qualifizierter Mitarbeiter**
Ausbildung, Fortbildung und Erfahrung bestimmen den qualifizierten Fachmann.

(2) **Nichtqualifizierter Mitarbeiter**
Ungelernte oder angelernte Mitarbeiter zählen zu dieser Gruppe.

(3) **Computer**
Kennzeichen von Computern ist ihre Programmsteuerung.

Während qualifizierten Mitarbeitern oftmals nur der organisatorische Rahmen für ihre Arbeitsdurchführung vorgegeben wird, kann den beiden anderen Gruppen keine oder nur eine geringe **Arbeitsautonomie** eingeräumt werden.

Dem Computer muß mit dem Programm die Arbeitsdurchführung im Detail vorgegeben werden.

Für die Ausarbeitung und Dokumentation der Arbeitsdurchführung sind mehrere **Techniken** im Einsatz:

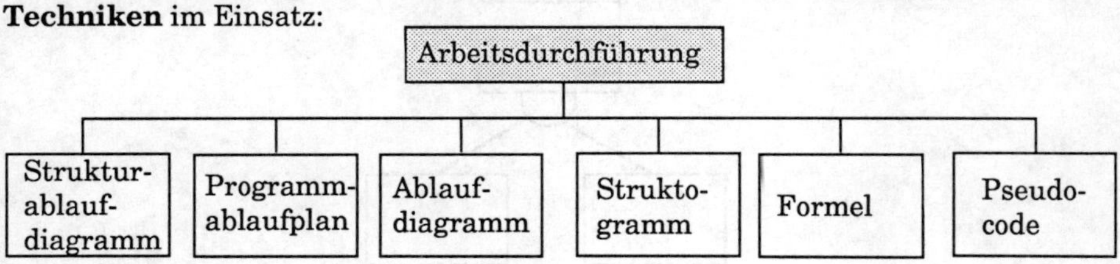

Für die Vorgabe der Arbeitsdurchführung an die Mitarbeiter wird weiterhin die verbale Beschreibung in der Form von

- Organisationsrichtlinien
- Arbeitsanweisungen

benutzt. Sie sind in Kapitel 3.2.9 beschrieben.

3.2.3.1 Strukturablaufdiagramm

Mit dem Strukturablaufdiagramm, das auch mit **Composite Design** bezeichnet wird, versucht man mit einer einzigen Technik

- strukturellen Aufbau und
- durchführungsbezogenen Ablauf

auszuarbeiten und darzustellen.

Beim Strukturablaufdiagramm wird für alle Bearbeitungen, Aktivitäten, Operationen und deren Überordnungen mit einem Sinnbild gearbeitet, in welches die Bezeichnung eingeschrieben wird. Dabei ist immer ein Steuerungsblock den Verarbeitungsmodulen übergeordnet:

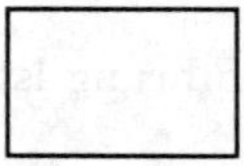

Für die **Darstellung des Ablaufes** wird eine einfache Symbolik benutzt:

(1) **Sequenz**

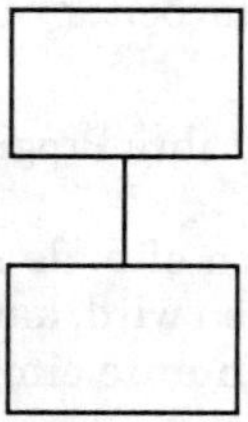

(2) **Alternative**
Handelt es sich um eine Auswahl aus mehreren Möglichkeiten, so erfolgt die Darstellung mit einem Halbkreis:

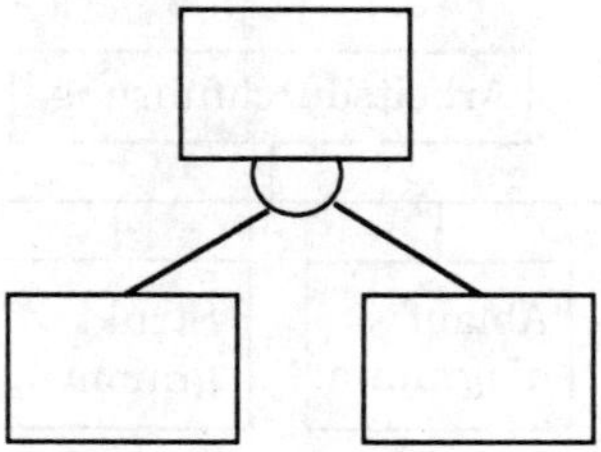

Gibt es nur die Alternative zwischen einer Bearbeitung und der Fortführung des weiteren Ablaufes, so erfolgt die Darstellung unter Verwendung einer Raute:

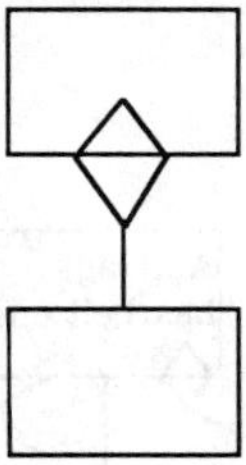

(3) **Zyklus**
Eine ein- oder mehrmalige Wiederholung wird mit einem Pfeilbogen dargestellt:

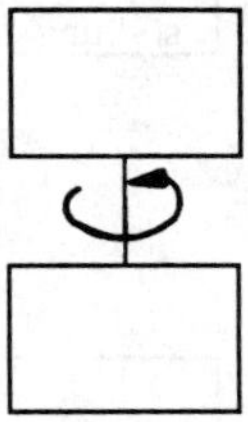

(4) **Entscheidungstabellengesteuerter Ablauf**
Wird der Ablauf durch eine Entscheidungstabelle gesteuert, so wird dies mit folgender Darstellung ausgewiesen:

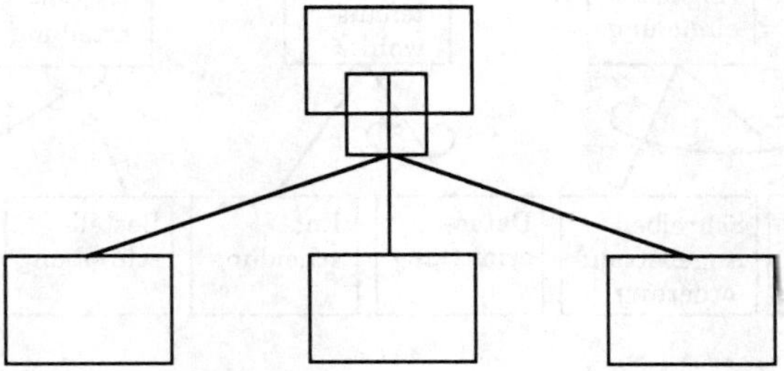

(5) **Parallele**
Zwei Arbeitsgänge werden zeitlich parallel durchgeführt:

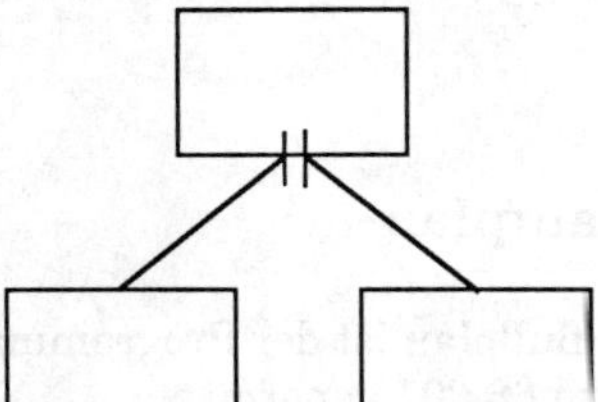

Mit Strukturablaufdiagrammen können unterschiedliche **Hierarchien** dargestellt werden:

(1) **Einstufige Hierarchie**
Beispiel: Auftragsbearbeitung

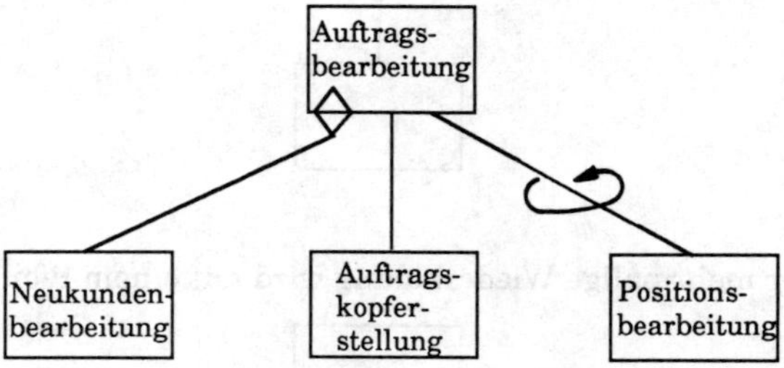

(2) **Mehrstufige Hierarchie**
Beispiel: Bestellung

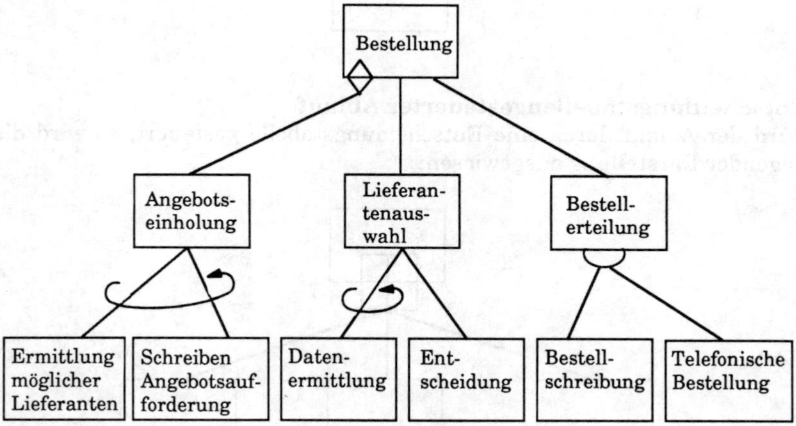

38 39

278 Ablauforganisation

3.2.3.2 Programmablaufplan

Gemeinsam mit dem Datenflußplan ist der Programmablaufplan, der mit PAP abgekürzt wird, in der DIN-Norm 66 001 genormt.

Im Programmablaufplan wird mit den nachstehenden **Sinnbildern** gearbeitet:

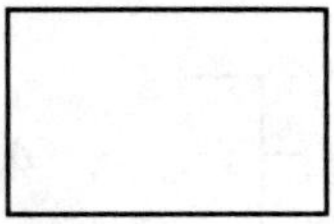
Verarbeitung
Operation

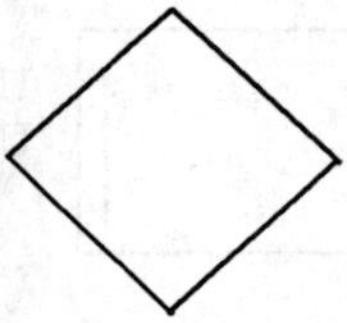
Bedingung
Verzweigung

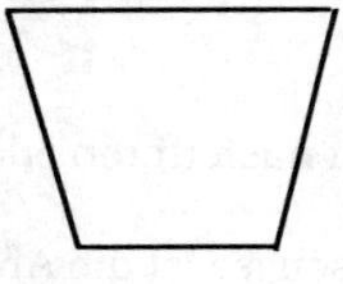
Manuelle Verarbeitung

Verarbeitungsfolge
Datenfluß

Datenfernübertragung

Verfeinerung
Unterprogramm

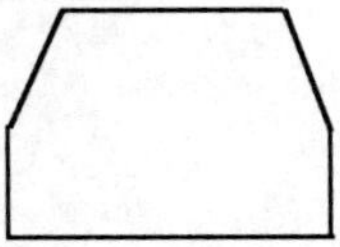
Schleifenbegrenzung
Anfang

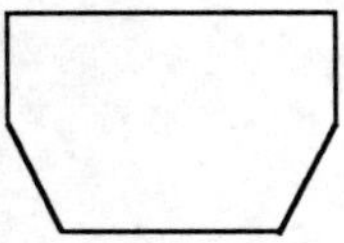
Ende
Schleifenbegrenzung

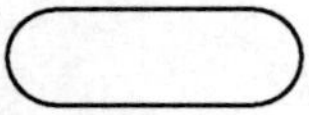
Grenzstelle

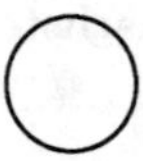

Übergangsstelle
Konnektor

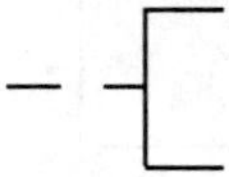

Anmerkung

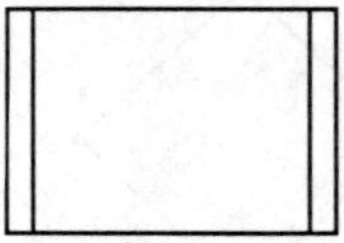

Unterablauf
Unterprogramm

Bei der Erstellung von Programmablaufplänen sollten folgende **Regeln** beachtet werden:

(1) Die Vorzugsrichtung ist von oben nach unten oder von links nach rechts.

(2) Wird die Vorzugsrichtung verlassen, so ist die Ablauflinie mit einer Pfeilspitze zu ergänzen.

(3) Zur Verbesserung der Übersichtlichkeit sollte im Gegensatz zum Datenflußplan mit möglichst vielen Konnektoren gearbeitet werden.

(4) Anfang und Ende der Bearbeitung sind mit dem Sinnbild der Grenzstelle auszuweisen.

(5) Darstellung so einfach wie möglich, aber so komplex wie nötig.

Beispiel: Hausaufgabenerledigung

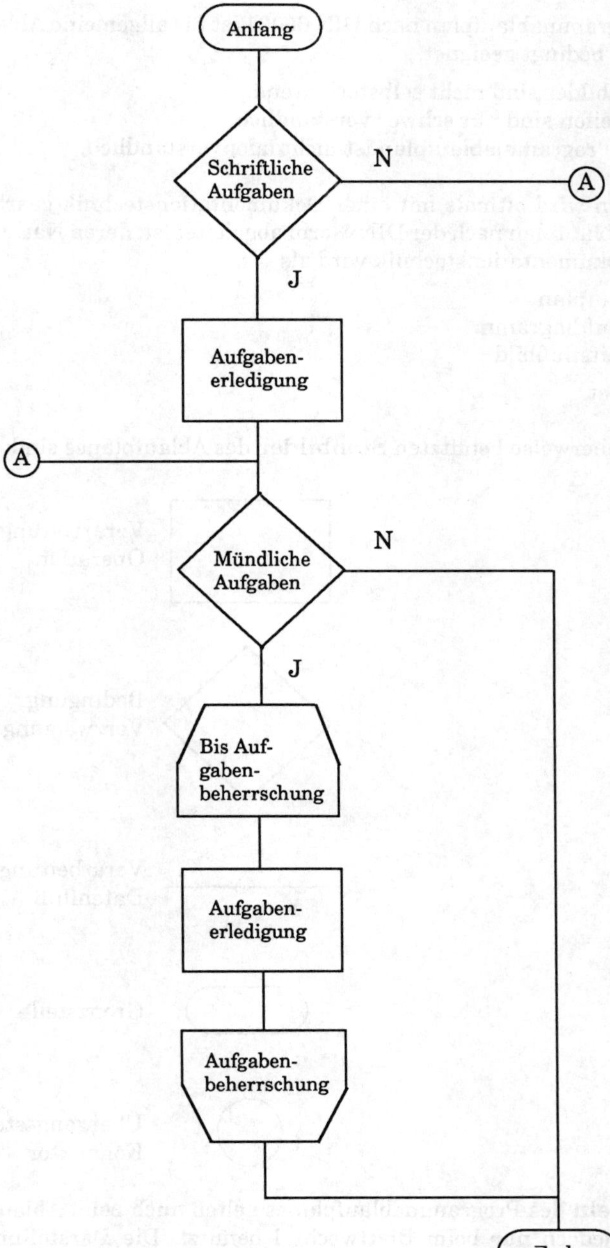

40 41 42

3.2.3.3 Ablaufplan

Der Programmablaufplan nach DIN 66001 ist für allgemeine Ablaufdarstellung nicht oder nur bedingt geeignet:

- Sinnbilder sind nicht selbsterklärend.
- Schleifen sind nur schwer verständlich.
- Der Programmablaufplan ist nicht laienverständlich.

Deswegen wird oftmals mit einer Dokumentationstechnik gearbeitet, die vom Programmablaufplan nach der DIN-Norm abgeleitet ist, deren Nachteile aber vermeidet. Diese Dokumentationstechnik wird als

- Ablaufplan
- Ablaufdiagramm
- Arbeitsflußbild

bezeichnet.

Die üblicherweise benutzten **Sinnbilder** des Ablaufplanes sind:

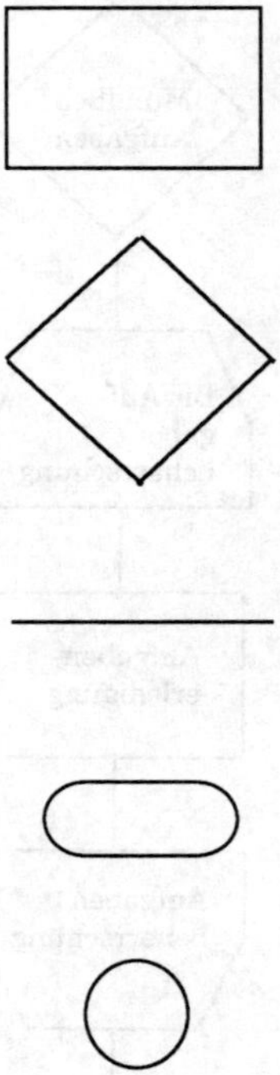

Verarbeitung
Operation

Bedingung
Verzweigung

Verarbeitungsfolge
Datenfluß

Grenzstelle

Übergangsstelle
Konnektor

Die **Regeln** des Programmablaufplanes gelten auch beim Ablaufplan. Konnektoren werden jedoch nur beim Blattwechsel benutzt. Die Darstellung der elementaren Ablaufstrukturen im Kapitel 3.2.2.2 erfolgte mit der Technik des Ablaufplanes, da diese Technik besonders leicht verständlich und nachvollziehbar ist.

Beispiel: Hausaufgabenerledigung

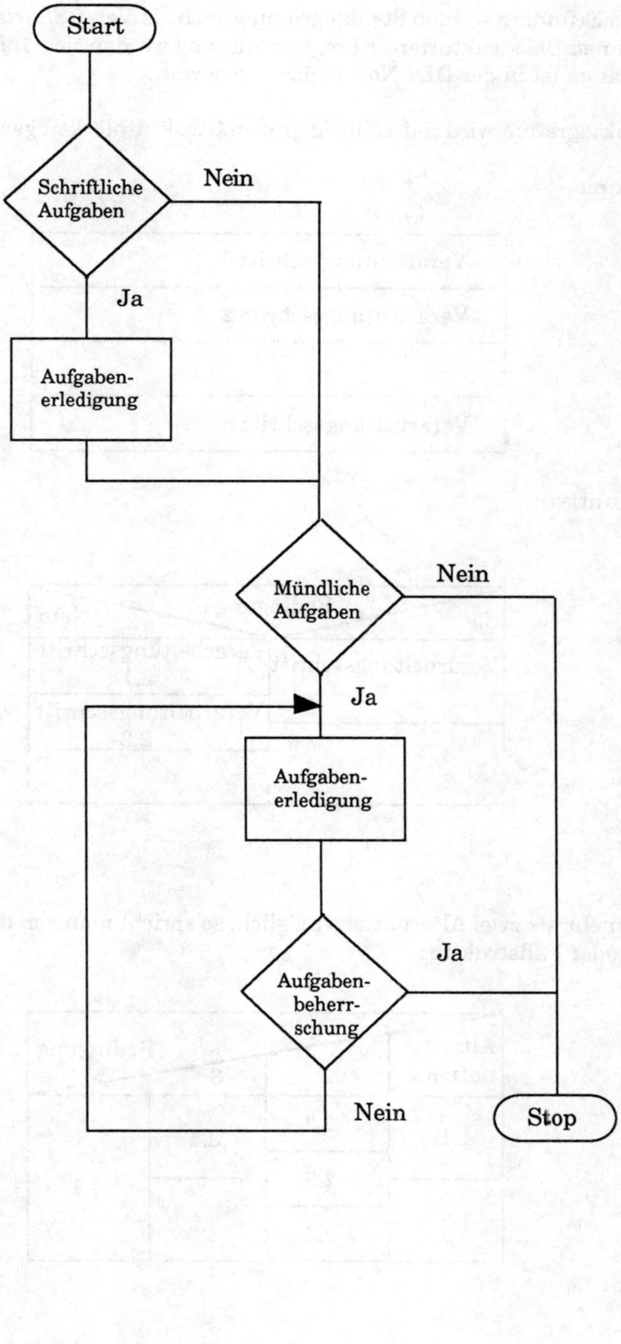

43 44

3.2.3.4 Struktogramm

Nach ihren Erfindern werden Struktogramme auch als *Nassi-Shneiderman*-Diagramme bezeichnet. Bei strukturierter Programmierung werden sie häufig eingesetzt. Das Struktogramm ist in der DIN-Norm 66 261 genormt..

Beim Struktogramm wird mit beliebig großen Strukturblöcken gearbeitet:

(1) **Sequenz**

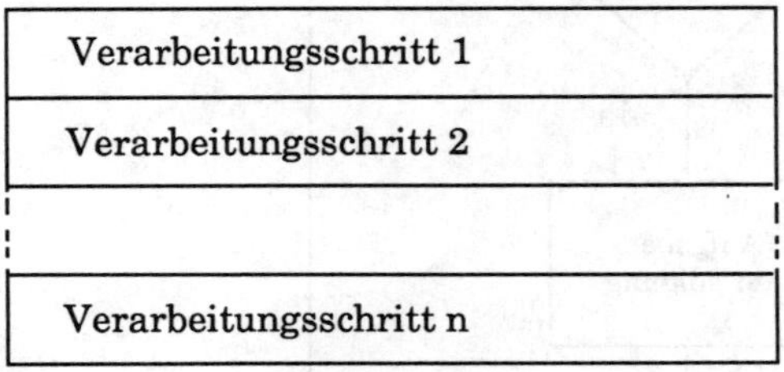

(2) **Alternative**

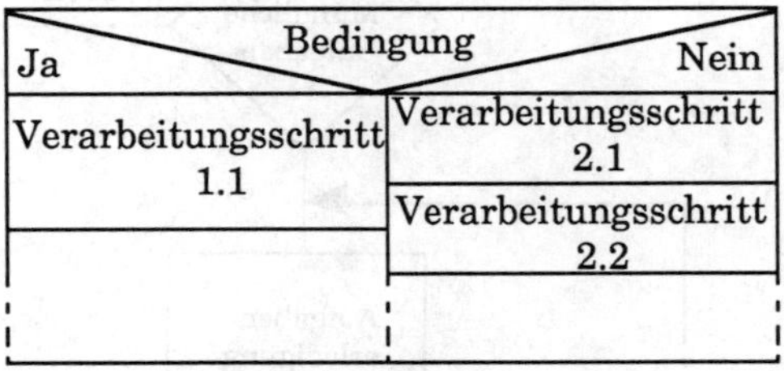

Sind mehr als zwei Alternativen möglich, so spricht man von der Fallunterscheidung oder Fallstruktur:

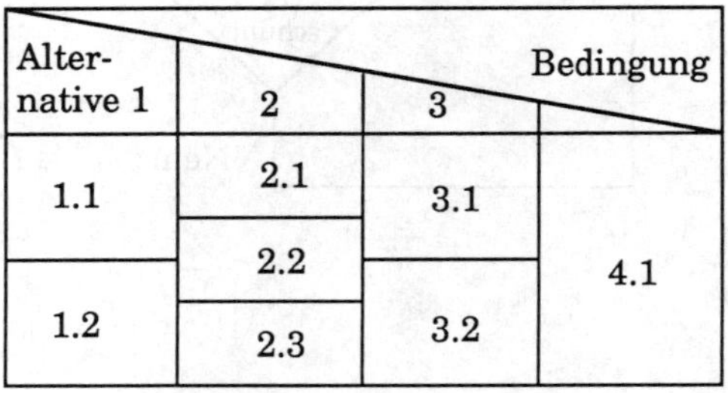

(3) **Zyklus**

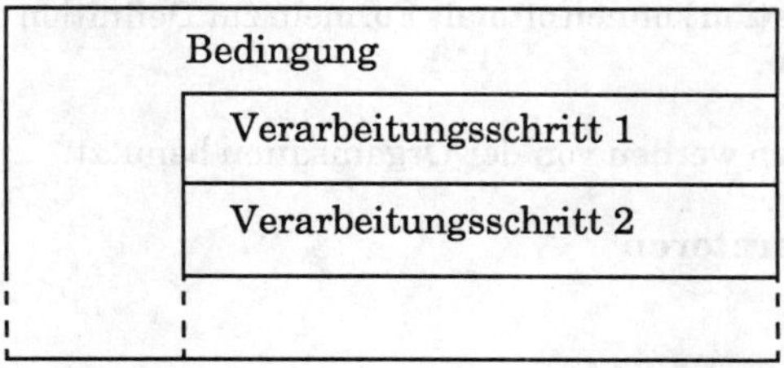

Handelt es sich um eine nichtabweisende Schleife, einen Zyklus also, der zumindest einmal durchlaufen werden muß, so ist die Darstellungsart verändert:

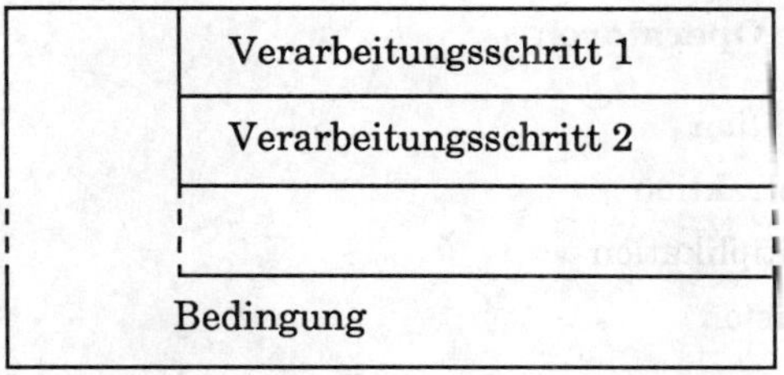

Das Beispiel für den Programmablaufplan wird auch für das Struktogramm benutzt.

Beispiel: Hausaufgabenerledigung

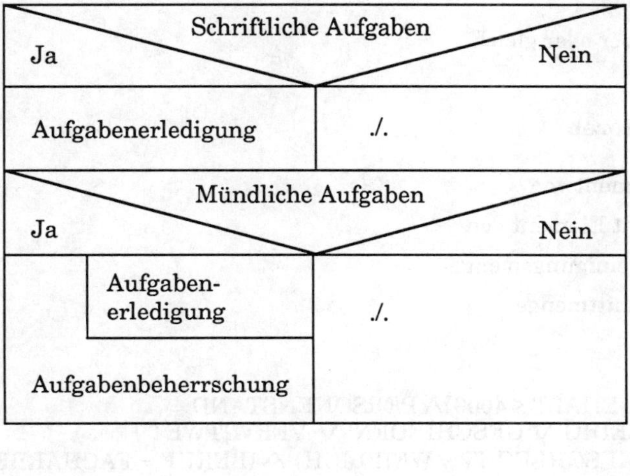

45 46

3.2.3.5 Formeln

Auch in der Organisation können oftmals Formeln zur Definition der Arbeitsdurchführung benutzt werden.

Mehrere Symbolarten werden von der Organisation benutzt:

(1) **Boolesche Operatoren**

$\wedge$	und
$\vee$	oder
$\neg$	nicht

(2) **Arithmetische Operatoren**

+	Addition
–	Subtraktion
*	Multiplikation
/	Division

(3) **Vergleichsoperatoren**

=	gleich
≠	ungleich
>	größer
≥	größer oder gleich

(4) **Mengenoperatoren**

$\in$	Element von
$\notin$	nicht Element von
$\cup$	Vereinigungsmenge
$\cap$	Schnittmenge

Beispiel: Abfrage

MITARBEITER = (GEHALT ≤ 4000) ∧ (PERSONENSTAND =
LEDIG ∨ GESCHIEDEN ∨ VERWITWET) ¬
(GESCHLECHT = WEIBLICH) ∧ (BERUF = FACHARBEITER)

3.2.3.6 Pseudocode

Im Gegensatz zu den anderen Techniken wird beim Pseudocode auf grafische Sinnbilder verzichtet. Pseudocode besteht aus wenigen eindeutig definierten **Befehlswörtern**, mit denen alle elementaren Ablaufstrukturen dargestellt werden können.

Ergänzt werden die Befehlswörter mit frei formulierten
- Anweisungen
- Bedingungen.

Dabei ist es nicht notwendig, vollständige oder grammatikalisch richtige Sätze zu bilden.

In Pseudocode werden die **elementaren Ablaufstrukturen** durch englische oder deutsche Befehlsworte, welche in GROSSBUCHSTABEN geschrieben werden, dargestellt:

(1) **Sequenz**
Hier verzichtet man auf Befehlswörter. Jeder Verarbeitungsschritt erhält eine eigene Zeile.

Beispiel:
```
Bilden Arbeitsgänge
Reihen Arbeitsgänge
Zuordnen Arbeitsgänge
Terminieren Arbeitsgänge
```

(2) **Alternative**
Die Alternative wird mit den Befehlswörtern

```
IF Bedingung
   THEN Verarbeitungsschritt 1
   ELSE Verarbeitungsschritt 2
ENDIF
```

dargestellt. Wird die Alternative mit Leerzweig ausgewiesen, so verzichtet man auf die ELSE-Anweisung:

```
IF Bedingung
   THEN Verarbeitungsschritt
ENDIF
```

Gibt es nicht nur zwei sondern mehrere Alternativmöglichkeiten, so liegt eine Fallunterscheidung, also eine CASE-Struktur vor:

```
CASE Bedingung
    WHEN Parameter a
        Verarbeitungsschritt 1
    WHEN Parameter b
        Verarbeitungsschritt 2
    WHEN Parameter c
        Verarbeitungsschritt 3
```

```
OTHERWISE
   Verarbeitungsschritt 4
ENDCASE
```

Beispiel: IF Fehler

```
THEN Ausgabe Fehlermeldung
ELSE Drucke Feldinhalt
ENDIF
```

(3) **Zyklus**

Eine Schleife kann unterschiedlich aufgebaut werden:

- Die Verarbeitung wird dann ausgeführt, wenn die Bedingung zutrifft:

```
DOWHILE Bedingung
   Verarbeitungsschritt
ENDWHILE
```

- Die Verarbeitung wird mindestens einmal ausgeführt. Danach hängt es von dem Zutreffen der Bedingung ab:

```
DOUNTIL Bedingung
   Verarbeitungsschritt
ENDUNTIL
```

Beispiele:

-
```
DOWHILE Außentemperatur ≤ 18°C
         Heizen
 ENDWHILE
```

-
```
DOUNTIL kein Zahlungseingang
         Mahnen
ENDUNTIL
```

Pseudocodedarstellungen haben Grenzstellen: BEGIN und END.

Selbstverständlich können mit Pseudocode auch Schachtelungen vorgenommen werden. Durch **Einrückungen** muß dann die Übersichtlichkeit der Darstellung gesichert werden:

```
BEGIN
DOWHILE Bedingung 1
   IF Bedingung 2
      THEN Verarbeitungsschritt 1
      ELSE  Verarbeitungsschritt 2
            DOUNTIL Bedingung 3
                    Verarbeitungsschritt 3
            ENDUNTIL
   ENDIF
ENDWHILE
END
```

Das für den Programmablaufplan und das Struktogramm benutzte Beispiel wird auch für die Dokumentation mit Pseudocode benutzt.

Beispiel:

```
Hausaufgabenerledigung
BEGIN
IF Schriftliche Hausaufgaben
      THEN Aufgabenerledigung
ENDIF
IF Mündliche Hausaufgaben
      THEN
               DOUNTIL Aufgabenbeherrschung
                     Aufgabenerledigung
               ENDUNTIL
ENDIF
END
```

48 49

3.2.4 Entscheidungslogik

Viele Entscheidungen sind Routineentscheidungen, die einheitlich getroffen werden sollten und die formalisierbar sind:

- Dem Computer muß,
- den Mitarbeitern kann

die Entscheidungslogik vorgegeben werden.

Dazu ist erforderlich, daß die Entscheidungslogik ausgearbeitet, dokumentiert und vorgeschrieben wird. Dafür können verschiedene Techniken eingesetzt werden:

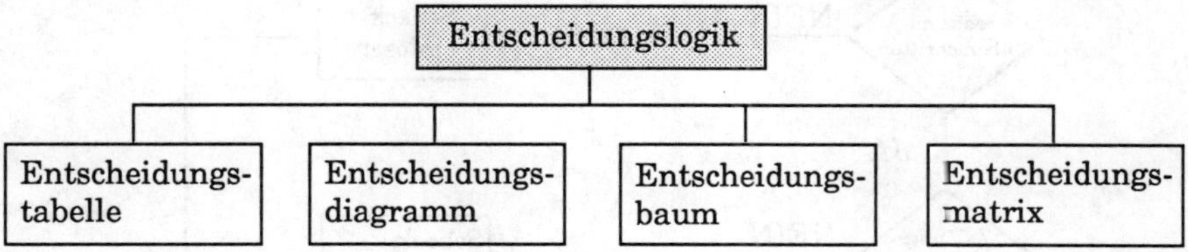

Daneben kann natürlich die Entscheidungslogik auch verbal dokumentiert und vorgegeben werden. Das empfiehlt sich jedoch nicht. Der Organisator soll mit geeigneten Fachtechniken arbeiten.

Auf die Entscheidungstabellentechnik wurde ausführlich im Kapitel 2.1.4.5 eingegangen. Sie ist die am häufigsten verwandte Technik.

3.2.4.1 Entscheidungsdiagramm

Im Entscheidungsdiagramm wird mit vier **Symbolen** des Programmablaufplanes nach DIN 66 001 gearbeitet:

Bedingung

Entscheidungsergebnis

Entscheidungsfluß

Grenzstelle

Für ein in dem Kapitel Entscheidungstabellen benutztes Beispiel ergibt sich das nachstehende Entscheidungsdiagramm.

Beispiel: Scheckeinlösung

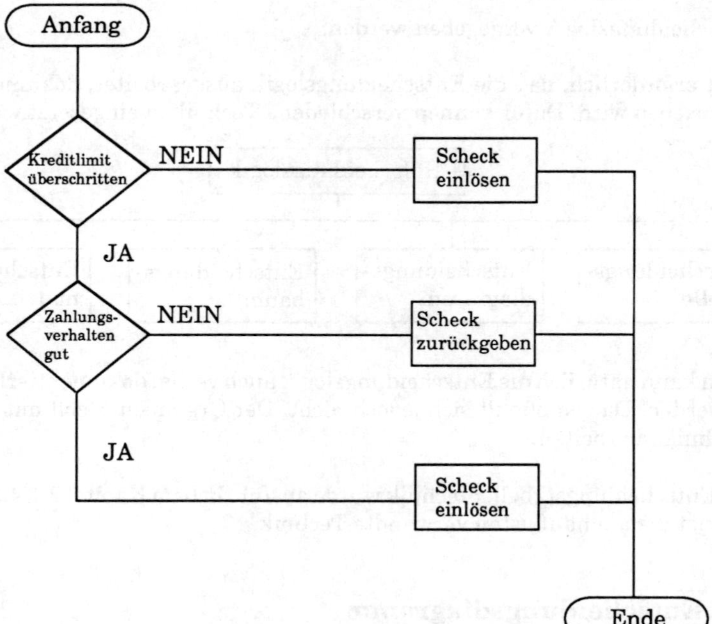

50

3.2.4.2 Entscheidungsbaum

Das **Strukturdiagramm** eignet sich ebenfalls zur Ausarbeitung, Darstellung und Vorgabe der Entscheidungslogik in einem Organisationssystem.

Daneben wird der Entscheidungsbaum auch dazu benutzt, um Entscheidungswahrscheinlichkeiten in Abhängigkeit von Ereignisvarianten zu ermitteln.

Bei Einsatz dieser Technik wird ohne besondere Symbolik in einem Strukturdiagramm die Entscheidungsstruktur dargestellt. Dabei gilt der 0-Zweig als nichtzutreffend und der 1-Zweig als zutreffend.

Beispiel:

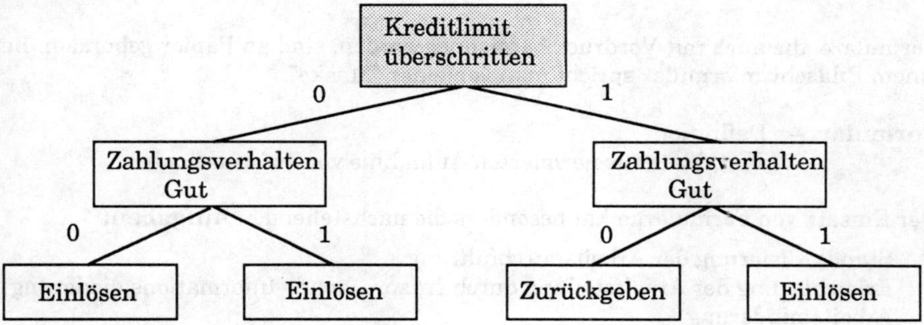

51

3.2.4.3 Entscheidungsmatrix

Die Entscheidungsmatrix ist die knappeste Darstellung für eine Entscheidungslogik.

In einer Matrix wird analog zur Entscheidungstabelle die Entscheidungslogik ausgewiesen.

Beispiel:

	Scheck			
	Einlösen	Zurückgeben	Einlösen	Einlösen
Kreditlimit überschritten	J	J	N	N
Zahlungsverhalten gut	J	N	J	N

Schematisch kann die Entscheidungsmatrix folgendermaßen dargestellt werden:

B_1	J	J	N	N
B_2	J	N	J	N
	A_1	A_2	A_3	A_4

52

3.2.5 Formulare

Formulare, die auch mit Vordruck bezeichnet werden, sind an Papier gebunden. Bei einem Bildschirmformular spricht man von einer "Maske".

Formular – Definition
Formblatt zur normierten Aufnahme von Informationen.

Der Einsatz von Formularen hat besonders die nachstehenden **Aufgaben:**

- Standardisierung der Arbeitsdurchführung
- Erleichterung der Arbeitsteilung durch entsprechende Informationsgliederung
- Arbeitsminderung
- Verbesserung der Informationstransparenz
- Fehlerminderung
- Normierte Datenspeicherung.

Bei jeder Gestaltung eines ablauforganisatorischen Systems ist zu prüfen, ob durch den Einsatz von geeigneten Vordrucken nicht eine oder mehrere der vorgenannten Einsatzaufgaben erreicht werden können.

Das Formularwesen kann in drei **Aufgabengebiete** gegliedert werden:

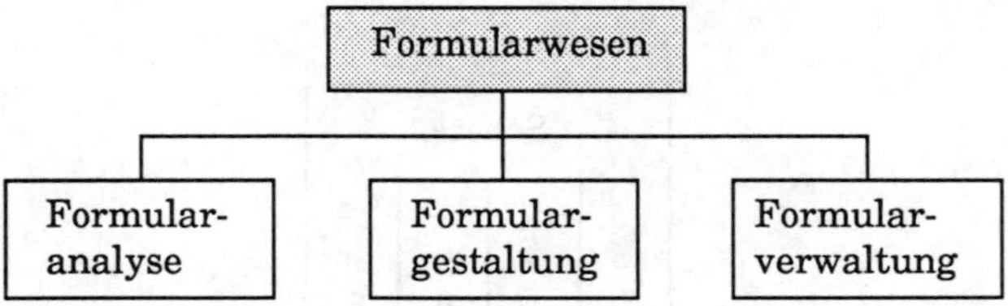

Die Aufgabengebiete

- Formularanalyse
- Formulargestaltung

sind Tätigkeiten, die beim Systementwurf vorgenommen werden müssen. Die Formularverwaltung ist eine Routineaufgabe der Organisationsabteilung.

3.2.5.1 Formularanalyse

Die Formularanalyse erhebt und prüft alle mit dem **Einsatz** eines Formulars zusammenhängenden Gegebenheiten. Dazu ist es notwendig, die folgenden Punkte zu bearbeiten:

(1) **Formularerfordernis**

Zur Erledigung einer Aufgabe ist es notwendig zu prüfen, ob für ein organisatorisches Teilsystem ein neues Formular eingesetzt werden soll oder ob in diesem Teilsystem

- besser ohne Formulareinsatz gearbeitet wird?
- mit einem vorhandenen Formular die Bearbeitung vorgenommen werden kann?
- ein vorhandenes Formular dann eingesetzt werden kann, wenn es umgestaltet wurde?
- durch eine andere Technik die Aufgabe besser gelöst werden kann?

Ersatzlösungen, die einen Formulareinsatz ersparen können, sind:

- Direkteingabe am Terminal oder Personal Computer
- Kopierverfahren
- Mikrofilmtechnik.

Werden diese Fragen negativ beantwortet, so ergibt sich die Notwendigkeit der Formularanalyse zur Gestaltung eines oder auch mehrerer neuer Formulare.

(2) **Formularbeziehungen**

Es ist festzustellen, wer und in welcher Weise mit dem neuen Formular arbeiten soll. Dazu ist es erforderlich, folgende Fragen zu beantworten:

- Wer setzt das Formular in Umlauf?
- Wer arbeitet mit dem Formular und in welcher Reihenfolge?
- In welcher Weise erfolgt diese Bearbeitung?
- Wie erfolgt der Transport des Formulars?
- Wer und wie wird das Formular nach Beendigung des Arbeitsablaufes archiviert?

Die Formularbeziehungen können in zwei Arten dokumentiert werden:

- **Formularablaufliste**
  Auflistung der Formularbeziehungen
- **Formularflußplan**
  Hier erfolgt ein grafischer Ausweis der Formularbeziehungen mit der Symbolik des Datenflußplanes.

(3) **Formularinhalt**

Die nächste Aufgabe betrifft diese Ermittlung des Formularinhaltes:

- Welche Daten und Texte soll das Formular enthalten?
- Für welche Daten und Texte müssen Ausfüllfelder vorgesehen werden?
- Von welcher Art und Größe müssen die Ausfüllfelder sein?
- Welche Bearbeitungshilfsmittel wie Druckermarken, Falzmarken, Schraffuren, Perforationen, Paginationen muß das Formular enthalten?

- Wie soll die Formularbezeichnung und Formularnummer lauten?
- Soll das Formular Verteiler, Laufwege oder Ablagevermerke aufweisen?

Auch für den Formularinhalt gilt die Forderung: “Sowenig Inhalt wie möglich, soviel wie nötig!”

(4) **Formularbedarf**

Zur Ermittlung einer optimalen Auflagenzahl und eines geeigneten Vervielfältigungsverfahrens ist der erwartbare durchschnittliche Formularbedarf zu ermitteln.

53

3.2.5.2 Formulargestaltung

Die Formulargestaltung umfaßt die Analyse und die Festlegung folgender Gestaltungsalternativen:

(1) **Papierformat und -qualität**
Mit Ausnahme besonderer Erfordernisse der Datenverarbeitung sind ausschließlich DIN-Formate zu verwenden. Nach DIN 198 sind dies folgende Papierformate:

Benennung	Format (mm)	Bezeichnung
DIN A 0	841 x 1189	1 Quadratmeter
DIN A 1	594 x 841	Doppelbogen
DIN A 2	420 x 594	Bogen
DIN A 3	297 x 420	Halbbogen
DIN A 4	210 x 297	Einheitsbriefbogen
DIN A 5	148 x 210	Halbbriefbogen
DIN A 6	105 x 148	Postkarte
DIN A 7	74 x 105	Besuchskarte

Die Papierqualität wird durch das Gewicht in g je m^2, die Rohstoffqualität und die Oberflächenbeschaffenheit bestimmt.

(2) **Farbgestaltung**

Die Festlegung der Farbgestaltung eines Formulars bezieht sich auf
- Papierfarbe
- Druckfarbe

(3) **Formularsatz**

Bei Formularen werden oftmals mehrere Durchschläge benötigt. Es ist deswegen die Zahl der Durchschläge festzustellen und wie diese erstellt werden sollen. Dies kann beispielsweise erfolgen mittels Durchschreiben mit Hilfe von eingelegtem Kohlepapier oder mit selbstdurchschreibendem Papier. Ein nachträgliches Kopieren oder Drucken kann ebenfalls vorgesehen werden.

(4) **Aufdrucknormen**

Für bestimmte Vordruckarten gibt es Normen:

Rechnung	DIN 4991
Bestellung	DIN 4992
Auftragsbestätigung	DIN 4993
Lieferanzeige	DIN 4994

Die Aufdrucknormen sollten bei der Formulargestaltung berücksichtigt werden.

(5) **Betriebliches Standard-Layout**

Manche Unternehmen haben für die Formulargestaltung unternehmensinterne Vorgaben erlassen.

(6) **Einheitlicher Formularaufbau**

Auf vielen Formularen wiederkehrende Angaben sollten sich auf allen Formularen an der gleichen Stelle befinden. Solche Angaben können beispielsweise sein:

- Tagesdatum
- Verteiler oder Laufweg
- Formularbezeichnung
- Formularnummer
- Feld für Eingangsstempel
- Unterschrift.

(7) **Benutzerrichtiger Aufbau**

Um den Formularbenutzern die Arbeit zu erleichtern, sollten folgende Gesichtspunkte beachtet werden:

- Richtige Dimensionierung der Ausfüllfelder
- Schreibfluchtlinien für Randsteller und Tabulatoren
- Zeilenweises Schreiben ohne Leerschritte
- Auswahlfelder an Stelle von Aus- oder Unterstreichen
- Bearbeitungsmarken berücksichtigen
- Feldnamen über jedem Ausfüllfeld
- Soweit wie möglich auf Abkürzungen verzichten
- Heftrand
- Ordnungs- und Sachbegriffe rechts oben anbringen.

Die Gestaltung von Formularen wird wesentlich erleichtert durch den Einsatz von Entwurfsformularen. Diese können im Fachhandel erworben werden.

Nach der Fertigstellung des Formularentwurfes kann der Druckauftrag ausgearbeitet werden. Ein **Druckauftrag** sollte folgenden Inhalt haben:

(1) **Formularentwurf**

(2) **Druckangaben** wie

- Papierformat-, qualität und -farbe
- Druckfarben
- Auflage
- Sonstige Wünsche.

(3) **Auftragsangaben**

- Liefertermin
- Preis
- Zahlungs- und Liefervereinbarungen.

Zur Korrektur des Druckes sollten vom Drucker angefordert werden:

- Korrekturabzug
- Druckfarbenmuster
- Papiermuster.

Zur Gestaltung eines Formulars ist bei komplexem Formularinhalt auch die Erarbeitung einer Ausfüllvorschrift für das Formular in Form einer Organisationsrichtlinie zu zählen.

3.2.5.3 Formularverwaltung

Die Formularverwaltung hat zwei **Aufgaben:**

(1) **Formularversorgung des Unternehmens**

Die Versorgung mit allen erforderlichen Vordrucken umfaßt die folgenden Teilaufgaben:

- Bedarfsermittlung
- Bestellmengenfestlegung
- Beschaffung
- Lagerung.

(2) **Formularkontrolle**

Auch diese Aufgabe gliedert sich wieder in mehrere Teilaufgaben:

- Kontrolle des Formularverbrauches
- Kontrolle des Formulareinsatzes
- Kontrolle und Minderung der Zahl der Formulararten.

In vielen Unternehmen besitzt das Formularwesen noch erhebliche Sparmöglichkeiten!

3.2.6 Nummerung

Unter Nummerung, die auch mit Verschlüsselung oder Schlüsseleinsatz bezeichnet wird, können alle Kennzeichnungen verstanden werden, die ohne die Benutzung von Namensbegriffen auskommen:

Nummerung – Definition nach DIN 6763
Bilden, Erteilen, Verwalten und Anwenden von Nummern.

Dazu ist es notwendig, den Begriff der Nummer zu definieren:

Nummer – Definition nach DIN 6763
Festgelegte Folgen von Zeichen.

Es werden drei Arten von **Zeichen** unterschieden:

- Ziffern
- Buchstaben
- Sonderzeichen.

Eine Vielzahl von Subjekten und Objekten werden in den Unternehmen mit Nummern bezeichnet:

- Personen wie Mitarbeiter oder Vertreter
- Geschäftspartner wie Kunden, Lieferanten oder Berater
- Gegenstände wie Erzeugnisse, Einzelteile oder Betriebsmittel
- Datenträger wie Zeichnungen, Magnetbänder oder Formulare
- Daten wie Berufsbezeichnungen, Geburtsland oder Familienstand
- Organisationsteile wie Stellen, Projekte, Programme oder Arbeitsplätze
- Verzeichnisse wie Kontenpläne, Kostenstellen oder Haustelefonbuch.

Beim **Entwurf** eines neuen organisatorischen Systems ist es häufig erforderlich:

- Vorhandene Nummernsysteme zu verbessern
- Benutzte Nummernsysteme durch bessere zu ersetzen
- Neue Nummernsysteme einzuführen.

Bei der Gestaltung von Nummernsystemen müssen eine Reihe von **Regeln** beachtet werden:

(1) **Eineindeutigkeit**

Eine Nummer darf nicht zweimal vergeben werden und ein Nummerungsgegenstand darf nur eine und nicht mehrere Nummern erhalten.

(2) **Kürze**

Nummern müssen so kurz wie möglich sein:
- Minimierung des Arbeitsaufwandes
- Verminderung der Fehlerwahrscheinlichkeit
- Bessere Merkfähigkeit.

(3) **Nummernreserve**

Nummernsysteme müssen auf den Zuwachs von Nummerungsbedürfnissen ausgelegt werden. Zumindest ist der Nummernbedarf für die nächsten 10 Jahre abzudecken. Eine Nummernreserve von 50% wird in jedem Fall als notwendig erachtet.

(4) **Lesehilfe**

Zur ermüdungsfreien Lesbarkeit ist es erforderlich, Nummern mit Hilfe von Gliederungszeichen zu strukturieren. Nach zwei oder drei Nummernstellen muß eine Gliederungsstelle eingeschoben werden.

(5) **Stelleneinheitlichkeit**

Eine definierte Stellenzahl ist erforderlich, um

- die Fehlerzahl zu vermindern und um
- die entstandenen Fehler leicht zu erkennen.

Die Autonummer ist ein schlechtes Beispiel für ein Nummernsystem.

Nummern können insbesonders in dreifacher Hinsicht unterschieden werden:

(1) **Zeichenarten**

Hier wird danach differenziert, aus welchen Zeichenarten die Nummern aufgebaut sind:

- **Numerische Nummern**
  Sie bestehen aus einer oder einer Folge von Ziffern.

Beispiel: Viertelbogen	210 x 297:	4
Blatt	148 x 210:	5
Halbblatt	105 x 148:	6

- **Alphanummern**
  Hier wird die Nummer ausschließlich aus Buchstaben gebildet.

Beispiel: Papierbogen:	A
Aktendeckel:	B
Briefhüllen:	C

- **Alphanumerische oder alphamerische Nummern**
  Sie beinhalten sowohl Ziffern und Buchstaben sowie Sonderzeichen:

Beispiel: Einheitsbriefbogen:	A4
Postkarte:	A6
Besuchskarte:	A7

(2) **Gliederung**

Zur leichteren Lesbarkeit und zur Vermeidung von Fehlern sollten Nummern, die mehr als drei Stellen aufweisen, gegliedert werden, Dazu stehen verschiedene Gliederungsmittel zur Verfügung:

- Leerstelle
- Bindestrich
- Schrägstrich
- Punkt.

Kommata sollten nicht benutzt werden, da sonst eine Verwechslungsgefahr zu Beträgen besteht.

Beispiele: 99 99 99
999-99.9
999/999

(3) **Aufgabe**

Mit Nummern können die folgenden Aufgaben gelöst werden:

- **Identifizierung**
  Unter Identifizierung versteht man ein eindeutiges Erkennen.
  Beispiele: Hausnummern
  Bundesstraßennummern
- **Klassifizierung**
  Eine Klassifizierung ist dann erfolgt, wenn eine eindeutige Zuordnung zu einer Klasse festgestellt werden kann.
  Beispiele: Postleitzahlen
  Steuerklassen
- **Information**
  In einigen Ausnahmefällen kann eine Nummer auch direkt informierend sein. Aus ihr kann folglich eine Information unmittelbar entnommen werden.
  Beispiele: 4711
  D

Nach dem Aufbau von Nummern müssen verschiedene Nummernsysteme unterschieden werden. Dazu kann zunächst in reine Identifizierungs- und Klassifizierungssysteme gegliedert werden. Daneben gibt es zwei Mischformen:

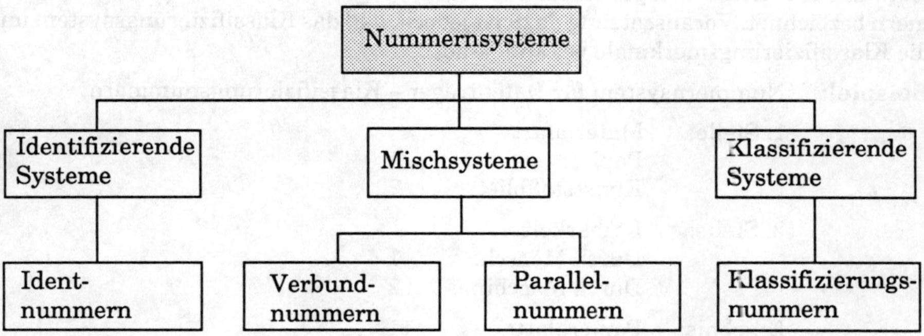

Die Information eines Nummernsystemes ist immer vom Kenntnisstand der Mitarbeiter abhängig, die mit dem Nummernsystem arbeiten.

54

3.2.6.1 Identnummer

Identnummern dienen ausschließlich der Kennzeichnung eines Objektes. Sie sind folglich nicht aussagefähig, deswegen werden sie auch als nichtsprechende Nummern bezeichnet.

Als Identnummer genügt jede willkürlich vergebene Nummer. Diese Nummer darf nur nicht doppelt vergeben werden. Häufig wird als Identnummer eine Zählnummer benutzt, die lückenlos oder lückenhaft sein kann.

Beispiel: Nummernsystem für Datenträger – Identnummern

Papierblatt	1
Lochstreifen	2
Magnetband	3

Identnummern können auf verschiedene Weise vergeben werden:
- Lückenlose Ausgabe
- Vergabe mit definierten Lücken
- Zufallsbedingte Nummernzuordnung.

In jedem Fall muß natürlich die Eineineutigkeit eingehalten werden.

3.2.6.2 Klassifizierungsnummer

Bei Klassifizierungsnummern werden bestimmende Merkmale der Nummerungsobjekte in der Nummer ausgewiesen. Deswegen werden sie auch als sprechende Nummern bezeichnet. Voraussetzung dazu ist jedoch, daß das Klassifizierungssystem und die Klassifizierungsmerkmale bekannt sind.

Beispiel: Nummernsystem für Datenträger – Klassifizierungsnummern

1. Stelle:	Materialart	
	Papier:	1
	Kunststoffolie:	2
2. Stelle:	Lesbarkeit	
	Durch Mensch:	1
	Durch Maschine:	2
Ergebnis:	Papierblatt:	11
	Lochstreifen:	12
	Magnetband:	22

Es müssen zwei **Arten** von Klassifizierungsnummern danach unterschieden werden, ob die Merkmalklassen unabhängig voneinander sind oder ob nachfolgende Merkmalklassen abhängig von einer vorhergehenden Merkmalklasse sind:

(1) **Nebengeordnete Klassifizierungssysteme**
Nach *Zimmermann* wird hier von Knüpftechnik gesprochen.

(2) **Hierarchische Klassifizierungssysteme**
Entsprechend wird diese Nummernart als Fächertechnik bezeichnet.

Beide Arten können auch in einem Nummernsystem gemischt werden.

3.2.6.3 Verbundnummer

Diese Nummernart besteht aus einem klassifizierenden und einem identifizierenden Teil. Dabei ist der identifizierende Nummernteil von dem Klassifizierungsteil anhängig. Das bedeutet, daß für jede Klassifizierungsvariante eine eigene Identifizierungsreihe begonnen wird:

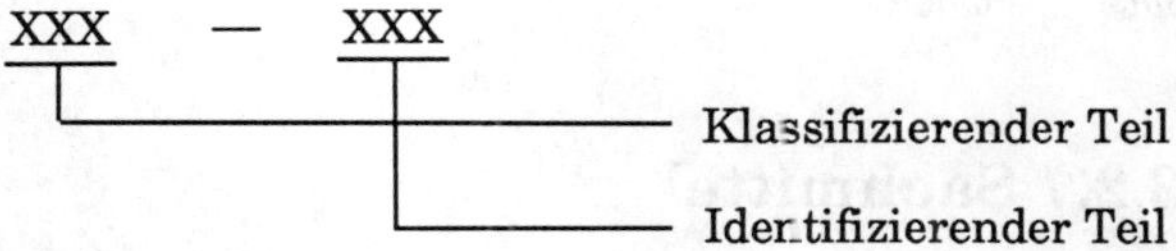

Beispiel: Verbundnummer – Kfz-Kennzeichen
HH – A 17
HD – C 1718

Es empfiehlt sich, den Klassifizierungsteil an den Anfang der Nummer zu setzen. Man spricht bei Verbundnummern von einem teilsprechenden Nummernsystem.

Beispiel: Nummernsystem für Datenträger – Verbundnummer:

1. Stelle:	Materialart	
	Papier:	1
	Kunststoffolie:	2
2. Stelle:	Zählnummer	
Ergebnis:	Papierblatt:	11
	Lochstreifen:	12
	Magnetband:	21

3.2.6.4 Parallelnummer

Wie die Verbundnummer besteht die Parallelnummer aus einem klassifizierenden und einem identifizierenden Teil. Im Gegensatz zu dieser Nummernart besteht jedoch bei einer Parallelnummer zwischen beiden Teilen keine Abhängigkeit. Beide Teile sind vollständig unabhängig voneinander. Das bedingt eine Teilredundanz. Die Reihenfolge der Nummernteile ist gleichgültig.

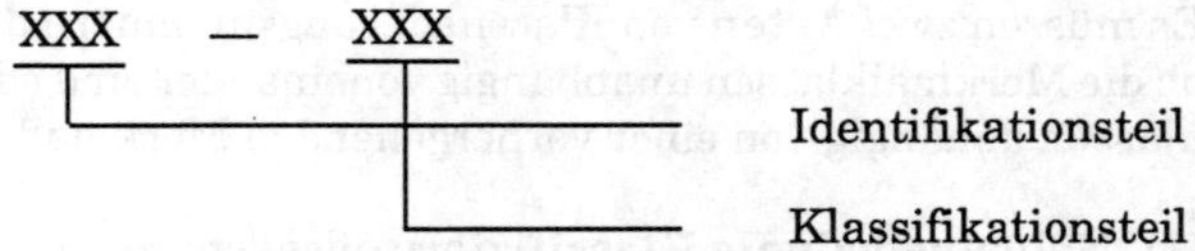

Beispiel: Nummernsystem für Datenträger – Parallelnummer

1. Stelle:	Zählnummer	
2. Stelle:	Materialart	
	Papier:	1
	Kunststoffolie:	2
Ergebnis:	Papierblatt:	11
	Lochstreifen:	21
	Magnetband:	32

Parallelnummern werden bei EDV-Einsatz oft benutzt, da hier computerintern auch ausschließlich mit dem Identteil gearbeitet werden kann.

55 56

3.2.7 Sachmittel

Der **Einsatz** von Sachmitteln in organisatorischen Ablaufsystemen kommt dort in Frage, wo

- die Leistungsfähigkeit des Menschen verbessert werden kann,
- die Leistungsfähigkeit des Sachmittels höher ist als die der Menschen,
- durch Sachmittel Leistungen erbracht werden, die sachmittelspezifisch sind.

Daneben wird für jede Bürotätigkeit eine **Basisausstattung** an Sachmitteln benötigt:

- Arbeits- oder Schreibtisch
- Arbeitsstuhl
- Kommunikationsmittel
- Arbeitsmittel.

Die Gestaltung und Ausstattung von Arbeitsplätzen und Büroumwelt ist Aufgabe der Büroorganisation.

Die Einplanung von speziellen Sachmitteln in einen ablauforganisatorischen Systementwurf muß in mehreren **Schritten** vorgenommen werden:

(1) **Ermittlung der Elementar- oder Teilaufgaben** in dem zu entwerfenden System, welche für den Einsatz von Sachmitteln in Frage kommen.

Dabei können zwei Einsatzarten in Frage kommen:
- Kombinierter Mensch-Maschinen-Einsatz
- Automatischer Maschinen-Einsatz.

(2) **Ermittlung der Anforderungen**, welche die einzusetzenden Sachmittel erbringen müssen. Nach *Wegner* müssen folgende Anforderungsarten festgestellt werden:

- Art der Leistungserbringung
- Kapazitätsbedarf
- Sachmittelelastizität
- Kostenverursachung.

Es braucht nicht betont zu werden, daß diese Ermittlungen bereits im Hinblick auf das Marktangebot erfolgen sollte.

(3) **Ermittlung des Marktangebotes** an solchen Sachmitteln, die für eine bestimmte Elementar- oder Teilaufgabe infrage kommen. Das kann in verschiedener Form geschehen:

- Angebotseinholung
- Ausschreibung
- Besuch von Fachausstellungen
- Vertreterberatung.

(4) **Analyse der ermittelten Sachmittel** im Hinblick auf die festgestellten Anforderungen an das Sachmittel. Dabei sollten die Sachmittel, welche in die engere Wahl kommen, einem Test im Hinblick auf ihre geplante Einsatzart unterzogen werden.

(5) **Entscheidungen** über die im System einzusetzende Sachmittelart. Diese Entscheidung kann mit einer der beschriebenen Techniken wie

- Kostenvergleich
- Nutzwertanalyse

vorgenommen werden.

Die Einplanung von Sachmitteln in den Systementwurf darf nicht leichtfertig vorgenommen werden. Fehler, die hier gemacht werden, können üblicherweise nur mit erheblichem Kostenaufwand wieder behoben werden.

3.2.8 Systemsicherung

Eine häufig nicht oder zu gering beachtete Entwurfsaufgabe bei ablauforganisatorischen Systemen ist die **Sicherung des Systembetriebes.**

Arbeitsteilige Arbeitsabläufe sind fehleranfällig. Deswegen müssen besondere Sicherungsmaßnahmen vorgesehen werden, damit die Fehlerwirkung in vertretbaren Grenzen bleibt.

Das Ziel, daß ablauforganisatorische Systeme vollständig fehlerfrei arbeiten, ist üblicherweise nur schwer erreichbar. Außerdem kosten totale Systemsicherungsmaßnahmen häufig ein Mehrfaches dessen, was die Fehler und ihre Beseitigung an Kosten verursachen. Deswegen wird man sich üblicherweise in der Ablauforganisation mit einer begrenzten Systemsicherung begnügen.

Zur Sicherung von ablauforganisatorischen Systemen gibt es eine Vielzahl von Techniken, von denen nur einige typische **Techniken** genannt sein sollen

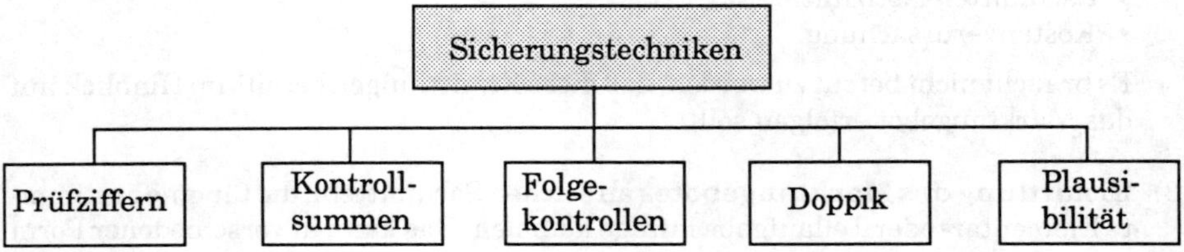

3.2.8.1 Prüfziffern

Der Einsatz der Prüfzifferntechnik erfolgt zur Sicherung der Richtigkeit von Nummern.

Beim Arbeiten mit Nummern kommen insbesonders folgende **Fehler** vor:

Fehlerart	Fehlerfrei	Fehlerhaft
Falsche Ziffer	3844	3944
Verlorene Ziffer	3844	384
Zusätzliche Ziffer	3844	38444
Einfacher Drehfehler	3844	3484
Doppelter Drehfehler	3844	4438

Die Fehlerwahrscheinlichkeit steigt überproportional mit der Zahl der Stellen einer Nummer.

In manuellen Systemen kann gegen solche Nummernfehler versucht werden, mit Mehrfachprüfungen diese Fehler zu erkennen. Ablauforganisatorischen Systemen, bei denen hochqualifizierte Sachmittel eingesetzt werden, wie beispielsweise Großrechner oder Personal Computer bietet die Prüfzifferntechnik ein Verfahren, das weitgehend solche Fehler automatisch erkennen läßt. Die Erkennung kann mit vorgefertigten Programmroutinen erfolgen.

Durch das Anhängen einer Prüfziffer an die zu sichernde Nummer entsteht eine selbstprüfende Nummer, die in Abhängigkeit von der Wahl der Prüfzifferntechnik bis zu 100 Prozent der Fehler erkennen läßt.

Das in der Praxis oftmals angewandte **"Modulus 11-Verfahren"** erarbeitet die Prüfziffer in folgenden **Schritten:**

(1) **Multiplikation**
Jede Ziffer der Nummer wird mit einem festgelegten Gewichtungsfaktor multipliziert. Die Gewichtungsfaktoren lauten von rechts beginnend 2, 3, 4, 5, 6, 7, 1, 2, ...
Beispiel: Nummer 2769

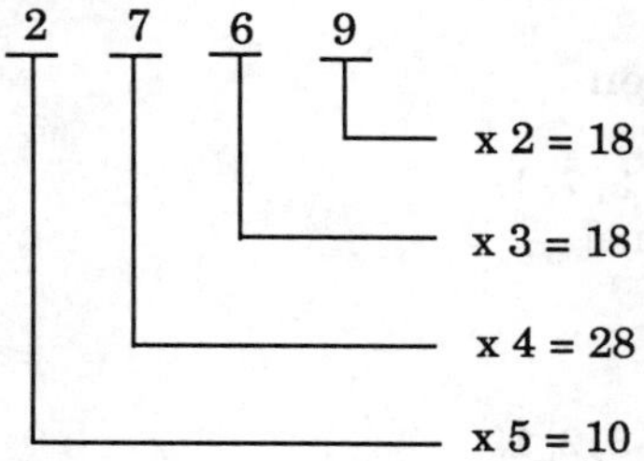

(2) **Addition**
Die ermittelten Multiplikationsergebnisse werden addiert.
Beispiel: 18 + 18 + 28 + 10 = 74

(3) **Division**
Die Summe wird durch 11 geteilt.
Beispiel: 74 : 11 = 6 Rest 8

(4) **Subtraktion**
Durch Subtraktion des ermittelten Restes von 11 ergibt sich die Prüfziffer.
Beispiel: 11 – 8 = 3
Prüfziffer = 3

Die Nummer des Beispieles 2769 erhält als letzte Ziffer folglich die errechnete Prüfziffer: 27693.

Taucht bei einer Bearbeitung die Nummer 27693 auf, so erfolgt die gleiche Rechnung wieder, wobei die Prüfziffer mit 1 multipliziert wird. Ergibt sich bei der Division ein restloses Ergebnis, so enthält die Nummer keinen Fehler. Ergibt sich jedoch ein Rest, so ist in der Nummer ein Fehler enthalten.

Nummern, die bei Anwendung des "Modulus 11-Verfahrens" die Prüfziffer 10 erhalten, werden ausgesondert und nicht vergeben.

In der Praxis wird eine Reihe von Prüfzifferntechniken angewandt. Diese unterscheiden sich in folgenden **Merkmalen:**

- Divisor
- Gewichtung
- Summenbildung.

Neben dem erläuterten Modulus 11-Verfahren sind vornehmlich folgende **Methoden** gebräuchlich:

(1) **EKONS-Verfahren**
EKONS ist die Abkürzung vor **E**inheitlicher **Kon**ten**n**ummern**s**chlüssel.
Divisor: 10
Gewichtung: ....2, 1, 2, 1, 2, 1.
Summenbildung: Quersumme der Summanden, z.B. 14 wird zu 1 + 4 = 5

(2) **Modulus 10-Verfahren**
Divisor: 10
Gewichtung: ....3, 7, 1, 3, 7, 1.
Summenbildung: Normal

(3) **Modulus 7**
Divisor: 7
Gewichtung: ....6, 5, 4, 3, 2, 1.
Summenbildung: Normal

Die Prüfziffer wird bei allen Verfahren mit 1 gewichtet.

57 58

3.2.8.2 Kontrollsumme

Die Kontrollsummentechnik, welche auch als Abstimmtechnik bekannt ist, wird dort angewandt, wo arbeitsteilig mit Betrags- und Mengenangaben gearbeitet wird. Bei jedem Arbeitsgang wird die Summe eines oder mehrerer bestimmter Daten des weitergegebenen Arbeitsstapels gebildet und mit der mitgelieferten Kontrollsumme verglichen.

Besonders bei Arbeitserledigung mit der Datenverarbeitung wird dieses Sicherungsverfahren angewandt. Es ist jedoch auch bei manuellen Arbeitserledigungen üblich. Die einfachste Form ist die Summenbildung über die Belegzahl.

Daneben kommen vornehmlich folgende **Summenarten** in Betracht:

- Betragssummen
- Mengensummen
- Datumssummen
- Nummernsummen.

Um auftretende Fehler besser bestimmen zu können, empfiehlt es sich, entsprechende Kontrollkreise vorzugeben, für die jeweils Kontrollsummen ermittelt werden müssen.

3.2.8.3 Folgekontrolle

Unter Folgekontrolle versteht man die Sicherung der Lückenlosigkeit, wie das beispielsweise in einem der Grundsätze ordnungsgemäßer Buchführung gefordert wird, welcher lückenlose Belegnummern vorschreibt. Diese Kontrolle kann beispielsweise mit folgenden **Techniken** durchgeführt werden:

- Fortlaufende Formularnummern
- Einsatz von Paginierstempeln
- Fortlaufende Nummernvergabe durch Büromaschinen oder Datenverarbeitungsanlagen.

3.2.8.4 Doppik

Die doppelte Buchführung ist ein logisch geschlossenes, zwangsläufig sich selbst kontrollierendes Verrechnungssystem. Diese Selbstkontrolle der Buchhaltung wird durch die sogenannte Doppik erreicht. Der Periodenerfolg wird doppelt errechnet:

- Bilanz
- Erfolgsrechnung.

Bei Übereinstimmung beider Ergebnisse ist stets die Richtigkeit der Rechnung gesichert.

Dieses System braucht nicht auf die doppelte Buchhaltung beschränkt zu bleiben, vielmehr ist es möglich, eine Doppik auch bei anderen ablauforganisatorischen Systemen einzusetzen.

Beispiel: Lohnrechnung

Nettolohn 1	+	Abzüge 1	=	Bruttolohn 1
Nettolohn 2	+	Abzüge 2	=	Bruttolohn 2
.		.		.
.		.		.
.		.		.
.		.		.
Σ Nettolöhne	+	Σ Abzüge	=	Σ Bruttolöhne

Wie das Beispiel ausweist, eignen sich alle Tabellenrechnungen besonders für Systemsicherungen mit der Doppik. Bei Einsatz von Tabellenrechnungen sollte deswegen immer mit Doppikprüfungen gearbeitet werden.

3.2.8.5 Plausibilitätsprüfungen

In der EDV gilt der Grundsatz: Keine Dateneingabe ohne Prüfung! Vielfach läßt sich die Richtigkeit eines Datums mit Hilfe einer Plausibilitätsprüfung sichern:

Plausibilitätsprüfung – Definition
Kontrolle auf logische Richtigkeit eines Datums.

Beispiele für Plausibilitätsprüfungen sind:

(1) **Zeichenartkontrolle**
Es wird geprüft, ob eine vorgegebene Zeichenart ausschließlich benutzt wird, beispielsweise ob nur Ziffern benutzt werden.

(2) **Feldlängenprüfung**
Hier wird festgestellt, ob ein Datum auch die vorgegebene Stellenzahl umfaßt, so beispielsweise ob die Postleitzahl vierstellig ist.

(3) **Feldinhaltzuordnung**
Oftmals sind Daten in anderem Zusammenhang gespeichert. Es wird deswegen geprüft, ob das eingegebene Datum dem gespeicherten Datum entspricht. Beispielsweise wird die eingegebene Maßeinheit eines Artikels mit der im Artikelstammsatz gespeicherten Maßeinheit verglichen.

(4) **Grenzwertprüfung**
Daten sind häufig nur zwischen zwei Grenzwerten gültig. Es wird deswegen kontrolliert, ob ein eingegebenes Datum innerhalb dieser Grenzwerte liegt. Haben Halbfabrikatenummern immer als erste Stelle eine 7, so wird festgestellt, ob die Halbfabrikatenummer zwischen 70.000 und 79.999 liegt.

(5) **Terminprüfung**
Bei aktuellen Tagesdaten wird geprüft, ob das eingegebene Datum innerhalb bestimmter Toleranzgrenzen liegt. Zum Beispiel wird ein Tagesdatum dann für richtig angenommen, wenn es nicht in der Zukunft liegt und noch nicht älter ist als eine Woche.

Daneben gibt es weitere Plausibilitätsverfahren, die häufig in der EDV eingesetzt werden.

3.2.9 Organisationsvorgabe

Die erarbeitete Organisation muß dokumentiert und vorgegeben werden. Dazu werden oftmals zwei **Vorgabearten** benutzt:

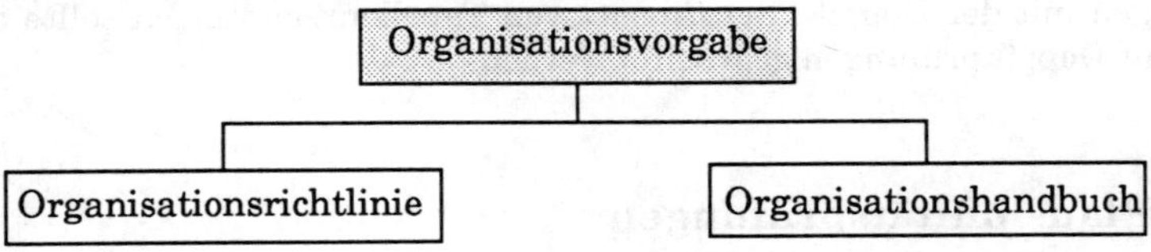

3.2.9.1 Organisationsrichtlinie

Das Ergebnis der Systemplanung muß aus verschiedenen Gründen schriftlich niedergelegt werden:

- Dokumentation des neuen Systems
- Vorgabe an die Systemmitarbeiter
- Schulungsunterlage für die Systemeinführung und für neue Mitarbeiter
- Grundlage der Revision.

Betriebliche Veröffentlichungen mit verbindlichen organisatorischen Regelungen werden mit verschiedenen Begriffen bezeichnet:

- Organisationsrichtlinie
- Arbeitsanweisung
- Organisationsmitteilung
- Dienstanweisung.

In der Praxis werden diese Bezeichnungen synonym benutzt.

Organisationsrichtlinien werden üblicherweise von der Organisationsabteilung erstellt, zumindest von ihr veröffentlicht.

Eine Organisationsrichtlinie sollte folgenden **Inhalt** haben:

(1) **Benennung**
Die verbale Bezeichnung der Organisationsrichtlinie sollte ihren Sachinhalt hinreichend kennzeichnen, aber trotzdem kurz sein.

(2) **Richtliniennummer**
Für Richtlinien sollte ein Nummernsystem eingesetzt werden, das einen klassifizierenden Teil enthält, um damit Archivierung und Wiederauffindung der Richtlinien zu erleichtern.

(3) **Herausgabedatum**
Das Tagesdatum der Herausgabe muß aus einer Organisationsrichtlinie ersichtlich sein.

(4) **Gültigkeitsdatum**
Herausgabe und Gültigkeitsdatum sollten nicht identisch sein. Deswegen bedarf es auch des Ausweises des Gültigkeitsdatums.

(5) **Verteiler**
Es muß ersichtlich sein, wer eine Organisationsanweisung erhalten hat.

(6) **Ungültigkeitsausweis**
Durch eine neue Anweisung werden oftmals ältere Anweisungen vollständig oder teilweise ungültig. Deswegen ist es notwendig auszuweisen welche Organisationsanweisungen durch die neue Anweisung betroffen sind.

(7) **Richtlinieninhalt**
Für den Inhalt von organisatorischen Richtlinien gelten folgende Forderungen:
- Verständlichkeit
- Vollständigkeit
- Eindeutigkeit.

(8) **Unterschriften**
Organisationsrichtlinien tragen die Unterschriften des

- zuständigen Bereichsleiters
- Organisationsleiters.

Oftmals ist auch die Unterschrift eines Geschäftsleitungsmitgliedes erforderlich.

Die Veröffentlichung von Organisationsrichtlinien sollte unter Verwendung eines einheitlichen Formulars erfolgen.

Um den Charakter der organisatorischen Verbindlichkeit und Aktualität von Organisationsrichtlinien zu erhalten, ist es notwendig, einen Änderungsdienst für organisatorische Richtlinien vorzunehmen. Jede wesentliche Änderung eines organisatorischen Ablaufs oder der Aufbauorganisation muß lückenlos veröffentlicht werden.

59

3.2.9.2 Organisationshandbuch

In den Unternehmen gibt es häufig eine Reihe von Handbüchern, die in Loseblattform fortlaufend ergänzt werden:

- Organisationshandbuch
- Datenverarbeitungshandbuch
- Personalhandbuch
- Unternehmenshandbuch.

In manchen Unternehmen ist das Organisations- und Datenverarbeitungshandbuch in einem Buch vereinigt.

Das Organisationshandbuch (ORG-Handbuch) sollte alle die betriebliche Organisation betreffenden Dokumentationen enthalten:

Organisationshandbuch – Definition nach *Schmidt:*
Gegliederte Zusammenfassung der allgemein gültigen organisatorischen Regelungen und Vorschriften.

Als **Aufgaben** von Organisationshandbüchern wird insbesondere gesehen:

- Vorgabe der gestalteten Organisation
- Schulungsmittel
- Nachschlagewerk
- Revisionsbasis.

Das Organisationshandbuch sollte möglichst übersichtlich gegliedert sein. Dazu dient ein klassifizierendes Nummernsystem, das in gleicher Weise bei den Organisationsrichtlinien angewandt wird. Damit ist sichergestellt, daß die nachfolgend herausgegebenen Organisationsrichtlinien problemlos in das Organisationshandbuch eingefügt werden können.

Organisationshandbücher können folgenden **Aufbau** haben:

(1) **Einleitung**

Im ersten Teil eines Organisationshandbuches sind eingeordnet:

- Inhaltsverzeichnis
- Vorwort
- Benutzungsanleitung.

Die Benutzungsanleitung enthält oft eine Erläuterung des Aufbaus des vorliegenden Handbuches einschließlich eines Ausweises des ihm zugrunde liegenden Klassifizierungssystems, Hinweis auf das Sachwortverzeichnis, usw.

(2) **Allgemeiner Teil**

In diesem nur indirekt zur Organisation gehörenden Teil werden oftmals veröffentlicht:

- Unternehmensziele
- Unternehmenspolitik
- Geschäftsgrundsätze
- Unternehmenssatzung
- Geschäftsordnung
- Arbeitsordnung.

Daneben wird dieser Teil manchmal auch dazu benutzt, um über die Unternehmensgeschichte Aussagen zu machen.

(3) **Aufbauorganisation**

Der die Aufbauorganisation betreffende Teil sollte enthalten:

- Organisationspläne
- Stellenbesetzungspläne
- Funktionendiagramme
- Unterschriftenregelungen
- Niederlassungsliste
- Lagepläne.

(4) **Ablauforganisation**

Neben allen ablauforganisatorischen Arbeitsanweisungen sollte dieser Teil auf jeden Fall enthalten:

- Reise- und Spesenordnung
- Kassenordnung
- Benutzerordnung des Rechenzentrums.

(5) **Projektorganisation**

Dieser Teil des Organisationshandbuches sollte alle wesentlichen Regelungen der Projektorganisation beinhalten:

- Allgemeine Projektorganisation
- Laufende Organisationsprojekte.

(6) **Verzeichnisse**

In diesem Teil des Handbuches sollten alle häufig gebrauchten Verzeichnisse des Unternehmens, mit Ausnahme des Telefonverzeichnisses, ausgewiesen werden:

- Kontenplan
- Kostenartenplan
- Kostenstellenverzeichnis
- Kostenträgerplan
- Kurzzeichenverzeichnis
- Lagerverzeichnis
- Formularverzeichnis.

Ein vollständiger Ausweis aller in das Handbuch aufzunehmenden Verzeichnisarten ist logischerweise nicht möglich.

(7) **Anhang**

Im anschließenden Anhang des Organisationshandbuches können Aufnahme finden:

- Sachwortverzeichnis
- Änderungsnachweis.

Ein Ausweis aller gängigen Formulare im Anhang des Handbuches ist meist nicht praktikabel, da sonst der Umfang zu stark ausgeweitet wird.

Der Inhaltsumfang kann in größeren Unternehmen die Verwendung eines mehrbändigen Handbuches bedingen.

Das Organisationshandbuch sollte bei jeder Stelle vorhanden sein. Oftmals werden für bestimmte Bereiche oder Mitarbeiterkreise spezielle Teile des Organisationshandbuches ausgegeben, beispielsweise für die Fertigung oder den Vertrieb. Das darf aber nicht verwechselt werden mit den manchmal vorzufindenden Fertigungs- oder Vertriebshandbüchern.

Für die **äußere Form** des Organisationshandbuches werden häufig folgende Merkmale bevorzugt:

- Format DIN A4 hoch
- Einheitlicher Blattkopf oder Blattgestaltung
- Loseblattform in Ringbuch mit Signalfarben
- Einheitliches Klassifizierungssystem.

Beim Organisationshandbuch besteht die Gefahr, die den Wert eines solchen Buches wesentlich vermindern kann, daß es entsprechend einem der nachstehenden Extreme gepflegt wird:

(1) Nachdem das Handbuch einmal herausgegeben ist, bleibt das Buch unverändert, da die Organisationsabteilung "viel dringlichere Aufgaben hat". Nach 5 bis 10 Jahren wird dann ein neues Projekt in Angriff genommen: "Neuherausgabe unseres Organisationshandbuches".

(2) Der Änderungsdienst für das Organisationshandbuch wird so perfektioniert, daß jede Woche mehrere Änderungen an die Handbuchinhaber ausgeliefert werden, so daß diese es leid werden, fortlaufend den Blattaustausch vorzunehmen.

Zunehmend werden Organisationshandbücher auch gespeichert und können dann am Terminal oder am Personal Computer aufgerufen werden.

3.3 Programmierung

Soll in Teilen des neuen Systems mit der elektronischen Datenverarbeitung gearbeitet werden, so bedingt dies

- den Erwerb angebotener Programme oder
- die Ausarbeitung von Programmen oder Programmteilen.

Hier wird die Eigenerstellung von Programmen betrachtet.

Voraussetzung für das Programmieren von Systemteilen ist das Vorliegen einer ausführungsreifen Programmvorgabe. Dies gilt besonders, wenn die Programmierung nicht vom Organisator des Systementwurfes vorgenommen wird.

Eine Programmvorgabe sollte aber auch ausgearbeitet werden, wenn Systementwurf und Programmierung in einer Hand liegen. Dadurch ist der Organisator gezwungen, das Programm detailliert auszuplanen. Außerdem sollte für jedes Programm eine Programmvorgabe dokumentiert sein.

Eine ausführungsreife **Programmvorgabe** für kommerzielle Anwendungsprogramme sollte beinhalten:

(1) **Programmbeschreibung**

Zunächst ist das zu erstellende Programm im Hinblick auf seine Aufgaben und Ziele zu beschreiben. Dieser Teil besteht hauptsächlich aus:

- Verbaler Beschreibung
- Datenflußplänen.

(2) **Eingabe**

Die Festlegung der Dateneingabe in das Programm beinhaltet vornehmlich:

- Definition der Eingabearten und Eingabemedien
- Aufbau der Eingabesätze
- Formularentwürfe für Erfassungsbelege, Belegleseformulare oder Lochkarten
- Vorgabe der Eingabedatenprüfung
- Maskenentwürfe bei Dialogdatenverarbeitung.

(3) **Speicherung**

Zur Abarbeitung eines Programmes müssen häufig Daten aus Dateien entnommen werden, Zwischenergebnisse in Dateien gespeichert werden und die Endergebnisse in Transferdateien ausgegeben werden. Dazu ist es notwendig, folgende Definitionen vorzunehmen:

- Speicherungsvorgaben
- Dateibeschreibungen
- Satzbeschreibungen
- Speicherbedarfsvorgaben.

(4) **Verarbeitung**

Es müssen alle die Verarbeitung betreffenden Vorgaben bestimmt werden:

- Verarbeitungsregeln in Form von Entscheidungstabellen, Programmablaufplänen, Struktogrammen, Formeln, Strukturablaufdiagrammen oder Pseudocode.
- Programmtechnische Maßnahmen der Datensicherung
- Unterbrechungsroutinen.

(5) **Ausgabe**

Die Programmvorgabe im Hinblick auf die Datenausgabe beinhaltet folgende Definitionen:

- Festlegung der Ausgabeart
- Aufbau der Ausgabesätze
- Formularentwürfe für den Schnelldrucker oder die Mikrofilmausgabe
- Druckbildentwürfe
- Maskenentwürfe.

(6) **Allgemeine Programminformationen**

Alle vom Programmierer weiterhin benötigten Informationen sind ihm zur Verfügung zu stellen. Dies sind insbesondere:

- Nummernverzeichnis
- Abkürzungsverzeichnisse
- Programmfrequenzaussagen
- Testbeispiele.

Mit einer so ausgearbeiteten Programmvorgabe muß ein hinreichend ausgebildeter und erfahrener Programmierer in der Lage sein, ohne weitere Rückfragen das Programm in allen Programmteilen einsatzreif zu erstellen.

Die Programmierung beinhaltet die folgenden **Arbeitsschritte**, die zu einem geringen Teil parallel, zum überwiegenden Teil aber in einer Folge durchgeführt werden:

(1) **Logikgestaltung**
Die Phase beinhaltet alle Arbeiten, die mit der Erstellung der Programmlogik zusammenhängen. Hierbei werden die einzelnen Aktivitäten der Aufgabenerledigung durch den Computer in zeitlich-logischer Abfolge geplant.

(2) **Codierung**
Die ermittelten einzelnen Aktivitäten müssen mit dem Wortvorrat einer Programmiersprache formuliert werden.

(3) **Test**
Das entstandene Programm muß in der dritten Phase, der Testphase, verifiziert werden, bis das Programm einsatzreif ist.

(4) **Dokumentation**
Parallel zu den drei Phasen Gestaltung, Codierung und Test ist die Dokumentation zu erarbeiten.

Das **Ergebnis** der Programmierung muß sein:

- Fehlerfreies Programm
- Programmdokumentation
- Benutzerhandbuch.

Das Benutzerhandbuch wird oftmals gemeinsam vom Programmierer und dem Organisator erstellt.

4. Systemeinführung

Als Ergebnis der Systemgestaltung liegt nun das neue System als Plan vor. Dieser Plan ist nun in die betriebliche Realität zu überführen. Dabei sind mehrere **Einführungsphasen** zu unterscheiden:

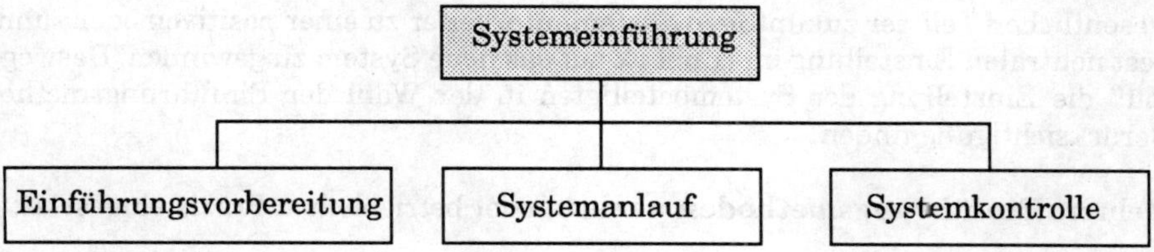

Von der Systemeinführung hängt wesentlich der Erfolg des neuen Systems ab. Auch ein hervorragender Systementwurf kann leicht durch eine schlechte Einführung zu einem Mißerfolg werden. Deswegen muß der Systemeinführung die gleiche Bedeutung zugemessen werden wie der Systemplanung.

4.1 Einführungsvorbereitung

Die Einführungsvorbereitung eines neuen ablauforganisatorischen Systems beinhaltet alle Aufgaben zwischen der Fertigstellung des Systementwurfes und dem Beginn des Systemanlaufes. Das schließt insbesondere die folgenden Punkte ein:

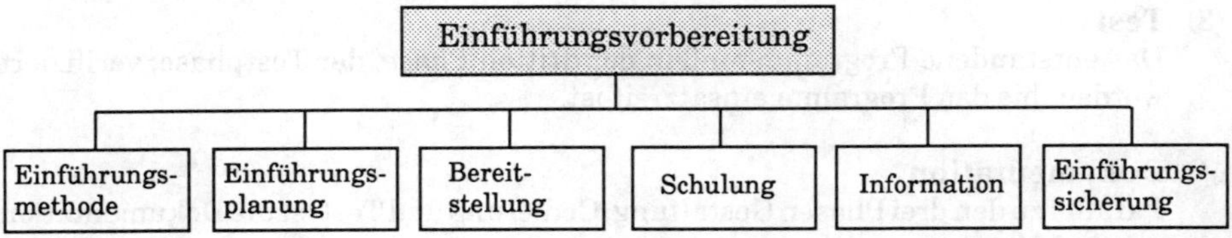

Die Einführungsvorbereitung kann in der Projektplanung nur ganz grob enthalten sein, denn bei dieser Planung war das nun ausgeplant vorliegende neue System höchstens in Umrissen erkennbar. Deswegen ist es nun erforderlich, die Projektplanung für die Systemeinführung zu überarbeiten und zu verbessern.

4.1.1 Einführungsmethode

Die Einführung eines neuen ablauforganisatorischen Systems kann nach verschiedenen Methoden erfolgen, deren Wahl von verschiedenen **Merkmalen** abhängig ist:

- Systemart
- Systemumfang
- Einführungsrisiko
- Systembeteiligte.

Besonders die Motivation, die persönlichen Ziele und Aversionen der systembeteiligten Mitarbeiter ist dabei ein Merkmal, das besondere Bedeutung verdient. Die Einführung eines neuen Systems ist in starkem Maße gefährdet, wenn es nicht gelingt, einen wesentlichen Teil der zukünftigen Systemmitarbeiter zu einer positiven oder zumindest neutralen Einstellung im Hinblick auf das neue System zu gewinnen. Deswegen muß die Einstellung der Systembeteiligten in der Wahl der Einführungsmethode Berücksichtigung finden.

Mehrere **Einführungsmethoden** werden in der betrieblichen Praxis eingesetzt:

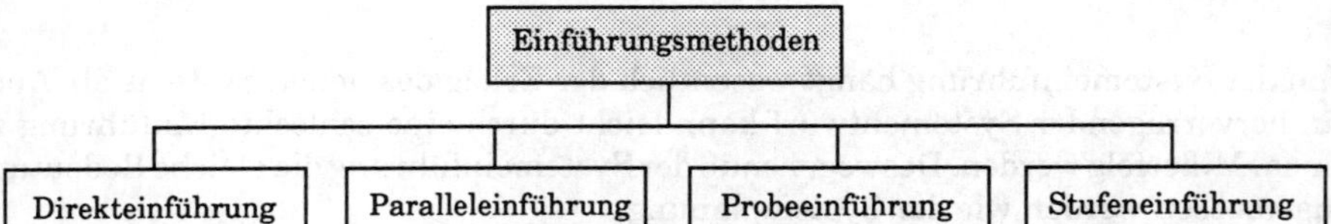

4.1.1.1 Direkteinführung

Bei der Direkteinführung erfolgt der Übergang vom alten zum neuen System vollständig zu einem Stichtag. Diese Einführungsmethode empfiehlt sich bei

- kleinen, überschaubaren Systemen
- Systemen, die keinen Bezug zum Vorgängersystem haben.

Diese Methode sollte nur dann gewählt werden, wenn die nachfolgenden **Voraussetzungen** erfüllt sind:

- Fundiert organisiertes und getestetes System
- Die Systemmitarbeiter müssen intensiv geschult sein
- Ein detaillierter Ausfallplan muß ausgearbeitet sein.

4.1.1.2 Paralleleinführung

Bei dieser Einführungsmethode wird für eine bestimmte Frist das alte und das neue System parallel betrieben. Das hat den wesentlichen Vorteil, daß hier ein ausführlicher Praxistest erfolgt und die dabei gewonnenen Testergebnisse mit den Ergebnissen des alten Systems verglichen werden können. Dem steht der Nachteil gegenüber, eine bestimmte Zeit zwei Systeme betreiben zu müssen.

Diese Einführungsmethode wird angewandt bei Systemen, die

- besondere Sicherheiten notwendig erscheinen lassen,
- von den systembetroffenen Fachabteilungen skeptisch beurteilt werden.

Um diese Methode wählen zu können, ist es erforderlich, daß folgende **Voraussetzungen** erfüllt sind:

- Kapazitätsmehrbedarf muß befriedigt werden können
- Beide Systeme müssen gegeneinander scharf abgrenzbar sein
- Beide Systeme müssen zu den gleichen Systemergebnissen führen.

4.1.1.3 Probeeinführung

Bei der Probeeinführung wird zunächst in einem kleinen, separaten Bereich das neue System eingeführt und die Ergebnisse ausgewertet. Dies kann beispielsweise in einer isolierten Abteilung oder in einem Werk geschehen. Erst wenn die Sicherheit gegeben ist, daß das System in diesem Bereich fehlerlos arbeitet, wird es im gesamten Anwendungsbereich eingesetzt.

Die Methode der Probeeinführung wird angewandt bei:

- Forderung nach erfolgreichem Praxistest
- Unsicherheit der Projektgruppe über den Praxiserfolg
- Entscheidung über mehrere Systemalternativen.

Um mit dieser Methode ein System einzuführen, müssen folgende **Voraussetzungen** gegeben sein:

- Gesamtsystem muß in einem kleinen Bereich isoliert einsetzbar sein.
- Das Ergebnis der Probeeinführung muß repräsentativ für den geplanten Einsatz sein.

4.1.1.4 Stufeneinführung

Größere Systeme, die modular aufgebaut sind, können in Stufen eingeführt werden.

Schrittweise werden hier die einzelnen modularen Systemteile realisiert und vor jedem nachfolgenden Schritt erfolgt eine Ergebnisprüfung, von der die Einführung des nächsten Systemteiles abhängt.

Die Stufeneinführung wird angewandt werden bei

- sehr umfangreichen Systemen
- neuartigen Systemtechniken.

Die nachstehenden **Voraussetzungen** sollten bei der Wahl dieser Einführungsmethode gegeben sein:

- Modularer Systemaufbau
- Lineare oder nur wenig vernetzte Beziehungen der Systemteile
- Das bestehende System muß ebenfalls geteilt werden können.

4.1.2 Einführungsplanung

Nachdem über die Einführungsmethode entschieden wurde, kann die Einführung geplant werden. Ohne diese Entscheidung kann eine fundierte Planung nicht vorgenommen werden.

Die **Einführungsplanung** umfaßt in der Hauptsache:

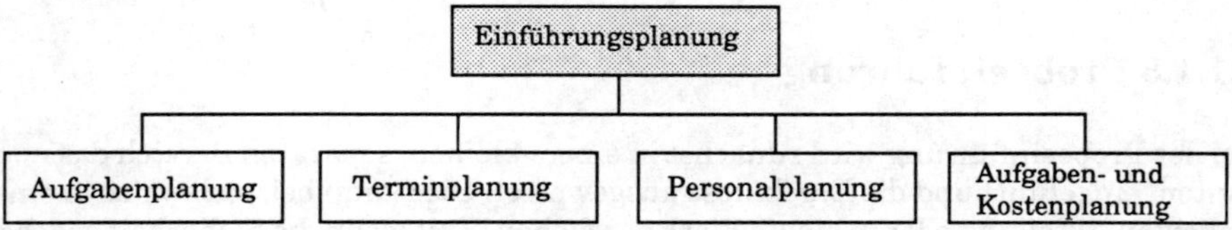

Ausgangsbasis jeder Einführungsplanung ist der ausgearbeitete Systementwurf.

4.1.2.1 Aufgabenplanung

Die Systemeinführung erfordert eine Vielzahl von Aufgabenerledigungen. Diese Aufgaben sind bei der Aufgabenplanung zu ermitteln. Insbesonders sind hier folgende Aufgabenkomplexe zu untersuchen:

- Beschaffungen
- Schulungen
- Informationen
- Sicherungsmaßnahmen.

4.1.2.2 Terminplanung

Für die ermittelten Aufgaben, die zur Systemeinführung erledigt werden müssen, sind die Termine zu planen. Dazu bietet sich die **Terminplanungstechnik** an, die auch für die Projektplanung Verwendung gefunden hat:

- GANTT-Technik
- PLANNET-Technik
- Netzplantechnik.

4.1.2.3 Personalplanung

Die Personalplanung zur Systemeinführung beinhaltet eine zweifache **Aufgabe:**

- Planung des Systembetriebs
- Planung des Systemanlaufs.

Die **Planung des Systembetriebs** umfaßt im Hinblick auf die Mitarbeiter folgende Aufgaben:

(1) **Mitarbeitereinsatz**
Ermittlung der Mitarbeiter, die durch den Wegfall des bisher bestehenden Systemes freigestellt werden. Das sind alle die Mitarbeiter, die bisher vollzeitlich beim bisherigen System eingesetzt waren. Hinzu kommen jene Mitarbeiter, die nur mit einem Teil ihrer Arbeitszeit am alten System mitgearbeitet haben. Diese Ermittlung muß differenziert werden nach

- Stellung
- Qualifikation und Erfahrung
- Termin der Freistellung.

Dabei ist zu beachten, daß die tatsächlich vorhandenen Mitarbeiter festgestellt werden und nicht die Zahl der vorhandenen Arbeitsplätze.

(2) **Personalbedarf**
Ermittlung des für das neue System benötigten Personals mit einer entsprechenden Gliederung nach Stellung, Anforderungen usw. gemäß den für das neue System ausgearbeiteten Stellenbeschreibungen.

(3) **Einsatzplanung**
Planung des Einsatzes der bisherigen Mitarbeiter im neuen System. Ergebnis dieser Planung ist dann der Stellenbesetzungsplan für das neue System. Ziel dieser Planung sollte die vollständige Übernahme des vorhandenen Personals sein.

(4) **Mitarbeitermeldung**
Meldung der im neuen System nicht mehr eingesetzten Mitarbeiter an die Personalabteilung, damit die Personalabteilung diesen neue Arbeitsplätze anbieten kann.

(5) **Zusatzbedarf**
Bedarfsmeldung von Personal für das neue System an die Personalabteilung mit Bedarfszeitpunkt, qualifikatorischen Anforderungen usw. Auf Grund dieser Per-

sonalbedarfsmeldung versucht die Personalabteilung entsprechende Mitarbeiter anzuwerben. Das kann beispielsweise geschehen durch innerbetriebliche Stellenausschreibungen oder Stellenanzeigen in Tages- und Fachzeitschriften.

Die zweite Aufgabe der Personalplanung bei der Einführungsvorbereitung ist die Personaleinsatzplanung für den Systemanlauf.

Diese Planung kann erst vorgenommen werden, wenn festgelegt ist, wie der Personaleinsatz im späteren Systembetrieb erfolgt. Die **Planung** des Personals für den **Systemanlauf** beinhaltet:

(1) **Einsatzplanung für das Systempersonal**
Die Aufgabenstellung für einzelne Systemmitarbeiter während des Systemanlaufs muß nicht identisch sein mit ihren späteren Aufgaben. Deswegen ist es erforderlich, für jeden Systemmitarbeiter seine Aufgaben beim Systemanlauf festzulegen.

(2) **Einsatzplanung für das Unterstützungspersonal**
Während der Anlaufphase wird häufig zusätzlich Personalkapazität benötigt. Deshalb ist zusätzliches Personal zur kapazitiven Unterstützung einzuplanen.

(3) **Einsatzplanung für die Projektgruppe**
Um den Systemanlauf reibungslos zu bewerkstelligen, müssen üblicherweise von den Projektmitarbeitern Hilfen gegeben werden, auftretende Unklarheiten sind zu beseitigen oder entstandene Fehler bedürfen der Korrektur. Es ist folglich zu planen, welcher Projektmitarbeiter für welchen Systemteil zuständig ist und wie lange diese Anlaufhilfe gewährt werden soll.

4.1.2.4 Kosten- und Ausgabenplanung

Die Planung von Kosten und Ausgaben zur Systemeinführung schließt folgende **Planungsaufgaben** ein:

(1) **Kostenplanung für die Systemeinführung**
Die in der Projektplanung ausgewiesenen Kosten müssen durch diese Kostenplanung erhärtet oder durch eine auf einer besseren und aktuelleren Basis beruhenden Kostenplanung korrigiert werden.

(2) **Planung der Kosten für das neue System**
Entsprechend der Unterscheidung bei der Projektplanung müssen sowohl die einmaligen wie die dauernden Systemkosten ermittelt werden. Erst mit Fertigstellung der Systemplanung kann eine fundierte Kostenplanung für das neue System vorgenommen werden. Das Ergebnis der Planung der Systemkosten wird vornehmlich benötigt für:

- Korrektur des Projektkostenplanes
- Vorgabe für den Systembetrieb.

(3) **Ermittlung der Ausgaben für das neue System**
Zur Planung der Liquidität ist es erforderlich, die durch das neue System bedingten Ausgaben zu ermitteln. Dafür muß unterschieden werden in

- **Einmalige Ausgaben**
  Sie beinhalten die Ausgaben für die Investitionen für das neue System, die Grundausstattung an Arbeitsmitteln und spezielle Einführungsausgaben wie Löhne für zusätzliches Personal in der Einführungsphase.

- **Dauernde Ausgaben**
  Bedingt das neue ablauforganisatorische System Dauerausgaben, so sind diese ebenfalls zu ermitteln. Solche Dauerausgaben können beispielsweise Rechnermieten oder Ausgaben für fremdvergebene Datenerfassung sein.

Über die bisherige Kostengenehmigungen hinausgehende Kostenerfordernisse bedürfen oftmals einer Zusatzgenehmigung.

4.1.3 Bereitstellung

Zum Systemanlauf müssen alle benötigten Sachmittel bereitgestellt werden. Dazu ist es erforderlich, die Verfügbarkeit aller benötigten Sachmittel zum Bereitstellungstermin in der erforderlichen Zahl und am definierten Ort zu sichern.

Die **Verfügbarkeit über Sachmittel** kann erworben werden durch:

- Kauf
- Miete, Leasing, Pacht oder Leihe
- Freistellung.

Die Freistellung von Sachmitteln bedeutet, daß im Besitz des Unternehmens befindliche Sachmittel für das neue System voll oder teilweise entsprechend dem Systembedarf zur Verfügung gestellt werden.

Insbesondere der Kauf, aber gegebenenfalls auch Miete, Leasing, Pacht und Leihe, umfassen bis zur Verfügbarkeit folgende Aufgaben, die jedoch meistens vom Einkauf und nicht von der Projektgruppe durchgeführt werden:

- Lieferquellenermittlung
- Angebotseinholung
- Lieferantenentscheidung
- Bestellung
- Lieferkontrolle
- Eingangskontrolle.

Erfolgt eine Arbeitsteilung zwischen Einkauf und Projektgruppe bei der Beschaffung von Sachmitteln, so hat die Projektgruppe folgende **Aufgaben**:

- Genaue Definition der zu beschaffenden Sachmittel nach Fabrikat, Typ, Menge usw.

- Ausarbeitung von Beschaffungsvorgaben wie Sachmittelbeschreibung, Aufgabenkatalog, Pflichtenheft oder Ausschreibungsunterlagen.
- Klärung aller fachbezogenen Fragen mit dem ausgewählten Lieferanten.

Der Einkauf ist federführend bei allen Beschaffungsentscheidungen wie Lieferant, Preis oder Lieferbedingungen.

Da bei der Beschaffung komplexer Sachmittel mit hohen Lieferzeiten zu rechnen ist, und damit die Lieferzeit die Terminplanung für die Systemeinführung bestimmen kann, ist es erforderlich, bereits zur Terminplanung Informationen über die Lieferzeiten aller wesentlichen Sachmittel einzuholen.

Die Bereitstellung der Sachmittel umfaßt natürlich auch die Sicherung der Lieferzeiteinhaltung. Diese Aufgabe kann folgende **Maßnahmen** einschließen:

- Kaufverträge mit Konventionalstrafen
- Dauernder Kontakt zu den Lieferanten
- Ausfallplanung für Sachmittel.

Mit der Bereitstellung der Sachmittel geht häufig eine umfangreiche büroorganisatorische Aufgabenstellung einher, wie beispielsweise Umzüge oder die Umrüstung von Arbeitsplätzen. Diese büroorganisatorischen Aufgaben sind entweder Teil der Einführungsvorbereitungen durch die Projektgruppe oder sollten durch die Stelle “Büroorganisation” vorgenommen werden. Im letzteren Fall beinhaltet diese Aufgabe für die Projektgruppe nur noch die Sicherung der termingerechten Durchführung.

Diese Abspaltung von büroorganisatorischen Projektaufgaben an die Büroorganisation empfiehlt sich dann, wenn in einem Unternehmen spezialisierte Organisatoren für die Büroorganisation verfügbar sind.

4.1.4 Schulung

Die Mitarbeiter, welche im Rahmen des einzuführenden Systemes Aufgaben übernehmen sollen, müssen für ihre neuen Tätigkeiten geschult werden. Nach *Futh* können nicht selten Mißerfolge in der Systemeinführung allein auf den Tatbestand zurückgeführt werden, daß das Personal nicht genügend geschult war, um mit dem neuen System zu arbeiten.

Die Schulung der zukünftigen Systemmitarbeiter hat folgende **Aufgaben:**

- Vermittlung aller erforderlichen Kenntnisse für die Arbeitsdurchführung
- Training der Arbeitsdurchführung
- Vermittlung einer Systemübersicht
- Motivation im Hinblick auf das neue System.

Da mit der Systemeinführung häufig für viele Mitarbeiter höhere Anforderungen gegeben sein werden, so zum Beispiel

- Ausnahmearbeiten statt Routinetätigkeiten
- Entscheidungen statt Ausführungen

müssen die Tätigkeiten für diese zusätzlichen Anforderungen hinreichend geübt werden *(Müller-Pleuss/Isselburg)*.

Zur Vorbereitung der Schulung müssen folgende **Aufgaben** erledigt werden:

(1) **Festlegung der Schulungsteilnehmer**

Als erster Schritt muß ermittelt werden, welche Mitarbeiter zur Einführung des neuen Systems geschult werden müssen:

- Systemmitarbeiter
- Mitarbeiter, die direkt durch das neue System betroffen sind, z.B. dadurch, daß sie Systemergebnisse verarbeiten oder für das neue System Daten erfassen und aufbereiten
- Mitarbeiter, die einen Überblick über das neue System benötigen. Dazu wird besonders das Management gehören.

(2) **Ermittlung der Lernziele**

Es wird selten sinnvoll sein, allen Schulungsteilnehmern die gleiche Schulung angedeihen zu lassen. Vielmehr ist es notwendig, für jeden Systemmitarbeiter und für jede weitere Teilnehmergruppe die Lernziele tätigkeitsbezogen festzulegen, um damit eine möglichst gezielte und wirkungsvolle Schulung zu erreichen.

(3) **Planung der Kurse und deren Schulungsinhalte**

Die einzelnen Schulungskurse und ihre Schulungsinhalte müssen in Abhängigkeit von folgenden Punkten geplant werden:

- Ermittelte Lernziele
- Abkömmlichkeit zur Schulung
- Terminplanung für die Systemeinführung.

Ergebnis dieser Planung müssen die abzuhaltenden Schulungskurse mit folgenden Festlegungen sein:

- Teilnehmerverzeichnis
- Zu vermittelnde Kenntnisse und Fähigkeiten
- Ort und Termine
- Name des oder der Dozenten
- Benötigte Sachmittel
- Benötigte Schulungsunterlagen.

(4) **Erarbeitung der Schulungsunterlagen**

Basis für die Erarbeitung der Schulungsunterlagen ist die Systemdokumentation. Sie kann jedoch nicht unverändert übernommen werden, da sie

- didaktisch nicht aufbereitet ist,
- mit Fachtechniken dokumentiert ist, welche der Laie nicht oder nur unvollkommen versteht,
- in größerem Umfang Fachausdrücke enthält,

- fachspezifische Selbstverständlichkeit nicht ausweist, die jedoch für den Laien erforderlich ist,
- nur in geringem Umfang Beispiele enthält.

Entsprechend der vorgenannten Punkte muß die Systemdokumentation zu Schulungsunterlagen aufbereitet werden. Ergänzend dazu müssen Übungsbeispiele mit Musterlösungen erarbeitet werden.

Die Ausarbeitung der Schulungsunterlagen kann durch die oder den gewählten Dozenten erfolgen. Die Schulungsunterlagen können aber auch dem Dozenten vorgegeben werden. Dann müssen die Schulungsunterlagen durch die Projektgruppe erarbeitet werden.

(5) **Ausbildung der Dozenten**

Ist der Dozent nicht ein Mitglied der Projektgruppe, so ist es erforderlich, ihn im Hinblick auf das einzuführende System zu schulen. Ist er Mitglied der Projektgruppe, so sollte er eine didaktische Schulung erhalten.

(6) **Bereitstellung von Schulungsmitteln**

Zum Schulungsbeginn über das neue System müssen alle Schulungsmittel bereitgestellt werden, wie beispielsweise
- Formulare
- Schulungsunterlagen
- Trainingsaufgaben
- Benutzerhandbuch.

Die Schulung selbst sollte nur zum geringen Teil in Form des Direktunterrichts erfolgen. Soweit wie möglich sollte der Direktunterricht durch Übungen, Fallstudien, Trainings- und Drilleinheiten sowie Diskussionen ersetzt oder zumindest ergänzt werden.

Die Schulung sollte durch ein Intensivtraining am zukünftigen Arbeitsplatz abgeschlossen werden. Dazu erhält der Mitarbeiter zunächst Routinefälle. Nachdem er deren Bearbeitung beherrscht, werden ihm auch Ausnahmefälle vorgegeben.

Bei der Vermittlung von Kenntnissen, Fertigkeiten und Verhaltensarten ist weiterhin noch eine entsprechende Motivation der Schulungsteilnehmer anzustreben. Durch eine positive oder negative Motivation der systembeteiligten Mitarbeiter wird der Systemerfolg wesentlich beeinflußt.

4.1.5 Information

Informationen über das neue System sollten erfolgen:

(1) **Während der Systemgestaltung**

Alle von dem neuen System berührten Fachabteilungen sollten während der Systemgestaltung über die Organisationsaufgabe und die Fortschritte der Projektdurchführung informiert werden. Geschieht dies nicht, so besteht die Gefahr, daß sich durch Gerüchte und Ängste auf Grund von Unwissenheit das Betriebsklima verschlechtert.

Auf die laufende Information des Betriebsrates und seine Einbeziehung in die Systementscheidung braucht nicht gesondert hingewiesen werden.

(2) **Vor der Systemeinführung**

Diese Information richtet sich an einen anderen Empfängerkreis. Die systembeteiligten und -berührten Mitarbeiter werden durch die Schulung hinreichend informiert, so daß hier keine weiteren Informationsmaßnahmen erforderlich sind.

Die Information vor der Systemeinführung gilt den übrigen Mitarbeitern des Unternehmens, so daß diese nicht auf das "Hörensagen" angewiesen sind, sondern gezielte und fundierte Informationen erhalten.

Soweit sich durch das neue ablauforganisatorische System Änderungen in den Beziehungen zur Umwelt ergeben, so beispielsweise zu

- Kunden
- Lieferanten
- Banken
- Dienstleistungsunternehmen

ist es erforderlich, diese ebenfalls entsprechend zu informieren.

Zur Information über das neue System können insbesondere folgende **Informationsarten** eingesetzt werden:

(1) **Direktes Anschreiben**
Diese Informationsart wird üblicherweise bei Kunden oder Lieferanten angewandt.

(2) **Rundschreiben**
Breitgestreute Informationen in Form von Briefen werden als Rundschreiben bezeichnet.

(3) **Veröffentlichungen**
Dazu können Hauszeitschriften, Kundenzeitschriften und die lokale Presse benützt werden.

(4) **Schwarze Bretter**
Durch Anschläge an den betrieblichen Informationsbrettern können Informationen an alle Betriebsmitarbeiter gegeben werden.

(5) **Organisationsrichtlinien**
Die erforderlichen Ergänzungen des Organisationshandbuches können für entsprechende Informationen benutzt werden, entweder durch eine entsprechende Gestaltung der Richtlinien oder durch informierende Beilagen zu den Ergänzungen des Organisationshandbuches.

(6) **Betriebsversammlung**
Oftmals werden auch Betriebsversammlungen benutzt, um die Belegschaft über die Einführung neuer Systeme zu informieren.

4.1.6 Einführungssicherung

Die Einführung des neuen Systems muß in verschiedener Hinsicht abgesichert werden:

- Vollständigkeit der Einführungsplanung
- Vorhandensein aller benötigten Sachmittel
- Einsatzbereitschaft aller eingeplanter Mitarbeiter
- Vorliegen einer Ausfallplanung.

Für den Fall, daß die Systemeinführung ganz oder teilweise mißlingt, bedarf es einer Planung, welche Maßnahmen dann ergriffen werden sollten. Diese Planung wird mit Ausfallplanung oder Fall-Back-Planung bezeichnet. Die **Ausfallplanung** kann verschiedene Inhalte haben:

(1) **Rückkehrplanung**
Bei diesem Planungsinhalt ist vorgesehen, wieder zum alten System zurückzukehren. Deswegen muß die Rückkehrplanung alle die Gegebenheiten enthalten, die eine solche Rückkehr möglich machen.

(2) **Reduktionsplanung**
Hier wird davon ausgegangen, daß das neue System beibehalten werden soll, jedoch während der Notlage nur die zwingend notwendigen Teilsysteme weiter betrieben werden. Das eingeführte System wird in dieser Ausfallplanung auf seinen unabdingbaren Systemkern reduziert.

(3) **Notsystemplanung**
Bei diesem Ausfallplan wird ein Ausweichen auf ein vorgeplantes Notsystem vorgesehen. Dieses Notsystem ist weder identisch mit dem neuen oder mit dem alten Ablaufsystem, sondern muß zusätzlich gestaltet werden.

Die Intensität der Ausfallplanung hängt natürlich von dem Schaden ab, der durch ein Mißlingen der Systemeinführung gegeben sein kann.

So wird beispielsweise ein Online-Platzbuchungssystem einer Luftverkehrsgesellschaft eine sehr umfangreiche und detaillierte Ausfallplanung haben müssen. Für einfachere Systeme ist zu prüfen, ob nicht auf eine Ausfallplanung überhaupt verzichtet werden kann.

4.2 Systemanlauf

Der Systemanlauf darf keine besondere Probleme bedingen, wenn die folgende **Checkliste** positiv beantwortet werden kann:

Systemanlauf

(1) Waren alle berührten Fachabteilungen in der Projektgruppe vertreten?
(2) Waren an allen wesentlichen Entscheidungen die Fachabteilungen beteiligt?
(3) Wurde das neue System von den Fachabteilungen voll akzeptiert?
(4) Wurden alle systembeteiligten Mitarbeiter für das neue System motiviert?
(5) War der Betriebsrat mit dem neuen System einverstanden?
(6) Wurde die Schulung hinreichend vorgenommen?
(7) Wurde die Belegschaft über das neue System informiert?
(8) Wurden die Einführungsvorbereitungen mit allen beteiligten Stellen gemeinsam und einvernehmlich vorgenommen?

Trotz positiver Beantwortung dieser Checkliste sollte nicht auf die Hilfestellung durch die Projektgruppe beim Systemanlauf verzichtet werden. Die **Anlaufhilfe** kann bestehen in:

- Mitarbeit der Projektmitarbeiter in der ersten Phase des Systemanlaufes.
- Sowohl Verfahrens- als auch Ergebniskontrolle in der Anlaufzeit.
- Die Minderleistungen der Anlaufzeit müssen berücksichtigt worden sein.
- Zur Anlaufphase sollten zusätzliche Hilfsmittel verfügbar gemacht werden, wie Nummernverzeichnisse, Ausfüllvorschriften oder Bedienungsanleitungen.
- Verfügbarkeit der gesamten Systemdokumentation.

Dabei muß jedoch beachtet werden, daß bestimmte Hilfestellungen nur für die Anlaufzeit geleistet werden, wie beispielsweise personale Kapazitätsunterstützungen. Dieses Wissen sollte auch den Mitarbeitern des Systems vermittelt werden. Die sich aufgrund der Lernkurve erhöhende Kapazität der Mitarbeiter wird üblicherweise sehr schnell einen Wegfall zusätzlicher Kapazität möglich machen.

Während einer Anlaufphase taucht oftmals die Forderung auf, bestimmte Änderungen des neues Systems vorzunehmen. Die **Gründe** können dafür sein

- Es werden Mängel in der Systemgestaltung erkannt.
- Die Fachabteilungen stellen zusätzliche Forderungen.
- Weitere Systemverbesserungen werden ersichtlich.

Nur wenn solche Mängel erkannt werden, welche die Systemeinführung in Frage stellen, sollte hier sofort gehandelt werden. Alle anderen Änderungen sollten zunächst zurückgestellt werden bis die Anlaufphase abgeschlossen ist. *Koreimann* spricht von einer "frozen zone" für den Systemanlauf. Erst nach dem Ende der Anlaufphase sollten Änderungen am angelaufenen System vorgenommen werden.

Dadurch wird erreicht, daß die Anlaufphase nicht schon mit Systemänderungen belastet wird. Hinzu kommt, daß in der Anlaufphase manche Systemteile als mangelhaft oder verbesserungswürdig betrachtet werden, die später positiv bewertet werden müssen.

4.3 Systemkontrolle

Die Systemkontrolle erfolgt nach Abschluß der Anlaufphase. Sie hat zwei **Aufgaben:**

- Kontrolle der richtigen Systemeinführung.
- Prüfung, ob die Vorgaben des Organisationsauftrages erreicht wurden.

Die Kontrolle der Systemeinführung bezieht sich auf den Vergleich zwischen der Systemplanung und dem Systemist. Ergeben sich dabei Differenzen, so ist zu prüfen, ob dafür Gründe vorliegen, die auf eine Durchsetzung des Systemplanes in diesem Teilbereich verzichten lassen. Sind solche Gründe nicht gegeben, so sollte das System entsprechend korrigiert werden.

Bei der zweiten Kontrollaufgabe wird der Organisationsauftrag mit dem eingeführten System verglichen. Als Leitfaden für diesen Vergleich können nach *Futh* die folgenden **Kontrollfragen** dienen:

Systemkontrolle	
(1)	Werden die Ziele des Organisationsauftrages erreicht?
(2)	Wird die Aufgabenstellung des Organisationsauftrages durch das neue System voll abgedeckt?
(3)	Werden die Vorgaben der Projektplanung eingehalten?
(4)	Waren alle Projektmitarbeiter ihrer Aufgabe gewachsen?
(5)	Worin bestanden die wesentlichen Probleme bei der Projektdurchführung?
(6)	In welchen Systemteilen sollten weiterhin Verbesserungen durchgeführt werden?

Die Beantwortung dieser Fragen sollte nicht nur einer Projektnostalgie dienen. Vielmehr muß sie dazu benutzt werden, die Projektplanung und die Projektdurchführung zu verbessern.

Das Projekt und die Systemkontrolle schließt oftmals mit zwei Schriftstücken ab:

(1) **Abnahmeprotokoll**
Gemeinsam von der Projektgruppe und der oder den Fachabteilungen wird ein Abnahmeprotokoll ausgearbeitet. Es enthält den Ausweis der Restarbeiten für die Projektgruppe.

(2) **Projektbericht**
Der Auftraggeber eines organisatorischen Projektes sollte nach Abschluß über den Verlauf und die Ergebnisse unterrichtet werden. Das erfolgt mit einem Projektbericht.

Nach Ausführung der Restarbeiten für das Projekt stehen die Projektmitarbeiter entweder wieder für andere Arbeiten oder für ein neues Projekt zur Verfügung.

	Kontrollfragen	bear-beitet	Lösungs-hinweis	Lösung +	Lösung -
01	Was versteht man unter dem Kreislauf des Organisierens?		188		
02	Welche Begriffsinhalte hat die Bezeichnung "Systemanalyse"?		188		
03	Nennen Sie die Ziele der Istaufnahme!		195		
04	Welche Informationsquellen gibt es für Istaufnahme?		196 ff.		
05	Beschreiben Sie die Beziehungen zwischen Informationsgeber und Information für eine Istaufnahme an einigen Beispielen!		190 ff.		
06	Welche Dokumentationsarten werden in der betrieblichen Praxis häufig für ablauforganisatorische Beschreibungen eingesetzt?		198		
07	Mit welcher Istaufnahmetechnik wird in der Organisationspraxis besonders häufig gearbeitet?		199		
08	Worin unterscheiden sich demoskopische und organisatorische Interviews?		199 f.		
09	Skizzieren Sie einen Interviewplan.		201		
10	Nennen Sie einige wesentliche Regeln, die für die Durchführung eines Interviews bedeutsam sind!		201 f.		
11	Welche Aufgaben beinhaltet eine Interviewauswertung?		201		
12	Sollte ein Interview mit einem Tonbandgerät aufgezeichnet werden?		202		
13	Zählen Sie die Vorteile der Interviewtechnik auf!		203		
14	Welche Fragebogenarten können unterschieden werden?		203		
15	Für welche Informationsbedürfnisse kann die Fragebogentechnik eingesetzt werden?		203		
16	Welche Vorteile sind beim Einsatz der Fragebogentechnik gegeben?		203		
17	Warum kommt die Dauerbeobachtung nur selten als Istaufnahmetechnik zur Anwendung?		204		
18	Beschreiben Sie die Vorgehensweise bei der Selbstaufschreibung!		205 f.		
19	Welche Vor- und Nachteile resultieren üblicherweise aus dem Einsatz der Selbstaufschreibung?		206 f.		
20	Nennen Sie die Einsatzgebiete der Konferenztechnik!		208		
21	Wie können mit einer einfachen Technik der Inhalt einer Istaufnahme ermittelt werden?		208 f.		
22	Nennen Sie den Inhalt von Istaufnahmen!		209		
23	Genügt es bei einer Istaufnahme nur durchschnittliche Mengen zu ermitteln?		210 f.		
24	Welche Techniken können zur Prognose zukünftiger Mengen angewandt werden?		211		
25	Aus der Addition welcher Zeitarten ergibt sich die Durchlaufzeit?		212		
26	Was wird unter einer diskontinuierlichen Arbeitsdurchführung verstanden?		212 f.		
27	Welche Daten werden bei der Istaufnahme von Sachmitteln festgestellt?		213		

	Kontrollfragen	bearbeitet	Lösungshinweis	Lösung +	Lösung -
28	Die Ermittlung der Personalkapazität beinhaltet welche Kapazitätsarten?		213		
29	Mit welchen Dokumentationen wird der Formulareinsatz bei einer Istaufnahme aufgezeichnet?		214		
30	Wird üblicherweise für den Formularflußplan eine eigene Formularsymbolik benutzt?		214		
31	Welche Anforderungen sollten bei der Istaufnahme ermittelt werden?		215		
32	Nennen Sie die Dokumentationstechniken für die Ergebnisse einer Istaufnahme!		215 ff.		
33	Was versteht man unter einem Ablaufdiagramm?		218 f.		
34	Skizzieren Sie die wesentlichen Symbole des Datenflußplanes.		221 ff.		
35	Nennen Sie die Regeln zur Ausarbeitung eines Datenflußplanes.		223		
36	Erläutern Sie das EVA-Prinzip.		223		
37	Zu welchen Aufgaben werden Entscheidungstabellen eingesetzt?		225		
38	Skizzieren Sie den grundsätzlichen Aufbau von Entscheidungstabellen!		226		
39	Welche Arten von Entscheidungstabellen werden unterschieden?		227 f.		
40	Charakterisieren Sie die begrenzte Entscheidungstabelle!		227		
41	Zu welchem Zweck werden Kommunikationsaufnahmen gemacht?		230		
42	Mit welchen Techniken wird die Kommunikation ermittelt?		230		
43	Worin unterscheiden sich Kommunikationsspinne und -netz?		231		
44	Welche Aufgaben hat die Istanalyse?		232 f.		
45	Welche zwei Arten von Istanalysetechniken können unterschieden werden?		233		
46	Durch welche Aufgabe kann die Grundlagenanalyse gekennzeichnet werden?		233 f.		
47	Nennen Sie die wesentliche Problematik der Checklistentechnik!		234		
48	Ist die Wirtschaftlichkeitsanalyse eine Technik, die zur Istanalyse verwandt werden kann?		236		
49	Zu welchem Zweck dient eine ABC-Analyse?		236		
50	Beschreiben Sie die Vorgehensweise bei einer ABC-Analyse!		236 f.		
51	Welche Aufgaben hat eine Technizitätsanalyse?		239 f.		
52	Was ist eine Datenmatrix?		241 f.		
53	Nennen Sie die Mängel, die mit Hilfe einer Datenmatrixanalyse ermittelt werden können!		243		
54	Welche Aufgaben hat der Einsatz von Entscheidungstabellen als Istanalysetechnik?		243 f.		
55	Wodurch unterscheiden sich Grob- und Detailorganisation?		246		

	Kontrollfragen	bearbeitet	Lösungshinweis	Lösung +	Lösung -
56	Zählen Sie die Voraussetzungen auf, die für die Erarbeitung eines Sollvorschlages gegeben sein sollten!		246		
57	Erläutern Sie die Systemarten der kommerziellen Ablauforganisation.		247 f.		
58	Welche Vorteile besitzt die Dialogdatenverarbeitung gegenüber der arbeitsteiligen Datenverarbeitung?		248		
59	Schildern Sie die Methode des schwarzen Kastens!		250		
60	Welche Informationsquellen können benutzt werden, um anderweitig realisierte Systeme kennenzulernen, die für gleiche Aufgabenstellungen erarbeitet wurden?		251 f.		
61	Nennen Sie einige Kreativitätstechniken, die in die Organisationsarbeit Eingang gefunden haben!		252		
62	Warum werden bei Kreativitätstechniken üblicherweise Gruppenarbeit eingesetzt?		252		
63	Welche Aufgaben hat der Gruppenleiter beim Einsatz einer Kreativitätstechnik?		252		
64	Erläutern Sie kurz das Brainstorming!		253		
65	Wie kam die Methode 635 zu ihrem Namen?		254		
66	Was ist ein Morphologischer Kasten?		255 f.		
67	Welchen Inhalt sollte die Darstellung eines Sollvorschlages haben?		259 f.		
68	Wie können die Entscheidungen über einen Sollvorschlag lauten?		260 f.		
69	Worin unterscheiden sich Aufgaben- und Arbeitsanalyse?		263		
70	Nennen Sie die Aufgaben der Arbeitssynthese.		264		
71	Nach welchen Kriterien sollte die Arbeitsgangbildung erfolgen?		265 f.		
72	Welche Aufgaben hat die Arbeitsgangbildung?		267		
73	Skizzieren Sie die elementaren Ablaufstrukturen.		268 ff.		
74	Welche Freiheitsgrade gibt es bei der Arbeitsgangreihung?		270 f.		
75	Beschreiben Sie die Arbeitsgangzuordnung.		271 f.		
76	Mit welchen Techniken kann die Arbeitsdurchführung ausgearbeitet und dokumentiert werden?		275		
77	Unterscheiden Sie Datenflußplan und Programmablaufplan.		278 ff.		
78	Was verstehen Sie unter einem Struktogramm?		284		
79	Nennen Sie einige Befehlswörter des Pseudocodes.		287 f.		
80	Mit welchen Techniken kann Entscheidungslogik ausgearbeitet und dokumentiert werden?		289		
81	Skizzieren Sie einen Entscheidungsbaum!		291		
82	Nennen Sie einige Gründe für den Einsatz von Formularen!		292		
83	Gliedern Sie das Formularwesen!		292		

	Kontrollfragen	bearbeitet	Lösungshinweis	Lösung +	Lösung -
84	Welche Hauptaufgaben beinhaltet eine Formularanalyse?		293 f.		
85	Auf Grund welcher Unterlagen sollte die Korrektur eines Druckauftrages erfolgen?		295 f.		
86	Was wird unter Nummerung verstanden?		297		
87	Nennen Sie einige Regeln, die bei der Gestaltung von Nummernsystemen erfüllt werden sollen!		297 f.		
88	Welche Aufgaben können Nummern haben?		299		
89	Gliedern Sie die üblichen Nummernsysteme!		299		
90	Nennen Sie einige typische Techniken zur Systemsicherung!		303 f.		
91	Erläutern Sie die Vorgehensweise bei der Errechnung einer Prüfziffer nach dem "MODULUS 11-Verfahren"!		304 f.		
92	Zählen Sie den formalen Inhalt einer Organisationsrichtlinie auf!		309		
93	Wie kann ein Organisationshandbuch aufgebaut sein?		311 f.		
94	In welcher äußeren Form werden Organisationshandbücher häufig herausgegeben?		312		
95	Welche Hauptaufgaben beinhaltet die Programmierung von Anwendungsprogrammen für die EDV?		314 f.		
96	Beschreiben Sie die verschiedenen Einführungsmethoden für ablauforganisatorische Systeme!		316 f.		
97	In welche Planungsaufgabe läßt sich die Personalplanung zur Systemeinführung gliedern?		319 f.		
98	Welche Aufgaben sind zur Vorbereitung der Mitarbeiterschulung zu erledigen?		323 f.		
99	Beschreiben Sie die verschiedenen Arten von Ausfallplanungen!		326		
100	Nennen Sie die Aufgaben der Systemkontrolle!		328		

Gesamtliteraturverzeichnis

Literatur zum Teil A

Albach, H. (Hrsg.), Organisation, Wiesbaden 1989
Berg, C.C., Organisationsgestaltung, Stuttgart–Berlin–Köln–Mainz 1981
Berner, G. , Lexikon für DV-Systementwicklung, Köln 1986
Bleicher, K., Organisation, Wiesbaden 1982
Bleicher, K., Unternehmensverfassung und Spitzenorganisation, Wiesbaden 1988
Churchmann, C.W., Einführung in die Systemanalyse, München 1970
Dreger, W., Grundlagen der Systemtechnik, in: IBM-Nachrichten, Teil I: Heft 218, Teil II: Heft 219
Dubach, P., Die Kybernetik als theoretische, praktische und interdisziplinäre Wissenschaft, in: 10, 1969, Heft 7
Freese, E., Grundlagen der Organisation, 4. Auflage, Wiesbaden 1988
Golas, H.G., Organisation und Datenverarbeitung, Bielefeld 1983
Grochla, E., (Hrsg.), Handwörterbuch der Organisation, 2. Auflage, Stuttgart 1980
Grochla, E., Unternehmungsorganisation, 9. Auflage, Opladen 1983
Hentze, J., Studienbibliothek Organisation, Landsberg 1985
IBM, Handbuch der EDV-Organisation, IBM Form 71 523-2
Koreimann, D.S., Systemanalyse, Berlin–New York 1972
Krüger, W., Organisation der Unternehmung Stuttgart 1983
Laux/Liermann, Grundlagen der Organisation, Berlin-Heidelberg-New York 1987
Lochstampfer, P., Systemorientierte Betriebsorganisation, München 1974
Mertens, P. (Hrsg.), Lexikon der Wirtschaftsinformatik, Berlin–Heidelberg–New York 1987
Morgenbrod/Schwärtzel, Rationelle Organisation für Büro und Verwaltung, Landsberg 1982
Nordsieck, F., Rationalisierung der Betriebsorganisation, 2. Auflage der Grundlagen der Organisationslehre, Stuttgart 1955
REFA, Methodenlehre der Planung und Steuerung, Band 1 – 5, 4. Auflage, München 1985
REFA, Methodenlehre der Organisation, Band 1 – 3, München 1985
Schertler, H., Unternehmensorganisation, München-Wien 1988
Schmidt, G., Organisation – Methode und Technik, 8. Auflage, Gießen 1989
Schwarz, H., Betriebsorganisation als Führungsaufgabe, 9. Auflage, München 1983
Siemens, Organisationsplanung, 6. Auflage, Berlin–München 1984
Steinbuch, K., Systemanalyse – Versuch einer Abgrenzung, Methoden und Beispiele, in: IBM-Nachrichten, Nr. 182
Steinbuch, K., Kybernetik und Organisation, in: ZfO, 1964, S. 41 f. und 94 ff.
Steinbuch, P.A., Systematik der Organisationsformen, in: Bürotechnik, 1975, Heft 1
Steinbuch, P.A., Betriebliche Datenverarbeitung, 4. Auflage, Ludwigshafen (Rhein) 1987
Vossbein, R., Organisation, 3. Auflage, München-Wien 1989
Wiendahl, H.P., Betriebsorganisation für Ingenieure, 3. Auflage, München-Wien 1989

Literatur zum Teil B

Acker, H., Organisationsanalyse, 7. Auflage, Baden-Baden/Bad Homburg v.d.H. 1973
Albach, H., (Hrsg.), Organisation, Wiesbaden 1989
Bendixen/Kemmler, Planung – Organisation und Methodik innovativer Entscheidungsprozesse, Berlin–New York 1972
Berg, R., Netzplantechnik, Grundlagen – Methoden – Praxis, Zürich 1973
Bettermann/Richter, Lehrbuch der EDV-Organisation, München 1973
Bloch, W., Projektorganisation, Schriftenreihe Arbeitsstudium – Industrial Engineering, Band 19, Berlin–Köln–Frankfurt 1974
Blohm, H., Informationswesen, in: HdO, Sp. 727 ff.

Blohm, H., Die Gestaltung des betrieblichen Berichtswesens als Problem der Leitungsorganisation, Herne–Berlin 1970
Blohm/Heinrich, Schwachstellen der betrieblichen Berichterstattung, Baden-Baden/Bad Homburg v.d.H. 1965
Bottler/Horvath/Kargl, Methoden der Wirtschaftlichkeitsberechnung für die Datenverarbeitung, München 1972
Bundesminister der Verteidigung, (Hrsg.), Netzplantechnik-PPS-System, Köln–Frankfurt 1975
Dathe, H.M., Moderne Projektplanung in Technik und Wissenschaft, München 1971
Degelmann, A., (Hrsg.), Organisationsleiter – Handbuch, 2. Auflage, München 1972
Deutscher Normenausschuß, Verschiedene Normen, Berlin–Köln
Dinkhauser, P., Organisationsprojekte besser führen, Zürich 1979
Elsässer, F., Einführung in die Netzplantechnik, München 1973
Erbslöh, F.D., Die Matrixstruktur als projektorientierte Organisationsform, in: Der Betrieb, 1971, S. 1437 ff.
Ferschl, F., Theorie der Graphen, in: HdO, Sp. 643 ff.
Futh, H., EDV - Organisation, Band I; Entwicklung eines EDV-Systems, 2. Auflage, München–Wien 1972
Gerhard/Unsin, Projekt und Netzplan in der Verwaltung, Köln–Berlin–Bonn–München 1972
Gehring, H., Projekt-Informationssysteme, Berlin–New York 1975
Grochla, E., (Hrsg.), Handwörterbuch der Organisation, 2. Auflage, Stuttgart 1980
Grün, O., Entscheidung, in: HdO, Sp. 474 ff.
Hax, H., Optimierung von Organisationsstrukturen, in: HdO, Sp. 1083 ff.
Heuer, G., Einführung in das Projekt-Management, in: 10, 1971, S. 375 ff.
Hill/Fehlbaum/Ulrich, Organisationslehre, 4. Auflage, Band 1 und 2, Bern–Stuttgart 1989
Jänike, J., Systemregelung in der Projektierung, in: "Beiträge zur Technologie der Projektierung", Band 4, Berlin 1970
Jucker, H., Projekt-Management, in: 10, 1971, S. 399 ff.
Kehren, H., Organisation von Projektgruppen, in ZfO, 1971, S. 386 ff.
Kepner/Tregoe, Management-Entscheidungen vorbereiten und richtig treffen, München 1971
Kepner/Tregoe, Rationales Management, München 1971
Kewald/Kasper/Schelle, Netzplantechnik, München–Wien 1972
Köster/Hetzel, Datenverarbeitung mit System, Neuwied–Berlin 1971
Koreimann, D.S., Systemanalyse, Berlin 1972
Kosiol, E., Kollegien, in: HdO, Sp. 817 ff.
Kosiol, E., Organisation der Unternehmung, 2. Auflage, Wiesbaden 1976
Kwiatkowski, J., EDV-Projektmanagement, Frankfurt 1974
Lockyer, K.G., Einführung in die Netzplantechnik, Köln 1969
Mayer, K.H., Die Anwendung der Matrix-Organisation auf Projekte im Bereich der ADV, in: ZfO, 1971, S. 347 ff.
Mayntz, R., Organisationsziele, in: HdO, Sp. 1255 ff.
Moos/Steinbuch, Mikrocomputer erfolgreich einsetzen, Ludwigshafen (Rhein) 1984
Müller-Pleuss/Isselburg, Information – Organisation – EDV, Heidelberg 1973
Niewerth/Schröder, Lexikon der Planung und Organisation, Quickborn 1968
Olfert, K., Finanzierung, 6. Auflage, Ludwigshafen (Rhein) 1987
Parisini/Wächter, Organisations-Handbuch für die Einführung von ADV-Systemen, Berlin 1971
REFA, Methodenlehre der Planung und Steuerung, Band 1: Grundlagen, München 1985
REFA, Methodenlehre der Organisation, Band 1–3, München 1985
Reif K., Projekt – Management als Einführungsmittel, in: Plus, Zeitschrift für Unternehmensführung, 1968, Nr. 4
Rüsberg, K.-H., Die Praxis des Projekt-Management, 2. Auflage, München 1973
Scheer, A.W., Projektsteuerung, Wiesbaden 1978
Scheibler, A., Unternehmungs-Organisation, Wiesbaden 1974
Schmidt, G., Organisation – Methode und Technik, 8. Auflage, Gießen 1989
Schmitz, H., Projektplanung, VDI-Taschenbücher, Band T 32, Düsseldorf 1972
Schmolz, W., Planung – Durchführung – Kontrolle, Berlin–Köln–Frankfurt 1968
Schnupp/Floyd, Software – Programmentwicklung und Projektorganisation, Berlin 1976
Schröder, H.J., Projekt – Management, Wiesbaden 1970
Siegwart, H., Aufbau eines Projekt-Management in der Forschung und Entwicklung, St. Gallen 1970

Siemens, Organisationsplanung, 6. Auflage, Berlin–München 1984
Sommer, W., Handbuch für System - Organisation, Berlin–New York 1971
Steinbuch, P.A., Computertextverarbeitung, München 1985
Steinbuch, P.A., Betriebliche Datenverarbeitung, 4. Auflage, Ludwigshafen (Rhein) 1987
Steinbuch, P.A., Softwareorganisation, 2. Auflage, Bad Homburg 1986
Steinbuch, P.A., Die Arbeitsteilung bei der Systemgestaltung, in: Bürotechnik, 1977, Heft 4
Steinbuch, P.A., So werde ich EDV-Profi, Vaterstetten 1986
Steinbuch, P.A., Vom Problem zum Projekt, in: Bürotechnik 1976, Heft 2
Studienkreis Dr. Pärli, Istaufnahme und automatisierte Datenverarbeitung, Wiesbaden 1972
Surbock, E., Management von EDV-Projekten, Berlin–New York 1978
Thumb, N., Grundlagen und Praxis der Netzplantechnik, Düsseldorf 1972
VDI, (Hrsg.), Netzplantechnik, Düsseldorf 1972
Voigt, J.P., Fünf Wege der Netzplantechnik, Köln 1971
Waschek, G., Vorgangsknoten – Netzpläne, Berlin 1970
Wasieleski, E. v., Einfache Netzplantechnik, München 1971
Wasieleski, E. v., Praktische Netzplantechnik mit Vorgangsknotennetzen, Wiesbaden 1975
Wedekind, H., Systemanalyse, München 1973
Zangemeister, C., Nutzwertanalyse in der Systemtechnik, 2. Auflage, München 1971
Zangemeister, C., Nutzwertanalyse von Projektalternativen, Grafenau 1974
Zimmermann, J.R., Netzplantechnik, Berlin–New York 1971
Zimmermann, K., Die Projektgruppe als Organisationsform zur Lösung komplexer Aufgaben, in: ZfO, 1970, S. 45 ff.
Zogg, A., Systemorientiertes Projektmanagement, Zürich 1974

Literatur zum Teil C

Acker, H.B., Stelle, in: HdO, Sp. 1577 ff.
Arbeitskreis Dr. Krähe, Die Organisation der Geschäftsführung – Leitungsorganisation, 2. Auflage, Opladen 1971
Arbeitskreis Dr. Krähe, Unternehmensorganisation – Aufgaben- und Abteilungsgliederung in der industriellen Unternehmung, 4. Auflage, Köln–Opladen 1963
Bleicher, K., Perspektiven für Organisation und Führung von Unternehmungen, Baden-Baden/Bad Homburg v.d.H. 1971
Bleicher, K., Organisation, Wiesbaden 1982
Degelmann, A. (Hrsg.), Organisationsleiter-Handbuch, 2. Auflage, München 1972
Erbslöh, F.D., Die Matrixstruktur als projektorientierte Organisationsform, in: Der Betrieb, 1971, S. 1437 ff.
Freese, E., Aufbauorganisation, 2. Auflage, Gießen 1979
Freese, E., Grundlagen der Organisation, Wiesbaden 1980
Grochla, E., (Hrsg.), Handwörterbuch der Organisation, 2. Auflage, Stuttgart 1980
Grochla, E., Automation und Organisation, Wiesbaden 1966
Gruber, R.J., Organisationsaufbau von Unternehmen, München 1978
Gutenberg, E., Unternehmensführung, Wiesbaden 1962
Hennig, K.W., Betriebswirtschaftliche Organisationslehre, 5. Auflage, Wiesbaden 1971
Höhn, R., Stellenbeschreibung und Führungsanweisung, 7. Auflage, Bad Harzburg 1972
Hill/Fehlbaum/Ulrich, Organisationslehre, 4. Auflage, Band I und II. Bern–Stuttgart 1989
Jucker, H., Projekt-Management, in: 10, 1971, S. 399 ff.
Joschke/Spitschka, Praktisches Lehrbuch der Organisation, 3. Auflage, München 1983
Kosiol, E., Aufbauorganisation, in: HdO, Sp. 172 ff.
Kosiol, E., Aufgabensynthese, in: HdO, Sp. 222 ff.
Kosiol, E., Kollegien, in: HdO, Sp. 817 ff.
Kosiol, E., Organisation der Unternehmung, 2. Auflage, Wiesbaden 1976
Lochstampfer, P., Systemorientierte Betriebsorganisation, München 1974
Mayer, K.H., Die Anwendung der Matrix – Organisation auf Projekte im Bereich der ADV, in: ZfO, 1971, S. 347 ff.
Meyer/Stopp, Betriebliche Organisationslehre, 10. Auflage, Grafenau-Stuttgart 1988

Müller-Pleuss, J.H., Organisationsmethoden, 4. Auflage, Heidelberg 1974
Nordsieck, F., Betriebsorganisation, 5. Auflage, Stuttgart 1964
Olfert/Steinbuch, Personalwirtschaft, 4. Auflage, Ludwigshafen (Rhein) 1990
Poth, L., Product – Management in der deutschen Markenartikelindustrie, Düsseldorf 1971
Reiff, K., Projekt – Management als Führungsmittel, in: Plus, Zeitschrift für Unternehmensführung, 1968, Heft 4
Rosenstiel/Molt/Rüttinger, Organisationspsychologie, 2. Auflage, Stuttgart 1975
Scheibler, A., Unternehmungs-Organisation, Wiesbaden 1974
Schraftstetter, K., Organisation, 3. Auflage, München 1989
Schuh, S., Organisationskultur, Wiesbaden 1989
Schwarz, H., Arbeitsplatzbeschreibungen, 10, Auflage, Freiburg 1987
Steinbuch, P.A., Erfolg am neuen Arbeitsplatz, München 1979
Steinbuch, P.A., Systematik der Organisationsformen, in: Bürotechnik, 1975, Heft 1
Steinbuch/Olfert, Fertigungswirtschaft, 4. Auflage, Ludwigshafen (Rhein) 1989
Ulrich, H., Kompetenz, in: HdO, Sp. 852 ff.
Weidner, W., Organisation in der Unternehmung, 2. Auflage, München 1984
Werder, A. v., Organisationsstruktur und Rechtsnorm, Wiesbaden 1986

Literatur zum Teil D

Acker, H., Organisationsanalyse, 7. Auflage, Baden-Baden/Bad Homburg v.d.H. 1973
Adams/Kiederich, Systemanalyse, Opladen 1973
AIV-Didakteam, Entscheidungstabellen, München–Wien 1972
Akademie für Organisation, Handlexikon Organisation, Frankfurt/M. 1971
Bachofer, F., Der Vordruck, Stuttgart–Berlin–Köln–Mainz 1971
Baun, W., Entscheidungstabellen, IBM-Form 81 570
Berner, G., Lexikon für DV-Systementwicklung, Köln 1986
Bernhardt, R., EDV-gerechtes Vorbereiten im ganzen Betrieb, Würzburg 1979
Bernhardt/Bernhardt, Nummerungssysteme, Ehingen 1985
Blum, E., Betriebsorganisation, Wiesbaden 1982
Böhrs, H., Bereichsorganisation nach dem Personalbedarf, Wiesbaden 1977
Böhrs, H., Organisation und Gestaltung der Büroarbeit, Bern–München 1960
Bohl, M., Flußdiagramme, Stuttgart 1976
Bottler/Horvath/Kargl, Methoden der Wirtschaftlichkeitsberechnung für die Datenverarbeitung, München 1972
Bühner, R., Betriebswirtschaftliche Organisation, 4. Auflage, München-Wien 1989
Churchmann, C.W., Einführung in die Systemanalyse, München 1970
Daniels/Yeates/Erbach, Grundlagen der Systemanalyse, 2. Auflage, Köln–Braunsfeld 1979
Dieball, H., Büro- und Betriebsorganisation, 2. Auflage, Würzburg 1974
Dressler, H., Problemlösen mit Entscheidungstabellen, München–Wien 1975
Elben, W., Entscheidungstabellentechnik, Berlin–New York 1973
End/Gotthard/Winkelmann, Softwareentwicklung, 4. Auflage, Berlin–München 1984
Futh, H., Rationalisierung der Datenverarbeitung, Band III: Entwicklung und Einführung von EDV-Systemen, München–Wien 1975
Gaitanides, M., Prozeßorganisation – Entwicklung, Ansätze und Programme, München 1983
Grochla, E., (Hrsg.), Handwörterbuch der Organisation, 2. Auflage, Stuttgart 1980
Grochla, E., Automation und Organisation, Wiesbaden 1966
Grochla, E., Unternehmensorganisation, 9. Auflage, Hamburg 1983
Gruber, R., Büro-Organisation, München 1978
Haake/Weber, Herstellung von Anwender-Software, München 1981
Heinrich, L.J., Systemplanung, Band 1 und 2, Berlin–New York 1976
Heilmann, H. u. W., Strukturierte Systemplanung und Systementwicklung, Stuttgart–Wiesbaden 1979
Helbig, M., Vordrucke gestalten, verwalten, verwenden, Aachen 1965
Hill/Fehlbaum/Ulrich, Organisationslehre,4. Auflage, Band 1 und 2, Bern–Stuttgart 1989
Honeywell-Bull, BISAD-Business Information Systems Analysis and Design, 4. Auflage, Frankfurt 1976

IBM, Handbuch der DV-Organisation, IBM Form 71 523-2
Jäger, H., Darstellungstechniken für EDV-Informationssysteme, Zürich 1978
Jaggi/Görlitz, Handbuch der betrieblichen Informationssysteme, München 1975
Jordan, C., Datentabellen in Systemplanung und DV-Organisation, Stuttgart–Wiesbaden 1977
Jordt/Gscheidle, Normierte Entwicklung von Programmiervorgaben, Kiel 1973
Joschke/Spitschka, Praktisches Lehrbuch der Organisation, 3. Auflage, München 1982
Katzan, H., Methodischer Systementwurf, Köln 1980
Kieser/Kubicek, Organisation, 2. Auflage, Berlin–New York 1983
Klein, G., Betriebliche Organisation – vom Ist zum Soll, Bad Wörishofen 1971
Klöwer, G.G., Betriebliche Organisationslehre, Heidelberg–Hamburg 1977
Koreimann, D.S., Systemanalyse, Berlin–New York 1972
Koreimann, D.S., Methoden der Informationsbedarfsanalyse, Berlin–New York 1976
Koreimann, D.S., Methoden und Organisation von Management-Informationssystemen, Berlin 1971
Kunerth, W., Praxis der Sachnummerung, VDI-Taschenbuch T 50, Düsseldorf 1974
Kunerth/Werner, EDV-gerechte Verschlüsselung, Stuttgart–Wiesbaden 1975
Lochstampfer, Pl. Systemorientierte Betriebsorganisation, München 1974
Lockemann u.a., Systemanalyse, Berlin–Heidelberg–New York 1983
Meyer/Stopp, Betriebliche Organisationslehre, 9. Auflage, Grafenau–Stuttgart 1988
Meyhak, H., Entscheidungstabellen, Heidelberg 1975
Moos/Steinbuch, Programmierlogik, 3. Auflage, Bad Homburg 1989
Moritz, B., Diagramm-Techniken, Klausdorf 1977
Müller-Pleuss, H.J., Organisationsmethoden, 4. Auflage, Heidelberg 1974
Müller-Pleuss/Isselburg, Information – Organisation – EDV, Heidelberg 1973
Mund, E., Leitfaden für EDV-Organisatoren, München–Wien 1974
Nordsieck, F., Betriebsorganisation, 5. Auflage, Stuttgart 1964
Nordsieck/Schröer, H., Organisationslehren, Stuttgart 1961
Olfert, K., Finanzierung, 6. Auflage, Ludwigshafen (Rhein) 1987
Olfert/Steinbuch, Personalwirtschaft, 4. Auflage, Ludwigshafen (Rhein) 1990
Arbeitskreis Dr. Pärli, Istaufnahme und automatisierte Datenverarbeitung, Wiesbaden 1972
Parisini/Wächter, Organisations-Handbuch für die Einführung von ADV-Systemen, Berlin 1971
Pfau/Knopf, EDV-Informationssysteme, Stuttgart–Berlin–Köln–Mainz 1973
REFA, REFA-Lexikon, Betriebsorganisation – Arbeitsstudium – Planung und Steuerung, Berlin–Köln–Frankfurt 1974
REFA, Methodenlehre der Organisation, Band 1–3, München 1985
REFA, Methodenlehren der Planung und Steuerung, Teil 1: Grundlagen, München 1985
Schanz, G., Organisationsgestaltung, München 1982
Schmidt, G., Organisation – Methode und Technik, 8. Auflage, Gießen 1989
Schneider/Lauterbach, Betriebliche Nummernsysteme für die EDV, Heidelberg 1971
Schwarz, H., Betriebsorganisation als Führungsaufgabe, 9. Auflage, München 1983
Schwörer, H., Handbuch der Vordrucke, Landsberg 1983
Seidel, N., Büro-rationalisier-test, Quickborn o.J.
Seidel, N., Organisier-test, Quickborn o.J.
Siemens, Organisationsplanung, 6 Auflage, Berlin–München 1984
Siemens, Softwareentwicklung, 4. Auflage, München 1984
Sommer, W., Handbuch für Systemorganisation, Berlin–New York 1971
Spitschka, H., Praktisches Lehrbuch der Organisation, 4. Auflage, München 1988
Steinbuch, P.A., Computertextverarbeitung, München 1985
Steinbuch, P.A., Basiswissen Betriebswirtschaft, 2. Auflage, Ludwigshafen (Rhein) 1989
Steinbuch, P.A., Betriebliche Datenverarbeitung, 4. Auflage, Ludwigshafen (Rhein) 1987
Steinbuch, P.A., Softwareorganisation, 2. Auflage, Bad Homburg 1986
Steinbuch, P.A., Organisation der Dialogdatenverarbeitung, Teil 1–6, in: Bürotechnik, 1979, Heft 4–10
Steinbuch, P.A., Organisation der Dialogarbeit, in: ZfO 1979, Heft 3
Steinbuch, P.A., Büroarbeit morgen, in: REFA-Nachrichten, 1979, Heft 2
Steinbuch, P.A., Dialogarbeit im Büro, in: Personal 1978, Heft 6
Steinbuch, P.A., Terminalisierung der Büroarbeit, in: Bürotechnik, 1978, Heft 2
Steinbuch, P.A., Die Arbeitsteilung bei der Systemgestaltung, in: Bürotechnik, 1977, Heft 4
Steinbuch, P.A., Vom Problem zum Projekt, in: Bürotechnik, 1976, Heft 2
Steinbuch, P.A., Transparenz durch Datenmatrix, in: Bürotechnik, 1976, Heft 4

Steinbuch, P.A., Der siebenfache Sündenfall, in: online, 1982, Heft 8
Steinbuch/Moos, Dialogdatenverarbeitung, Vaterstetten 1984
Steinbuch/Olfert, Fertigungswirtschaft, 4. Auflage, Ludwigshafen (Rhein) 1989
Thurner, Entscheidungstabellen – Aufbau, Anwendung und Programmierung, Düsseldorf 1972
Vossbein, R., Organisation, 3. Auflage, München-Wien 1989
Waszekewitz, B., Grundriß der Betriebsorganisation, Gernsbach 1977
Wedekind, H., Systemanalyse, München 1973
Wegner, G., Systemanalyse und Sachmitteleinsatz in der Betriebsorganisation, Wiesbaden 1969
Weidner, W. u.a., Organisation in der Unternehmung, 2. Auflage, München 1984
Wittlage, H., Methoden und Techniken praktischer Organisationsarbeit, 2. Auflage, Herne 1986
Wittlage, H., Unternehmensorganisation, 4. Auflage, Herne–Berlin 1989
Zangemeister, C., Nutzwertanalyse von Projektalternativen, Grafenau 1974
Zbinden, H., Betriebsorganisation für jedermann, Stuttgart 1973
Zimmermann, A.P., Programmiertechniken, Vaterstetten 1986

Stichwortverzeichnis

Übungsteil

Aufgaben/Fälle

Übungsteil (Aufgaben/Fälle)

1 : Projektmatrix

Die Firma Flaig und Vleick AG organisiert ihre Materialwirtschaft. Eines der dazu definierten Projekte befaßt sich mit den Angeboten als Voraussetzung für die Bestellbearbeitung. Erarbeiten Sie eine Projektmatrix für das Projekt "Angebotseinholung".

2 : Projektablaufplan

In der Firma Flaig und Vleick AG muß eine Entscheidung über ein bedeutsames Organisationsproblem getroffen werden. Dazu soll eine Konferenz stattfinden. Da diese Entscheidung von wesentlicher Bedeutung für die Firma ist, wird es für notwendig angesehen, für dieses Projekt "Konferenzvorbereitung" einen Projektablaufplan zu erarbeiten. Die Aufgabenanalyse ergab folgendes Strukturdiagramm:

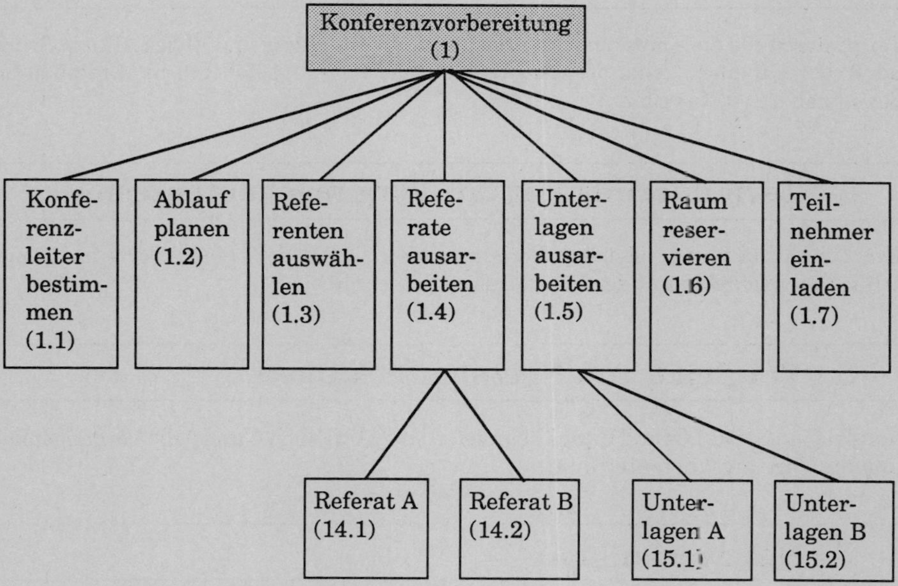

Erstellen Sie für Aufgaben der Konferenzvorbereitung einen Projektablaufplan.

3 : Terminierung mit der PLANNET-Technik

Die Vorbereitung der in Aufgabe 2 genannten Konferenz soll in der Firma Flaig und Vleick AG terminlich geplant werden. Folgende Aufgaben sollen in die Terminplanung einbezogen werden:

Vorgang	Zeitbedarf (Arbeitstage)
Raum reservieren	1
Teilnehmer einladen	3
Konferenzleiter bestimmen	3
Ablauf planen	2
Referenten auswählen	2
Referat A ausarbeiten	3
Referat B ausarbeiten	5
Unterlagen A ausarbeiten	2
Unterlagen B ausarbeiten	3

Terminieren Sie diese Aufgaben der Konferenzvorbereitung mit Hilfe der PLANNET-Technik.

4 : Terminierung mit der Vorgangspfeiltechnik

Terminieren Sie die Konferenzvorbereitung der Firma Flaig und Vleick AG auf Grund der in der Aufgabe 3 genannten Angaben mit der Vorgangspfeiltechnik. Erstellen Sie dazu auch einen Netzplan.

5 : Terminierung mit der Vorgangsknotentechnik

Erarbeiten Sie für die gleichen Vorgänge wie in Aufgabe 3 einen Terminplan einschließlich Netzplan mit der Vorgangsknotentechnik.

6 : Vergleich von Netzplantechniken

Vergleichen Sie auf Grund ihrer Lösungen zu den Aufgaben 4 und 5 die Vorgangspfeil- und die Vorgangsknotentechnik.

7 : Nutzwertanalyse

Zur Organisation der Textverarbeitung in der Firma Flaig und Vleick AG stehen drei Alternativen zur Debatte:

(1) **Konventionelle Textverarbeitung**

Beibehaltung des bisherigen Verfahrens der Textverarbeitung durch Schreibkräfte, die ihren mit elektrischen Schreibmaschinen ausgestatteten Arbeitsplatz jeweils in der Abteilung haben, in welcher der Schreibbedarf anfällt.

(2) **Zentralisierte Textverarbeitung**

Zusammenfassung der gesamten Textverarbeitung in einem zentralen Schreibbüro. Dort sollen die Schreibaufträge des gesamten Unternehmens geschrieben werden.

(3) **Computertextverarbeitung**

Speicherung der benötigten Textbausteine mit Personal Computern und automatische Schreibung der für den jeweiligen Brief benötigten Textbausteine nach Vorgabe der Korrespondenten.

Erarbeiten Sie als Entscheidungshilfe eine Nutzwertanalyse, ohne dabei quantitative Kostenermittlungen anzustellen.

8 : Aufgabenanalyse

In der Firma Flaig und Vleick AG soll der Versand organisiert werden. Erstellen Sie deswegen für den Versand eine Aufgabenanalyse und weisen Sie das Ergebnis in Form eines Strukturdiagrammes aus.

9 : Linienorganisation

Die Firma Flaig und Vleick AG ist ein Importunternehmen, das die Generalvertretung eines ausländischen Nahrungsmittelkonzerns besitzt. Der Umsatz der Flaig und Vleick AG betrug im letzten Jahr 400.000.000 DM und ist stark steigend. Der Sitz des Unternehmens ist Stuttgart. Zweigniederlassungen sind nicht vorhanden.

Das Unternehmen importiert und vertreibt folgende Erzeugnisgruppen:

(1) Käse in 27 verschiedenen Sorten
(2) Spirituosen in 15 verschiedenen Marken
(3) Zigarren verschiedener Preisklassen.

Der Vertrieb dieser Erzeugnisse erfolgt durch Reisende, die jeweils eine Produktgruppe vertreiben.

Eine eigene Fertigung besitzt das Unternehmen nicht. Da die derzeitige Aufbauorganisation unbefriedigend ist, möchte die Flaig und Vleick AG diese ändern. Die Geschäftsleitung besteht darauf, daß in jedem Fall die folgenden Abteilungen im organisatorischen Aufbau vertreten sein sollen:

(1) Einkauf
(2) Lager
(3) Marktforschung
(4) Organisation
(5) Personal
(6) Rechnungswesen

(7) Verkauf
(8) Verkaufsförderung
(9) Warenprüfung.

Da momentan neben dem Vorstandsvorsitzenden drei vielseitig verwendbare Vorstandsmitglieder amtieren, sollte die oberste Leitungsebene so gegliedert werden, daß keine personalen Veränderungen bei den Vorstandsmitgliedern erforderlich sind.

Der Vorstandsvorsitzende möchte zunächst mehrere Alternativen vorgelegt haben. Deswegen werden Sie gebeten, für dieses Unternehmen als erste Alternative eine Linienorganisation auszuarbeiten.

10 : Stablinienorganisation

Für die Gegebenheiten der Firma Flaig und Vleick AG ist entsprechend den Angaben der Aufgabe 9 ein Entwurf für deren Aufbau in Form einer Stablinienorganisation zu erstellen. Organisation und Marktforschung sollen dabei als Stabstellen ausgewiesen werden.

11 : Produktmanagement

In einem Konsumgüterunternehmen bietet sich natürlich die Organisationsform des Produktmanagement besonders an. Es ist deswegen für die in Aufgabe 9 genannte Firma Flaig und Vleick AG ein Entwurf für die Aufbauorganisation in der Organisationsform des Produktmanagement zu entwerfen.

12 : Projektmanagement

Da in der Firma Flaig und Vleick AG in nächster Zeit einige organisatorische Projekte abgewickelt werden sollen, ist für dieses Unternehmen auch ein Entwurf der Aufbauorganisation in der Form des Projektmanagement zu entwerfen.

Zunächst sind folgende Projekte zu berücksichtigen:
- Materialwesen
- Versand.

13 : Divisionalorganisation

Die Gliederung des Verkaufsprogrammes und der Reisenden in die drei genannten Produktgruppen entsprechend der Aufgabe 9, empfiehlt natürlich die Divisionalorganisation für die Firma Flaig und Vleick AG. Erarbeiten Sie deswegen für dieses Unternehmen einen Entwurf für die Aufbauorganisation in der Divisionalorganisationsform.

14 : Matrixorganisation

Um die gebräuchlichen Organisationsformen zu vervollständigen, soll für die Firma Flaig und Vleick AG auch ein Entwurf gemäß den Gegebenheiten in Aufgabe 9 in der Form einer Matrixorganisation ausgearbeitet werden.

15 : Tensororganisation

Da auch eine Tensororganisation für die Firma Flaig und Vleick AG in Frage kommt, soll auch für diese Organisationsform ein Entwurf erstellt werden. Dabei ist an zwei regionale Gliederungen gedacht:

- Norddeutschland
- Süddeutschland.

Für diese Aufgabe genügt als Lösung eine Schemaskizze!

16 : Stellenbeschreibung

Erarbeiten Sie eine Stellenbeschreibung für den Leiter einer Organisationsabteilung eines Industrieunternehmens, der jedoch keine Alleinzuständigkeit für die EDV hat.

17 : Organisationsplan

Die Georg Vohrer GmbH, kurz GVG genannt, ist ein bedeutendes Industrieunternehmen mit Sitz in Frankfurt/M. Der Umsatz der GVG beträgt voraussichtlich dieses Jahr etwas über 400 Millionen DM. Das Unternehmen beschäftigt derzeit annähernd 3.000 Mitarbeiter.

Das Unternehmen produziert an seinem Firmensitz in Frankfurt, wo außer einem Teil der Fertigung alle anderen Funktionen ihren Standort haben, elektronische und elektrische Bauelemente, die überwiegend an elektrotechnische Fertigungsunternehmen in der Bundesrepublik Deutschland vertrieben werden. Ein geringer Teil der gefertigten Bauelemente wird im Werk Kusel weiterverarbeitet.

Um bei der Fertigung der elektronischen und elektrischen Bauelemente möglichst große Serien fertigen zu können und um damit die Kosten zu minimieren, ist die GVG mit der *Matusashi AG* in Japan und mit der *Lipsy Electronic Inc.* in den USA vertragliche Bindungen dergestalt eingegangen, daß bestimmte Bauelemente immer nur bei einem der drei Unternehmen gefertigt werden.

Das Fertigungsgebiet der GVG in diesem Bereich bezieht sich ausschließlich auf
(1) Steckkontakte

(2) Thermostate
(3) Thyristoren.

Alle anderen Bauelemente werden von den beiden Vertragspartnern hergestellt und die GVG bezieht diese von ihnen.

In den Vereinbarungen mit diesen beiden Partnern ist auch eine Aufteilung der Verkaufsgebiete enthalten. Deswegen verkauft die GVG Bauelemente nur in der Bundesrepublik Deutschland.

Das zweite Tätigkeitsgebiet der GVG bezieht sich auf die Fertigung und den Vertrieb von Kühlgeräten. Hier reicht die Palette der Produkte vom einfachen Kühlschrank für den Haushalt bis zu den größten Kühlanlagen für die Industrie.

Die Fertigung der Kühlgeräte erfolgt im Werk Kusel.

Der Exportanteil dieser Sparte ist durch die starke internationale Konkurrenz auf diesem Markt stetig zurückgegangen. Es wird erwartet, daß er dieses Jahr die 2-Prozent-Grenze unterschreiten wird.

Der 3. Bereich, in welchem die GVG aktiv ist und der ebenfalls mit einem Drittel zum Umsatz beiträgt, sind die Reinigungsgeräte. Hier werden vornehmlich Staubsauger, Bohnermaschinen, Kehrmaschinen und ähnliche Geräte für die Großflächenreinigung gefertigt und vertrieben. Die Kunden sind hier neben Wirtschaftsunternehmen und Behörden vornehmlich Firmen des Reinigungsgewerbes.

Der Erfolg dieses Bereiches in den letzten Jahren ist hauptsächlich darauf zurückzuführen, daß schon sehr frühzeitig Leasingverträge angeboten wurden. Dadurch konnten auch kapitalschwache Einsteiger in das professionelle Großreinigungsgewerbe Eingang finden. Das trug aber auch dazu bei, daß der Export hier sehr vernachlässigt wurde und deswegen keinen nennenswerten Anteil besitzt.

Für die Produktion von Reinigungsgeräten stehen zwei Werke in Berlin-Wilmersdorf und Berlin-Schmargendorf zur Verfügung.

Das Unternehmen wird von dem "General" Georg Vohrer geleitet, der auch alle Gesellschafteranteile besitzt. "General" wird er deswegen genannt, weil er einmal im 2. Weltkrieg den Rang eines Generalleutnants innehatte und zum anderen, weil er es nicht ungerne sieht, wenn er mit "General" oder "Generaldirektor" angeredet wird. Da er außerdem das Unternehmen sehr autoritär führt, wird dieser Titel auch von der Belegschaft als angemessen angesehen.

Im Jahre 1953 hatte der General Vohrer, nachdem er eine größere Erbschaft gemacht hatte, die Firma Stern-Kühlanlagen aufgekauft, die er damals sofort in Georg Vohrer GmbH umbenannte.

Obwohl er nach dem Notabitur im Jahre 1917 sofort zu den Fahnen eilte und bis zum Ende des 2. Weltkrieges als Berufssoldat ununterbrochen aktiv war, er also weder kaufmännische noch technische Erfahrungen mitbrachte, da er bis 1952 in Kriegsgefangenschaft war, wuchs die GVG unaufhörlich. Es konnten zwischenzeitlich zwei weitere Unternehmen aufgekauft werden, die dem Unternehmen einverleibt wurden.

Der General Vohrer führt das vor allem darauf zurück, daß er das Unternehmen immer straff geführt habe und außerdem der Marktforschung von Anfang an erhebliche Bedeutung zugemessen habe. Außerdem habe in seinem Unternehmen die Verkaufsförderung immer ein wesentliches Gewicht besessen.

Das Unternehmen ist unter der Leitung von General Vohrer in drei Bereiche gegliedert:

(1) Vertrieb
(2) Fertigung
(3) Verwaltung (einschl. Materialwirtschaft)

Der Bereich Vertrieb wird von dem ältesten Sohn des Generals, Georg-August Vohrer (GAV), geleitet.

Nach einem Studium des Maschinenbaus hat er 3 Jahre lang die Business School einer amerikanischen Universität besucht und danach 5 Jahre in verschiedenen anderen Firmen in leitender Stellung gearbeitet. Seit 8 Jahren ist er bei der GVG in verschiedenen Positionen tätig. Er wird üblicherweise als sehr tüchtig eingeschätzt.

Der Vertrieb ist in vier Abteilungen gegliedert:

(1) Verkauf
(2) Marktforschung
(3) Verkaufsförderung
(4) Verkaufsverwaltung

Der Vertrieb erfolgt mit Hilfe von 86 Reisenden in der ganzen Bundesrepublik einschließlich Berlin. Jeder dieser Reisenden besitzt ein abgegrenztes Verkaufsgebiet, das er exclusiv bearbeitet. Den Reisenden sind 7 Verkaufsniederlassungen in

(1) Berlin
(2) Hamburg
(3) Düsseldorf
(4) Frankfurt
(5) Kusel
(6) Stuttgart
(7) München

zugeordnet. Jeder der Reisenden der GVG vertritt das gesamte Verkaufssortiment seiner Firma.

Der Bereich Fertigung wird von dem Sohn Georg-Ernst Vohrer (GEV) geleitet. Da er neben Maschinenbau und Elektrotechnik an der Haute Ecole de la Commerce in Paris 5 Jahre Betriebswirtschaft studiert hat und weitere 4 Jahre in einer anderen Firma als

Verkaufsleiter gearbeitet hat, kommt es zwischen ihm und seinem Bruder Georg-August immer wieder zu Reibereien in allen Grenzgebieten zwischen Fertigung und Verkauf.

Die Werke unterstehen GEV direkt, ohne daß es Werkleiter gibt. Die Werke gliedern sich in folgende Abteilungen:

(1) Fertigung
(2) Fertigungsvorbereitung
(3) Fertigungssteuerung

GEV hält sich jede Woche einen Tag in jedem der Werke auf.

Der 3. Bereich der GVG wird von dem jüngsten Sohn des Generals, Georg-Otto Vohrer (GOV), geführt.

Er hat Wirtschaftsingenieurwesen und Informatik studiert und außerdem eine vieljährige praktische Industrietätigkeit in den USA und in England ausgeübt.

Sein Bereich gliedert sich in die Abteilungen

(1) Rechnungswesen
(2) Finanzwesen
(3) Datenverarbeitung
(4) Einkauf
(5) Materialwesen

Zwischen ihm und seinem Bruder GEV gibt es häufig Reibereien über Probleme, die vornehmlich im Bereich des Materialwesens liegen.

Erarbeiten Sie einen Organisationsplan für die derzeitige Aufbauorganisation der Georg Vohrer GmbH.

18 : Neuorganisation

Der Vorsitzende der Geschäftsleitung der Georg Vohrer GmbH, der "General" Vohrer (siehe Aufgabe 16), feiert in diesem Jahr seinen 89. Geburtstag. Er möchte sich in stärkerem Umfang von der Tagesarbeit als Vorsitzender der Geschäftsleitung der GVG befreien und sich nur noch Grundsatzfragen, insbesondere auf den Gebieten der Marktforschung, Finanzierung, Organisation und Verkaufsförderung widmen.

Der General Vohrer möchte die derzeitige Organisationsform der GVG ändern. Die Schwachstellen der derzeitigen Strukturorganisation sollen dabei soweit wie möglich ausgeschaltet werden. Die neue Organisationsform soll so gewählt werden, daß auch nach dem Ausscheiden des General Vohrer aus der Geschäftsleitung des Unternehmens, was er sich für seinen 90. Geburtstag vorgenommen hat, keine grundsätzliche Änderung der Organisationsform notwendig wird.

Welche Organisationsform empfiehlt sich für die GVG besonders? Skizzieren Sie den Organisationsplan für diese Organisationsform. Begründen Sie Ihren Lösungsvorschlag.

19 : Fragebogen

Beurteilen Sie den folgenden Ausschnitt aus einem Fragebogen für eine Istaufnahme:

7. Ø Anzahl der Positionen / Auftrag?
8. Aufgrund welcher Informationen wird fakturiert?
   Vorgedruckte Bestellzettel?
   Ø Zahl der Posten / Rechnung?
9. Festpreise? Mengenrabatte? Treuerabatte? Artikelrabatt?
10. Anzahl der offenen Posten?
11. Verkaufslager zentral, Anzahl der dezentralen Verkaufslager?
12. Anzahl der Vertreter?

20 : Stellenorientiertes Ablaufdiagramm

Erarbeiten Sie ein stellenorientiertes Ablaufdiagramm für folgende Ablaufbeschreibungen: "Die von der Hauspost kommenden Eingangsrechnungen werden vom Abteilungsleiter der Rechnungsprüfung sortiert und durch den Büroboten dem zuständigen Sachbearbeiter der Rechnungsprüfung zugestellt. Die Sachbearbeiter prüfen die Rechnungen in sachlicher, preislicher und rechnerischer Hinsicht. Nach dem Rücktransport der geprüften Rechnungen durch den Büroboten zum Abteilungsleiter werden sie von diesem stichprobenweise kontrolliert. Mit der Hauspost gehen sie dann zur Kreditorenbuchhaltung. Dort werden sie buchhalterisch bearbeitet."

21 : Verrichtungsorientiertes Ablaufdiagramm

Erstellen Sie für die Ablaufschilderung der Aufgabe 20 ein verrichtungsorientiertes Ablaufdiagramm.

22 : Blockschaltbild

Für die Ablaufbeschreibung in der Aufgabe 20 ist ein Blockschaltbild zu entwerfen.

23 : Datenflußplan

Der folgende Datenflußplan ist fehlerhaft. Notieren Sie die erkannten Fehler.

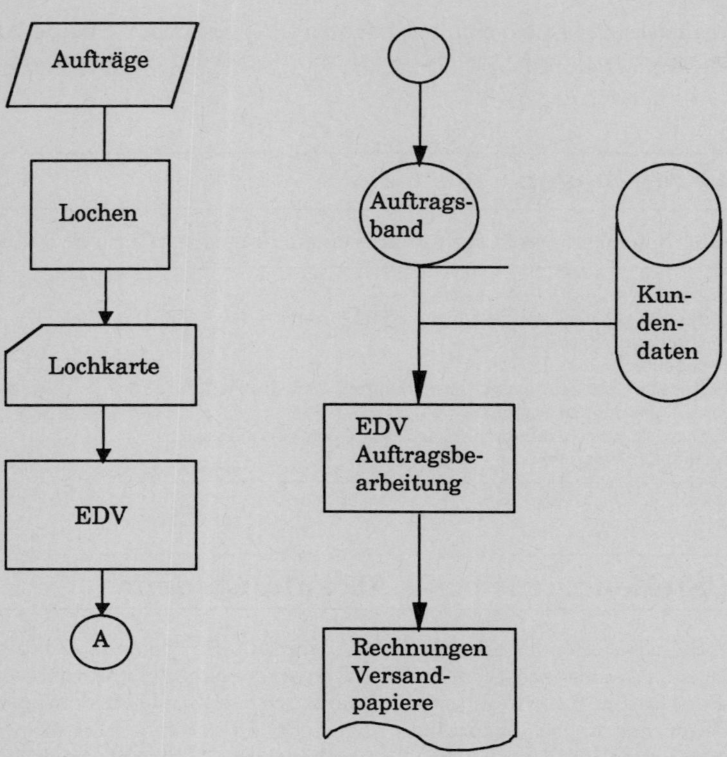

24 : Datenflußplan

Vom Leiter der Fakturenstelle der Flaig und Vleick AG erhält der Systemanalytiker folgende Schilderung:

Vom Versand wird ein Lieferschein zur Auslieferung des Kundenauftrages in 4 Exemplaren erstellt. Das Original und die 1. Kopie erhält der Kunde, die 3. Kopie informiert den Verkauf, während die restliche Kopie zur Datenerfassung geht. Die Daten dieses Lieferscheins werden mit einem Magnetbanderfassungsgerät auf einer Bandkassette gespeichert und in die DVA eingelesen. Die Kopie des Lieferscheins geht danach an die Fakturenstelle.

Mit Hilfe der Auftragsbestandsdatei und der Kundenstammdatei, welche auf Magnetplatten gespeichert sind, wird nun durch das Programm "FAKTURA" die Rechnung mit vier Durchschlägen ausgedruckt. Sie werden an die Fakturenstelle gegeben, welche sie mit Hilfe der Lieferscheinkopie und der Auftragsliste prüft.

Ist die ausgedruckte Rechnung fehlerfrei, erhält der Kunde das Original und die 1. Kopie, die 2. Kopie erhält die Buchhaltung, die 3. Kopie der Verkauf, während die letzte Kopie in der Fakturenstelle archiviert wird.

Enthält die Rechnung Fehler, so wird ein Korrekturbeleg erstellt, der von der Datenerfassung abgelocht wird. Die in das DV-System eingelesene Korrekturlochkarte löst das Schreiben einer verbesserten Rechnung aus, die in gleicher Weise bearbeitet wird.

Außerdem wird vom Programm "FAKTURA" eine Provisionsliste erstellt, welche im Original und Duplikat an den Verkauf geht.

Erstellen Sie für diesen Ablauf einen Datenflußplan nach DIN 66 001.

25 : Entscheidungstabelle

Erarbeiten Sie eine begrenzte Entscheidungstabelle für die folgende Schilderung eines Sachbearbeiters einer Debitorenbuchhaltung: "Für alle Kunden mit einer kleineren Kontonummer als 5000 wird ein Treuerabatt von 12 % gewährt. Weiterhin bekommen alle Kunden, außer denen des Vertreterbezirkes 5, keinen Sonderrabatt von 3 %. Generell gilt, daß bei einer Zahlung innerhalb von 14 Tagen 2 % Skonto abgezogen werden dürfen."

26 : Entscheidungstabelle

Erstellen Sie eine begrenzte Entscheidungstabelle für die nachfolgend beschriebenen Fahrpreise einer Eisenbahngesellschaft für eine Tagesrundfahrt:

"Der Preis für Erwachsene beträgt in der 1. Klasse DM 32,–. Wählen Erwachsene die 2. Klasse, so ist der Preis um 25 % reduziert. Jugendliche zahlen 25 % und Kinder 50% weniger als Erwachsene. Wird die Rundfahrt in einer Gruppe gebucht, so reduzieren sich die jeweiligen Preise um weitere 25 %."

Geben Sie alle Preise in DM vor!

27 : Prüfung einer Entscheidungstabelle

Die nachfolgende Entscheidungstabelle ist fehlerhaft. Ermitteln Sie die Fehler.

B 1	J	N	J	N	J	N	J	N
B 2	J	J	N	N	N	J	N	N
B 3	J	J	J	J	N	N	J	N
A 1	X				X			
A 2		X		X	X			X
A 3			X			X		X
A 4				X			X	

28 : Kommunikationsspinne

Skizzieren Sie für die nachfolgenden Angaben eine Kommunikationsspinne

	Abt. A	Abt. B	Abt. C	Abt. D	Extern
Abt. A	–	70	95	14	3
Abt. B	39	–	29	80	48
Abt. C	88	42	–	0	24
Abt. D	9	20	0	–	8
Extern	0	54	88	12	–

29 : Kommunikationsnetz

Erstellen Sie für die Angaben der Kommunikationsmatrix in Aufgabe 28 ein Kommunikationsnetz.

30 : ABC-Analyse

Eine Istaufnahme der Ergebnisse der Rechnungskontrolle hat die nachstehend ausgewiesenen Fehlergegebenheiten ermittelt:

Fehlerbetrag DM	Anzahl Rechnungen Stück
Bis 5,00	520
5,01 – 10,00	380
10,01 – 25,00	290
25,01 – 50,00	210
50,01 – 75,00	205
75,01 – 100,00	70
100,01 – 200,00	20
200,01 – 500,00	10
500,01 – 1.000,00	5
über 1.000,00	0

Erarbeiten Sie eine ABC-Analyse für die Fehlerklassen.

31: Technizitätsanalyse

Die Firma Flaig und Vleick AG besitzt eine gut ausgerüstete Hausdruckerei. Daneben sind im Verwaltungsgebäude auf jedem Stockwerk Kopiergeräte aufgestellt. Nachdem festgestellt wurde, daß häufig auf den Kopiergeräten Auflagen bis zu 50 Stück erstellt wurden, soll in einer Organisationsanweisung eine Auflagengrenze festgelegt werden, bis zu der die Kopiergeräte zu benützen sind. Für größere Auflagen ist dann die Hausdruckerei in Anspruch zu nehmen.

Bei einer Istaufnahme wurden die folgenden Werte ermittelt:

(1) **Vervielfältigungen im Mittel**

Auflage	Häufigkeit
Bis 5 Stück	1.800
6 bis 10 Stück	700
11 bis 20 Stück	300
21 bis 30 Stück	100
31 bis 50 Stück	20

(2) **Kosten Kopieren**
Gesamtkosten je Kopie unabhängig von der Auflage –,08 DM.

(3) **Kosten Drucken**

Abschreibung	800,– DM
Personalkosten gesamt	2.000,– DM
Druckträger Stück	1,– DM
Papier Blatt	–,01 DM

Ermitteln Sie die Kostenschwelle, ab der es günstiger ist, auf das andere Vervielfältigungsverfahren umzuwechseln.

32 : Datenmatrixanalyse

Erstellen Sie für die Lagerbuchhaltung eine korrekte Datenmatrix. Durch Vergleich mit einer Datenmatrix, die aus den Ergebnissen der Istaufnahme erarbeitet wurde, können nun die Mängel des Istzustandes leicht erkannt werden.

Die Lagerbuchhaltung hat folgende Ein- und Ausgaben:

(1) Eingaben: Lagerbewegungszettel
Artikelstammdatei

(2) Ausgaben: Lagerbestandsdatei
Lagerbewegungsdatei
Lagerbestandsmaske

33 : Entscheidungstabellenanalyse

Prüfen Sie die nachstehende Entscheidungstabelle:

	R_1	R_2	R_3	R_4
Kalte Jahreszeit	J	J	N	N
Schneefall	J	N	J	N
Skifahren	X		X	
Schlittschuhlaufen		X		
Wandern				X

34 : Hierarchische Strukturierung

Erarbeiten Sie mit der Methode der hierarchischen Strukturierung ein Strukturdiagramm für die Aufgaben einer Hauspostabteilung eines Großunternehmens!

35 : Morphologischer Kasten

Für ein EDV-Anwendungssystem ist ein morphologischer Kasten zu entwerfen.

36 : Arbeitsgangbildung

Für die Zustellung der externen Post an die Abteilungen durch die Hauspost der Firma Flaig und Vleick AG sind die Arbeitsgänge zu bilden. Benutzen Sie dazu das in Aufgabe 34 erarbeitete Strukturdiagramm. Weisen Sie für jeden Arbeitsgang

- Eingaben
- Verarbeitung
- Ausgaben

aus.

37 : Arbeitsgangreihung

Zeichnen Sie den Datenflußplan für die Anlieferung der externen Eingangspost durch die Hauspost der Firma Flaig und Vleick AG. Benutzen Sie die Ergebnisse der Aufgabe 36.

38 : Strukturablaufdiagramm

Ein Freund hat folgendes Feierabendprogramm erarbeitet:

"Zuerst lese ich die Tageszeitung; falls mir das Fernsehprogramm zusagt, sehe ich anschließend fern oder gehe ins Kino. Wenn ich nach Fernsehen oder Kino noch Durst habe, besuche ich eine Gaststätte. Anschließend gehe ich schlafen."

Entwerfen Sie ein einstufiges Strukturablaufdiagramm für dieses Programm.

39 : Strukturablaufdiagramm

Erarbeiten Sie für den nachstehenden Ablauf ein einstufiges Strukturablaufdiagramm:

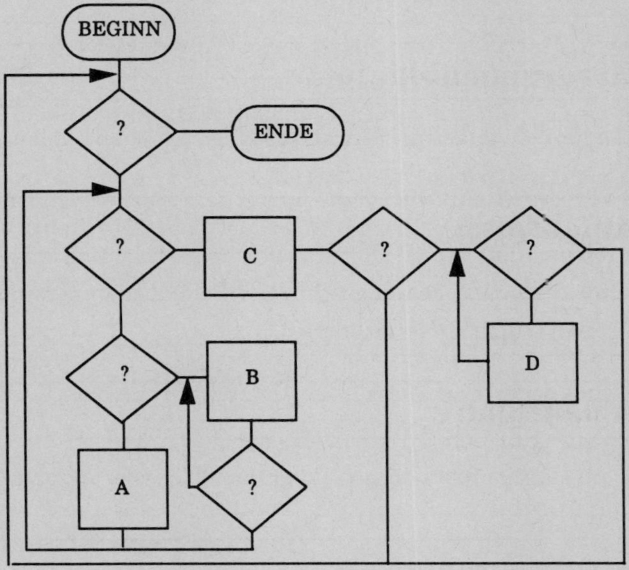

40 : Programmablaufplan

Erarbeiten Sie für das in Aufgabe 38 geschilderte Feierabendprogramm einen Programmablaufplan.

41 : Programmablaufplan

Setzen Sie das nachfolgend ausgewiesene Strukturablaufdiagramm um in einen Programmablaufplan:

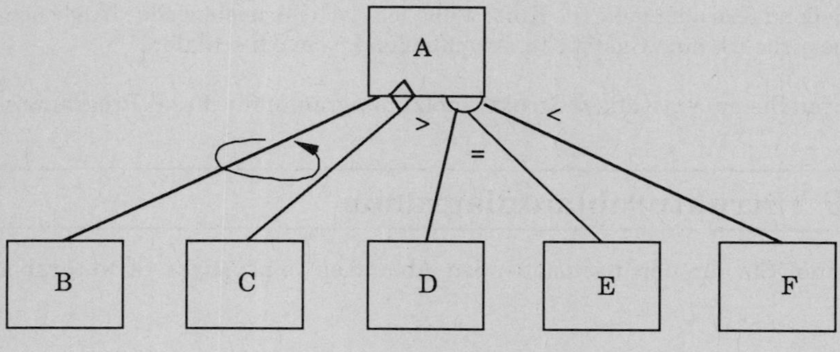

42 : Programmablaufplan

Erarbeiten Sie für den Ablauf der Aufgabe 39 einen Programmablaufplan.

43 : Ablaufplan

Erstellen Sie für das in Aufgabe 41 geschilderte Feierabendprogramm einen Ablaufplan.

44 : Ablaufplan

Zeichnen Sie einen Ablaufplan für den Programmablauf der Aufgabe 38.

45 : Struktogramm

Erstellen Sie für die Beschreibung eines Feierabendprogrammes, die in Aufgabe 38 erfolgte, ein Struktogramm.

46 : Struktogramm

Gestalten Sie für den Ablauf der Aufgabe 39 ein Struktogramm.

47 : Formeln

Erarbeiten Sie mit Hilfe von Formeln die Rechenlogik für den rechnerischen Teil einer Rechnungsschreibung.

48 : Pseudocode

Formulieren Sie bitte das Feierabendprogramm Ihres Freundes (siehe Aufgabe 38) in Pseudocode.

49 : Pseudocode

Erarbeiten Sie die Programmlogik der Aufgabe 39 in Pseudocode.

50 : Entscheidungsdiagramm

Erarbeiten Sie für die folgende Entscheidungslogik ein Entscheidungsdiagramm (vgl. Aufgabe 25):

"Für alle Kunden mit einer kleineren Kontonummer als 5.000 wird ein Treuerabatt von 12 % gewährt. Weiterhin bekommen alle Kunden, außer denen des Vertreterbezirkes 5, keinen Sonderrabatt von 3 %. Generell gilt, daß bei einer Zahlung innerhalb von 14 Tagen 2 % Skonto abgezogen werden dürfen."

51 : Entscheidungsbaum

Für die in der Aufgabe 50 ausgewiesene Entscheidungslogik ist ein Entscheidungsbaum zu erarbeiten.

52 : Entscheidungsmatrix

Die Entscheidungslogik der Aufgaben 25, 50 und 51 kann auch in einer Entscheidungsmatrix dokumentiert werden. Erarbeiten Sie deswegen für diese Logik eine Entscheidungsmatrix.

53 : Formularinhaltsanalyse

Der FUV Adorf e.V., ein Sportverein, der sich mit elitärer Freizeitbeschäftigung befaßt, möchte in Zukunft mit einer Mitgliederkartei arbeiten. Dazu soll eine Mitgliederkarteikarte gedruckt werden. Bestimmen Sie die Ausfüllfelder, welche auf der Karteikarte enthalten sein sollten.

54 : Nummernsystem

Der Landkreis Großkleckersdorf soll neu gebildet werden. Er erhält das Autokennzeichen GK. Ermitteln Sie die Zahl der verfügbaren Autonummern unter Berücksichtigung folgender Merkmale:

- Es sollen maximal 7 Stellen ohne Bindestrich und Leerstelle benutzt werden, um eine gute Lesbarkeit zu gewährleisten.
- Zur Verfügung stehen nur 20 Buchstaben.

55 : Nummerung

Um welche Nummernarten handelt es sich bei den nachfolgenden Nummernsystemen:

(1) Postleitzahlen
(2) Kfz-Kennzeichen
(3) Kontennummern der Buchhaltung
(4) Steuerklassen
(5) Straßennummern
(6) Hausnummern
(7) Papierformate
(8) ISBN-Nummer

56 : Nummerung

In der Firma Flaig und Vleick AG sollen die ungefähr 20.000 Artikel eine hausinterne Sachnummer erhalten. Diese Sachnummer soll eine eindeutige Zuordnung jedes Artikels zu einer der 60 Artikelgruppen ermöglichen, sollte aber auch so kurz wie möglich sein, um eine schnelle Erkennung, möglichst fehlergeringe Verarbeitung und einfache Sortierung zu ermöglichen.

Welche Nummernsysteme kommen für diese Aufgabe in Betracht und welches System empfiehlt sich besonders?

57 : Prüfziffern

Ermitteln Sie für die Zahl 4514 die Prüfziffer mit Hilfe des

(1) Modulus 11-Verfahren
(2) EKONS-Verfahren.

58 : Prüfziffern

Die Zahl 5368 hat die Prüfziffer 6. Stellen Sie fest, ob die Zahl fehlerfrei ist, wenn mit den folgenden Prüfziffernverfahren gearbeitet wird:

(1) Modulus 11-Verfahren
(2) EKONS-Verfahren

59 : Organisationsrichtlinien

Beurteilen Sie die nachstehend ausgewiesene Organisationsrichtlinie:

Flaig und Vleick AG — Den 15.2.19XX

Richtlinien Nr. 7/19XX

In der Anlage erhalten Sie den neuen Kostenträgerplan, in den alle Änderungen eingearbeitet wurden.

Wir bitten folgendes zu beachten:
(1) Der Kostenträgerplan ist allgemein verbindlich.
(2) Änderungen bedürfen der Genehmigung von ORG.

Mit X bezeichnete Kostenträger sind Sammelkostenträger. Kostenträgeränderungen können nur am Ende eines Jahres vorgenommen werden, da der neue Kostenträgerplan immer für das Kalenderjahr gilt. Sollten derartige Wünsche im Laufe des Jahres geäußert werden, so sind sie grundsätzlich abzulehnen.

Anlage: — Unterschrift
Kostenträgerverzeichnis

60 : Systemkontrolle

Erarbeiten Sie ein Formular für die Systemkontrolle eines organisatorischen Ablaufsystems.

Lösungen

1 :Projektmatrix

Projektteile / Projektphasen	Angebots-aufforderung	Angebots-bearbeitung
Istaufnahme	1.1	2.1
Istanalyse	1.2	2.2
Groborganisation	1.3	2.3
Detailorganisation	1.4	2.4
Programmierung	1.5	2.5
Systemeinführung	1.6	2.6

2 : Projektablaufplan

Lfd. Nr.	Aufgaben Nr.	Aufgabenbezeichnung	Vorhergehende Aufgabe	Nachfolgende Aufgabe
1	1.1	Konferenzleiter bestimmen	START	1.2
2	1.2	Ablauf planen	1.1	1.3 + 1.6
3	1.3	Referenten auswählen	1.2	14.1 + 14.2
4	14.1	Referat A ausarbeiten	1.3	15.1
5	15.1	Unterlagen A ausarbeiten	14.1	END
6	14.2	Referat B ausarbeiten	1.3	15.2
7	15.2	Unterlagen B ausarbeiten	14.2	END
8	1.6	Raum reservieren	1.2	1.7
9	1.7	Teilnehmer einladen	1.6	END

3: Terminierung mit der PLANNET-Technik

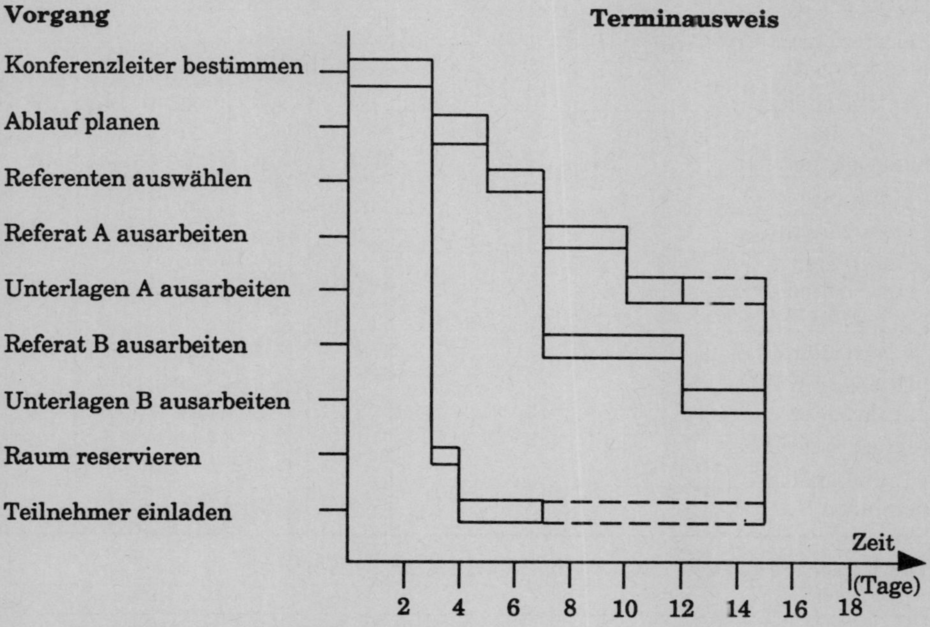

4: Terminierung mit der Vorgangspfeiltechnik

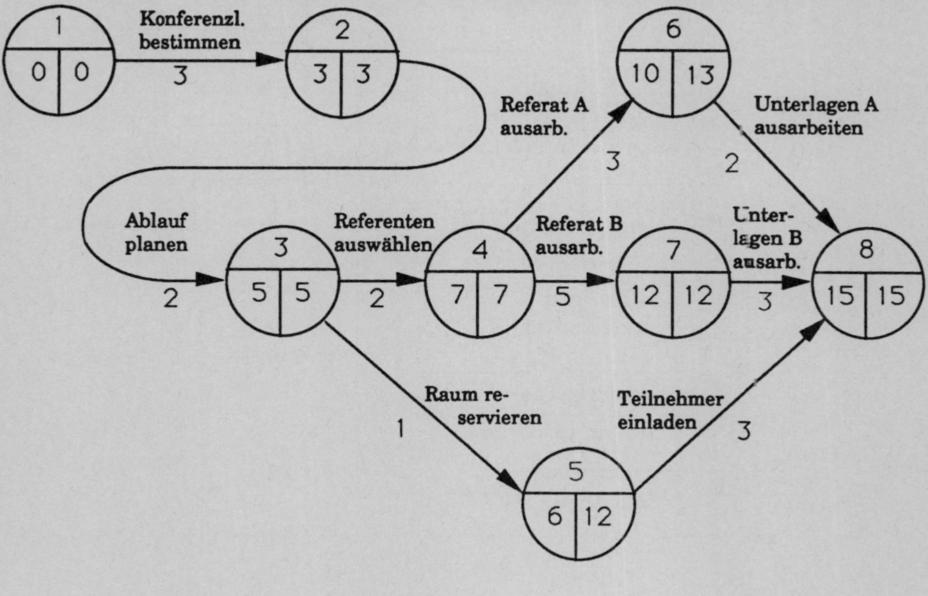

Vorgang	Vorer-eignis	Nacher-eignis	Dauer (i,j)	FZ(i)	SZ(i)	FZ(j)	SZ(j)	GP
Konferenzleiter bestimmen	1	2	3	0	0	3	3	0
Ablauf planen	2	3	2	3	3	5	5	0
Referenten auswählen	3	4	2	5	5	7	7	0
Referat A ausarbeiten	4	6	3	7	7	10	13	3
Unterlagen A ausarbeiten	6	8	2	10	13	15	15	3
Referat B ausarbeiten	4	7	5	7	7	12	12	0
Unterlagen B ausarbeiten	7	8	3	12	12	15	15	0
Raum reservieren	3	5	1	5	5	6	12	6
Teilnehmer einladen	5	8	3	6	12	15	15	6

Der kritische Pfad verläuft über die Knoten 1, 2, 3, 4, 7 und 8.

5 : Terminierung mit der Vorgangskontentechnik

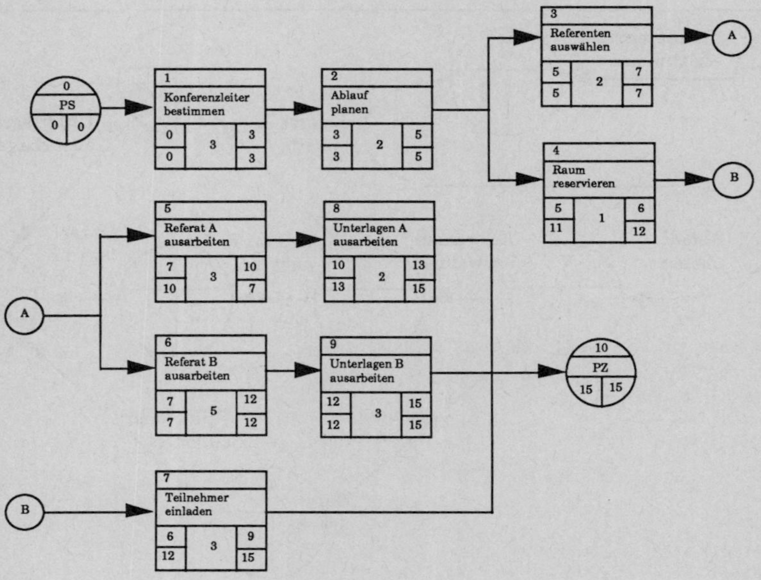

Vorgang Nr.	Vorgang	Vorgänger	Nachfolger	D(i)	FAZ	SAZ	FEZ	SEZ	GP
1	Konferenzleiter bestimmen	0	2	3	0	0	3	3	0
2	Ablauf planen	1	3,4	2	3	3	5	5	0
3	Referenten auswählen	2	5,6	2	5	5	7	7	0
5	Referat A ausarbeiten	3	8	3	7	10	10	13	3
8	Unterlagen A ausarbeiten	5	10	2	10	13	12	15	3
6	Referat B ausarbeiten	3	9	5	7	7	12	12	0
9	Unterlagen B ausarbeiten	6	10	3	12	12	15	15	0
4	Raum reservieren	2	7	1	5	11	6	12	6
7	Teilnehmer einladen	4	10	3	6	12	9	15	6

Der kritische Pfad verläuft über die Vorgänge 1, 2, 3, 6 und 9.

6 : Vergleich von Netzplantechniken

Vorgangspfeiltechnik	Vorgangsknotentechnik
Die Pfeile haben doppelte Bedeutung: (1) Sie sind Symbole für die Vorgänge. (2) Sie strukturieren die logischen Beziehungen zwischen den Ereignissen.	Die Pfeile haben nur eine Bedeutung: Sie weisen die Beziehungen zwischen den Vorgängen aus.
Für zeitlose Beziehungen muß mit Scheinvorgängen gearbeitet werden.	Scheinvorgänge sind nicht erforderlich.
Die Knoten weisen nur die Ereignisse mit ihren Terminen aus.	Die Knoten erhalten sowohl die Vorgänge als auch ihre Termine.
Die Ereignisse werden benummert.	Die Vorgänge erhalten die Nummer.
Leichte manuelle Berechnung.	Etwas schwierigere manuelle Berechnung.

7 : Nutzwertanalysen

1. Schritt: **Ermittlung der relevanten Zielkriterien**

Kostenanfall
Personalbedarf an Schreibdamen
Investitionsaufwand
Arbeitsbelastung der Korrespondenten
Aversionen der Mitarbeiter

2. **Gewichtung der Zielkriterien**

Kostenanfall	30 %
Personalbedarf an Schreibdamen	20 %
Investitionsaufwand	10 %
Arbeitsbelastung der Korrespondenten	20 %
Aversionen der Mitarbeiter	20 %

3. **Bewertung der Alternativen**

	Konventionelle Textverarbeitung	Zentralisierte Textverarbeitung	Computertext-verarbeitung
Kostenanfall	3	2	1
Personalbedarf an Schreibdamen	3	2	1
Investitionsaufwand	1	2	3
Arbeitsbelastung der Korrespondenten	3	3	1
Aversionen der Mitarbeiter	1	2	3

Bewertungsfaktoren:

1	gering
2	mittel
3	hoch

4. **Errechnung des Nutzwertes**

	Konventionelle Textverarbeitung	Zentralisierte Textverarbeitung	Computertext-verarbeitung
Kostenanfall	0,9	0,6	0,3
Personalbedarf an Schreibdamen	0,6	0,4	0,2
Investitionsaufwand	0,1	0,2	0,3
Arbeitsbelastung der Korrespondenten	0,6	0,6	0,2
Aversionen der Mitarbeiter	0,2	0,4	0,6
Summe	2,4	2,2	1,6
Rang	3	2	1

8 : Aufgabenanalyse

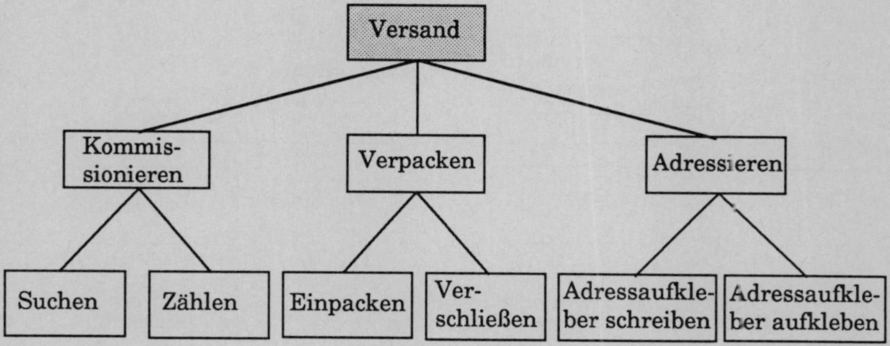

9 : Linienorganisation

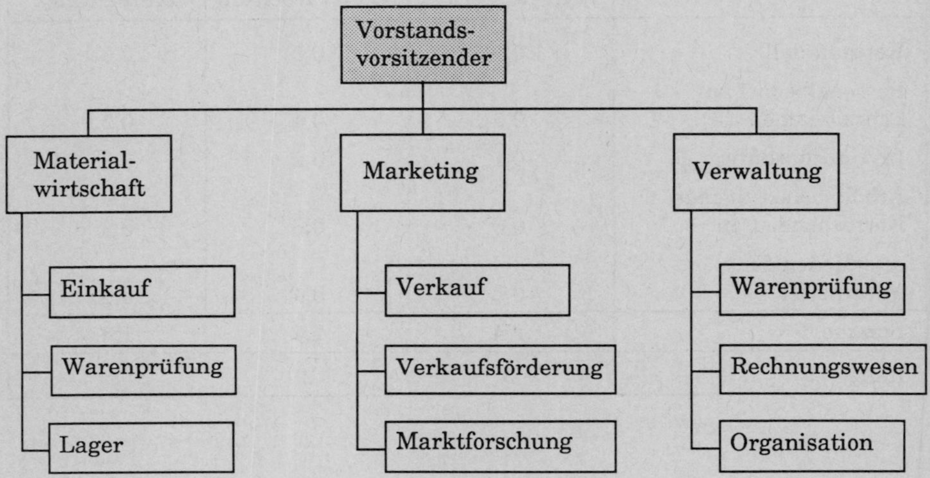

10 : Stablinienorganisation

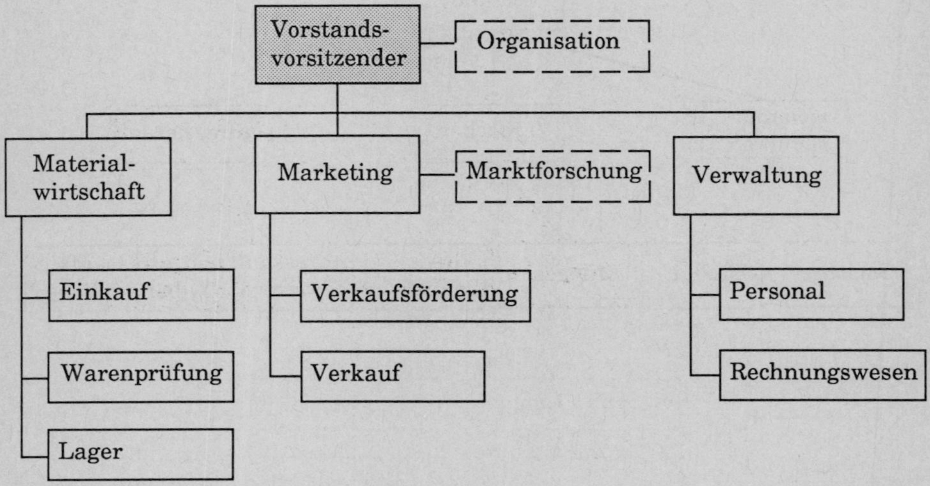

11 :Produktmanagement

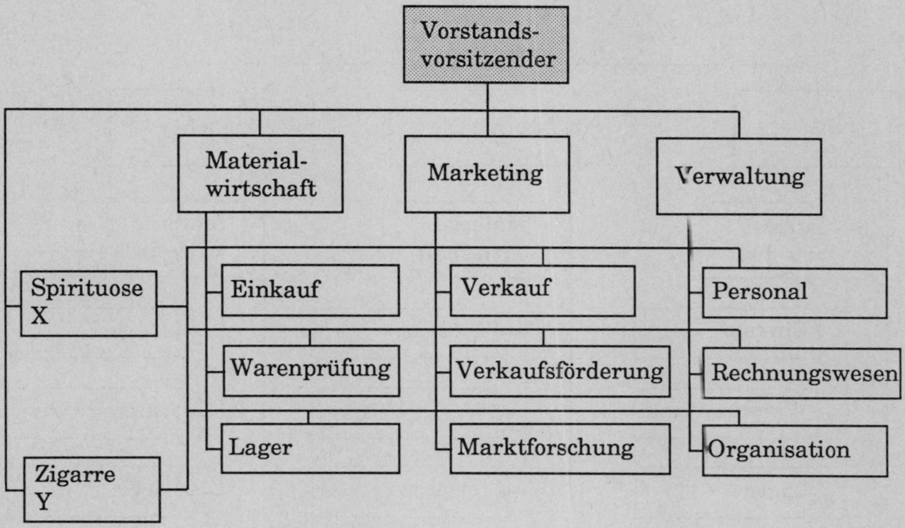

12 :Projektmanagement

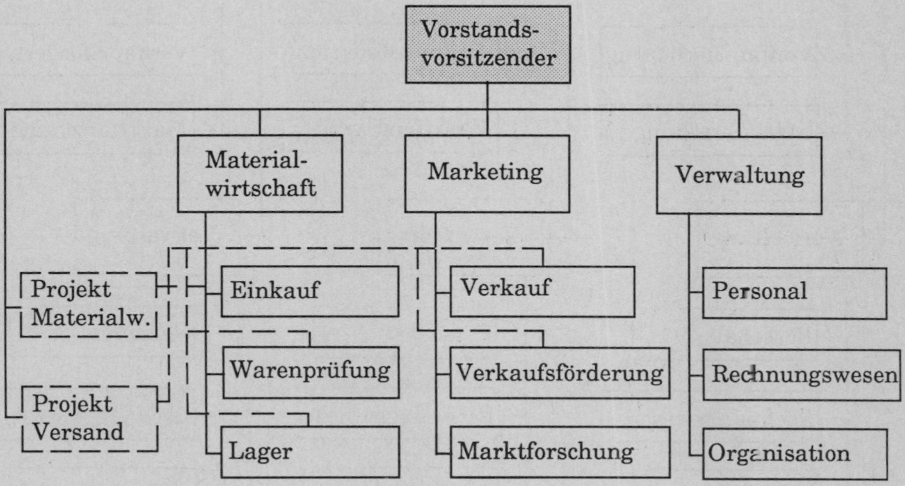

13 :Divisionalorganisation

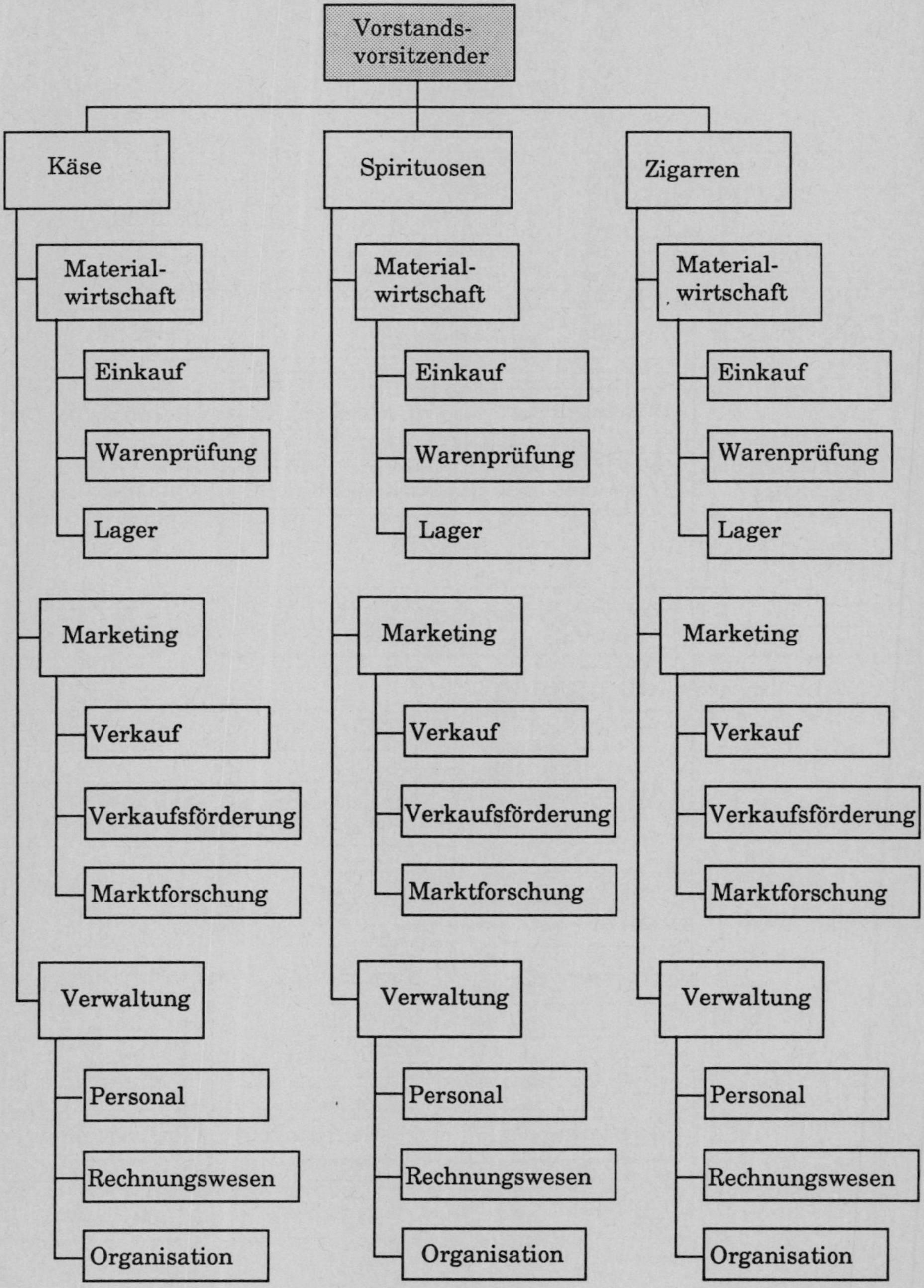

14 : Matrixorganisation

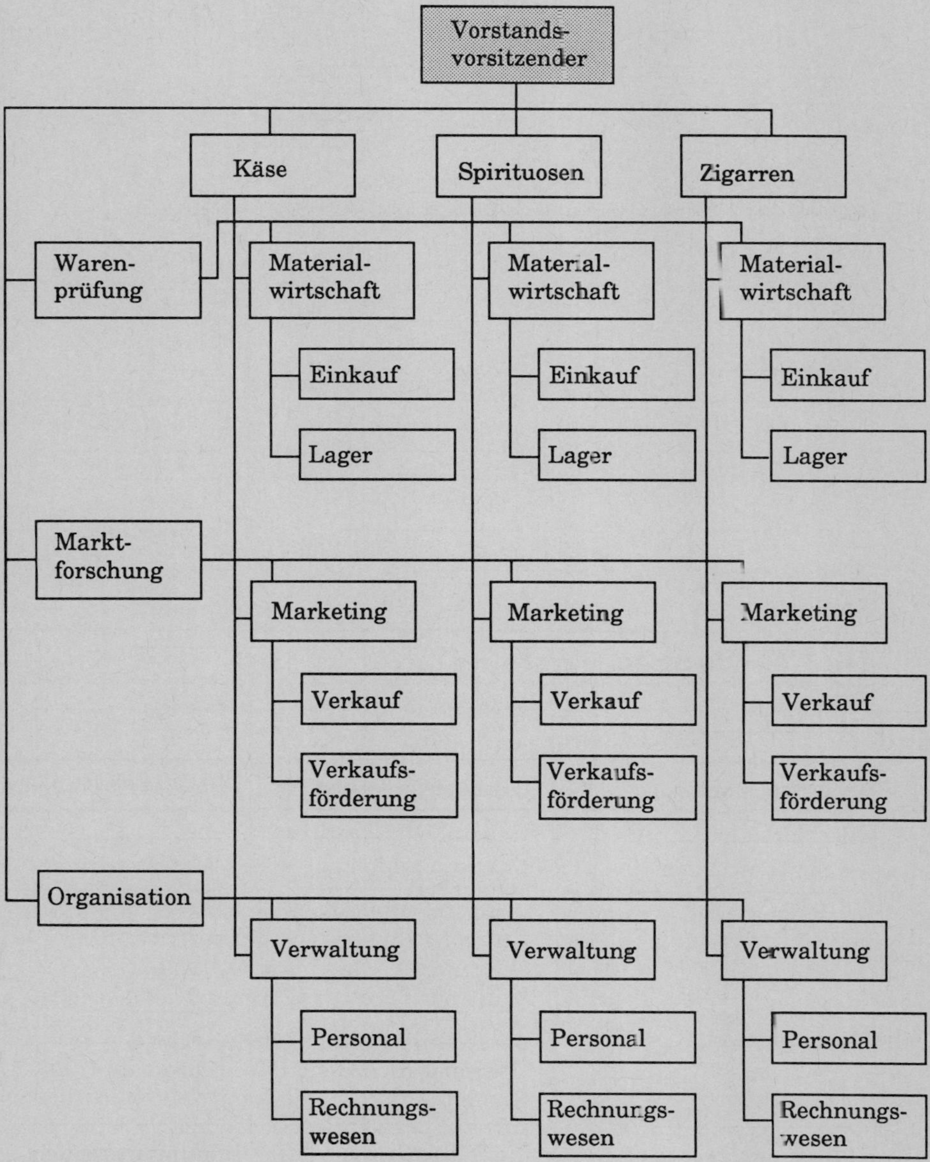

15 : Tensororganisation

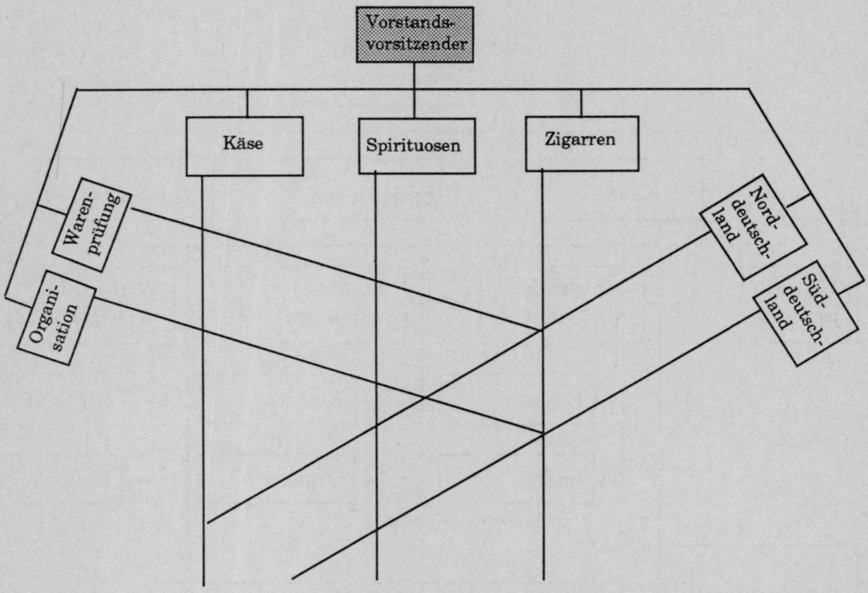

16 : Stellenbeschreibung

STELLENBESCHREIBUNG	
Stellenbezeichnung:	Organisationsleiter
Stelleneinordnung:	Hauptabteilungsleiter
Unterstellung:	Vorsitzer des Vorstandes
Überstellung:	Leiter der Allgemeinorganisation Leiter der Aufbauorganisation Leiter der DV-Organisation Leiter der Büroorganisation
Stellenaufgaben:	Beratung der Geschäftsleitung in allen Organisations- und EDV-Fragen Organisatorische Gestaltung des Unternehmens Entwurf der Organisations- und EDV-Konzeption des Gesamtunternehmens Leitung des Bereiches "Organisation" Vertretung des Unternehmens in Organisations-angelegenheiten

	Direkter Gesprächspartner zum Betriebsrat im Hinblick auf die Organisationsarbeit Einzelaufgaben: • Überwachung der Organisationsprojekte • Entwicklung und Einsetzung der EDV in Zusammenarbeit mit dem EDV-Leiter • Gestaltung und Modernisierung der internen und externen Kommunikation • Verbesserung der Ablauforganisation • Beratung und Mitwirkung bei der Aufbauorganisation • Gestaltung der Büroorganisation • Verbesserung der Allgemeinorganisation • Modernisierung der Textverarbeitung des Unternehmens • Pflege und Erweiterung des Organisationshandbuches
Stellenziele:	Optimierung der Organisation des Unternehmens Ergonomische und benutzerfreundliche Gestaltung der Arbeit in allen Bereichen mit Ausnahme der Fertigung Optimaler Einsatz der EDV gemeinsam mit dem EDV-Leiter Wirtschaftlichkeit der Arbeitsabwicklung Motivation der Belegschaft Sicherung des Betriebsfriedens und eines guten Betriebsklimas
Stellenbefugnisse:	Prokura Mitwirkungsrecht bei allen Organisationsentscheidungen Weisungsbefugnis gegenüber den Organisationsmitarbeitern Verfügungsbefugnis über folgende Budgets: • Geschäftsausstattung • Büromaterial • Formularwesen Informationskompetenz über alle Organisationsbereiche
Stellenverantwortung:	Wirtschaftlichkeit der Organisation der Unternehmung und des EDV-Einsatzes Budgetverwendung

	Ergonomie und Benutzerfreundlichkeit der Organisation
Stellvertretung: Vertritt: Wird vertreten:	 Leiter DV-Organisation Leiter der Aufbauorganisation
Stellenanforderungen:	Hochschul- oder Fachhochschulstudium • Wirtschaftsingenieurwesen • Wirtschaftsinformatik • Betriebswirtschaft mit Schwerpunkt "Organisation" Tätigkeit als Organisator und als Projektleiter Fundierte Kenntnisse • EDV • Bürokommunikation • Büroorganisation Ausgeprägte Fähigkeiten: • Überzeugungskraft • Kontaktfähigkeit • Teamwork • Menschenführung

17 : Organisationsplan

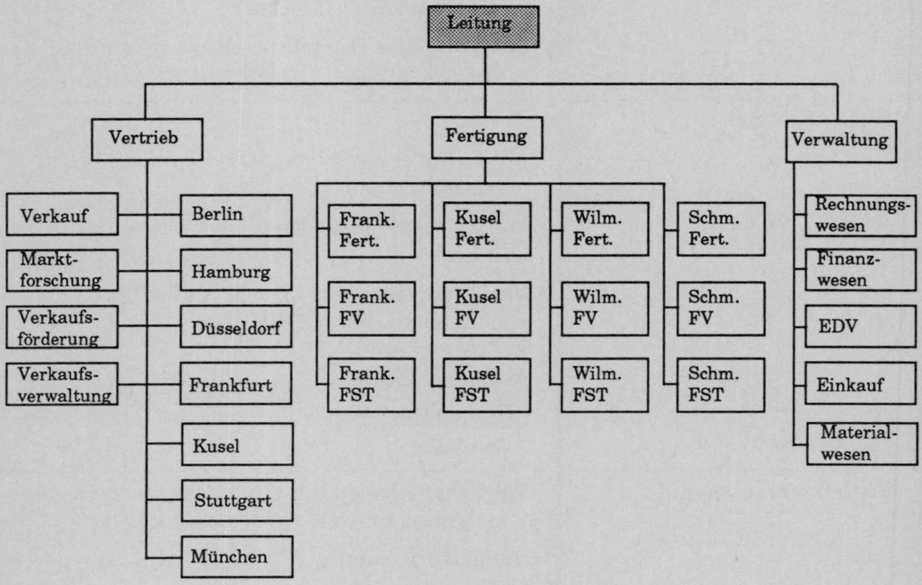

18 :Neuorganisation

Die Georg Vohrer GmbH ist durch folgende Merkmale besonders gekennzeichnet:

(1) Das Fertigungs- bzw. Vertriebsprogramm umfaßt drei eigenständige Produktgruppen:
- Bauelemente
- Kühlgeräte
- Reinigungsgeräte

(2) Die Fertigung erfolgt in standörtlich getrennten Werken, die der Gliederung der Produktgruppen entsprechen:
- Bauelemente: Frankfurt
- Kühlgeräte: Kusel
- Reinigungsgeräte: Berlin-Wilmersdorf und Berlin-Schmargendorf

(3) Zwischen den Kunden der Erzeugnisgruppen sind keine Verbindungen vorhanden. Der Vertrieb erfolgt auf getrennten Märkten:
- Bauelemente: Elektronische Fertigungsunternehmen
- Kühlgeräte: Haushalte, Industrieunternehmen
- Reinigungsgeräte: Wirtschaftsunternehmen, Behörden, Reinigungsgewerbe

Diese ausgeprägte Gliederung in die unabhängigen drei Produktgruppen in standörtlicher, fertigungsmäßiger und vertrieblicher Hinsicht empfiehlt nachdrücklich eine Objektzentralisation in die Produktgruppen. Dafür sprechen weiterhin folgende Gründe:

(1) Es stehen für jede Produktgruppe geeignete Manager zur Verfügung.

(2) Eine divisionale Gliederung bedingt das geringste Kommunikationserfordernis zwischen den Managern, so daß erwartet werden kann, daß dadurch die gegebenen Reibereien zwischen den Brüdern vermindert werden.

(3) Für ein späteres Zurückziehen des General Vohrers aus der Geschäftsleitung ist damit der Weg geebnet, ohne daß weitere aufbauorganisatorische Änderungen erforderlich werden müßten.

(4) Für jede Produktgruppe empfiehlt sich ein eigenes Rechnungswesen.

Welche Organisationsform mit Objektzentralisation sollte für die GVG empfohlen werden:

(1) Die Beschränkung des “Generals” auf Grundsatzfragen bestimmter Aufgabengebiete, empfiehlt entsprechende Zentralabteilungen einzurichten.

(2) Die autoritäre Führung des Generals wird für ihm direkt unterstellte Zentralabteilungen mit Vollkompetenz sprechen.

Aus diesen Überlegungen resultiert die Empfehlung für die GVG, eine Matrixorganisation mit Vollkompetenz für die Zentralabteilungen vorzusehen:

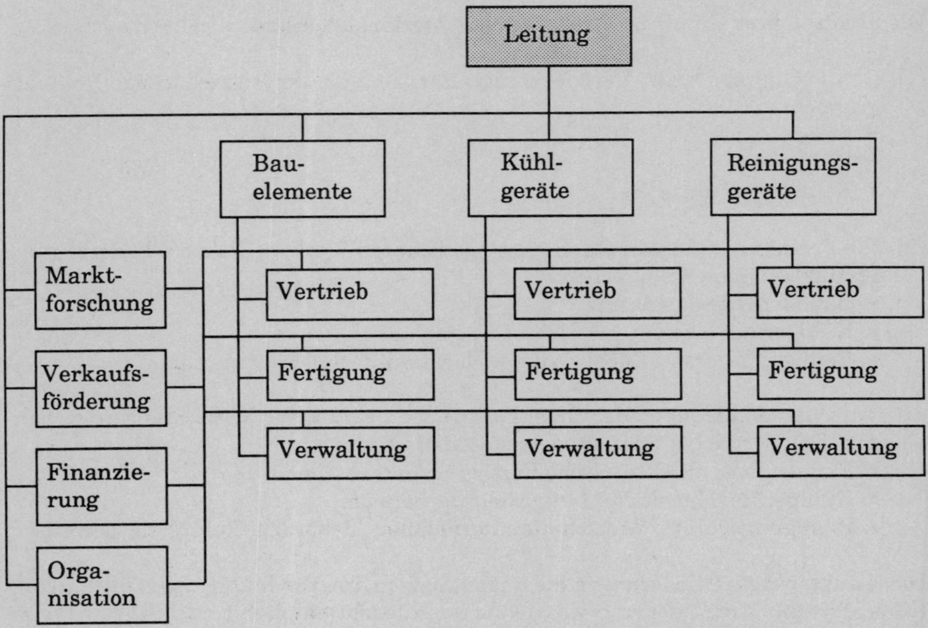

19 :Fragebogen

Insgesamt ist der gezeigte Ausschnitt aus einem Fragebogen negativ zu beurteilen. Im einzelnen ist zu bemängeln:

Frage 7: Das Symbol Ø ist nicht allgemein bekannt.
Der Begriff Positionen / Auftrag kann mißverstanden werden.

Frage 8: Der Begriff "Informationen" ist zu allgemein.
Warum wird das Fremdwort "fakturieren" nicht vermieden?
Entweder sollte eine vollständige Aufzählung der möglichen Auswahlantworten vorgegeben werden oder es sollten keine Antworten ausgewiesen werden.
Warum keine durchgehende Fragennummerung?
Es werden unterschiedliche Begriffe für offensichtlich gleiche Begriffsinhalte gebraucht:

Positionen – Posten
Anzahl – Zahl

Frage 9: Der Begriff "Festpreise" ist nicht generell hinlänglich bekannt.
Unvollständige Aufzählungen von möglichen Rabattarten.

Frage 10: Der Begriff “Posten” ist zweideutig:
Positionen von Aufträgen oder Rechnungen oder Arbeitsplätze.

Frage 11: Das Begriffspaar “Zentral” und “Dezentral” ist mehrdeutig:
Standörtlich
Organisatorisch
Schlechte Formulierung

Frage 12: Es ist unklar, ob hier eine Unterscheidung in Reisende und Vertreter gemacht wird.

20 : Stellenorientiertes Ablaufdiagramm

Lfd. Nr.	Verrichtung	Rechnungs-prüfung	Hauspost	Kreditoren-buchhaltung
1	Anlieferung der Eingangsrechnungen		•	
2	Sortierung durch den Abteilungsleiter	•		
3	Transport zu den Sachbearbeitern durch den Büroboten	•		
4	Prüfung der Rechnungen durch die Sachbearbeiter	•		
5	Transport zum Abteilungsleiter durch den Büroboten	•		
6	Kontrolle der geprüften Rechnungen	•		
7	Transport zur Kreditorenbuchhaltung		•	
8	Buchhalterische Bearbeitung			•

21 : Verrichtungsorientiertes Ablaufdiagramm

Lfd. Nr.	Verrichtung	Symbol
1	Anlieferung der Eingangsrechnungen	
2	Sortierung durch den Abteilungsleiter	
3	Transport zu den Sachbearbeitern durch den Büroboten	
4	Prüfung der Rechnungen durch die Sachbearbeiter	
5	Transport zum Abteilungsleiter durch den Büroboten	
6	Kontrolle der geprüften Rechnungen	
7	Transport zur Kreditorenbuchhaltung	
8	Buchhalterische Bearbeitung	

22 : Blockschaltbild

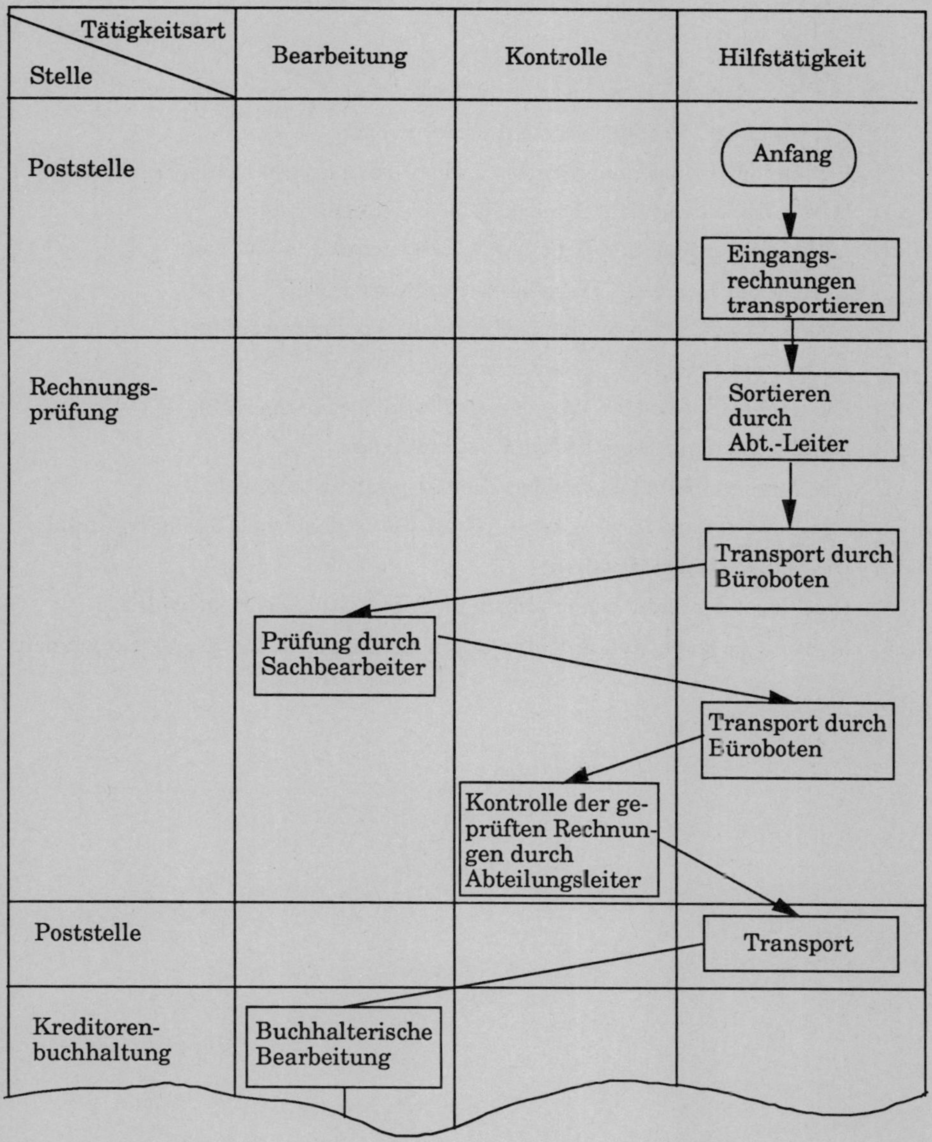

23 : Datenflußplan

In dem ausgewiesenen Datenflußplan sind die nachstehenden Fehler enthalten:

(1) Der Plural in “Aufträge” ist falsch – richtig ist “Auftrag”.
(2) Die fehlende Pfeilspitze ist nicht normgerecht.
(3) Es handelt sich bei dem Symbol “Lochen” um kein genormtes Sinnbild.
(4) Der Aufgabenträger im Symbol “Lochen” ist nicht genannt.
(5) Lochkartensymbol und Benennung “Lochkarte” ist redundant.
(6) Es fehlt der Name des Programmes im Symbol “EDV”.
(7) Konnektoren sollten nur beim Blattwechsel benutzt werden.
(8) Im zweiten Konnektor fehlt der Bezeichner.
(9) Die Größe des Symbols “Magnetband” ist nicht normgerecht.
(10) Die Bezeichnung “Auftragsband” ist redundant.
(11) Die Vorzugsrichtung ist bei den Kundendaten nicht gewahrt.
(12) Das Datensymbol für Direktzugriffspeicher ist fehlerhaft um 90° verdreht.
(13) Das Papiersymbol ist falsch.
(14) Der Plural der Datenbenennungen im Papiersymbol ist regelwidrig.
(15) Mehrere Ausgabepapiere sollten durch mehrere Symbole dargestellt werden.

24 : Datenflußplan

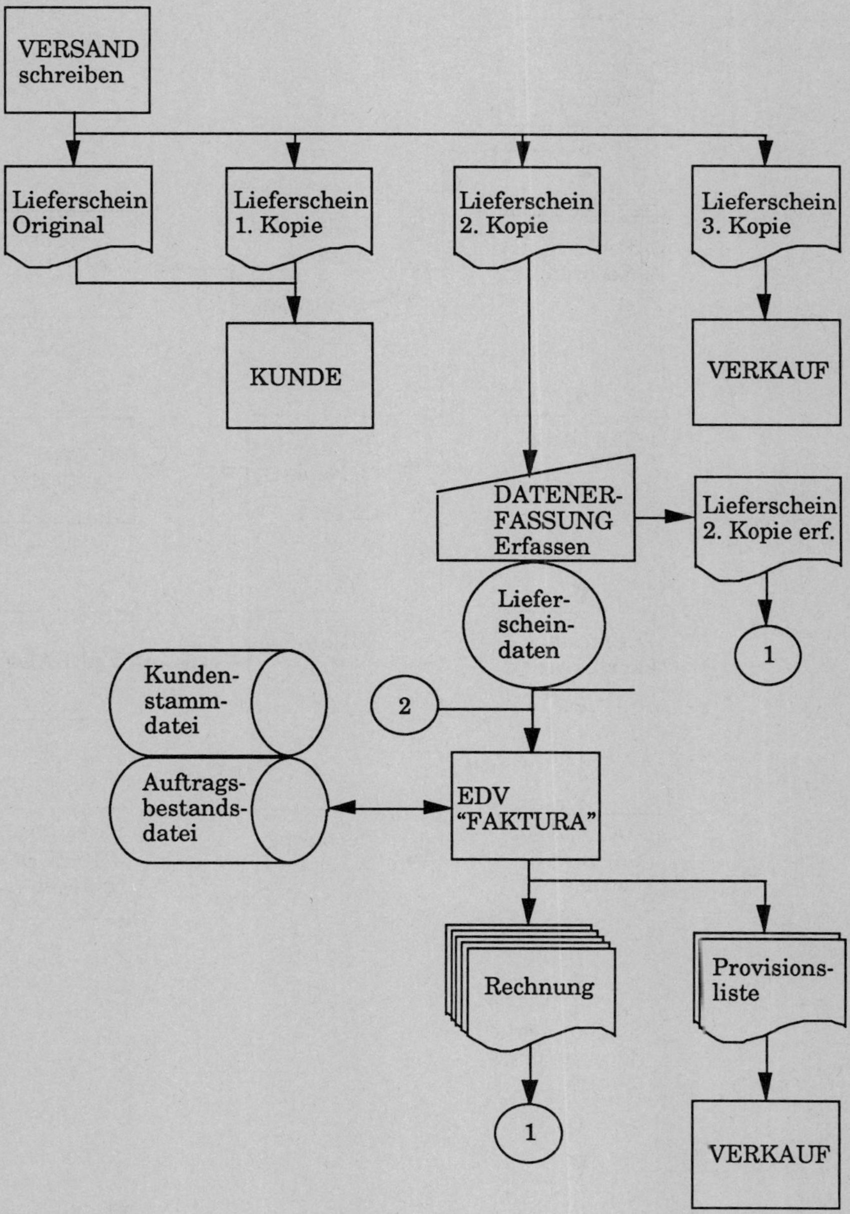

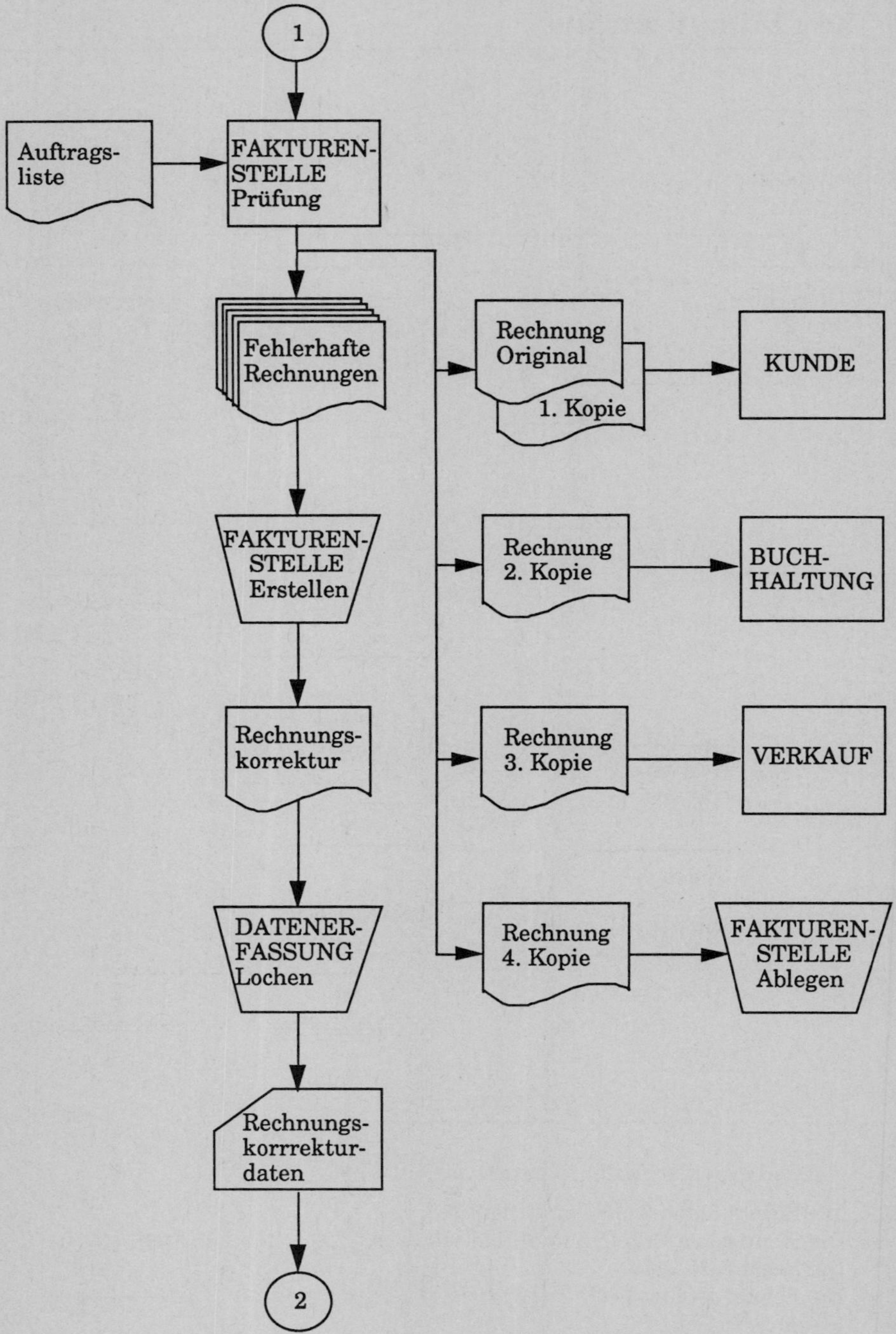
1
Auftrags-
liste
FAKTUREN-
STELLE
Prüfung
Fehlerhafte
Rechnungen
Rechnung
Original
1. Kopie
KUNDE
FAKTUREN-
STELLE
Erstellen
Rechnung
2. Kopie
BUCH-
HALTUNG
Rechnungs-
korrektur
Rechnung
3. Kopie
VERKAUF
DATENER-
FASSUNG
Lochen
Rechnung
4. Kopie
FAKTUREN-
STELLE
Ablegen
Rechnungs-
korrrektur-
daten
2

25 : Entscheidungstabelle

	R_1	R_2	R_3	R_4	R_5	R_6	R_7	R_8
Kontonummer < 5000	J	J	J	J	N	N	N	N
Vertreterbezirk = 5	J	J	N	N	J	J	N	N
Zahlung innerhalb14 Tagen	J	N	J	N	J	N	J	N
Treuerabatt 12 %	X	X	X	X				
Sonderrabatt 3 %	X	X			X	X		
Skonto 2 %	X		X		X		X	

26 : Entscheidungstabelle

	R1	R2	R3	R4	R5	R6	R7	R8	R9	R10	R11	R12
Jugendlicher	N	N	N	N	J	J	J	J	N	N	N	N
Kind	N	N	N	N	N	N	N	N	J	J	J	J
2. Klasse	J	J	N	N	J	J	N	N	J	J	N	N
Gruppe	J	N	J	N	J	N	J	N	J	N	J	N
DM 32,–				X								
DM 24,–		X	X					X				
DM 18,–	X					X	X					
DM 16,–												X
DM 13,50					X							
DM 12,–										X	X	
DM 9,–									X			

27 : Prüfung einer Entscheidungstabelle

Formal sind folgende Fehler zu erkennen

(1) Die Regeln 3 und 7: JNJ sind identisch.
(2) Die identischen Regeln 3 und 7 weisen unterschiedliche Aktionen aus.
(3) Die Regel JJN fehlt.
(4) Die Regeln JNJ und NJN weisen identische Aktionen auf. Das ist in diesem Fall unwahrscheinlich!

28 : Kommunikationsspinne

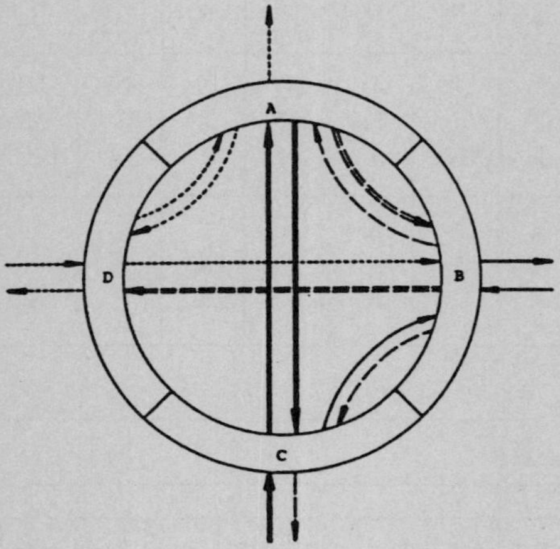

Legende:

81 – 100 Kommunikationen
61 – 80 Kommunikationen
41 – 60 Kommunikationen
21 – 40 Kommunikationen
1 – 20 Kommunikationen

29 : Kommunikationsnetz

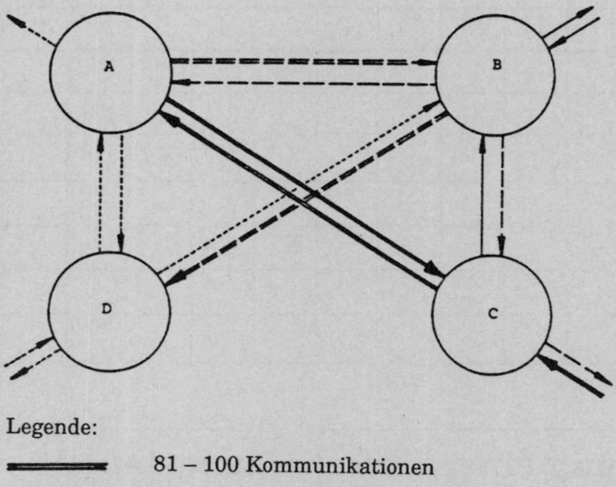

Legende:

81 – 100 Kommunikationen
61 – 80 Kommunikationen
41 – 60 Kommunikationen
21 – 40 Kommunikationen
1 – 20 Kommunikationen

30 : ABC – Analyse

(1) Wertermittlung

Fehlerbetrag DM	Menge fehlerhafte Rechnungen Stück	Wert DM	Wertanteil %
Bis – 5.00	520	1.300	3
5.01 – 10.00	380	2.850	6
10.01 – 25.00	290	5.075	11
25.01 – 50.00	210	7.875	17
50.01 – 75.00	205	12.813	28
75.01 – 100.00	70	6.125	13
100.01 – 200.00	20	3.000	6
200.01 – 500.00	10	3.500	8
500.01 – 1.000.00	5	3.750	8
über 1.000.00	0	0	0
Summe	1.710	46.288	100

(2) Sortierung

Fehlerbetrag DM	Rang	Wert DM	Wertanteil kumul. DM	Wertanteil kumul. %	Wertanteil %
50.01 – 75.00	1	12.813	12.813	28	28
25.01 – 50.00	2	7.875	20.688	17	45
75.01 – 100.00	3	6.125	26.813	13	58
10.01 – 25.00	4	5.075	31.888	11	69
500.01 – 1.000.00	5	3.750	35.638	8	77
200.01 – 500.00	6	3.500	39.138	8	85
100.01 – 200.00	7	3.000	42.138	6	91
5.01 – 10.00	8	2.850	44.988	6	97
Bis 5.00	9	1.300	46.288	3	100

(3) **Auswertung**

Fehlerbetrag DM		Rang	Wertanteil kumul. %	Positionsanteil kumul. %	Klassifizierungsgruppe
50.01 –	75.00	1	28	11	A
25.01 –	50.00	2	45	22	B
75.01 –	100.00	3	58	33	B
10.01 –	25.00	4	69	44	C
500.01 –	1.000.00	5	77	56	C
200.01 –	500.00	6	85	67	C
100.01 –	200.00	7	91	78	C
5.01 –	10.00	8	97	89	C
Bis	5.00	9	100	100	C

31 : Technizitätsanalyse

(1) **Ermittlung der Druckkosten**

Da nach der Aufgabenstellung die Kostenschwelle zu ermitteln ist und nicht die Hausdruckerei oder das Kopierwesen abgeschafft werden sollen, muß davon ausgegangen werden, daß die genannten Fixkosten nicht in die Rechnung einbezogen werden dürfen, da sie ja in jedem Fall gegeben sein werden. Für die Ermittlung der Druckkosten dürfen deswegen nur die variablen Kosten in Ansatz gebracht werden:

Auflage DM			Variable Kosten DM	Druckträgerkosten DM	Gesamtkosten
Bis		5 Stück	–,03	1,–	1,03
6	bis	10 Stück	–,08	1,–	1,08
11	bis	20 Stück	–,155	1,–	1,155
21	bis	30 Stück	–,255	1,–	1,255
31	bis	50 Stück	–,405	1,–	1,405

(2) **Vergleich der Vervielfältigungsalternativen**

Auflage	Druckkosten je Stück DM	Kopierkosten je Stück DM	Ergebnis
Bis 5 Stück	–,3433	–,08	Kopieren
6 bis 10 Stück	–,1350	–,08	Kopieren
11 bis 20 Stück	–,0745	–,08	Drucken
21 bis 30 Stück	–,0492	–,08	Drucken
31 bis 50 Stück	–,0347	–,08	Drucken

(3) **Grafische Ermittlung der Kostenschwelle**

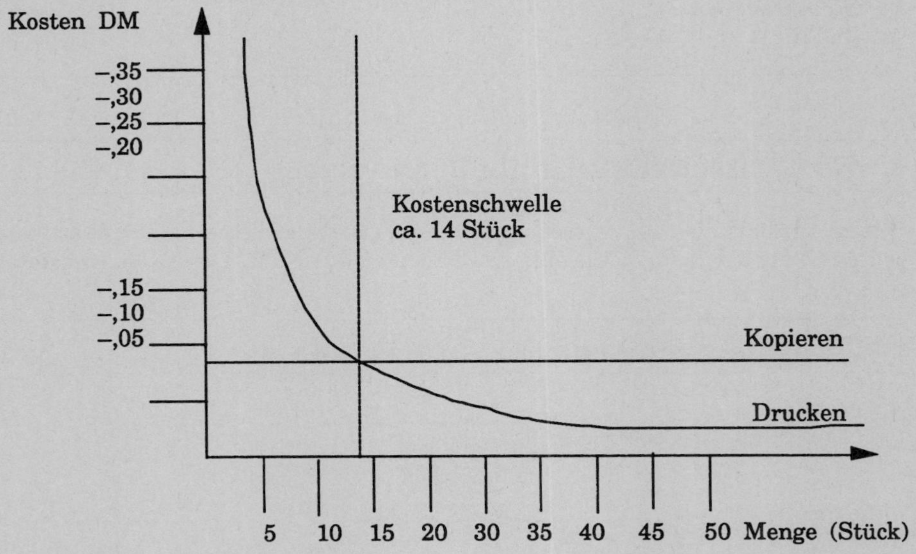

(4) **Mathematische Ermittlung der Kostenschwelle**

Druckkosten: $Y_D = 100 + x$

Kopierkosten: $Y_K = 8x$

Der Schnittpunkt zweier Kurven ergibt sich dadurch, daß die Kurvenfunktionen gleichgesetzt werden:

$$Y_D = Y_K$$
$$100 + x = 8x$$
$$7x = 100$$
$$x \approx 14$$

Die Kostenschwelle liegt also bei 14 Vervielfältigungen. Bis 14 Vervielfältigungen sollte kopiert werden, ab 15 Exemplaren ist die Hausdruckerei zu benutzen.

32 : Datenmatrixanalyse

Daten	Ausgaben			Verarb.	Eingaben	
	Bestandsdatei	Bewegungsdatei	Bestandsmaske		Bewegungszettel	Artikelstammdatei
Artikelnummer	X	X	X		X	X
Artikelbezeichn.			X		X	X
Bewegungsart				X	X	
Bewegungsmenge		X		X	X	
Mengeneinheit					X	X
Bestandsmenge	X		X	X		
Bestandswert	X		X	X		
Verrechnungswert				X		X
Tagesdatum				X	X	

33 : Entscheidungstabellenanalyse

Formal enthält die ausgewiesene Entscheidungstabelle keine Fehler. Wenn man jedoch nicht vom Hochgebirge ausgeht, dann ist die Regel R_3 zweifelsohne unsinnig.

34 : Hierarchische Strukturierung

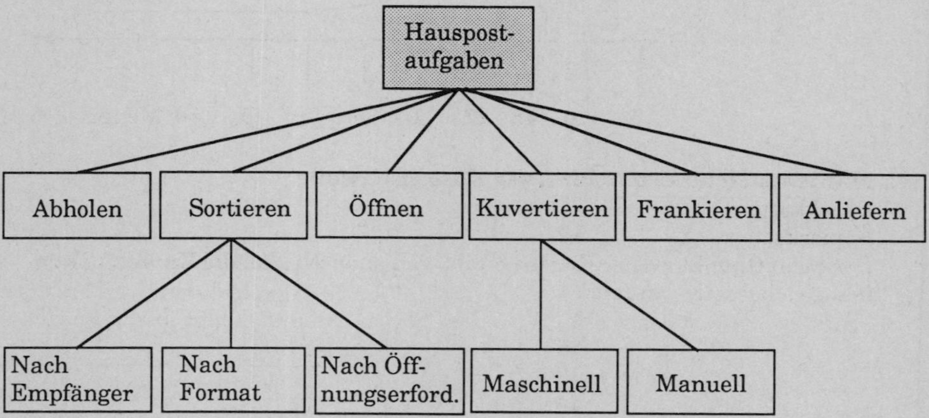

35 : Morphologischer Kasten

Parameter \ Ausprägung	1	2	3	4
Arbeitsart	Arbeitsteilig	Dialog	Automatisch	—
Programmiersprache	Assembler	COBOL	PL/1	PASCAL
Erstellungsart	Eigenerstellung	Hardwarehersteller	Softwarehaus	Anwender
Erwerbsart	Eigenerstellung	Kauf	Miete	Lizenz
Eingabeart	Terminal	Belegleser	Lochkartenleser	Direkterfassung
Speichermedien	Magnetband	Magnetplatte	Plattenstapel	—
Verarbeitung	Online	Offline	—	—
Ausgabeart	Terminal	Schnelldrucker	Mikrofilm	Bürodrucker

36 : Arbeitsgangbildung

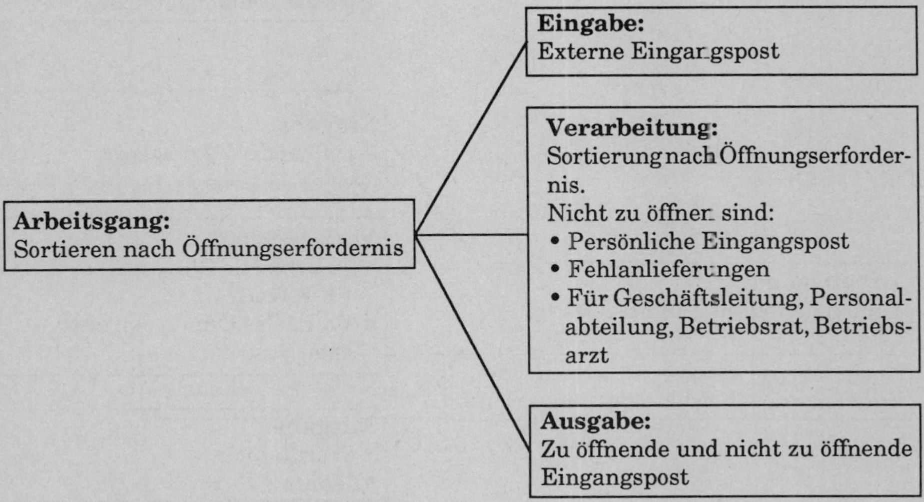

Arbeitsgang:
Sortieren nach Empfänger

Eingabe:
- Schriftstücke aus geöffneter Post
- Ungeöffnete Eingangspost

Verarbeitung:
Einlegen in Verteilerkästen nach Empfängerstellen

Ausgabe:
Eingangspost nach Empfängerstellen

Arbeitsgang:
Anliefern der Eingangspost

Eingabe:
Nach Empfängerstellen sortierte Eingangspost

Verarbeitung:
Rundgang mit Hauspostwagen nach Plan und Abliefern der Post an die Empfänger

Ausgabe:
Eingangspost im Posteingangskorb der Empfängerstellen

Arbeitsgang:
Öffnen der öffnungsfähigen Post

Eingabe:
Zu öffnende Eingangspost

Verarbeitung:
- Maschinelle Öffnung aller C3 bis C6-Kuverts
- Manuelles Öffnen der restlichen Post

Ausgabe:
- Schriftstücke
- Benutzte Kuverts

37 : Arbeitsgangreihung

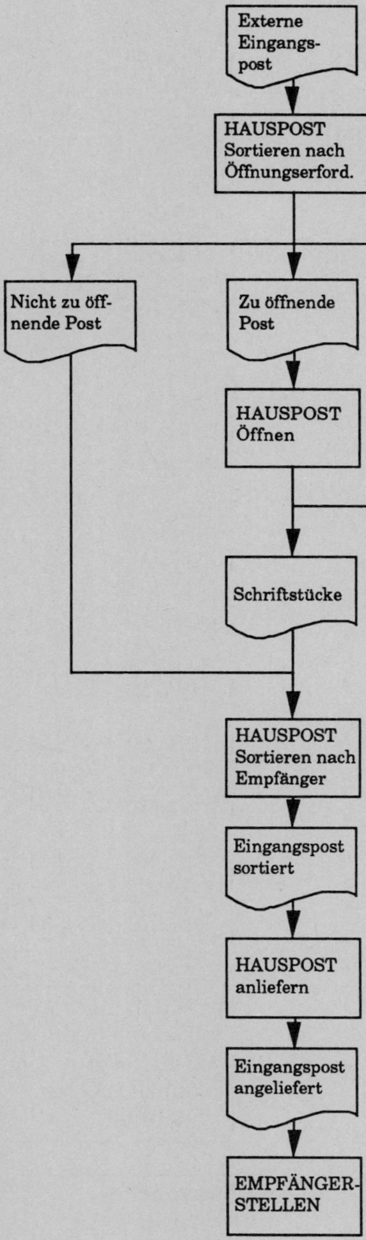

38 : Strukturablaufdiagramm

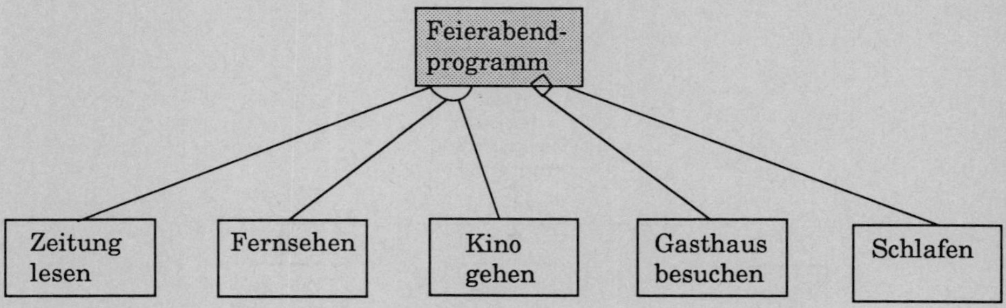

39 : Strukturablaufdiagramm

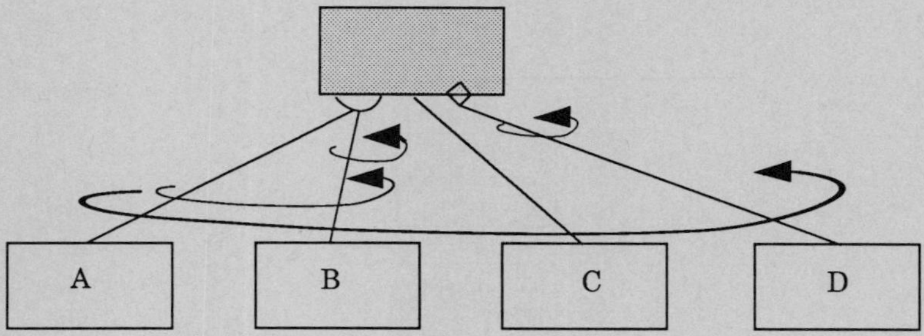

40 : Programmablaufplan

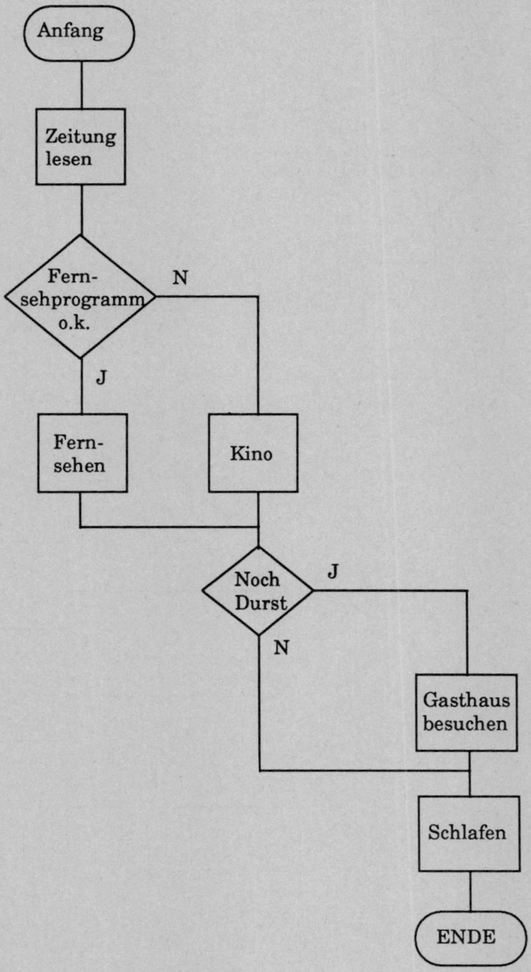

41 :Programmablaufplan

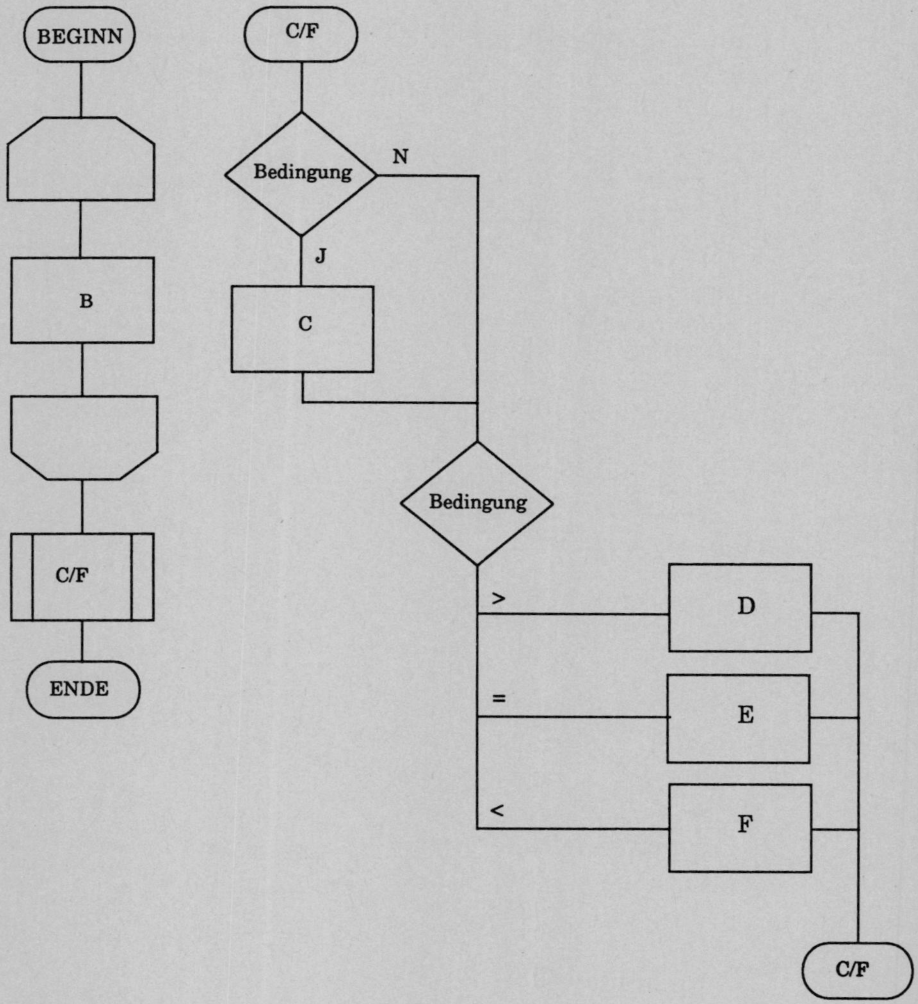

42 : Programmablaufplan

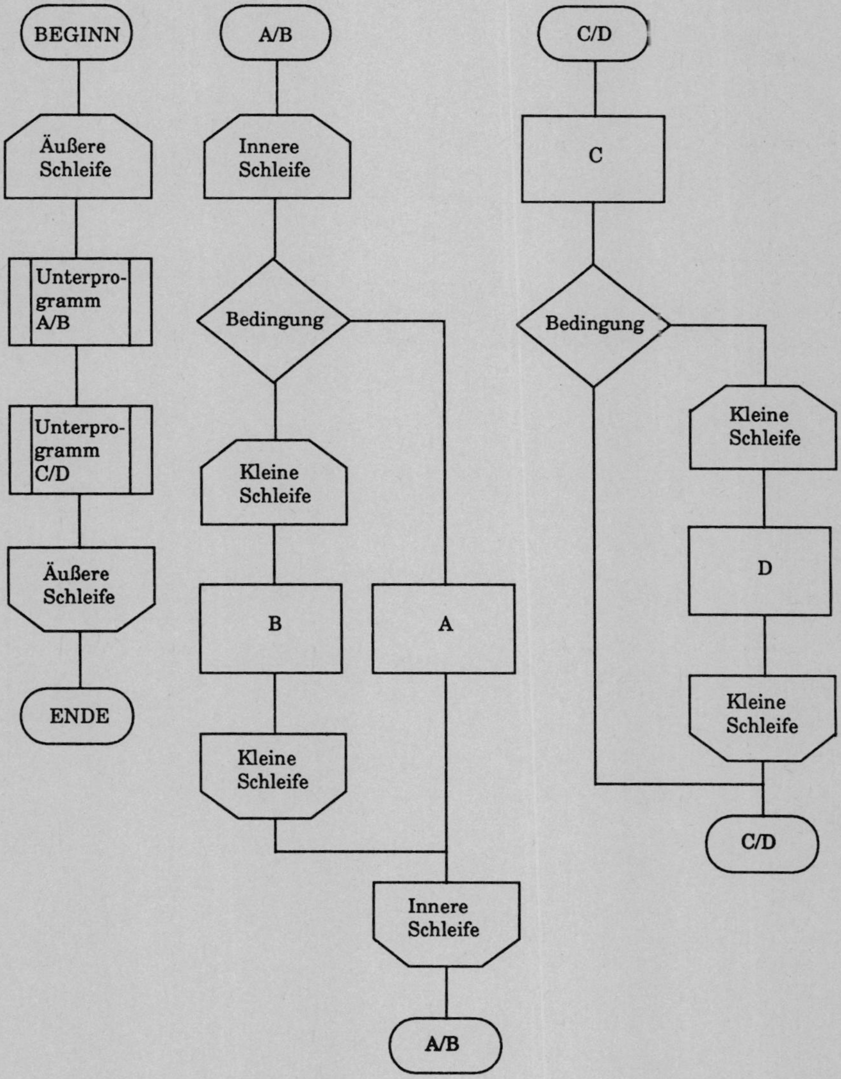

43 : Ablaufplan

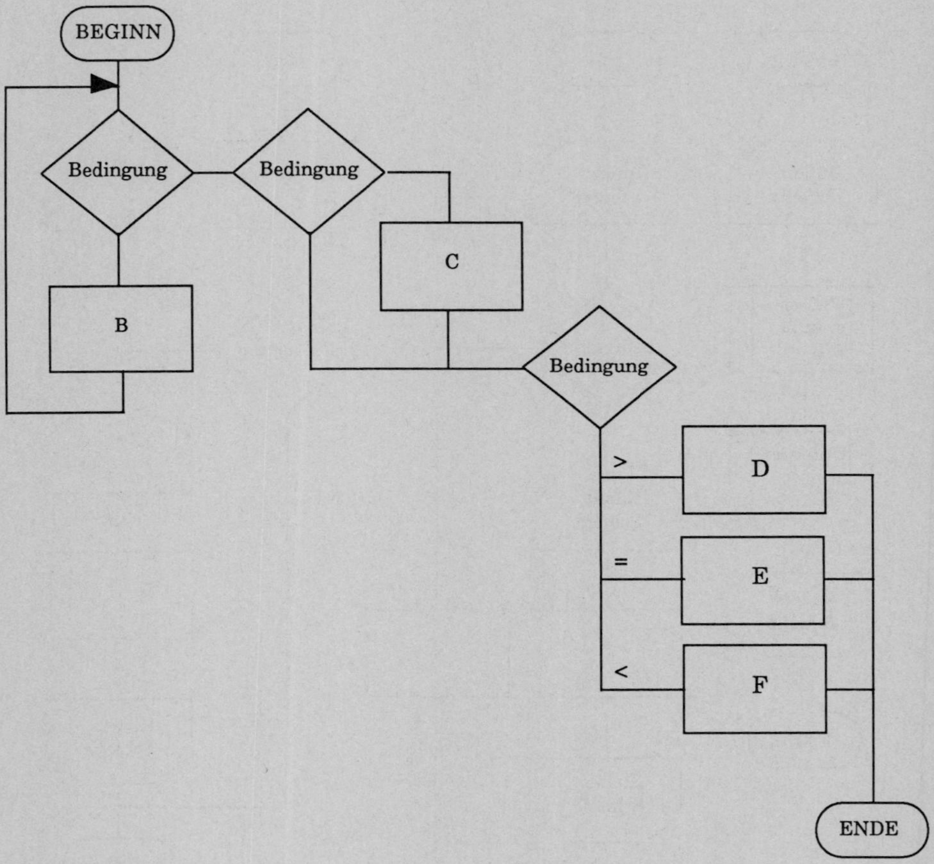

44 : Ablaufplan

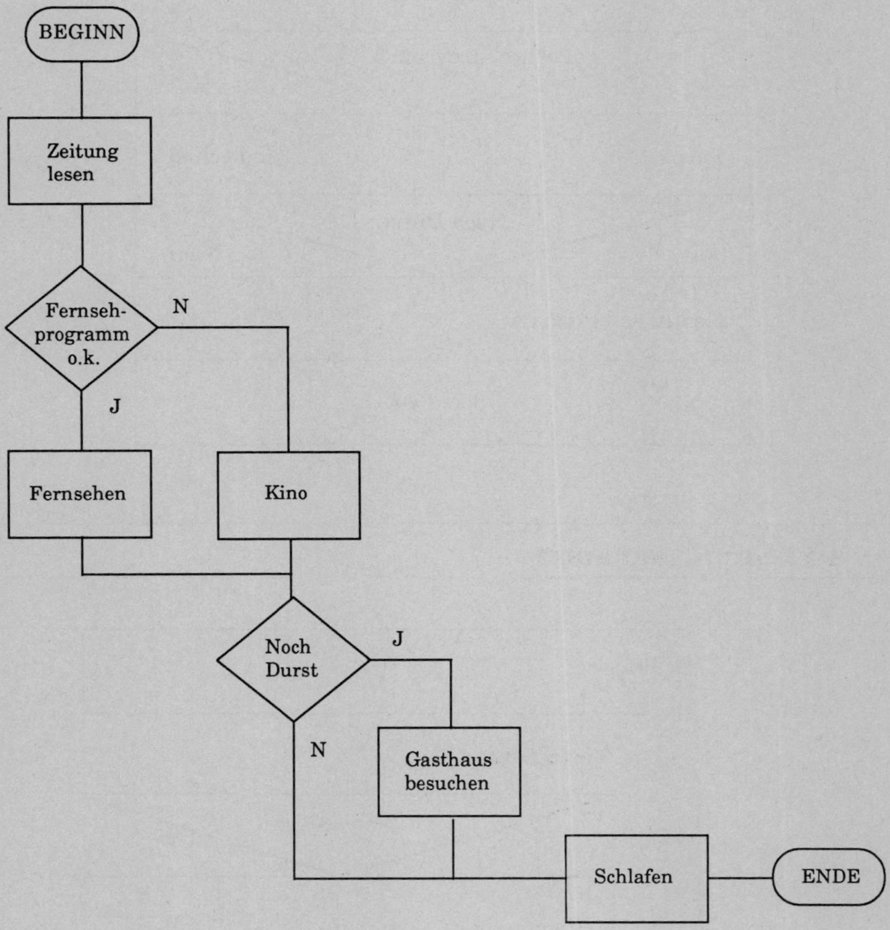

45 : Struktogramm

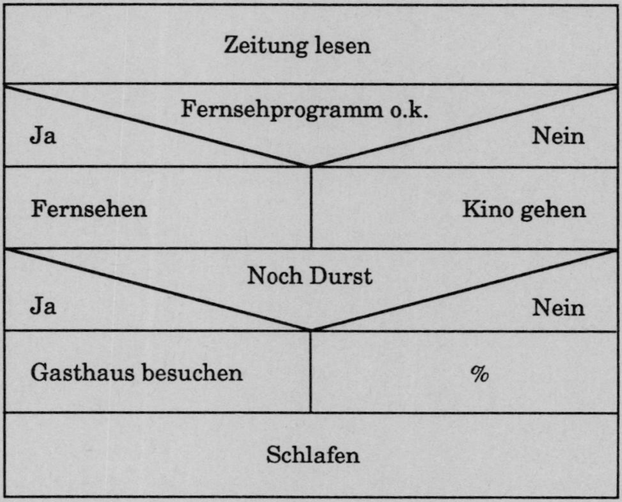

46 : Struktogramm

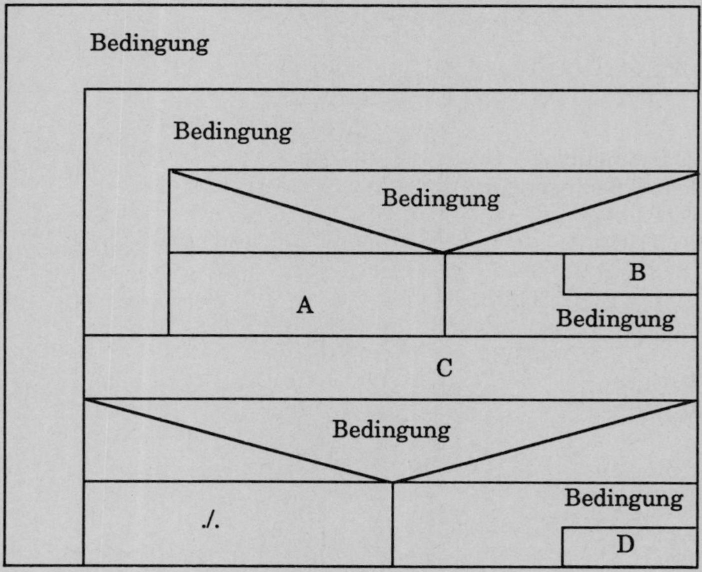

47 : Formeln

Positionswert	=	Menge x Preis
Warenwert	=	$\sum$ Positionswert
Rabattwert	=	Warenwert x Rabattsatz
Rechnungssumme I	=	Warenwert - Rabattwert
Nebenkosten	=	Verpackung + Fracht + Versicherung
Rechnungssumme II	=	Rechnungssumme I + Nebenkosten
Mehrwertsteuer	=	Rechnungssumme II x Mehrwertsteuersatz
Rechnungsendbetrag	=	Rechnungssumme II + Mehrwertsteuer

48 : Pseudocode

```
BEGIN
Zeitung lesen
IF  Fernsehprogramm o.k.
    THEN     Fernsehen
    ELSE     Kino gehen
ENDIF
IF  noch Durst
    THEN     Gasthaus besuchen
ENDIF
Schlafen
END
```

49 : Pseudocode

```
BEGIN
DOWHILE Bedingung 1
    DOWHILE Bedingung 2
        IF  Bedingung 3
            THEN A
            ELSE
                DOUNTIL Bedingung 4
                    B
                ENDUNTIL
        ENDIF
    ENDWHILE
    C
    IF  Bedingung 5
        THEN
            DOWHILE Bedingung 6
                D
```

```
            ENDWHILE
      ENDIF
ENDWHILE
END
```

50 : Entscheidungsdiagramm

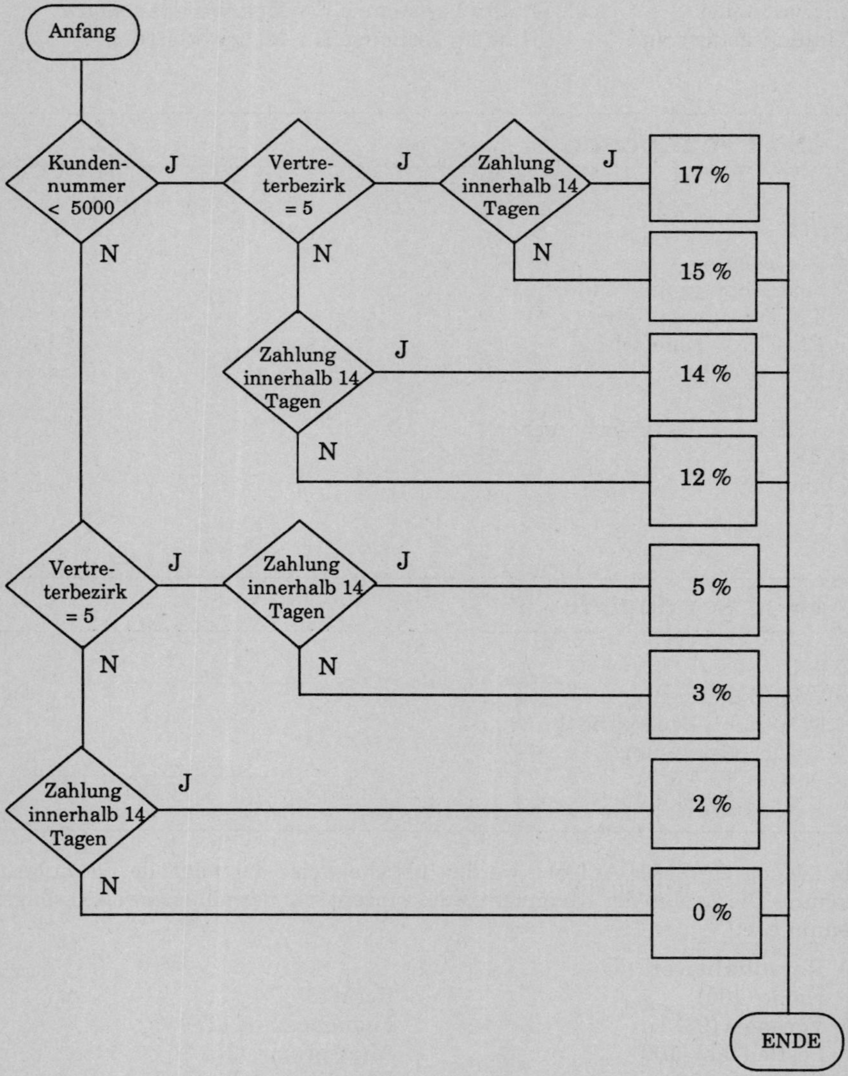

51 : Entscheidungsbaum

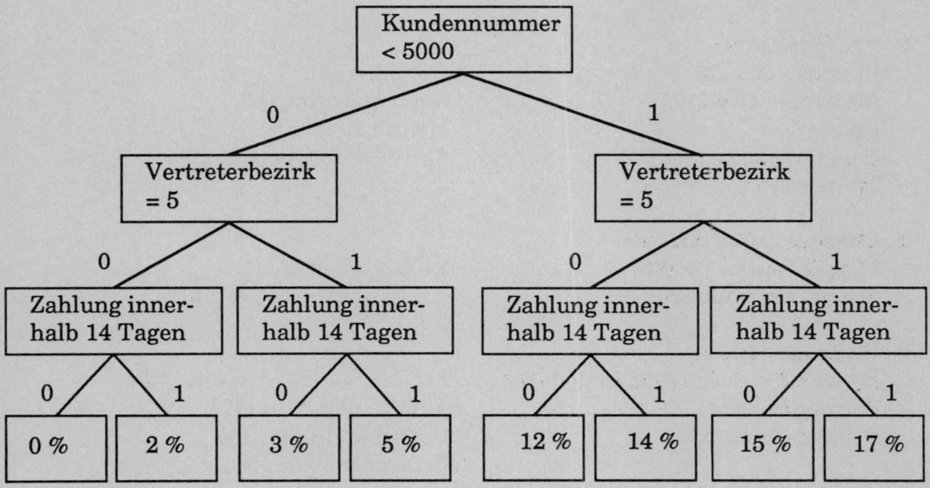

52 : Entscheidungsmatrix

Kontonummer < 5000	J	J	J	J	N	N	N	N
Vertreterbezirk = 5	J	J	N	N	J	J	N	N
Zahlung innerhalb14 Tagen	J	N	J	N	J	N	J	N
Gesamtrabatt in %	17	15	14	12	5	3	2	0

53 : Formularinhaltsanalyse

Als Lösung zu dieser Aufgabe werden üblicherweise der folgende Formularinhalt genannt. Die Zahl in der Klammer ist die Prozentzahl der üblicherweise erfolgenden Nennungen:

(1) **Personaldaten**

Name (100)
Vorname (93)
Postleitzahl (100)
Wohnort (100)
Beruf (65)
Familienstand (27)
Altersgruppe (15)
Berufliche Stellung (8)

Straße (98)
Geburtstag (78)
Geschlecht (44)
Telefon (73)
Mitgliedsunterschrift (22)

(2) **Vereinsdaten**
Vereinsname (96)
Eintrittsdatum (100)
Ämter (58)
Referenzen (6)
Werber (24)
Jubiläum (4)
Austrittsdatum (62)
Mehrfacheintritt (6)
Aktiv / Passiv (74)

(3) **Organisationsdaten**
Mitgliedsnummer (94)
Ausstellungsdatum (17)
Reitervordruck (24)
Vorstandsunterschrift (8)

(4) **Beitragsdaten**
Spalten für Beitragszahlungen (44)
Beitragshöhe (41)
Beitragsklasse (52)
Art der Beitragszahlung (12)
Aufnahmegebühr (17)
Beitragsbefreiung (4)
Bankverbindung (3)

54 : Nummernsystem

Autonummern mit 1 Gruppenbuchstaben (GK-A1 – GK-Z9999)
20 Gruppenbuchstaben mit 10 000 Zahlen ≈ 200 000 Nummern
Autonummern mit 2 Gruppenbuchstaben (GK-AA1 – GK-ZZ999)
400 Gruppenbuchstaben mit 1 000 Zahlen ≈ 400 000 Nummern

Gesamtzahl der verfügbaren Autonummern: 600 000 Nummern

55 : Nummerung

(1) Klassifizierungsnummer
(2) Verbundnummer
(3) Klassifizierungsnummer
(4) Klassifizierungsnummer
(5) Verbundnummer
(6) Identnummer
(7) Verbundnummer
(8) Verbundnummer

56 : Nummerung

Den Bedingungen genügende Nummernsysteme:

(1) Verbundnummer
(2) Parallelnummer

Empfohlenes Nummernsystem:

Parallelnummer:

Begründung:
(1) Zur Sortierung genügt der 5-stellige Identteil.
(2) Zur Zuordnung zu den Artikelgruppen wird der Klassifikationsteil benutzt.

57: Prüfziffern

(1) **Modulus 11-Verfahren**
Multiplikation

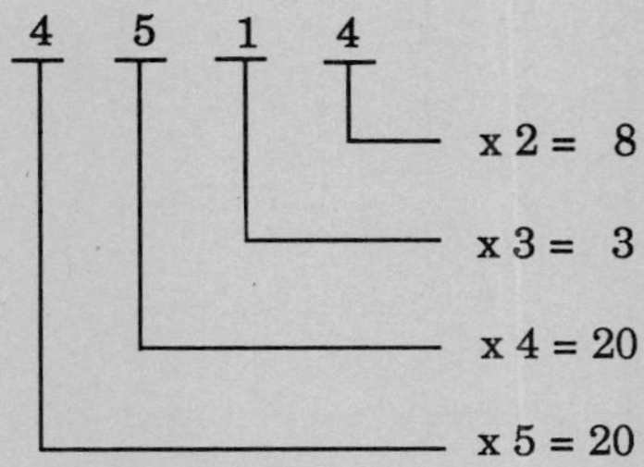

Addition 8 + 3 + 20 + 20 = 51

Division 51 : 11 = 4 Rest 7

Subtraktion 11 – 7 = 4

Prüfziffer : 4

(2) **EKONS-Verfahren**
Multiplikation

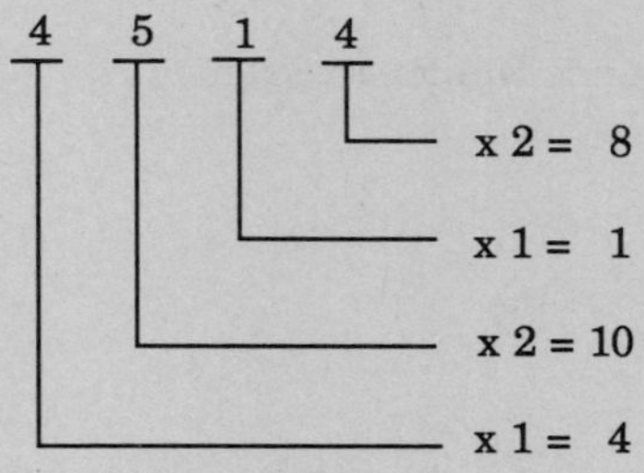

Addition	8 + 1 + 1 + 0 + 4 = 14
Division	14 : 10 = 1 Rest 4
Subtraktion	10 – 4 = 6
	Prüfziffer : 6

58: Prüfziffern

(1) **Modulus 11-Verfahren**

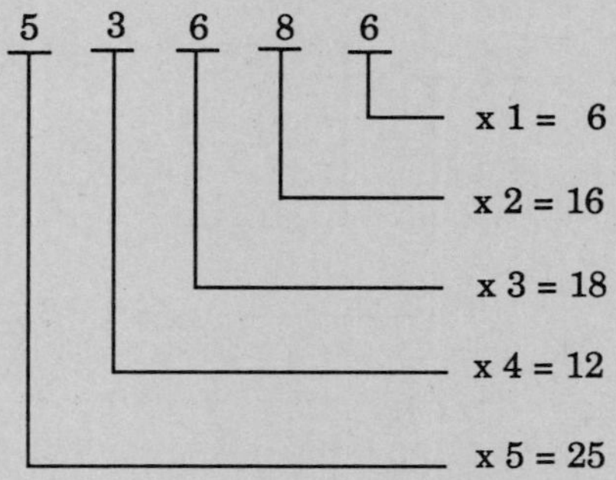

Multiplikation

Addition	6 + 16 + 18 + 12 + 25 = 77	
Division	77 : 11 = 7 Rest 0	RICHTIG!

(2) **EKONS-Verfahren**
Multiplikation

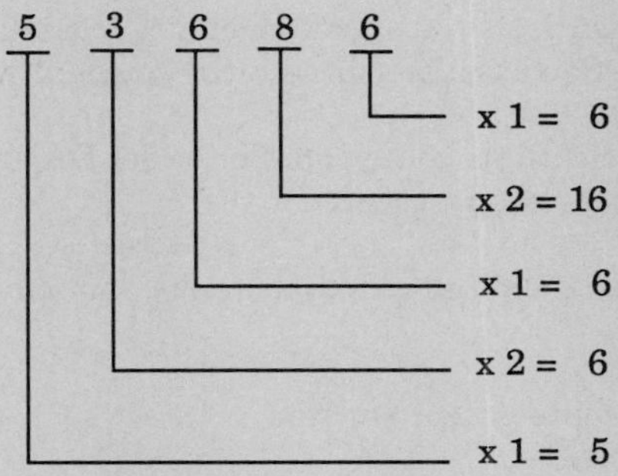

Addition 6 + 1 + 6 + 6 + 6 + 5 = 30

Division 30 : 10 = 3 Rest 0 RICHTIG!

59 : Organisationsrichtlinie

In der dargestellten Organisationsrichtlinie sind insbesondere zu bemängeln:

(1) Im Blattkopf sollte nicht nur der Firmenname, sondern auch der Veröffentlicher der Richtlinie erscheinen, so daß der Absender nicht mühsam ermittelt werden muß.

(2) Die Richtlinie erscheint offenbar verspätet, da gemäß nachfolgender Aussage der Kostenträgerplan für das Kalenderjahr gilt, aber die Richtlinie zum 15.2. datiert ist.

(3) Der Begriff "Richtlinie" sollte konkretisiert werden durch den Zusatz "Organisatorische Richtlinie".

(4) Die hier offensichtlich vorgenommene fortlaufende Nummerung eignet sich nicht für Organisationsrichtlinien, da sie einen Klassifizierungsteil zur Zuordnung enthalten sollten.

(5) Die Benennung oder der Bezug der Richtlinien fehlt.

(6) Es fehlt das Gültigkeitsdatum.

(7) Das zu "Beachtende" ist selbstverständlich und braucht deswegen nicht gesondert genannt werden.

(8) Die Legende zur Kennzeichnung der Sammelkostenträger sollte nicht im Deckblatt, sondern auf dem Kostenträgerplan erscheinen.

(9) Der Punkt (2) und der letzte Absatz können gegensätzlich verstanden werden. Zusammengehörige Sachinhalte sollten nicht getrennt werden.

(10) Eine Organisationsrichtlinie sollte vom Leiter der Organisation und dem Fachvorgesetzten unterschrieben werden.

(11) Der Begriff "grundsätzlich" sollte in diesem Zusammenhang vermieden werden, da er zweideutig ist.

(12) Der Unterzeichner sollte erkennbar sein.

(13) Es fehlt der Verteiler.

(14) Es fehlt der Ausweis, welche Richtlinie dadurch ihre Gültigkeit verliert.

(15) Zwei unterschiedliche Bezeichnungen werden benutzt:
- Kostenträgerplan
- Kostenträgerverzeichnis

Es darf nur mit einem Bezeichner gearbeitet werden.

60 : Systemkontrolle

SYSTEMKONTROLLE		Projekt:	
Kriterien	Soll	Ist	Differenz
Organisationsaufgaben			
Organisationsziele			
Dauerkosten im Monat Projektkosten Einführungskosten			
Systemmitarbeiterzahl Projektmitarbeiterzahl			
Durchlaufzeit			
Einführungsdatum			